Deloitte (Hrsg) • Unternehmenskauf im Ausland

www.nwb.de

Unternehmenskauf im Ausland

Steuerliche Rahmenbedingungen bei M & A-Transaktionen im Ausland – Erwerb, Verschmelzung, Joint Ventures

Herausgegeben von Deloitte

3. Auflage

Deloitte.

nwb

ISBN 978-3-482-**53953-4** – 3. Auflage 2009

Druck: medienHaus Plump GmbH, Rheinbreitbach

Vorwort

Auslandsinvestitionen in Form von Unternehmenskäufen, Verschmelzungen und internationalen Joint Ventures sind heute alltäglich geworden. Vormals lokal geglaubte Bereiche der Volkswirtschaften internationalisieren sich immer mehr. Dies ist bei weitem nicht nur ein Phänomen der Großindustrie, auch der deutsche Mittelstand ist betroffen. Die Erweiterung der Europäischen Union auf nunmehr 27 Staaten hat die Investitionsdynamik noch weiter beschleunigt.

Internationale Unternehmenstransaktionen haben verschiedenste Gründe: So kann die schnelle Erschließung eines geographisch oder produktspezifisch neuen Marktes Hintergrund einer M&A-Transaktion sein, aber auch die Ausweitung oder Verteidigung des Marktanteils spielt in vielen Fällen eine gewichtige Rolle. Unternehmen betrachten hierbei politische Grenzen immer weniger als solche – ganz im Gegensatz zu den Finanzbehörden der beteiligten Staaten. Hieraus resultieren Chancen und Risiken im steuerlichen Bereich, deren Darstellung das vorliegende Buch sich zur Aufgabe gestellt hat.

Nach einer Übersicht über die steuerlichen Rahmenbedingungen für deutsche Auslandsinvestoren werden in Länderbeiträgen die steuerlichen Aspekte von Unternehmenstransaktionen in einigen der wichtigsten Zielländer dargestellt. Als Zielländer konnten gegenüber der Vorauflage auch Japan, Indien und China sowie Hongkong in das Werk aufgenommen werden.

Die Autoren sind sämtlich erfahrene Praktiker, die sich in ihrem täglichen Geschäft als Partner/Mitarbeiter des Wirtschaftsprüfungs- und Steuerberatungsverbundes Deloitte mit internationalen Unternehmenstransaktionen beschäftigen. Die Herausgeber möchten Frau Katja Nakhai, München, und Herrn Tim Carsten Schmitz, Düsseldorf, herzlich für ihre Unterstützung bei der Erstellung dieses Werkes danken. Wir würden uns freuen, wenn das Buch in der Praxis internationaler Unternehmenstransaktionen wertvolle Unterstützung geben kann.

München, im Juli 2009

Christoph Röper	**Christian Ehlermann**	**Marcus Roth**
Wirtschaftsprüfer, Steuerberater	Steuerberater	Steuerberater
Partner	Partner	Partner
Deloitte & Touche GmbH	Deloitte & Touche GmbH	Deloitte & Touche GmbH

Autorenverzeichnis

Deutschland

Von Christian Ehlermann und Katja Nakhai (beide Deloitte München)

Belgien

Von Jozef Verstraelen und Anno Rainer (beide Deloitte Diegem)

Brasilien

Von Norbert Fischbach (Fried, Frank, Harris, Shriver & Jacobson LLP)

China

Von Alan Tsoi (Deloitte Shanghai/Hongkong) und Dr. Karsten M. Ley (Deloitte Düsseldorf)

Dänemark

Von Lars Petersen und Tim Kjær-Hansen (beide Deloitte Kopenhagen) und Stefanie Brecht (Deloitte Hamburg)

Frankreich

Von Ines Leffers (Deloitte Düsseldorf) und Ambroise Bricet (Deloitte Paris)

Großbritannien

Von Stephen Brown (Deloitte London)

Hongkong

Von Alan Tsoi (Partner, Deloitte Shanghai/Hongkong) und Dr. Karsten M. Ley (Director, Deloitte Düsseldorf)

Indien

Von Vijay Dhingra und Akhil Muchhala (beide Deloitte Mumbai) und Dirk Rathmann (Deloitte Düsseldorf)

Italien

Von Paolo Ippoliti und Eleonora Briolini (Deloitte Mailand) und Cornelia von Craushaar (Deloitte Frankfurt)

Japan

Von Jonathan Stuart-Smith und David Bickle (beide Deloitte Tokio) und Thomas Welz (Deloitte Düsseldorf)

Niederlande

Von Erik Smits und Jean Pierre Viergever (beide Deloitte Rotterdam) und Roland Bien und Lars Wetteskind (beide Deloitte Düsseldorf)

Österreich

Von Dr. Bernhard Gröhs und Prof. Dr. Josef Schuch (beide Deloitte Wien)

Polen

Von Tomasz Walczak und Seweryn Dabrowski (beide Deloitte Posen)

Russische Föderation

Von Nicolas Vértes (Deloitte Hamburg)

Südafrika

Von Helgo Rapsch (Deloitte Johannesburg)

USA

Von Joseph J. Allen und Jason P. Spann (beide Deloitte Houston) und Nicola Selack (Deloitte Frankfurt)

Länderübersicht

Inhaltsverzeichnis

Deutschland

von Christian Ehlermann und Katja Nakhai (beide Deloitte München)

1. Steuerliche Aspekte und Ziele beim Unternehmenskauf im Ausland

Beim Unternehmenskauf im Ausland sind aus steuerlicher Sicht zunächst die gleichen Aspekte zu beachten, die auch bei inländischen Transaktionen im Vordergrund stehen:

- Minimierung steuerlicher Transaktionskosten:
  Während im Inland vor allem die Grunderwerbsteuer zu beachten ist, gibt es in verschiedenen ausländischen Staaten unterschiedliche Stempel-, Kapitalverkehrs- sowie Grundstücks- und Eintragungssteuern, die besonders beim Kauf von Wirtschaftsgütern (Asset Deals) ins Gewicht fallen (vgl. auch die Übersicht bei Stein/Becker, GmbHR 2003, S. 84/89).
- Sicherstellung der Abzugsfähigkeit von Finanzierungskosten:
  Fremdfinanzierte Unternehmenskäufe sind die Regel, so dass sichergestellt werden muss, dass der resultierende Zinsaufwand steuermindernd berücksichtigt werden kann. Während dies bei einem „Asset Deal" regelmäßig kein Problem darstellt, sind beim Anteilskauf („Share Deal") oft zusätzliche Strukturierungsschritte notwendig, um das gewünschte Resultat zu erzielen, da die zur Verrechnung notwendigen Gewinne auf Ebene der Zielgesellschaft anfallen. Im Inland bieten sich hier entweder die Begründung einer Organschaft, d. h. einer steuerlichen Ergebniskonsolidierung zwischen Ziel- und Erwerbsgesellschaft, oder deren Verschmelzung an. Nicht alle Staaten weisen vergleichbare Möglichkeiten auf; überdies kann die Abzugsfähigkeit der Zinsen durch spezialgesetzliche Vorschriften beschränkt oder ausgeschlossen sein (z. B. durch Vorschriften, die den Zinsabzug auf einen bestimmten Prozentsatz des EBITDAs oder den Verschuldungsgrad auf bestimmte Eigenkapital- zu Fremdkapitalrelationen begrenzen).
- Abschreibung/steuerliche Berücksichtigung des Kaufpreises für das Erwerbsobjekt:
  Typischerweise will der Unternehmenserwerber den Kaufpreis in steuermindernde Abschreibungen transformieren. Dies ist beim „Asset Deal" im In- wie im Ausland regelmäßig relativ unproblematisch. Hier stellt sich zentral die Frage nach der optimalen Kaufpreisallokation sowie nach den steuerlich akzeptablen Abschreibungsdauern, speziell für erworbenen Geschäftswert/Goodwill. Beim „Share Deal" wird es in den meisten Staaten keine Möglichkeit der planmäßigen Abschreibung geben. Als Ausnahmen wären hier vor allem Österreich und Spanien (aktuelles Beihilfeverfahren C45/2007 anhängig) zu nennen, die unter bestimmten Umständen auch beim

Share Deal eine Goodwill-Abschreibung beim Erwerber zulassen. Aber auch in den USA besteht die Möglichkeit, einen Anteilskauf wie einen Erwerb von Einzelwirtschaftsgütern zu behandeln (vgl. nachfolgend für Österreich: Gröhs/Schuch, in diesem Band, Kohlhauser/Wette, IStR 2004, S. 857/858; für Spanien: Mullerat/Kolf, INTERTAX 2002, S. 252/252; für die USA: Allen/Spann in diesem Band, Kowallik, in: Grotherr (Hrsg.), Handbuch der internationalen Steuerplanung, Herne/Berlin 2003, S. 835/841 f.).

- Steueroptimale Integration in die bestehende Unternehmensstruktur:
  Hier ist die Zielsetzung, ggf. bestehende steuerliche Verlustvorträge im Konzern steuerlich mit den Erträgen der Zielgesellschaft verrechnen zu können. Beim Erwerb einer Gesellschaft mit Verlustvorträgen kann umgekehrt gewünscht sein, operative Erträge aus dem Erwerbsunternehmen zur optimalen Verlustnutzung in die Zielgesellschaft zu verlagern. Zu untersuchen ist in diesen Fällen stets, inwiefern bestehende Verluste tatsächlich nach einem Anteilseignerwechsel noch vorhanden sind und vom neuen Gesellschafter nutzbar gemacht werden können.

Beim Erwerb von ausländischen Unternehmen sind darüber hinaus zusätzliche Aspekte zu berücksichtigen:

- Begründung steuerlicher Präsenz im Ausland:
  Nicht notwendigerweise begründet ein Kauf ausländischen Betriebsvermögens automatisch eine ertragsteuerpflichtige Präsenz im Ausland. Z. B. führt der Erwerb ausländischer Vertriebsrechte und eines lokalen Auslieferungslagers alleine in den meisten Fällen nicht zur Begründung einer steuerpflichtigen Betriebsstätte. Dabei kann die Begründung einer Betriebsstätte erwünscht oder unerwünscht sein. Für die Betriebsstätte spricht häufig, dass die ihr zuzurechnenden Ergebnisse nach den deutschen Doppelbesteuerungsabkommen (DBA) im Regelfall in Deutschland steuerfrei sind und im Ausland einer oftmals niedrigeren Steuerlast unterliegen; gegen die Begründung einer Betriebsstätte spricht insbesondere bei kleineren und/oder temporären Engagements im Ausland der vergleichsweise hohe administrative Aufwand (Registrierung, separate Buchführung nach lokalen Regeln, Steuererklärungen etc.).
- Vermeidung einer Doppelbesteuerung:
  Ein zentrales Thema für alle Auslandsengagements ist die Vermeidung der aus- und inländischen Doppelbesteuerung unternehmerischer Gewinne. Diese kann strukturabhängig entweder auf Dauer oder temporär vermieden werden. Der wesentliche Einflussfaktor in diesem Zusammenhang ist die Rechtsform der beteiligten in- und ausländischen Unternehmen, weshalb dieses Thema im nachfolgenden Kapitel detailliert dargestellt wird.

- Ausnutzung des internationalen Steuersatzgefälles:
  Wie aus der nachfolgenden Tabelle ersichtlich, sind die nominalen Steuersätze auf Unternehmensgewinne in Deutschland im internationalen Vergleich weiterhin als im oberen Mittelfeld anzusehen. Die Verlagerung von Steuersubstrat ins Ausland, auch durch M&A-Transaktionen, ist daher vor dem Hintergrund der Reduzierung der Effektiv-Steuerbelastung des Unternehmens vorteilhaft.

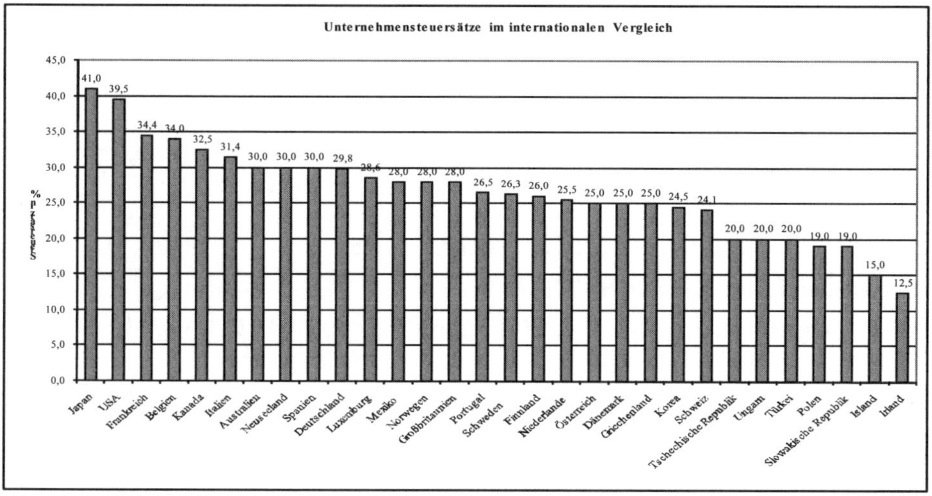

Quelle: Eigene, Steuersätze: www.deloitte.com/dits

- Optimierung der Gewinn-/Liquiditätsrepatriierung:
  Gerade bei in Deutschland fremdfinanzierten Auslandstransaktionen wird häufig ein problemloser Gewinn-/Liquiditätstransfer zur deutschen Muttergesellschaft nötig sein, um die entsprechenden Zins- und Tilgungsverpflichtungen bedienen zu können. In der Praxis tauchen hier immer wieder Hindernisse auf, die sich ergeben können aus:
  - Quellensteuern (sollten allerdings zwischen Kapitalgesellschaften innerhalb der EU kein Problem darstellen),
  - ausländischen gesellschafts- oder steuerrechtlichen Unterkapitalisierungsregeln oder
  - Devisenkontrollgesetzen (speziell in Südamerika).

Frühzeitige Planung beim Unternehmenserwerb ist daher notwendig, um das Problem des sog. „trapped cash" (Liquidität, die nicht oder nur zu hohen Kosten im Konzern nutzbar ist) zu vermeiden bzw. ggf. kaufpreismindernd zu berücksichtigen.

Schließlich ist zu berücksichtigen, dass sich gerade bei einem bereits vor der Transaktion international operierenden Konzern ein ausländischer Unternehmenserwerb bei frühzeitiger Planung oft hervorragend für steuerplanerische Zwecke eignet. Ein Unternehmenserwerb bietet häufig die Gelegenheit, durch die geschickte Anbindung der Zielgesellschaft sowie die steueroptimale Finanzierungsstrukturierung erhebliche positive Steuereffekte zu erzielen, die über die bloße Berücksichtigung von Erwerbs- und Finanzierungskosten weit hinausgehen. Somit kann die Steuerfunktion im Unternehmen einer M&A-Transaktion zusätzlichen Mehrwert verschaffen. Beispiele für derartige Effekte sind hybride Finanzierungen, die zu einem wirtschaftlichen Doppelabzug von Zinsen führen (sog. „Double Dip"), die gezielte Verlagerung von Aufwand in profitable und damit hoher Steuerbelastung unterliegende Gesellschaften (z. B. durch deren Verwendung als fremdfinanzierte Erwerbsgesellschaft) oder die Verlagerung profitabler Aktivitäten in Gesellschaften mit vorher nicht nutzbaren Verlustvorträgen.

2. Steuerbelastung von Gewinnen aus Auslandsinvestitionen

Die nachfolgende Analyse soll anhand von Zahlenbeispielen darstellen, welche Rechtsform sich für eine Auslandsinvestition aus steuerlicher Sicht eines in Deutschland ansässigen Investors je nach inländischer Rechtsform eignet. Die nachfolgenden Berechnungen unterstellen eine Vollausschüttung an den inländischen Anteilseigner, so dass eventuelle positive Effekte aus der Bildung einer Thesaurierungsrücklage gem. § 34a EStG nicht berücksichtigt werden. Sie unterstellen darüber hinaus, dass eine Beteiligung an einer inländischen oder ausländischen Kapitalgesellschaft in einem inländischen Betriebsvermögen gehalten werden, so dass das Teileinkünfteverfahren und nicht die Regelungen zur Abgeltungsteuer zur Anwendung kommen.

2.1. Investition natürlicher Personen in ausländische Personengesellschaft/Betriebsstätte

Nachfolgend wird unterstellt, dass der ausländische Staat den (gegebenenfalls anteilig) auf die in Deutschland ansässige Person entfallenden Gewinn der individuellen Einkommensteuer mit einem (angenommenen) Durchschnittssteuersatz von 45 % unterwirft. Denkbar ist auch, insbesondere bei Begründung einer Betriebsstätte über eine – aus Sicht des Betriebsstättenstaates – ausländische Personengesellschaft, dass der

Betriebsstättenstaat den lokalen Körperschaftsteuersatz auf den Betriebsstättengewinn anwendet, welcher häufig geringer sein wird. Hieraus können sich Planungsüberlegungen ergeben (z. B. USA, Italien, Frankreich, Schweiz).

Des Weiteren wird bei allen nachfolgenden Berechnungen unterstellt, dass die Investition in einem DBA-Staat erfolgt und etwaige Aktivitätserfordernisse erfüllt werden und kein Fall des § 20 Abs. 2 AStG (passive Einkünfte) vorliegt, so dass der ausländische Gewinn lediglich mit ausländischer Steuer belegt wird. In Deutschland erfolgt stets eine Freistellung des Gewinns. Im Ergebnis ist diese Investitionsstrukturierung umso vorteilhafter, je niedriger das ausländische Steuerniveau im Vergleich zum inländischen ist.

Berechnung der Steuerbelastung damit:

Gewinn vor Steuern	100,00
Ausländische Einkommensteuer (Annahme 45 %)	-45,00
Steuerpflichtig im Inland	0,00
Steuergesamtbelastung	45,00
Nettoertrag	55,00

Zu beachten ist, dass positive und negative ausländischen Einkünfte aus Betriebsstätten in EU- bzw. EWR-Staaten seit der Änderungen des § 32b EStG durch das JStG 2009 nicht mehr im Rahmen des Progressionsvorbehaltes im Inland berücksichtigt werden. Eine Freistellung unter Progressionsvorbehalt kommt damit nur noch für Betriebsstätten in Drittstaaten zur Anwendung.

2.2. Investition natürlicher Personen in ausländische Kapitalgesellschaft

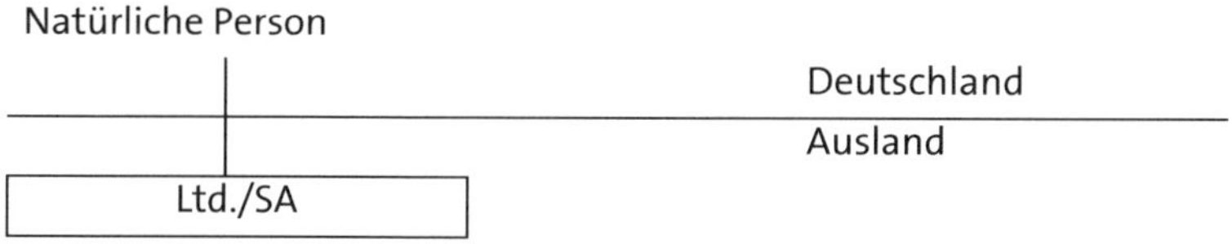

Im Beispiel wird ein ausländischer Körperschaftsteuersatz von 30 %, ein Quellensteuersatz von (DBA-begrenzt) 15 % sowie die Besteuerung des inländischen Aktionärs mit dem Höchststeuersatz unterstellt. Aufgrund der nur noch geringen inländischen Besteuerung der aus dem Ausland empfangenen Dividenden erhöht sich die relative Bedeutung des ausländischen Steuerniveaus für eine Vorteilhaftigkeitsanalyse im Vergleich zur Variante Beteiligung über eine Personengesellschaft oder Betriebsstätte.

Berechnung der Steuerbelastung:

Gewinn vor Steuern	100,00
Ausländische Einkommensteuer (Annahme 30 %)	-30,00
Dividende	70,00
Ausländische Quellensteuer (15 % der Dividende)	-10,50
Nettodividende	59,50
Einkünfte im Inland	70,00
Davon steuerpflichtig 60 % (Teileinkünfteverfahren)	42,00
Einkommensteuer 45 % + SolZ 5,5 % (Höchststeuersatz)	-19,94
Anrechenbare Quellensteuer	10,50
Zu zahlende Einkommensteuer + SolZ	-9,44
Steuergesamtbelastung	49,94
Nettoertrag	50,06

2.3. Investition natürlicher Personen über inländische Kapitalgesellschaft in ausländische Personengesellschaft/ Betriebsstätte

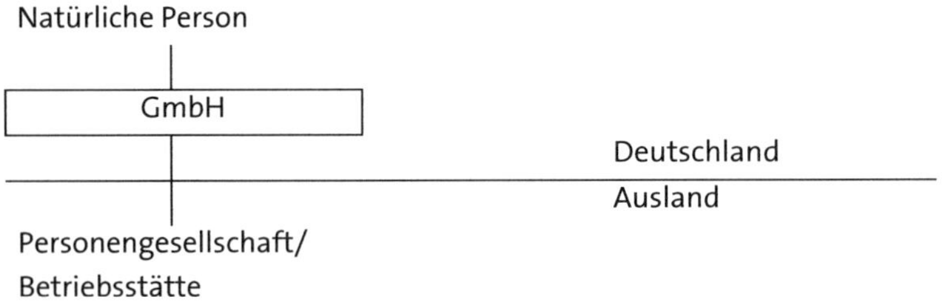

Diese Konstellation ist mit der unter Abschnitt 2.2. dargestellten (Direkt-)Beteiligung an einer ausländischen Kapitalgesellschaft vergleichbar.

Berechnung der Steuerbelastung:

Gewinn vor Steuern	100,00
Ausländische Körperschaftsteuer (Annahme 30 %)	-30,00
Im Inland steuerfreie Einkünfte	70,00
Dividende an Gesellschafter	70,00
Davon steuerpflichtig 60 % (Teileinkünfteverfahren)	42,00
Bei Ausschüttung zu zahlende Einkommensteuer 45 % + SolZ 5,5 % (KapESt vernachlässigt)	-19,94
Steuergesamtbelastung	49,94
Nettoertrag	50,06

Optimieren lässt sich dieses Modell zusätzlich durch Begründung einer Organschaft mit der zwischengeschalteten deutschen Kapitalgesellschaft, wenn die Anteile in einem Betriebsvermögen gehalten werden. In diesem Fall wird das Betriebsstätteneinkommen der inländischen natürlichen Person direkt zugerechnet. Gleichzeitig erfolgt eine Freistellung der entsprechenden Einkünfte. Damit wird die Gesamtsteuerbelastung auf die ausländische Körperschaftsteuer, im Beispielsfall 30 %, begrenzt (vgl. zu diesem Modell: Amann/Göttsche/Stockmann, RIW 2003, S. 814/816 f.). Um die zivilrechtliche Haftung für die Verluste aus der deutschen Kapitalgesellschaft zu begrenzen, kann auch eine inländische GmbH & Co KG als Organträger zwischengeschaltet werden. Diese muss allerdings originär gewerblich tätig sein.

2.4. Investition natürlicher Personen über inländische Kapitalgesellschaft in ausländische Kapitalgesellschaft

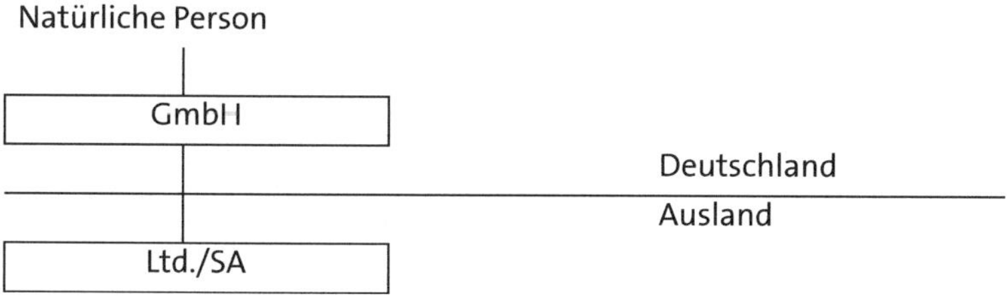

Der wesentliche Unterschied im Vergleich zu der unter Abschnitt 2.3. dargestellten Variante besteht bei der nachfolgend wiedergegebenen Berechnung in der Behandlung von 5 % der aus dem Ausland empfangenen Dividenden als nicht abzugsfähige Betriebsausgaben bei der deutschen Kapitalgesellschaft.

Berechnung der Steuerbelastung:

Gewinn vor Steuern	100,00
Ausländische Einkommensteuer (Annahme 30 %)	-30,00
Dividende	70,00
Ausländische Quellensteuer (Mutter-Tochter-RL)	0,00
Einkünfte im Inland	70,00
Davon steuerpflichtig (5 %)	3,50
GewSt (Hebesatz 400 %)	-0,49
KSt (15 %) + SolZ	-0,55
Dividende an Gesellschafter	68,96
Davon steuerpflichtig 60 % (Teileinkünfteverfahren)	41,37
Bei Ausschüttung zu zahlende Einkommensteuer 45 % + SolZ 5,5 % (KapESt vernachlässigt)	-19,64
Steuergesamtbelastung	50,69
Nettoertrag	49,31

2.5. Investition inländischer Kapitalgesellschaft in ausländische Personengesellschaft/Betriebsstätte

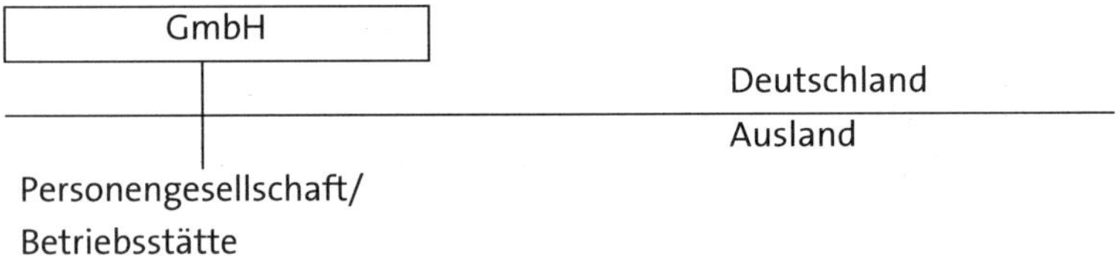

Hier gilt grundsätzlich das Gleiche wie oben unter Abschnitt 2.1. dargestellt: Die ausländische Steuerbelastung bestimmt aufgrund der Freistellung der Einkünfte im Inland gemäß DBA die Gesamtsteuerbelastung. Im rechnerischen Beispiel wurde von einem anwendbaren ausländischen Körperschaftsteuersatz von 30 % ausgegangen.

Berechnung der Steuerbelastung:

Gewinn vor Steuern	100,00
Ausländische Körperschaftsteuer (Annahme 30 %)	-30,00
Steuerpflichtig im Inland	0,00
Steuergesamtbelastung	30,00
Nettoertrag	70,00

2.6. Investition inländischer Kapitalgesellschaft in ausländische Kapitalgesellschaft

Für die steuerliche Behandlung dieser Konstellation wird vom Vorliegen einer aktiven Schachtelbeteiligung (≥ 15 %) in einem DBA-Land ausgegangen.

Dividenden der Auslandstochter sind bei der deutschen Mutterkapitalgesellschaft steuerfrei, wobei jedoch 5 % der Dividende als nichtabzugsfähige Betriebsausgabe behandelt werden (§ 8b Abs. 5 KStG). Für das Beispiel wurde die Beteiligung an einer EU-Gesellschaft unterstellt; in anderen Fällen werden regelmäßig zusätzlich Quellensteuern zu berücksichtigen sein.

Berechnung der Steuerbelastung:

Gewinn vor Steuern	100,00
Ausländische Körperschaftsteuer (Annahme 30 %)	-30,00
Dividende	70,00
Ausländische Quellensteuer (Mutter-Tochter-RL)	0,00
Einkünfte im Inland	70,00
Davon steuerpflichtig (5 %)	3,50
GewSt (Hebesatz 400 %)	0,49
KSt (15 %) + SolZ	0,55
Anrechenbare Quellensteuer	0,00
Steuergesamtbelastung	31,04
Nettoertrag	68,96

2.7. Analyse der Ergebnisse/Ableitung von Gestaltungsempfehlungen

Übersicht über die Steuerbelastung bei verschiedenen Investitionskonstellationen:

	Gesamtsteuerbelastung in %
Investor ist natürliche Person, Beteiligung an ausländischer Personengesellschaft/ Betriebsstätte	45,00 %
Investor ist natürliche Person, Investition in ausländische Kapitalgesellschaft	49,94 %
Investor ist natürliche Person, Investition über inländische Kapitalgesellschaft in ausländische Personengesellschaft/ Betriebsstätte	49,94 %
Investor ist natürliche Person, Investition über inländische, organschaftlich verbundene Kapitalgesellschaft in ausländische Personengesellschaft/Betriebsstätte	30,00 %
Investor ist natürliche Person, Investition über inländische Kapitalgesellschaft in ausländische Kapitalgesellschaft	50,69 %
Investor ist Kapitalgesellschaft, Investition in ausländische Betriebsstätte/ Personengesellschaft	30,00 %
Investor ist Kapitalgesellschaft, Investition in ausländische Kapitalgesellschaft	31,04 %

Fasst man die hier noch einmal übersichtsartig dargestellten Ergebnisse der obigen Steuerbelastungsvergleiche zusammen, so lassen sich folgende Aussagen ableiten:

- Direktinvestitionen in ausländische Betriebsstätten oder Personengesellschaften sind für natürliche Personen vergleichsweise günstig; Optimierungsmöglichkeiten führen in bestimmten Fällen zu einer Einmalbelastung des Gewinns mit dem ausländischen Körperschaftsteuersatz (in seltenen Fällen zuzüglich Quellensteuern).
- Die strukturelle Benachteiligung von Investitionen natürlicher Personen in ausländische Kapitalgesellschaften wurde bereits durch die Einführung des bis zur Unternehmensteuerreform 2008 geltenden Halbeinkünfteverfahren, das nunmehr durch die sogenannte Abgeltungsteuer im privaten Bereich bzw. durch das Teileinkünfteverfahren im betrieblichen Bereich abgelöst wurde, beseitigt. Jedoch kommt es seit-

her stets – unabhängig davon, ob die Dividende von einer aus- oder inländischen Kapitalgesellschaft gezahlt wird – zu einer partiellen Doppelbesteuerung. Über die relative steuerliche Attraktivität entscheidet damit nunmehr die auf Ebene der Kapitalgesellschaft entstehende Belastungsquote (Bemessungsgrundlage und Steuersatz).

- Die bisher aus steuerlicher Sicht häufig erteilte Beratungsempfehlung für natürliche Personen, im Ausland in Betriebsstätten/Personengesellschaften zu investieren, um eine wirtschaftliche Doppelbesteuerung zu vermeiden, ist grundsätzlich weiterhin gültig. Eine Investition in eine ausländische Kapitalgesellschaft ist aber nicht zwingend mit steuerlichen Nachteilen verbunden. Im Extremfall (hoher ESt-Satz auf Betriebsstättengewinne, dagegen niedriger KSt-Satz auf Kapitalgesellschaftsgewinne im Ausland) kann sich trotz partieller Doppelbesteuerung sogar eine geringere Gesamtbelastung bei der Investition in die Kapitalgesellschaft ergeben. Schließlich ist hier auch zu berücksichtigen, dass die Investition in eine ausländische Betriebsstätte/Personengesellschaft insofern Nachteile gegenüber der Investition in eine Kapitalgesellschaft aufweisen kann, als im Veräußerungsfall regelmäßig der Betriebsstätten-/Personengesellschaftsstaat die Besteuerungshoheit hat und diese auch ausüben wird. Darüber hinaus sind Fragen der internationalen Einkünfteabgrenzung und Erklärungspflichten bei der Kapitalgesellschaft typischerweise weniger problematisch. Vorteilhaft kann die Investition in eine ausländische Personengesellschaft aber sein, wenn der ausländische Staat den (niedrigen) lokalen Körperschaftsteuersatz auf den Gewinn der Personengesellschaft anwendet.
- Betrachtet man in Deutschland nur die Steuerbelastung auf Ebene der Kapitalgesellschaft mit Auslandseinkünften, so ergeben sich keine wesentlichen Belastungsunterschiede zwischen Einkünften aus Betriebsstätten/Personengesellschafts- oder Schachtelbeteiligungen.

Häufig wird in Unternehmenskaufsituationen keine Wahlmöglichkeit bestehen, da die Zielgesellschaft/das Zielobjekt ja bereits eine bestimmte Rechtsform trägt. Dennoch kann der Erwerber über die Wahl der richtigen Akquisitionsgesellschaftsstruktur steuerliche Weichen stellen, um die zukünftige Besteuerung zu minimieren.

Darüber hinaus muss bei Investitionen natürlicher Personen auch die erbschaft-/schenkungsteuerliche Berücksichtigung des ausländischen Unternehmens in Betracht gezogen werden. Hier ist in der Regel auch nach der Reform der deutschen Erbschaft- und Schenkungsteuerregelungen eine detaillierte Einzelfallprüfung erforderlich.

3. Veräußerungsgewinnbesteuerung

Neben der Steuerbelastung der laufenden Erträge aus dem Auslandsengagement muss auch beachtet werden, wie Erträge aus einer möglichen Veräußerung der Auslandsaktivitäten besteuert werden. Dies gilt umso mehr, als Strukturen, die attraktiv bezüglich der laufenden Besteuerung erscheinen, im Veräußerungsfall steuerlich nachteilig ausfallen können. Stärker noch als bei der laufenden Besteuerung ist hier aufgrund der Verschiedenartigkeit der Steuersysteme eine Einzelfallanalyse notwendig. Die nachfolgenden Aussagen stellen somit nur Tendenzaussagen dar:

Die Veräußerung einer ausländischen Betriebsstätte/eines Personengesellschaftsanteils mit ausländischer Betriebsstätte ist gemäß Art. 13 Abs. 2 OECD-Musterabkommen ein im Betriebsstättenstaat steuerbarer Vorgang; Deutschland stellt die entsprechenden Einkünfte gegebenenfalls unter Progressionsvorbehalt frei.

Der Betriebsstätten-Staat wird sein Besteuerungsrecht regelmäßig ausüben. Dabei können in manchen Fällen spezielle, niedrigere Steuersätze für langfristige Kapitalgewinne zur Anwendung kommen (so z. B. für natürliche Personen in Frankreich oder in den USA). Der Erwerber wird im Regelfall in den Genuss eines steuerwirksamen „Step-up“ kommen, d. h. er kann zukünftig von den um die bisherigen stillen Reserven aufgestockten neuen Buchwerten abschreiben.

Diesen Vorteil gegenüber dem Erwerb einer Kapitalgesellschaftsbeteiligung muss er sich gegebenenfalls durch die Bezahlung eines höheren Kaufpreises erkaufen. Andererseits sind in einigen Ländern (z. B. Frankreich) höhere Transaktionskosten (Stempelsteuern etc.) mit dem Erwerb von Einzelwirtschaftsgütern oder Personengesellschaftsanteilen als mit dem Erwerb von Anteilen an Kapitalgesellschaften verbunden. Dies gilt insbesondere bei der (auch mittelbaren) Übertragung von Grundbesitz.

Das Recht zur Besteuerung von Gewinnen aus der Veräußerung ausländischer Kapitalgesellschaftsbeteiligungen steht gemäß DBA im Regelfall allein dem Sitzstaat des Veräußerers, hier also Deutschland, zu (Art. 13 Abs. 4 OECD-Musterabkommen). Wie Deutschland sein Besteuerungsrecht ausübt, hängt dann von der Person des Veräußerers ab. Ist dies eine natürliche Person (unmittelbar oder über eine zwischengeschaltete Personengesellschaft), so findet der Abgeltungsteuersatz (§32d EStG) bzw. das Teileinkünfteverfahren Anwendung (§ 3 Nr. 40 EStG). Gleiches gilt, wenn Veräußerer eine inländische Kapitalgesellschaft ist, diese aber organschaftlich mit einer natürlichen Person (mittelbar/unmittelbar) verbunden ist (§ 15 KStG).

Ist der Veräußerer eine inländische Kapitalgesellschaft, findet grundsätzlich § 8b Abs. 2 KStG auf Veräußerungsgewinne Anwendung. Danach ist ein Gewinn aus der Veräußerung der ausländischen Kapitalgesellschaftsbeteiligung unabhängig von der Beteiligungshöhe und Beteiligungsdauer zu faktisch 95 % steuerbefreit (KSt sowie GewSt). Ausnahmen bestehen lediglich in den Fällen,

- in denen auf die Auslandsbeteiligung in der Vergangenheit eine steuerlich wirksame, noch nicht wieder aufgeholte Teilwertabschreibung vorgenommen wurde (§ 8b Abs. 2 Satz 4 KStG),
- die Beteiligung vor dem 13. Dezember 2006, aber innerhalb der letzten sieben Jahre aus einer Buch- oder Zwischenwerteinbringung nach § 23 Abs. 1 – 3 UmwStG hervorgegangen ist (§ 8b Abs. 4 KStG) oder
- mit der Auslandsbeteiligung Eigenhandel einer Bank/eines Finanzunternehmens betrieben wird (§ 8b Abs. 7 KStG).

Die 95%ige Steuerfreiheit der Veräußerungsgewinne hat als Kehrseite eine steuerliche Nichtberücksichtigung entsprechender Verluste zur Folge (§ 8b Abs. 3 KStG).

Zu den begünstigten Veräußerungsgewinnen zählen auch Liquidations- und ähnliche Gewinne. Damit wäre auch z. B. der Gewinn aus der Umwandlung einer ausländischen Kapitalgesellschaft in eine Personengesellschaft oder eine Betriebsstätte im Inland steuerbegünstigt; er wird allerdings häufig im Ausland der Besteuerung unterliegen.

Zusammenfassend ist festzuhalten, dass zumindest dann, wenn der Besteuerung des Veräußerungsgewinns erhebliche Bedeutung beigemessen wird (z. B. weil eine rasche Wertsteigerung der Auslandsbeteiligung und eine baldige Veräußerung erwartet wird), der Investition in eine ausländische Kapitalgesellschaft, gegebenenfalls auch über eine in- oder ausländische Kapitalgesellschaft, im Regelfall der Vorzug zu geben ist, da die inländische Besteuerung von Veräußerungsgewinnen im internationalen Vergleich (noch) günstig ist bzw. im Ausland eine Zwischenholding weitgehende Schachtelprivilegien genießen kann (dazu unter Abschnitt 5.).

4. Finanzierungsfragen

4.1. Finanzierung von Beteiligungs-/Unternehmenserwerben

Beim Erwerb eines ausländischen Unternehmens/einer ausländischen Beteiligung stellt sich zunächst die Frage, wie dieser Erwerb finanziert wird (aus Eigen- oder Fremdmitteln). Wenn der Erwerb aus Fremdmitteln finanziert wird, ist weiter zu fragen, ob die Finanzierung im In- oder Ausland erfolgen soll. Wichtiges Kriterium zur Beantwortung dieser Fragen ist aus steuerlicher Sicht die Behandlung des Zinsaufwandes, die nachfolgend diskutiert wird.

4.1.1. Erwerb eines Betriebs/einzelner ausländischer Wirtschaftsgüter

Durch den Erwerb eines ausländischen Betriebs/einzelner im Ausland befindlicher Wirtschaftsgüter wird im Regelfall eine lokale Betriebsstätte des deutschen Erwerbers begründet, deren Ergebnis im DBA-Fall in Deutschland von der Besteuerung freizustellen ist. Zum Betriebsstättenergebnis zählen auch Finanzierungskosten in Zusammenhang mit dem Erwerb der Betriebsstätte. Somit ist sichergestellt, dass die Finanzierungskosten das steuerliche Ergebnis im Ausland mindern. Soll der Finanzierungsaufwand allerdings im Inland geltend gemacht werden (z. B. weil im Ausland Verluste aufgrund von hohen Investitionen erwartet werden), so ist dies nur dadurch möglich, dass eine deutsche Mutterkapitalgesellschaft das entsprechende Darlehen aufnimmt, als Eigenkapital an eine lokale Akquisitionskapitalgesellschaft weiterreicht und diese dann den Betrieb/die Wirtschaftsgüter erwirbt. In diesem Fall ist der Zinsaufwand vollständig in Deutschland abzugsfähig.

Bei dem Erwerb einzelner Wirtschaftsgüter ist im Übrigen zu beachten, dass dieser regelmäßig zu einem „Step-up“, d. h. einer Aufstockung der Buchwerte der Wirtschaftsgüter, führen wird und dadurch steuerliche Mehrabschreibungen generiert werden können. Diese Mehrabschreibungen führen zu nicht liquiditätswirksamem Aufwand, der sich steuermindernd im Zielland auswirkt. Dabei ist jedoch zu beachten, dass manche Länder z. B. auf einen Firmenwert keine Abschreibung zulassen. Hier bestünde u.U. die Möglichkeit, den Firmenwert durch eine Gesellschaft erwerben zu lassen, die in einem anderen Staat ansässig ist, der entsprechende Abschreibungen zulässt. Derartige „Aufspaltungen“ bestehender Unternehmen erfordern aber eine sorgfältige Planung.

4.1.2. Erwerb einer Personengesellschaftsbeteiligung

Grundsätzlich stellt aus deutscher Sicht die Beteiligung eines in Deutschland Steuerpflichtigen an einer ausländischen Personengesellschaft eine (anteilige) Betriebsstätte des Steuerpflichtigen im Ausland dar. Insofern gelten die Ausführungen oben unter Abschnitt 4.1.1. entsprechend. In der Praxis ist jedoch häufig zu beobachten, dass im ausländischen Staat Aufwendungen, die aus deutscher Sicht Sonderbetriebsausgaben darstellen (Ausgaben des Gesellschafters in Zusammenhang mit seiner Mitunternehmerstellung), nicht zum Abzug zugelassen werden. Dies gilt insbesondere dann, wenn der ausländische Staat die Personengesellschaft wie eine Kapitalgesellschaft besteuert. Damit besteht ein Risiko, dass diese Aufwendungen weder in Deutschland (wegen der Befreiung von Betriebsstätteneinkünften) noch im Ausland abzugsfähig sind; eine Berücksichtigung ließe sich dann unter Umständen erst nach einem langwierigen Verständigungsverfahren zwischen den beteiligten Finanzbehörden erreichen.

4.1.3. Erwerb einer Kapitalgesellschaftsbeteiligung

Beim fremdfinanzierten direkten Erwerb einer ausländischen Kapitalgesellschaftsbeteiligung durch Inländer ist zu unterscheiden zwischen dem Erwerb durch inländische natürliche Personen und dem Erwerb durch inländische Körperschaften.

Bei natürlichen Personen, die die Anteile im Privatvermögen halten, galt bis zum 31. Dezember 2008 die Regel des § 3c Abs. 2 EStG, wonach die Aufwendungen stets und unabhängig vom Anfall entsprechender, dem Halbeinkünfteverfahren unterliegender Einnahmen nur hälftig abzugsfähig waren. Ab dem 1. Januar 2009 wurde durch die Unternehmensteuerreform 2008 statt des Halbeinkünfteverfahrens eine 25 % Abgeltungsteuer eingeführt, wodurch Aufwendungen (Werbungskosten) im Zusammenhang mit Einkünften aus Kapitalvermögen nicht mehr abzugsfähig sind. Der Werbungskostenabzug ist auch dann ausgeschlossen, wenn der Steuerpflichtige freiwillig zur Veranlagung mit seinen Einkünften aus der Direktbeteiligung an der ausländischen Kapitalgesellschaft zum individuellen Steuersatz optiert (§ 32d Abs. 6 EStG). Eine Berücksichtigung von Betriebsausgaben bei im Privatvermögen gehaltenen Anteilen an Kapitalgesellschaften ist nur über das Wahlrecht des § 32d Abs. 2 Nr. 3 EStG für Steuerpflichtige möglich, die entweder eine Beteiligung von mindestens 25 % an der Kapitalgesellschaft halten oder eine Beteiligung von mindestens 1 % halten und beruflich für die Kapitalgesellschaft tätig sind.

Werden die Anteile in einem inländischen Betriebsvermögen gehalten, kommen die Regelungen der Abgeltungsteuer nicht zur Anwendung, sondern seit 1. Januar 2009 das Teileinkünfteverfahren. Nach den Grundsätzen des Teileinkünfteverfahrens werden 60% der Dividenden und 60 % eines möglichen Veräußerungsgewinns als steuerpflichtig behandelt, Aufwendungen in Zusammenhang mit den Beteiligungen sind daher gem. § 3c Abs. 2 EStG zu 60 % abzugsfähig. Gewerbesteuerlich werden in unmittelbarem Zusammenhang mit Gewinnanteilen aus Tochtergesellschaften stehende Aufwendungen bei der Kürzungsvorschrift des § 9 Nr. 7 GewStG bei Vorliegen der dort genannten Voraussetzungen derart berücksichtigt, dass letztlich nur der um entsprechende Aufwendungen verminderte Gewinnanteil vom deutschen Gewerbeertrag abgezogen werden kann (vgl. § 9 Nr. 2a S. 3 GewStG, § 9 Nr. 7 S. 2 GewStG).

Bei Körperschaften ist § 8b Abs. 5 KStG zu beachten, der die in unmittelbarem wirtschaftlichen Zusammenhang mit Einnahmen aus in- oder ausländischen Beteiligungen stehenden Aufwendungen (die damit gemäß § 3c EStG nicht abzugsfähig sind) mit 5 % der steuerbefreiten Dividenden aus der Tochtergesellschaft fingiert. Es kommt damit nicht auf die tatsächliche Höhe der Aufwendungen an. Fließen in einem bestimmten Jahr keine Dividenden zu, können alle Aufwendungen in Zusammenhang mit der Auslandsbeteiligung voll im Inland geltend gemacht werden. Aber auch in Jahren, in denen Dividenden fließen, ist der Betrag, der nicht abzugsfähig ist, auf 5 % der empfangenen Dividenden limitiert. Dies ist eine, auch im internationalen Vergleich, relativ großzügige Regelung, die es in vielen Fällen attraktiv machen wird, einen Unternehmenskauf im Ausland durch Fremdkapitalaufnahme im Inland zu finanzieren. Dennoch sind mögliche andere Abzugsbeschränkungen zu beachten, wie z. B. die Regelungen der Zinsschranke oder der gewerbesteuerlichen Hinzurechnung von Zinsen.

Die Alternative besteht darin, eine ausländische Kapitalgesellschaft als Erwerberin zu gründen und diese mit Fremdkapital (Gesellschafter- oder Drittmittel) auszustatten. Hierfür spricht häufig die Möglichkeit, auf diese Weise Aufwendungen aus der Fremdfinanzierung direkt mit den operativen Erträgen der ausländischen Zielgesellschaft zu verrechnen (z. B. über eine Ergebnisverrechnung nach Art einer Organschaft oder über eine Verschmelzung der Erwerbs- mit der Zielgesellschaft). Auch finanzierende Banken werden es häufig vorziehen, die Wirtschaftsgüter des erworbenen Unternehmens als Sicherheit für ihr Darlehen verpfändet zu bekommen, was oftmals nur durch eine Fremdfinanzierung im Ausland möglich sein wird. Darüber hinaus kann es in den Fällen, in denen der ausländische Staat nur Zinsen auf Gesellschafterdarlehen oder besonders besicherte Bankdarlehen seinen Abzugsbeschränkungen unterwirft, auch aus steuerlicher Sicht vorteilhafter sein, die Bankfinanzierung (die in Deutschland den Beschränkungen der Zinsschranke unterliegen würde) unmittelbar in der Akquisitionsgesellschaft im Zielstaat aufzunehmen.

In jedem Fall sind allerdings die in den meisten Ländern bestehenden Gesellschafterfremdfinanzierungs-Beschränkungen („Thin Capitalization"-Regeln) zu beachten, die häufig auch bei bankenfinanzierten Erwerben eingreifen können, wenn es Gesellschaftergarantien oder back-to-back-Strukturen gibt. Gelegentlich bestehen auch Beschränkungen der Gewinn- und Verlustverrechnung zwischen verbundenen Unternehmen, die den Zinsaufwand ins Leere laufen lassen können. Darüber hinaus haben einige Länder Abzugsbeschränkungen für Zinsaufwendungen eingeführt, die unabhängig von der Person des Darlehensgebers zur Anwendung kommen und damit allein in Abhängigkeit von bestimmten steuerlichen Gewinngrößen (z. B. dem steuerlichen EBIT) den Zinsabzug begrenzen (vgl. z. B. für Italien Ippoliti/ Briolini in diesem Band). In jedem Fall wird hier eine frühzeitige Analyse der verschiedenen Finanzierungsoptionen unter steuerlichen Gesichtspunkten vonnöten sein, um ein aus Liquiditäts- und Steuerbelastungssicht optimales Gesamtergebnis zu erzielen.

4.2. Laufende Finanzierung ausländischer Unternehmen aus dem Inland

Betrachtet man die laufende Finanzierung des erworbenen Unternehmens, so stellt sich die Frage, ob die Besteuerung einen Einfluss auf die Wahl von Eigen- oder Fremdkapital hat. Auch hier ist wieder zwischen der Finanzierung ausländischer Betriebsstätten oder Personengesellschaftsbeteiligungen und Kapitalgesellschaftsbeteiligungen zu unterscheiden.

Während es bei der Finanzierung von Betriebsstätten nicht möglich ist, wirksame Darlehensverträge zwischen Stammhaus und Betriebsstätte zu begründen, ist dies bereits bei der Finanzierung einer ausländischen Personengesellschaft anders. So hat der BFH (so z. B. Urteil vom 27. 2. 1991, BStBl 1991 II S. 444, DBA USA 1954/65) entschieden, dass Darlehenszinsen, die eine ausländische Personengesellschaft an ihren inländischen Gesellschafter zahlt, trotz ihrer Qualifikation nach innerstaatlichem Recht als Sondervergütungen i. S. des § 15 Abs. 1 Satz 1 Nr. 2 EStG regelmäßig DBA-rechtlich nicht als Betriebsstättengewinne freizustellen, sondern als Zinserträge i. S. des entsprechenden Zinsartikels des DBA im Inland zu besteuern sind. Durch das JStG 2009 wurde eine neue innerstaatliche Sonderregel eingeführt, die die abkommensrechtliche Qualifikation von Sondervergütungen als Unternehmensgewinne festlegt (§ 50d Abs. 10 EStG). Damit kommt es – sofern der ausländische Staat das Konzept der Sondervergütungen kennt und diese als Unternehmensgewinne besteuert – üblicherweise zu einer Besteuerung im Staat der ausländischen Personengesellschaft. Wenn dies allerdings nicht der Fall ist, kann eine doppelte Nichtbesteuerung durch den Qualifikationskonflikt dennoch nicht eintreten, da die Spezialregelung des § 50d Abs. 9 EStG derartige Effekte vermeidet. Liegt entsprechend eine Abzugsfähigkeit der Zinsen im Ausland vor, ist ein Zustand gegeben, der der Finanzierung von Kapitalgesellschaften vergleichbar ist.

Bei der Finanzierung von Kapitalgesellschaften ist die steuerliche Vorteilhaftigkeit einer Eigen- oder Fremdkapitalfinanzierung durch den Gesellschafter vor allem abhängig von folgenden Kriterien:

- Effektive Steuerbelastung in Deutschland (bei deutscher Mutterkapitalgesellschaft ca. 30 %) im Vergleich zum Ausland. Übersteigt die ausländische effektive Steuerbelastung die inländische, wird es sich grundsätzlich steuerlich lohnen, die Auslandsbeteiligung über Gesellschafterdarlehen zu finanzieren.
- Vorhandensein steuerlicher Verluste im Inland. Auch bei einem gegenüber dem Inland niedrigeren Steuerniveau im Ausland kann sich eine Fremdfinanzierung der Auslandsgesellschaft lohnen, falls die erhaltenen Zinsen im Inland mit laufenden Verlusten oder bestehenden Verlustvorträgen (unter Beachtung der sog. Mindestbesteuerung) verrechnet werden können.
- Vorhandensein steuerlicher Verluste im Ausland. Bei steuerlichen Verlusten im Ausland wird es regelmäßig wenig sinnvoll sein, diese noch durch Zinsbelastungen aus dem Inland zu erhöhen, wenn im Gegenzug gezahlte Zinsen im Inland der Steuer unterliegen würden.
- Ausländische „Thin Capitalization"-Regeln. In den meisten Staaten ist die Möglichkeit begrenzt, Zinsen auf Gesellschafterdarlehen steuerlich abzuziehen. Typischerweise sind bestimmte Fremdkapital/Eigenkapital-Relationen einzuhalten. Eine Ver-

sagung der Abzugsfähigkeit im Ausland bei Erfassung der Zinsen im Inland sollte stets vermieden werden. Je nach der Ausgestaltung der Abzugsbeschränkungen für Zinsaufwand im Ausland, kann die Aufnahme von Bankfinanzierung unmittelbar in der ausländischen Gesellschaft steuerlich von Vorteil sein.

- Möglichkeiten der Gewinn- und Verlustrechnung im Ausland. Sinnvoll ist die Zinsbelastung ins Ausland darüber hinaus auch nur dann, wenn der Zinsaufwand mit operativen Erträgen verrechnet werden kann. Dies ist z. B. dann nicht der Fall, wenn die Erträge von einer anderen als der zinszahlenden Gesellschaft erwirtschaftet werden und der ausländische Staat einer Organschaft vergleichbare Verrechnungsmöglichkeiten nicht kennt.
- Gestaltungsmöglichkeiten durch hybride Finanzierungsinstrumente und internationale Qualifikationskonflikte (vgl. zu internationelen hybriden Finanzierungen: Bogenschütz, Ubg 2008, S. 533 ff.). Beispielhaft wären hier Genussscheine zu nennen, die aus deutscher Sicht so strukturiert werden können, dass Zahlungen steuerlich wie Dividendenausschüttungen behandelt werden (§ 20 Abs. 1 EStG, § 8 Abs. 3 S. 2 KStG), im Ausland aber dennoch eine Abzugsfähigkeit gegeben ist.

Im Ergebnis ist auch hier festzuhalten, dass stets eine sorgfältige Einzelfallanalyse vonnöten ist, um die steuerlich optimale Finanzierung der Auslandsbeteiligung sicherzustellen.

5. Einschaltung von Holdinggesellschaften

Bei der Einschaltung von Holdinggesellschaften sind verschiedene Fälle je nach den zu erzielenden steuerlichen und außersteuerlichen Zielen denkbar. Je nach steuerlicher Situation des Steuerpflichtigen kommt eine Holdinggesellschaft in Form einer Personengesellschaft oder in Form einer Kapitalgesellschaft in Frage. Besonders für natürliche Personen kann eine Holdingkonstruktion unter Einschaltung einer inländischen Personengesellschaft in Kombination mit einer inländischen Kapitalgesellschaft bei Investitionen in Ländern mit einem niedrigen Körperschaftsteuersatz sinnvoll sein (s. o. unter 2.3.).

Entscheidet sich der Steuerpflichtige für eine Holdingkonstruktion, kann er seine Unternehmensakquisitionen über eine Holdinggesellschaft im Inland, im Staat des zu erwerbenden Unternehmens oder in einem Drittstaat tätigen. Durch die Einschaltung einer Holdinggesellschaft im Ausland können häufig weitergehende steuerliche Vorteile erzielt werden. Die Übertragung auf eine Auslandsholding kann z. B. attraktiv sein, wenn das Risiko einer Anwendbarkeit von § 8b Abs. 7 KStG (volle Steuerpflicht von Dividenden und Veräußerungsgewinnen bei kurzfristigen Eigenhandelserfolgen von Finanzunternehmen) ausgeschaltet werden soll.

Darüber hinaus kann die Einrichtung einer Holdinggesellschaft im Zielstaat für die spätere Verrechnung von operativen Gewinnen mit dem Zinsaufwand der Holdinggesellschaft (Debt-Push-Down-Strukturen) genutzt werden. Eine Holdinggesellschaft in einem anderen Staat als dem Zielstaat kann dagegen für die Organisation der Beteiligungen des Steuerpflichtigen sinnvoll sein, wenn dieser Staat über ein günstiges Netz von Doppelbesteuerungsabkommen verfügt bzw. attraktive steuerliche Regelungen für Holdinggesellschaften bietet.

Von besonderer Bedeutung für die Attraktivität eines Landes als Holdingstandort sind vor allem:

- Freistellung von Beteiligungserträgen und Veräußerungsgewinnen von Kapitalgesellschaftsanteilen,
- Abzugsfähigkeit von Kosten in Zusammenhang mit der Beteiligung an Kapitalgesellschaften,
- Vorteilhaftes DBA-Netz,
- Niedrige/keine Quellensteuern,
- Geringe Verkehrssteuern.

Zur Bündelung ihrer ausländischen Beteiligungen bieten sich für deutsche Unternehmen insbesondere Holdinggesellschaften innerhalb der EU an, wie zum Beispiel in Österreich, Irland, in den Niederlanden oder auch in Zypern oder Malta. Je nach Sachverhaltslage besteht die Möglichkeit, dass im Verhältnis zu diesen Gesellschaften (sofern sie über ein Mindestmaß an wirtschaftlicher Tätigkeit verfügen) die Abwehrmechanismen des deutschen Außensteuerrechts wegen der EG-rechtlichen Grundfreiheiten nicht in gleichem Umfang zum Tragen kommen wie im Verhältnis zu Drittstaaten.

Allerdings sollten auch bei Einsatz einer Holdinggesellschaft mögliche negative steuerliche Auswirkungen in die Entscheidungsfindung miteinbezogen werden. Insbesondere ist zu überprüfen, ob die Übertragung der Beteiligungen auf die ausländische Holdinggesellschaft ohne größere ertragsteuerliche Kosten erfolgen kann, ob sich Auswirkungen auf eventuell bestehende Verlustvorträge in den jeweiligen Tochtergesellschaften ergeben oder ob die Übertragung der Beteiligung oder die Gründung der Gesellschaft an sich Verkehrssteuern auslösen würde (z. B. Grunderwerbsteuer, § 1 Abs. 3 GrEStG) oder die in manchen Ländern üblichen Steuern auf Eigenkapitaleinzahlungen der Gesellschafter. Zusätzlich zu beachten sind noch eventuelle steuerliche Sonderregelungen im Bereich der Gesellschafterfremdfinanzierung im Staat der ausländischen Holding. Hier ist z. B. an Vorschriften zu denken, die den Zinsabzug auf den fremdfinanzierten konzerninternen Erwerb von Beteiligungen begrenzen oder an Stichtage für die Berechnung des verfügbaren Eigenkapitals im Jahr des Erwerbs anknüpfen.

Bei Zwischenschaltung einer deutschen Holdinggesellschaft ist zusätzlich darauf zu achten, dass für mögliche Nettozinsaufwendungen auf Ebene der deutschen Holding ein ausreichend hohes EBITDA für steuerliche Zwecke zur Verfügung steht (Begrenzung der abzugsfähigen Zinsen auf 30 % des steuerlichen EBITDAs) bzw. dass im Vorfeld bereits Überlegungen zur sogenannten „Escape Clause“ (§ 4h Abs. 2 S. 1 c) EStG) angestellt werden, die einen unbegrenzten Abzug der Zinsaufwendungen erlauben würde.

Letztlich ist auch darauf zu achten, dass genügend steuerpflichtige Erträge erwirtschaftet werden, um den Aufwand aus Finanzierungskosten, Abschreibungen u.ä. auch tatsächlich nutzen zu können, so dass der Aufbau von Verlustvorträgen, deren Nutzung eventuellen Beschränkungen unterliegt, vermieden wird. Deshalb sollte auch bedacht werden, dass die Beteiligungen bereits von der später als Holdinggesellschaft fungierenden Gesellschaft erworben werden und nicht in einem zweiten Schritt konzernintern übertragen werden müssen, um mögliche Zins- bzw. Verlustvorträge nicht zu gefährden.

5.1.1. Quellensteuern/Besteuerung von Veräußerungsgewinnen

Durch Einschaltung einer ausländischen Holdinggesellschaft lassen sich bei bedachter Wahl des Holdingstandortes einerseits Quellensteuern minimieren, falls das als Holdingstandort gewählte Land über günstige Doppelbesteuerungsabkommen verfügt. Vorsicht ist allerdings geboten, wenn eine ausländische Holdinggesellschaft für deutsche Beteiligungen eingesetzt wird. Hier ist insbesondere darauf zu achten, dass die ausländische Holding die erhöhten Substanzanforderungen der deutschen Anti-Treaty-Shopping Regelung erfüllt (§ 50d Abs. 3 EStG), da diese auch in Konstellationen zur Anwendung kommt, in denen eine deutsche natürliche oder juristische Person ihre Beteiligung an einer anderen deutschen Gesellschaft über eine ausländische Holdinggesellschaft hält.

Andererseits lassen sich auch Dividenden und Veräußerungsgewinne aus Beteiligungen völlig von der Besteuerung freistellen, wenn im Holdingstandort entsprechende Regelungen zur Anwendung kommen. Im Beispielsfall können sich zusätzlich zu möglichen Vorteilen aus einem vergleichsweise günstigen DBA-Netz auch Vorteile bei der Dividendenbesteuerung bzw. bei der Besteuerung von Veräußerungsgewinnen nach nationalem Recht ergeben. Österreich zum Beispiel stellt Dividenden aus inländischen und ausländischen Beteiligungen zu 100 % (statt 95 % in Deutschland) steuerfrei (für Inlandsbeteiligungen unabhängig von der Beteiligungshöhe gem. § 10 Abs. 1 öKStG, für Auslandsbeteiligungen gem. § 10 Abs. 2 öKStG, wenn die Voraussetzungen für eine internationale Schachtelbeteiligung vorliegen, d. h. eine Beteiligung von mind. 10 % seit mindestens einem Jahr gehalten wird und die ausländische Tochtergesellschaft nicht überwiegend niedrig besteuerte Passiveinkünfte erwirtschaftet). Veräußerungsgewinne aus ausländischen Beteiligungen sind in Österreich ebenfalls zu 100 % (ebenfalls anstatt nur 95 %iger Befreiung in Deutschland) steuerfrei (§ 10 Abs. 3 öKStG). Eine Option zur Steuerpflicht von Veräußerungsgewinnen ist jedoch im Erwerbszeitpunkt möglich und dann sinnvoll, wenn Veräußerungsverluste bzw. Substanzabschreibungen steuerlich verwertbar bleiben sollen, die andernfalls korrespondierend zur Steuerneutralität von Veräußerungsgewinnen außer Ansatz blieben. Dividenden und Veräußerungsgewinne könnten daher von der österreichischen Holding steuerlich effizient thesauriert werden. Werden die liquiden Mittel der österreichischen Holding z. B. in zinsbringende Wertpapiere angelegt, lassen sich hier auch positive steuerliche Effekte erzielen, da die Zinserträge einer Kapitalgesellschaft dem allgemeinen österreichischen Körperschaftsteuersatz i. H. v. 25 % unterliegen. Würden Erträge dagegen zinsbringend in Deutschland angelegt, würde der Regelsteuersatz i. H. v. ca. 30 % auf die Zinseinkünfte zur Anwendung kommen.

Wird eine österreichische Holdinggesellschaft – wie im Eingangsfall beschrieben – zu 100 % von einer deutschen Kapitalgesellschaft gehalten, ist auf sie ebenfalls die Mutter-Tochter-Richtlinie anwendbar. Somit fallen auch – bei Vorliegen entsprechender Dokumentationen hinsichtlich der Qualifikation der Muttergesellschaft, des Mindestbeteiligungsausmaßes von 10 % und des Ablaufs der einjährigen Behaltefrist – auf die Weiterausschüttung der Dividenden an die deutsche Gesellschaft keine Quellensteuern an (§ 94a öEStG). Sollte die österreichische Holdinggesellschaft zusätzlich auch Minderheitsbeteiligungen (unter 10 %) an österreichischen Gesellschaften halten, wäre auch hier der positive Effekt zu erzielen, dass die Weiterausschüttung von Dividenden aus einer solchen Minderheitsbeteiligung durch die österreichische Holding keine Quellensteuern auslösen würde.

In Deutschland werden Dividenden zu 95 % steuerfrei gestellt. Es ist darauf hinzuweisen, dass die im DBA Deutschland/Österreich enthaltene Befreiungsvorschrift für Schachtelbeteiligungen (Art. 23 Abs. 1 lit. a) die 5%ige Steuerpflicht in Deutschland nicht beseitigt, da sie nur die Freistellung der Dividenden vorsieht, die deutsche Besteuerung dagegen aber 5 % der Dividenden als nicht abzugsfähige Betriebsausgaben definiert (§ 8b Abs. 5 KStG) und somit auf einer anderen steuerlichen Ebene ansetzt.

Eine mögliche Reduzierung von Quellensteuern nach der Mutter-Tochterrichtlinie oder dem anwendbaren DBA spielt insbesondere im Verhältnis zu einer deutschen Mutterkapitalgesellschaft eine große Rolle, da die auf ausländische Dividenden anfallende Quellensteuer in Deutschland aufgrund der Qualifikation der Dividenden als steuerfreie Einkünfte nicht auf die Körperschaftsteuer angerechnet werden kann und daher echte Kosten darstellt.

5.1.2. Steuerliche Konsolidierung im Investitionsland

Wird eine Holdinggesellschaft im Zielland des Beteiligungserwerbs gewählt, soll dadurch häufig eine Konsolidierung der Ergebnisse der Holdinggesellschaft mit den Ergebnissen von einer oder mehreren operativen Gesellschaften in diesem Land erreicht werden. Eine solche Konstruktion erscheint vor allem dann sinnvoll, wenn das Steuerniveau im Zielland verhältnismäßig hoch ist oder im Staat der Muttergesellschaft Verlustvorträge existieren, die die steuerlichen Auswirkungen von zusätzlichem Zinsaufwand beschränken. Voraussetzung für eine steuerlich effiziente Gestaltung ist, dass das andere Land Regelungen kennt, die der deutschen Organschaft ähnlich sind. Hier wird die ausländische Holdinggesellschaft durch Gesellschafterdarlehen oder Darlehen eines fremden Dritten fremdfinanziert, um so abzugsfähigen Aufwand zu generieren. Da die ausländische Holdinggesellschaft die ihr darlehensweise überlassenen Fremdmittel für den Erwerb von Beteiligungen verwendet, ist darauf zu achten, inwieweit der ausländische Staat die Abzugsfähigkeit von Kosten in Zusammenhang mit dem Erwerb von Beteiligungen an Kapitalgesellschaften zulässt. Der so in der Holdinggesellschaft generierte Zinsaufwand wird im Rahmen der Ergebniskonsolidierung mit den operativen Gewinnen der an der Ergebniskonsolidierung beteiligten operativen Gesellschaften verrechnet, so dass das gesamte steuerpflichtige Einkommen im Zielland sinkt.

Auch für diese Zwecke bietet sich Österreich als Holdingstandort an: Österreich kennt zum Beispiel keine formalen Gesellschafterfremdfinanzierungsregelungen. Der österreichische Verwaltungsgerichtshof hat in diesem Zusammenhang einige sehr allgemeine und vergleichsweise liberale Grundsätze aufgestellt, wann es zur Annahme von sog. „verdecktem Stammkapital" kommen kann (Erk. vom 23. Oktober 1984, Az. 83/14/0257). Bei entsprechender Vertragsgestaltung wird in der Praxis häufig eine EK/FK-Quote von 5:1 und mehr akzeptiert (Wörndl/Kornberger, IStR 2004, S. 577). Darüber hinaus sind seit der Steuerreform 2005 Zinsaufwendungen in Zusammenhang mit der Fremdfinanzierung von Beteiligungen an Kapitalgesellschaften vollständig abzugsfähig (§ 11 Abs. 1 Nr. 4 öKStG).

Auch eine Ergebniskonsolidierung ähnlich der deutschen Organschaft ist in Österreich möglich. Seit 1. Januar 2005 hat Österreich eine im europaweiten Vergleich äußerst fortschrittliche sog. Gruppenbesteuerung eingeführt (zu den Voraussetzungen siehe Gröhs/Schuch, in diesem Band). Im Rahmen der Gruppe können die positiven und negativen Ergebnisse der inländischen Gruppenmitglieder verrechnet werden, im Fall von ausländischen Gruppenmitgliedern werden dagegen nur deren Verluste in die Gruppe miteinbezogen. Demnach können bei Abschluss eines Gruppenvertrages zwischen der österreichischen Holdinggesellschaft als Gruppenträger und ihren Tochtergesellschaften im Inland und im Ausland als Gruppenmitgliedern auch eventuelle Anlaufverluste der ausländischen Tochtergesellschaften in Österreich steuerlich genutzt werden (vorausgesetzt, die österreichischen Gesellschaften erzielen Gewinne). Sollten die Tochtergesellschaften in späteren Jahren Gewinne erwirtschaften, hat eine Nachversteuerung des Auslandsverlustes zu erfolgen, soweit er mit einem ausländischen Gewinn verrechnet wird oder verrechnet werden könnte. Darüber hinaus lässt Österreich seit 1. Januar 2005 im Rahmen der Gruppenbesteuerung auch die Firmenwertabschreibung beim Erwerb von Anteilen an in Österreich unbeschränkt steuerpflichtigen Gesellschaften zu, sofern die Anteile von einem fremden Dritten erworben werden. Für konzerninterne Beteiligungsverkäufe steht diese Möglichkeit also nicht zur Verfügung. Erwirbt die Holdinggesellschaft Tochtergesellschaften in Österreich, kann sich daraus zusätzliches Abschreibungspotenzial ergeben. Die Verteilung des Firmenwertes erfolgt zwingend über einen Zeitraum von 15 Jahren; korrespondierend zur Firmenwertabschreibung vermindert sich über die Abschreibungsperiode der steuerliche Ansatz der Inlandsbeteiligung (§ 9 Abs. 7 öKStG).

Im Vergleich dazu gestaltet sich eine deutsche Holdinggesellschaft als weniger günstig. Zwar sind auch in Deutschland Finanzierungskosten im Zusammenhang mit Beteiligungen steuerlich abzugsfähig (s.o. Abschnitt 4.1.3.), allerdings wäre der Abzug durch die deutsche Zinsschranke beschränkt. Darüber hinaus könnte eine Ergebniskonsolidierung nur mit deutschen Tochtergesellschaften erfolgen, da die deutschen Organschaftsregelungen (§§ 14 ff. KStG) keine grenzüberschreitende Verlustnutzung zulassen. Eine Firmenwertabschreibung wäre in Deutschland auch nur im Rahmen eines Asset Deals möglich. Darüber hinaus besteht in Deutschland bei reinen Holdinggesellschaften, insbesondere dann, wenn Beteiligungen nur kurzfristig gehalten werden, stets ein latentes Risiko, dass Dividenden und Veräußerungsgewinne nicht zu 95 % steuerfrei sondern aufgrund der Qualifikation als kurzfristiger Eigenhandelserfolg eines Finanzunternehmens voll steuerpflichtig wären.

5.1.3. Sonstige steuerliche Überlegungen

Bei Zwischenschaltung einer Holdinggesellschaft sind auch mögliche negative ertragsteuerliche Folgen zu beachten. Aus deutscher Sicht ist hier besonders an die Grunderwerbsteuer zu denken, wenn Gesellschaften mit deutschem Grundbesitz auf die Holdinggesellschaft übertragen werden.

Werden deutsche Gesellschaften übertragen, die über Verlustvorträge verfügen, kann es zu einem teilweisen oder vollständigen Untergang der Verlustvorträge und der laufenden Verluste des Jahres der Anteilsübertragung durch die Übertragung kommen. Dies ist der Fall, wenn innerhalb von fünf Jahren mittelbar oder unmittelbar mehr als 25 %/50 % der Anteile auf einen Erwerber oder diesem nahe stehende Personen übertragen werden (schädlicher Anteilserwerb) (§ 8c KStG). Diese Regelung gilt analog auch für Zinsvorträge, also für Zinsen, die aufgrund der Abzugsbeschränkung der deutschen Zinsschranke nicht zur Gänze abzugsfähig waren und deshalb für zukünftige Perioden vorgetragen werden. Auch sie würden bei einer mittelbaren oder unmittelbaren Anteilsübertragung von mehr als 25 %/50 % der Anteile anteilig bzw. zur Gänze untergehen.

Zusätzlich ist bei der Übertragung von inländischen Beteiligungen auf eine ausländische Zwischenholding, darauf zu achten, dass Gewinne weiterhin steuerlich effizient repatriiert werden können (§ 50d Abs. 3 EStG, s. oben).

Auch steuerliche Besonderheiten des Holdingstandortes sind zu beachten. Im Beispielsfall wäre dies zum Beispiel die österreichische Gesellschaftsteuer auf die Zufuhr von Eigenkapital durch einen direkten Gesellschafter an seine Kapitalgesellschaft, die allerdings durch erprobte Strukturen im Regelfall vermieden werden kann, sowie die österreichische Grunderwerbsteuer (vgl. Gröhs/Schuch, in diesem Band).

5.2. Abwehrmechanismen im deutschen Außensteuerrecht

Bei Holdinggesellschaften im niedrig besteuernden Ausland ist bei der Steuerplanung immer auch das Abwehrinstrumentarium des deutschen Außensteuerrechts zu beachten, das die Vorteile einer Holdingstruktur u. U. beseitigen kann. Die Missbrauchsvorschriften setzen dabei auf unterschiedlichen Ebenen an: Während die Annahme eines inländischen Orts der Geschäftsleitung die ausländische Gesellschaft zu einer im Inland unbeschränkt steuerpflichtigen Gesellschaft macht mit der steuerlichen Folge, dass die ausländische Gesellschaft im Inland mit ihrem Welteinkommen der Besteuerung unterliegt, wird im Anwendungsfall des § 42 AO die gewählte Gestaltungsweise d. h. die ausländische Gesellschaft an sich negiert und die Einkünfte dem inländischen Steuerpflichtigen unmittelbar zugerechnet, als ob er sie selbst erzielt hätte. Die §§ 7 ff. AStG erkennen dagegen zwar die ausländische Gesellschaft als solche an, verneinen aber im Anwendungsfall ihre Abschirmwirkung, so dass die von ihr erzielten Gewinne im Inland als unmittelbar nach Ablauf ihres Wirtschaftsjahres als zugeflossen gelten und in diesem Zeitpunkt zu besteuern sind.

5.2.1. Inländischer Ort der Geschäftsleitung

Eine Gesellschaft ist im Inland unbeschränkt steuerpflichtig, wenn sie ihren Sitz oder ihren Ort der Geschäftsleitung in Deutschland hat (§ 1 Abs. 1 KStG). Der Satzungssitz einer Holdinggesellschaft im Ausland wird durch kontrollierbare gesellschaftsrechtliche Maßnahmen bestimmt, von hier droht keine Gefahr. Weil der Ort der Geschäftsleitung allerdings ein faktischer Umstand ist, der auch „schleichend“ verändert werden kann, ist eine mögliche Verlagerung des Orts der Geschäftsleitung nach Deutschland zu prüfen und unter allen Umständen zu vermeiden. Der Ort der Geschäftsleitung ist grundsätzlich der Mittelpunkt der geschäftlichen Oberleitung (§ 10 AO). Dieser ist grundsätzlich dort, wo der für die Geschäftsführung maßgebliche Wille gebildet wird. Hier ist insbesondere auf die laufende Geschäftsführung abzustellen (BFH vom 19. März 2002, BFH/NV 2002, S. 1411).

Bei Beteiligung und Geschäftsführungsbefugnis von in Deutschland unbeschränkt Steuerpflichtigen an einer ausländischen Gesellschaft kann die Finanzverwaltung zu dem Schluss kommen, dass die ausländische Gesellschaft tatsächlich ihren Ort der Geschäftsleitung im Inland hat, da der für die Geschäftsführung maßgebliche Wille im Inland gebildet wird. Um dies zu vermeiden, ist streng darauf zu achten, dass auch andere im Staat der Holdinggesellschaft ansässige Personen zur Geschäftsführung befugt sind sowie dass Geschäftsführungssitzungen und ähnliches außerhalb Deutschlands stattfinden und dies auch ausreichend dokumentiert wird.

Anderenfalls kann es zur unbeschränkten Steuerpflicht der Holdinggesellschaft in Deutschland kommen, die gewünschte steuerliche Wirkung der ausländischen Gesellschaft tritt dann nicht ein.

5.2.2. § 42 AO – Missbrauch von rechtlichen Gestaltungsmöglichkeiten

Voraussetzung für das Vorliegen eines Missbrauchs ist, dass eine rechtliche Gestaltung gewählt wird, die zur Erreichung des erstrebten wirtschaftlichen Ziels unangemessen ist. Der BFH geht in ständiger Rechtsprechung von einem „logischen Vorrang" von § 42 AO gegenüber §§ 7 ff. AStG aus (BFH vom 25. Februar 2004, IStR 2004, S. 527). Dies bedeutet, dass im Einzelfall die Voraussetzungen des § 42 AO vor denen der Hinzurechnungsbesteuerung zu prüfen sind. Diese Reihenfolge hat sich auch nicht durch die Änderung des § 42 AO im Zuge des JStG 2008 geändert.

Der BFH hat in ständiger Rechtsprechung die Zwischenschaltung einer Basisgesellschaft im niedrig besteuernden Ausland als missbräuchlich angesehen, wenn für deren Errichtung wirtschaftliche oder sonstige beachtliche Gründe fehlen und sie keine wirtschaftliche Tätigkeit entfaltet (vgl. z. B. BFH vom 29. November 1975, BStBl II 1975 S. 553). Bei reinen Inlandssachverhalten hat der BFH dagegen in der Vergangenheit die Zwischenschaltung einer Kapitalgesellschaft zwischen Steuerpflichtigen und Einkunftsquelle nie als missbräuchlich qualifiziert, sofern der Steuerpflichtige alle sich aus der Zwischenschaltung ergebenden Konsequenzen gezogen hat (vgl. zuletzt BFH vom 29. Mai 2008, BStBl. II 2008, S. 789, a.A. noch die Vorinstanz FG Münster, EFG 2006, S. 1302). Die Rechtsprechung zu Inlandssachverhalten nahm der BFH in seinem Urteil vom 25. Februar 2004 (BStBl. II 2005 S. 14) zum Anlass, den Missbrauch auch bei einer nicht nur vorübergehenden Zwischenschaltung (im Streitfall ca. zwei Jahre) einer EU-Kapitalgesellschaft zu verneinen, sofern die ausländische Kapitalgesellschaft über ein Minimum an Substanz verfügte. Der BFH begründete sein Urteil mit der EG-vertraglichen Niederlassungsfreiheit, hier im Speziellen mit dem Urteil in der Rs. Inspire Art (C-167/01, Slg. 2003, S. 10155) und der Tatsache, dass es durch die unterschiedliche

Wertung des Inlands- und des Auslandssachverhaltes zu einer EG-rechtswidrigen Benachteiligung des Auslandssachverhaltes kommt. Diese Rechtsprechungsänderung des BFH stellt eine positive Entwicklung aus Sicht der Steuerpflichtigen dar und reduziert die steuerlichen Risiken bei Zwischenschalten einer EU-Kapitalgesellschaft.

Kommt § 42 AO zur Anwendung, wird der Vorgang nach den allgemeinen Vorschriften wie bei angemessener Gestaltung besteuert. Die unangemessene Gestaltung wird daher für steuerliche Zwecke ignoriert. Hält ein Steuerpflichtiger zum Bespiel mehrere Beteiligungen über eine substanzlose Steueroasen-Kapitalgesellschaft, die keine wirtschaftliche Tätigkeit entfaltet, und erzielt er über diese Gesellschaft Beteiligungserträge, die bei Anwendung der allgemeinen steuerlichen Regelungen in der ausländischen Gesellschaft thesauriert werden könnten, würde bei Anwendung des § 42 AO die ausländische Gesellschaft als transparent betrachtet und die Beteiligungserträge würden unmittelbar dem Steuerpflichtigen zugerechnet. Auch wenn das Urteil des BFH vom 25. Februar 2005 Anlass zur Annahme gibt, dass die nicht nur vorübergehende bzw. geschäftsvorfallbezogene Zwischenschaltung einer EU-ausländischen Gesellschaft nicht auf Basis von § 42 AO negiert werden darf, ist davon auszugehen, dass auf Basis der neueren EuGH-Rechtsprechung dennoch ein gewisses Mindestmaß an Substanz der ausländischen Gesellschaft (im Sinne einer wirklichen wirtschaftlichen Tätigkeit und einer tatsächlichen Ansiedlung im Ansässigkeitsstaat nach den Grundsätzen des EuGH-Urteils in der Rs. Cadbury Schweppes) gefordert werden kann. Obwohl die Kriterien nach der bisherigen Rechtsprechung noch eher vage sind, sollte die ausländische Gesellschaft zumindest über Büroräume und Geschäftsausstattung (inkl. Kommunikationsmittel, Telefon, Fax, e-mail) und Personal in einem Umfang verfügen, der der Art der Aktivität der ausländischen Gesellschaft angemessen ist (vgl. zur Interpretation der Kriterien des EuGH in der Rs. Cadbury Schweppes in Zusammenhang mit § 50d Abs. 3 EStG, BFH vom 29. Januar 2008, BStBl II 2008, S. 978 und Niedersächsisches Finanzgericht vom 13. Mai 2009, 6 R 476/06).

5.2.3. §§ 7 ff. AStG – Hinzurechnungsbesteuerung

Die deutsche Hinzurechnungsbesteuerung (§§ 7 ff. AStG) greift grundsätzlich dann ein, wenn

- unbeschränkt Steuerpflichtige mittelbar oder unmittelbar zu mehr als 50 % (der Anteile oder der Stimmrechte)
- an einer ausländischen Gesellschaft (sog. Zwischengesellschaft) beteiligt sind, die passive Einkünfte erzielt (§ 8 AStG),
- die einer niedrigen Besteuerung unterliegen.

Es ist unerheblich, ob die Anteile direkt oder indirekt über eine zwischengeschaltete (hoch oder niedrig besteuerte) Gesellschaft gehalten werden. Die Beteiligung zum Ende des jeweiligen Wirtschaftsjahres ist ausschlaggebend. Bei Zwischeneinkünften mit Kapitalanlagecharakter (§ 7 Abs. 6a AStG) liegt die Beteiligungsgrenze bei 1 %, in gewissen Fällen sogar unter 1 %. Zwischeneinkünfte mit Kapitalanlagecharakter sind Einkünfte aus ausländischen Zwischengesellschaften, die aus dem Halten, der Verwaltung etc. von Zahlungsmitteln, Forderungen, Wertpapieren, Beteiligungen oder ähnlichen Vermögenswerten stammen. Eine niedrige Besteuerung liegt grundsätzlich vor, wenn die Einkünfte der ausländischen Gesellschaft einer Belastung durch Ertragsteuern von weniger als 25 % unterliegen, § 8 Abs. 3 AStG. Für nach dem 31. Dezember 2007 beginnende Wirtschaftsjahre gelten auch Ertragsteuern von 25 oder mehr Prozent als „niedrige Besteuerung", wenn sie zwar rechtlich geschuldet, tatsächlich aber nicht erhoben werden. Kommen die §§ 7 ff. AStG zur Anwendung, werden die Einkünfte der ausländischen Gesellschaft dem Anteilseigner – unabhängig von einer erfolgten Ausschüttung – unmittelbar zugerechnet und wären bei diesem voll steuerpflichtig. Weder die Vorschriften des Teileinkünfteverfahrens noch § 8b KStG noch die mit Wirkung vom VZ 2009 eingeführte Abgeltungsteuer noch eine mögliche Freistellung für Schachteldividenden nach einem anwendbaren Doppelbesteuerungsabkommen kommen für den Hinzurechnungsbetrag zur Anwendung (§ 10 Abs. 2 S. 3 AStG, Aufhebung des § 10 Abs. 5 AStG). Die tatsächliche Ausschüttung bleibt dafür gem. § 3 Nr. 41 EStG vollständig steuerfrei, wenn die Ausschüttung innerhalb von sieben Jahren erfolgt. Für Kapitalgesellschaften wird allerdings eine Doppelbesteuerung auf 5 % der Dividenden in Kauf zu nehmen sein.

Die Vereinbarkeit der Regelungen zur Hinzurechnungsbesteuerung mit den Vorgaben des Gemeinschaftsrechts war lange Zeit umstritten, da bei Anwendung der §§ 7 ff. AStG der grenzüberschreitende Sachverhalt im Vergleich zum reinen Inlandssachverhalt schlechter gestellt wird, (im vergleichbaren Inlandssachverhalt würde die Abschirmwirkung einer inländischen Kapitalgesellschaft anerkannt). Zudem werden inländische Gesellschafter je nach dem Besteuerungsniveau des Aufnahmestaates in Bezug auf die Gewinne ihrer ausländischen Tochterunternehmen zur Steuer herangezogen. Dies kann dazu führen, dass ansässige Gesellschaften davon abgebracht werden, in Staaten mit niedrigem Steuersatz eine Tochtergesellschaft zu gründen, zu erwerben oder zu behalten. Der EuGH hat im Urteil vom 12. September 2006 (Cadbury-Schweppes, Rs. C-196/04) festgestellt, dass eine solche, zumindest potentiell die Niederlassungsfreiheit beschränkende Regelung gerechtfertigt ist, wenn sie auf die Verhinderung von „rein künstlichen, jeder wirtschaftlichen Realität baren" Gestaltungen abzielt, die dazu bestimmt sind, der normalerweise geschuldeten nationalen Steuer zu entgehen.

Dem hat der deutsche Gesetzgeber in § 8 Abs. 2 AStG in der Fassung des JStG 2008 Rechnung getragen: Kann der an einer im EU- oder EWR-Staat ansässigen Gesellschaft beteiligte Steuerpflichtige nachweisen, dass die Gesellschaft ungeachtet von Motiven steuerlicher Art tatsächlich im Aufnahmestaat angesiedelt ist und dort einer wirklichen wirtschaftlichen Tätigkeit nachgeht, gilt die ausländische Gesellschaft nicht als Zwischengesellschaft i. S. d. §§ 7 Abs. 1, 8 Abs. 1 AStG. Die Voraussetzungen für eine Hinzurechnungspflicht nach § 7 Abs. 1 AStG sind in diesem Fall nicht erfüllt. Jedoch sind die Nachweispflichten in vielen Fällen schwer zu erfüllen und mit Unsicherheiten für den Steuerpflichtigen behaftet (vgl. Schönfeld, IStR 2008, S. 763 ff.; Sedemund, BB 2008, S. 696 ff.).

Auch Personengesellschaften bzw. Betriebsstätten im niedrig besteuernden Ausland unterliegen Regelungen mit ähnlicher Wirkung wie die Hinzurechnungsbesteuerung. Für solche Einkünfte, die gem. §§ 7 ff. AStG in Deutschland steuerpflichtig wären, würden sie in einer Kapitalgesellschaft anfallen, kommen auch hier Sonderregelungen zur Anwendung. In diesen Fällen geht Deutschland nach nationalem Recht von der Freistellungsmethode für Betriebsstättengewinne zur Anrechnungsmethode über (§ 20 Abs. 2 AStG). Es kommt somit auch in diesen Fällen zu einer Hochschleusung auf das deutsche Steuerniveau, unabhängig davon, welche Methode zur Vermeidung der Doppelbesteuerung im jeweiligen DBA vereinbart wurde. Der EuGH hat in seinem Urteil vom 6. Dezember 2007 (Columbus Container Services, Rs. C-298/05) die Vereinbarkeit dieser Regelung mit dem EG-Recht (Art. 43 und Art. 56 EG) festgestellt. Durch den „switch over“ zur Anrechnungsmethode unterwerfe die betreffende Regelung die Gewinne von Personengesellschaften, die in einem anderen Mitgliedstaat ansässig sind, lediglich demselben Steuersatz wie die Gewinne von in Deutschland ansässigen Personengesellschaften. Eine steuerliche Benachteiligung sei daher nicht gegeben. Der Gesetzgeber hat auf dieses Urteil reagiert und im Bereich des § 20 Abs. 2 AStG einen ähnlichen Gegenbeweis wie nach § 8 Abs. 2 AStG nicht zugelassen.

Für einen Steuerpflichtigen kann es dennoch vorteilhafter sein, passive Einkünfte in einem Niedrigsteuerland über eine Personengesellschaft oder eine Betriebsstätte zu erzielen, da im Fall von § 20 Abs. 2 AStG die Einkünfte der ausländischen Personengesellschaft oder Betriebsstätte nicht auch noch der Gewerbesteuer unterliegen.

6. Finanzierungsgesellschaften und Unternehmenskauf

Konzerninterne Finanzierungsgesellschaften nehmen meist zentral für den Konzern Finanzmittel auf den Kapitalmärkten auf und reichen diese an die einzelnen Konzerngesellschaften weiter. Sie sind oft in Ländern ansässig, die sich durch einen effizienten Kapitalmarkt und niedrige Steuersätze auszeichnen. Durch die Bündelung des Kapitalbedarfes des Konzerns lassen sich oft Kosteneinsparungen für die gesamte Gruppe erzielen. Darüber hinaus besteht für die Obergesellschaft die Möglichkeit, durch zentrale Verhandlungen die Vertragsbedingungen für die Aufnahme von Fremdkapital zu vereinheitlichen. Auch aus steuerlichen Gesichtspunkten ergeben sich eine Reihe von

Vorteilen. Sofern die Anwendbarkeit der deutschen Hinzurechnungsbesteuerung vermieden werden kann, ist einer der größten Vorteile von Finanzierungsgesellschaften, dass die Zinsen üblicherweise von den operativen Gewinnen der einzelnen Konzerngesellschaften abgezogen werden können, während die Zinseinkünfte auf Ebene der Finanzierungsgesellschaft häufig einer niedrigen Besteuerung unterliegen.

Um die gewünschten steuerlichen Effekte zu erreichen, müssen im Staat der zu finanzierenden Tochtergesellschaft mögliche Gesellschafterfremdfinanzierungsregelungen beachtet werden. Entscheidungserheblich sind darüber hinaus auch die Quellensteuersätze auf Zahlungen von Zinsen in das Land der Finanzierungsgesellschaft. Daher bietet sich für die Ansiedlung der Finanzierungsgesellschaft nicht nur ein Staat an, in dem Gewinne generell nur einer niedrigen Besteuerung unterliegen (z. B. Irland mit einem Körperschaftsteuersatz von 12,5 % oder Zypern mit 10 %, aber auch Malta, Belgien, die Niederlande, Ungarn und Luxemburg, die jeweils Sonderregelungen für Finanzierungsgesellschaften aufweisen), es ist außerdem auch zu beachten, dass der Staat, in dem die Zinsen gezahlt werden, keine Quellensteuern auf Zinsen erhebt bzw. dass ein anwendbares DBA oder eine EG-Richtlinie (wie zum Beispiel die Zinsen- und Lizenzgebührenrichtlinie RL 2003/49/EG) die Quellensteuern auf die Zinsen beschränkt, da der Effekt aus der Anrechnung im Ansässigkeitsstaat der Finanzierungsgesellschaft oft gering ist. Bei Anwendung der Zinsen- und Lizenzgebührenrichtlinie ist zu beachten, dass die Richtlinie nur bei einem einstufigen Konzernaufbau Anwendung findet. Um daher von den Vergünstigungen der Zinsen und Lizenzgebührenrichtlinie zu profitieren, sollte die Finanzierungsgesellschaft eine unmittelbare Tochtergesellschaft der Holdinggesellschaft sein, so dass die geforderte mindestens 25%ige Verflechtung gem. Art. 3 lit. b der Richtlinie gegeben ist. Auch wenn Steueroasen (Channel Islands, Cayman Islands etc.) niedrigere Steuersätze als die meisten EU-Staaten anbieten, empfiehlt es sich dennoch wegen des DBA-Netzes, der anwendbaren EG-Richtlinien sowie des Schutzes der EG-rechtlichen Grundfreiheiten, die Finanzierungsgesellschaft im EU-Raum anzusiedeln.

Wie bereits oben beschrieben (siehe Abschnitt 5.2.3.) kommt die Hinzurechnungsbesteuerung auch im EU-Raum zur Anwendung. Grundsätzlich kann aber innerhalb der EU bzw. des EWR (mit Ausnahme von Liechtenstein mangels Amtshilfeabkommen) die wirtschaftliche Tätigkeit der Finanzierungsgesellschaft belegt werden, um die Anwendung der § 7 ff. AStG zu vermeiden (§ 8 Abs. 2 AStG). Nach Auffassung der Finanzverwaltung (vgl. BMF v. 8. Januar 2007, BStBl. I 2007 S. 99, das auch nach Inkrafttreten von § 8 Abs. 2 AStG eine Indikation für die von der Finanzverwaltung geforderten Aktivitäten und Substanz gibt) ist dafür nachzuweisen, dass im Ansässigkeitsstaat der Finanzierungsgesellschaft am Marktgeschehen im Rahmen der gewöhnlichen Geschäftstätigkeit aktiv, ständig und nachhaltig teilgenommen wird und dass außerdem u.a. qualifiziertes Personal sowie Einkünfte aufgrund der eigenen Aktivitäten der Finanzierungsgesellschaft vorhanden sind. Auch wenn nach dem Gesetzeswortlaut bzw. dem BMF-Schreiben kein Unterschied zwischen verschiedenen Arten von passiven Aktivitäten gemacht wird, lassen die Ausführungen in der Gesetzesbegründung zum JStG 2008 darauf schließen, dass sehr hohe Anforderungen an einen erfolgreichen Gegenbeweis, der die Anwendung der Hinzurechnungsbesteuerung für EU- bzw. EWR Gesellschaften verhindert, gestellt werden, sofern es sich um Gesellschaften handelt, die Zwischeneinkünfte mit Kapitalanlagecharakter erzielen.

Aufgrund dieser Unsicherheit und da Finanzierungsgesellschaften oft zumindest mittelbar deutsch beherrscht sind und zumeist im niedrig besteuernden Ausland ansässig sind, stellt sich die Frage, ob man die Tätigkeit der Finanzierungsgesellschaft so strukturieren kann, dass sie als aktiv im Sinne des § 8 AStG gilt und die Hinzurechnungsbesteuerung damit nicht zur Anwendung kommt. Gem. § 8 Abs. 1 Nr. 7 AStG gilt die Aufnahme und darlehensweise Vergabe von Kapital als aktive Tätigkeit, sofern der Steuerpflichtige nachweist, dass das Kapital ausschließlich auf ausländischen Kapitalmärkten (und nicht bei einer ihm oder der ausländischen Gesellschaft nahe stehenden Person) aufgenommen wurde und ausschließlich ausländischen Betrieben oder Betriebsstätten, die einer aktiven Tätigkeit im Sinne des AStG nachgehen, oder inländischen Betrieben oder Betriebsstätten zugeführt wird. Will man die Hinzurechnungsbesteuerung vermeiden, darf die ausländische Finanzierungsgesellschaft somit Fremdkapital nur außerhalb Deutschlands aufnehmen.

Allerdings ist auch bei Finanzierungsgesellschaften darauf zu achten, dass es keine Anzeichen für einen inländischen Ort der Geschäftsleitung gibt. Die allgemeine Missbrauchsvorschrift des § 42 AO sollte bei Finanzierungsgesellschaften in der Regel von vergleichsweise geringerer Bedeutung sein, da sich die (außersteuerlichen) wirtschaftlichen Gründe für die Zwischenschaltung einer solchen Gesellschaft einfach dokumentieren lassen.

7. Geltendmachung von Verlusten

Da naturgemäß gerade auch Auslandsengagements Verlustrisiken bis hin zum Totalverlust ausgesetzt sind, stellt sich die Frage, wie Verluste steuerlich berücksichtigt werden. Die steuerliche Berücksichtigung von Auslandsverlusten stellt sich weitgehend als Spiegelbild der Gewinnberücksichtigung dar. Demnach ist eine grenzüberschreitende Verlustnutzung in den meisten Fällen nicht oder nur sehr eingeschränkt möglich.

Trotz der nach nationalem Recht eindeutigen Rechtslage häufen sich sowohl in Deutschland als auch auf EU-Ebene Fälle, in welchen eine grenzüberschreitende Verlustnutzung auf Basis von DBA-rechtlichen oder EG-rechtlichen Argumenten geltend gemacht wird. Den Anfang in einer Reihe von grundlegenden Entscheidungen machte der österreichische Verwaltungsgerichtshof. In seine Erkenntnis vom 25. September 2001 (Az. 99/14/0217 E, IStR 2001, S. 754) ließ er die Geltendmachung von ausländischen Betriebsstättenverlusten in Österreich auch in Fällen zu, in welchen das anwendbare DBA die Freistellungsmethode für Betriebsstättengewinne vorsah. Diese Änderung der Rechtsprechung begründete der VwGH mit der Schrankenwirkung der Doppelbesteuerungsabkommen und der EG-vertraglichen Niederlassungsfreiheit, wobei er allerdings eine Vorlage an den EuGH für nicht erforderlich hielt. Diese Rechtsprechung wurde mit Wirkung vom 1. Januar 2005 im österreichischen EStG festgeschrieben (§ 2 Abs. 8 öEStG i. d. F. des BGBl. Nr. 2004/57 I). In Österreich können daher seit dem VwGH-Erkenntnis aus 2001 ausländische Betriebsstättenverluste geltend gemacht werden. Die zur Anwendung kommenden Regelungen sind dem früheren deutschen § 2a Abs. 3 EStG ähnlich. Zu einem ähnlichen Ergebnis wie der österreichische Verwaltungsgerichtshof kam auch der luxemburgische Conseil d'Etat (vgl. Winandy, IStR 2005, S. 594). Auch die EU-Kommission sprach sich in ihrer Mitteilung vom 19. Dezember 2006 für eine grenzüberschreitenden Verlustberücksichtigung aus.

Der EuGH hat in seiner jüngeren Rechtsprechung zur grenzüberschreitenden Verlustberücksichtigung generell eine restriktivere Haltung eingenommen. Die bisher entschiedenen Fälle lassen sich in drei große Gruppen unterteilen:

- Grenzüberschreitende Verlustberücksichtigung zwischen Kapitalgesellschaften (vgl. z. B. Rs. C-446/03, Marks & Spencer, Rs. C-231/05, Oy AA)
- Grenzüberschreitende Verlustberücksichtigung bei Betriebsstätten (z. B. Rs. C-414/06, Lidl Belgium, C-415/06, Stahlwerk Ergste Westig, C-157/07, Krankenheim Wannsee)
- Verluste auf Ebene der inländischen Muttergesellschaft, die mit ihrem Auslandsengagement in Verbindung stehen (z. B. Rs. C-347/04, Rewe Zentralfinanz, zur steuerwirksamen Abschreibung auf Beteiligungen an ausländischen Tochtergesellschaften).

Der EuGH legt grundsätzlich für die grenzüberschreitende Verlustberücksichtigung bei Kapitalgesellschaften und Betriebsstätten den gleichen Maßstab an. Demnach kommt eine grenzüberschreitende Verlustberücksichtigung nur dann in Betracht, wenn die Verluste im Ausland endgültig nicht mehr nutzbar sind. Auch wenn der EuGH in der Versagung der grenzüberschreitenden Verlustberücksichtigung grundsätzlich eine Beschränkung der Niederlassungsfreiheit sieht, kann diese durch (i) die Gefährdung der Aufteilung der Besteuerungshoheit zwischen den Mitgliedstaaten, (ii) die Steuerfluchtgefahr (da Steuerpflichtige anderenfalls die Verluste tendenziell nur in Hochsteuerländer transferieren würden) und (iii) der Gefahr der doppelten Verlustberücksichtigung gerechtfertigt werden.

Es ist zu erwarten, dass die Interpretation des Kriteriums „endgültig nicht mehr nutzbar“ in Zukunft die Rechtsprechung beschäftigen wird. Insbesondere stellt sich in diesem Zusammenhang die Frage, ob es für endgültig nicht mehr nutzbare Verlustvorträge erforderlich ist, dass die Aktivitäten im anderen Mitgliedstaat vollständig eingestellt werden, oder ob auch ein Untergang der Verluste nach nationalem Recht z. B. durch Umwandlungen oder durch eine generelle zeitliche Befristung der Verlustvorträge dafür bereits ausreichend ist. Darüber hinaus stellt sich die Frage, nach welchem Recht der endgültige Untergang der Verlustvorträge zu beurteilen ist (nach dem Recht des Mitgliedstaates der Tochtergesellschaft bzw. der Betriebsstätte oder nach dem Recht des Ansässigkeitsstaates des Gesellschafters/des Stammhauses). Das EuGH-Urteil in der Rs. Krankenheim Wannsee lässt den Schluss zu, dass der EuGH auch bei der Frage, wann Verluste endgültig nicht mehr nutzbar sind, eine restriktive Haltung der Mitgliedstaaten zulassen könnte, so dass sich z. B. aus zeitlichen Befristungen von Verlustvorträgen im anderen Staat oder besonders restriktiven Regelungen zu Verlustnutzung nach Anteilseignerwechseln keine Verpflichtung zur Verlustberücksichtigung durch den Ansässigkeitsstaat ergeben könnten, so dass nur Verluste, die wegen einer Einstellung der Tätigkeiten im anderen Mitgliedstaat nicht mehr nutzbar sind, zum Abzug zugelassen werden müssten.

Eine grenzüberschreitende Verlustnutzung in Drittstaatensachverhalten ist nach der neueren EuGH-Rechtsprechung nicht geboten (EuGH-Urteil in der Rs. C-415/06, Stahlwerk Ergste Westig). Da in den Fällen, in denen in innerstaatlichen Fällen eine Verlustberücksichtigung zwischen Kapitalgesellschaften möglich ist, üblicherweise eine beherrschende Beteiligung erforderlich ist und da in Betriebsstättenfällen auch typischerweise von einer Niederlassung im anderen Staat ausgegangen wird, verdrängt in diesen Fällen nach ständiger Rechtsprechung des EuGH die Niederlassungsfreiheit die – auch auf Drittstaatensachverhalte anwendbare – Kapitalverkehrsfreiheit. Eine grenzüberschreitende Verlustberücksichtigung kommt daher weder bei Kapitalgesellschafts- noch bei Personengesellschaftsbeteiligungen aus Drittstaaten in Betracht. Eine Ausnahme könnte nur für eine Minderheitsbeteiligung an einer Drittstaaten-Personengesellschaft gelten, da in einer solchen Beteiligung ggfs. ein Anwendungsfall der Kapitalverkehrsfreiheit gesehen werden könnte.

Das deutsche BMF hat auf das BFH-Urteil in der Rs. Lidl (BFH v. 17. Juli 2008, DStR 2008, S. 1869) mit einem Nichtanwendungserlass reagiert (vgl. BMF v. 13. Juli 2009), der damit begründet wird, dass das Verfahren an das FG zurückverwiesen wurde.

Eine Steuerpflichtigen-freundlichere Position nimmt der EuGH für Verluste ein, die auf Ebene der Muttergesellschaft in Zusammenhang mit ihrem Auslandsengagement anfallen (z. B. Abschreibungen auf Beteiligungen an Auslandstochtergesellschaften). Da es sich bei solchen Verlusten um originäre Verluste der Muttergesellschaft handelt und eine doppelte Verlustberücksichtigung hier nicht in Betracht kommt, müssen derartige Aufwendungen zum Abzug zugelassen werden, sofern sie auch im vergleichbaren Inlandssachverhalt zum Abzug zugelassen werden.

Zusammenfassend gilt derzeit für die Verlustberücksichtigung von Auslandsinvestitionen in Deutschland Folgendes:

7.1. Natürliche Person investiert in ausländische Betriebsstätte oder Personengesellschaft

Im DBA-Fall ist ein Verlustabzug im Inland regelmäßig aufgrund der Freistellung des (positiven wie negativen) Betriebsstättenergebnisses ausgeschlossen. § 2a Abs. 3 EStG, der unter bestimmten Bedingungen den Abzug von Verlusten bei nach DBA freigestellten Betriebsstätteneinkünften zuließ, gilt für Verluste ab dem VZ 1999 nicht mehr. Eine Wiedereinführung ist von der Wirtschaft vehement gefordert worden, bisher jedoch nicht konkret geplant.

Besonders aus EG-rechtlicher Sicht wurde die Abschaffung des § 2a Abs. 3 EStG in der Literatur als problematisch gesehen. Die Tatsache, dass Verluste aus EU-Betriebsstätten im Inland nicht abgezogen werden können, wurde in der Literatur überwiegend als Beschränkung der Niederlassungsfreiheit bzw. der Kapitalverkehrsfreiheit angesehen. Dieser Verstoß gegen höherrangiges EG-Recht wurde in der Regel damit begründet, dass Investitionen im EU-Ausland aufgrund des Abzugsverbotes weniger attraktiv sind als vergleichbare Investitionen im Inland und dass keine Rechtfertigungsgründe für diese Schlechterstellung vorliegen.

Wie bereits oben ausgeführt teilte der EuGH diese Bedenken nur zum Teil. Nach derzeitigem Stand der Rechtsprechung können daher Verluste aus Betriebsstätten innerhalb der EU bzw. im EWR nur dann geltend gemacht werden, wenn sie „im Quellenstaat steuerlich unter keinen Umständen anderweitig verwertbar sind" (BFH Anschlussurteil in der Rs. Lidl vom 17. Juli 2008, DStR 2008, S. 1869).

Das deutsche BMF hat auf das Urteil mit einem Nichtanwendungserlass reagiert, da der BFH das Verfahren zur weiteren Sachverhaltsaufklärung an das FG zurückverwiesen hat. Aus Sicht der Praxis wäre insbesondere die Sichtweise des BMF zur Frage, wann Verluste als im Quellenstaat nicht mehr verwertbar angesehen werden können, höchst relevant. Obwohl eine grenzüberschreitende Verlustberücksichtigung bei EU-/EWR-Betriebsstätten durch den Nichtanwendungserlass noch mit großen Unsicherheiten behaftet ist, kann davon ausgegangen werden, dass eine grenzüberschreitende Verlustberücksichtigung bei Betriebsstätten und Personengesellschaften dennoch in Zukunft leichter zu erreichen sein wird als eine grenzüberschreitende Verlustnutzung bei Kapitalgesellschaften, da mit dem Lidl-Verfahren bereits ein deutscher Fall entschieden wurde.

Eine grenzüberschreitende Verlustnutzung aus Personengesellschaften und Betriebsstätten in Drittstaaten scheidet aus (vgl. EuGH Urteil in der Rs. C-415/06, Stahlwerk Ergste Westig).

Die Frage der möglichen steuerlichen Berücksichtigung von Verlusten kann sich auch bei Wertberichtigungen auf Darlehen an eine ausländische Personengesellschaft stellen. Auch in diesem Fall sollte gemäß § 50d Abs. 10 EStG die steuerliche Berücksichtigung im Inland nicht möglich sein, sofern der ausländische Staat das Konzept des Sonderbetriebsvermögens kennt (für die Auswirkung der Wertberichtigung auf ein Darlehen an eine ausländische Personengesellschaft vor Einführung des § 50d Abs. 10 EStG, s. BFH v. 24. März 1999, IWB F. 3a, Gr. 1, S. 811, DBA Österreich). Sofern allerdings die Darlehenszinsen über § 50d Abs. 9 EStG zur Verhinderung von sog. weißen Einkünften im Inland besteuert werden, spricht vieles dafür, dass auch die entsprechenden Verluste aus Abschreibungen der Darlehen im Inland berücksichtigt werden müssen, da § 50d Abs. 9 EStG von „Einkünften" spricht und damit grundsätzlich positive und negative Einkünfte erfassen sollte (vgl. auch Frotscher, in Frotscher, EStG, § 50d, Rz. 134).

7.2. Natürliche Person investiert in ausländische Kapitalgesellschaft

Da es sich bei den aus der Beteiligung resultierenden Erträgen um dem § 3 Nr. 40 EStG unterliegende Einnahmen handelt, sind entsprechende Vermögensminderungen, Betriebsausgaben oder Werbungskosten gemäß § 3c Abs. 2 EStG stets und unabhängig vom Vorliegen von Einnahmen aus der Auslandsbeteiligung nur zu 60 % abzugsfähig. Dies gilt in erster Linie für Veräußerungsverluste, aber auch für in Betriebsvermögen vorzunehmende Teilwertabschreibungen.

Bezüglich solcher Teilwertabschreibungen ist allerdings zu beachten, dass es sich um eine voraussichtlich dauernde „Wertminderung der Beteiligung" handeln muss (§ 6 Abs. 1 Nr. 1 Satz 2 EStG). Ferner hat die BFH-Rechtsprechung Grenzen für die Möglichkeit der Teilwertabschreibung festgelegt, wenn diese auf Anlaufverlusten der Auslandsgesellschaft beruht (BFH, BStBl 1989 II S. 274: während einer fünfjährigen Anlaufphase keine Teilwertabschreibung möglich). Stets (zu 60 %) abzugsfähig, auch innerhalb einer Anlaufphase, ist ein Veräußerungsverlust, sofern der Verlust aus einer mit oder wie zwischen fremden Dritten durchgeführten Transaktion resultiert.

7.3. Kapitalgesellschaft investiert in ausländische Betriebsstätte oder Personengesellschaft

Es gelten die gleichen Grundsätze wie bei der Beteiligung natürlicher Personen (vgl. oben 7.1.).

7.4. Kapitalgesellschaft investiert in ausländische Kapitalgesellschaft

Bei dieser Konstellation ist die Vorschrift des § 8b Abs. 3 KStG zu berücksichtigen, wonach weder Verluste aus Teilwertabschreibungen, Veräußerungen noch Auflösungen ausländischer Kapitalgesellschaften in Deutschland geltend gemacht werden können. In der Vergangenheit wurde vielfach argumentiert, dass in Fällen, in denen eine inländische Kapitalgesellschaft ihre ausländische Tochtergesellschaft nicht mit Eigen-, sondern mit Fremdkapital finanziert und es anschließend zu einem Ausfall des Darlehens kommt, eine Berücksichtigung des Verlustes steuerlich erfolgen kann (keine Anwendung der vom BFH im Zusammenhang mit § 17 EStG-Beteiligungen entwickelten Grundsätze, vgl. Eckl, DStR 2001, S. 1280; BFH, Beschluss vom 16. Mai 2001, DStR 2001, S. 1431). Ab VZ 2008 wurde allerdings § 8b Abs. 3 KStG verschärft, wonach Abschreibungen auf Gesellschafterdarlehen (bzw. Darlehen von diesen nahestehenden Personen) nur noch in den Fällen zulässig sein sollen, in denen nachgewiesen wird, dass auch ein fremder Dritter das Darlehen gewährt oder noch nicht zurückgefordert hätte. Die Finanzverwaltung vertritt die Auffassung, dass die Rechtsänderung nur als Klarstellung gesehen werden kann, so dass ähnliche Grundsätze auch bereits vor 2008 zur Anwendung kommen sollen (vgl. FG Niedersachsen vom 3. April 2008, DStRE 2008, S. 1450, anh. beim BFH I R 52/08). Steuerpflichtige, die ihre ausländischen Tochtergesellschaften über Darlehen finanzieren und mögliche zukünftige Abschreibungen auf diese Darlehen steuerlich geltend machen möchten, sollten sich über diese erhöhten Anforderungen im Klaren sein und die entsprechenden Dokumentationserfordernisse beachten.

Das deutsche Körperschaftsteuergesetz gibt Steuerpflichtigen derzeit keine Möglichkeit, eine grenzüberschreitende Organschaft zur Nutzung von Verlusten aus ausländischen Tochtergesellschaften zu bilden. Ob auf Basis des Urteils in der Rs. Marks & Spencer gefordert werden kann, dass auch in Deutschland Verluste aus einer Tochtergesellschaft im EU/EWR-Ausland berücksichtigt werden müssen, wenn sie im ausländischen Staat endgültig nicht mehr nutzbar sind, ist derzeit umstritten. Das BMF hat zu dieser Frage noch nicht Stellung genommen. Steuerpflichtigen, die sich auf die Rechtsprechung in der Rs. Marks & Spencer berufen möchten, ist zu raten, während des Bestehens der Beteiligung an der ausländischen Tochtergesellschaft die tatsächlichen Gegebenheiten so zu strukturieren, dass sie einer Organschaft vergleichbar sind (z. B. Vollausschüttung der Gewinne, tatsächlicher Ausgleich der Verluste, evtl. sogar schuldrechtliche Verpflichtung zu dieser Handhabung für eine Mindestdauer von fünf Jahren). Auch wenn derartige tatsächliche Verhältnisse keine Garantie dafür sind, dass die Finanzverwaltung bei endgültigem Wegfall der Verlustvorträge im Ausland diese im Inland zum Abzug zulassen müsste, sollten sie dennoch die Chancen einer Verlustberücksichtigung erhöhen. Derzeit sind bei zwei deutschen Finanzgerichten Verfahren anhängig, die die grenzüberschreitende Verlustnutzung zum Gegenstand haben, so dass auch zu dieser Frage mittelfristig eine Klärung erwartet werden kann (FG Rheinland-Pfalz, Az. 1 K 2406/07 und FG Niedersachsen, AWD, IStR 2009, S. 350).

8. Joint Ventures

Joint Ventures (Gemeinschaftsunternehmen) mit ausländischen Partnern sind steuerlich häufig komplex, da sie Besonderheiten bei der Begründung, der laufenden Besteuerung und der möglichen Beendigung aufweisen können. Auf diese soll nachfolgend nur kurz eingegangen werden.

8.1. Begründung des Joint Ventures

Die aus deutscher Sicht entscheidende Frage ist, ob die Begründung des Joint Ventures deutsche Steuern auslöst. Dies kann z. B. der Fall sein, wenn der vom deutschen Joint Venture-Partner einzubringende Unternehmensteil nicht steuerneutral aus der bisherigen Unternehmensstruktur herauszulösen ist.

Zur Beurteilung dieser Frage ist zu analysieren:

- was (liquide Mittel, andere Einzelwirtschaftsgüter, ein Teilbetrieb, ein Betrieb, Mitunternehmeranteil oder eine Kapitalgesellschaftsbeteiligung),
- durch wen (Rechtsform),
- in welche Rechtsform (Personengesellschaft, Kapitalgesellschaft) einzubringen ist, und
- wo das Joint Venture seinen Sitz haben soll (Deutschland, EU-Staat, Drittstaat).

Je nach Konstellation kann eine Joint Venture-Begründung steuerneutral oder nur unter Aufdeckung stiller Reserven möglich sein.

Eine Joint Venture-Begründung mit einer inländischen Kapitalgesellschaft bzw. einer EU-/EWR-Kapitalgesellschaft im Sinne des UmwStG[1] (d. h. sowohl Gründung als auch Sitz und Ort der Geschäftsleitung müssen in der EU bzw. im EWR sein) als Joint Venture-Vehikel ist grundsätzlich unter den Buchwertfortführungsmöglichkeiten des Umwandlungssteuergesetzes unter den folgenden Voraussetzungen möglich:

- Die Buchwertfortführung ist möglich nach § 20 UmwStG bei Einbringung von einem Teilbetrieb, einem Betrieb oder einem Mitunternehmeranteil, wenn zusätzlich zum übernehmenden Rechtsträger auch der einbringende Rechtsträger eine EU-/EWR-Kapitalgesellschaft im oben genannten Sinne bzw. eine Personengesellschaft ist, an

1 Jede Kapitalgesellschaft oder Genossenschaft (einschließlich der SE und SCE) im Sinne des Art. 48 II EGV bzw. Art. 34 II EWRV, die nach den Rechtsvorschriften eines Mitgliedstaates der EU oder des EWR gegründet worden ist und dort auch ihren Sitz und Ort der Geschäftsleitung hat.

der nur EU/EWR-Gesellschaften oder in der EU/im EWR ansässige natürliche Personen beteiligt sind.

- Die Buchwertfortführung ist möglich nach § 21 UmwStG, falls eine mehrheitsvermittelnde Kapitalgesellschaftsbeteiligung durch in EU/EWR bzw. Drittstaaten ansässige juristische und natürliche Personen in eine EU-Kapitalgesellschaft im oben genannten Sinne eingebracht wird und die Gegenleistung in Gesellschaftsrechten besteht.
- Ausnahmen von der Buchwertfortführungsmöglichkeit sind in den Fällen zu beachten, in denen Deutschland das Besteuerungsrecht für das eingebrachte Vermögen verliert und der Vorgang nicht die Vorgaben der Fusionsrichtlinie erfüllt.

Stets problematisch ist die Wahl einer Drittstaatenkapitalgesellschaft als Joint Venture-Vehikel, da weder eine Einbringung von Unternehmensteilen noch ein Anteilstausch durch die Vorschriften des UmwStG begünstigt wird.

Hier bleibt lediglich die Möglichkeit, in eine Drittstaatenpersonengesellschaft einzubringen, da § 1 Abs. 4 S. 2 UmwStG für § 24 UmwStG nicht zwischen in- und ausländischen Personengesellschaften unterscheidet. Für eine Aufdeckung stiller Reserven gibt es insofern auch keine Notwendigkeit, als bei der Einbringung eines Betriebs oder Teilbetriebs in eine ausländische Personengesellschaft das deutsche Besteuerungsrecht unverändert fortbesteht. Dies gilt allerdings nur, falls im Rahmen des Joint Ventures die eingebrachten deutschen Betriebsteile unverändert beibehalten werden, d. h. keine Verlagerung von Aktivitäten in einen Auslandsstandort vorgenommen wird und damit das inländische Besteuerungsrecht hinsichtlich des eingebrachten Betriebsvermögens nicht ausgeschlossen oder beschränkt wird. Damit können im Ergebnis sowohl der einbringende als auch der übernehmende Rechtsträger sowie auch die jeweiligen Gesellschafter in einem Drittstaat ansässig sein.

Die nachfolgenden beiden Übersichten stellen die möglichen Konstellationen bei Begründung eines Joint Ventures aus steuerlicher Sicht des einbringenden deutschen Partners dar (die angegebenen Paragraphen beziehen sich auf das UmwStG, sofern nicht anders angegeben; den dargestellten Fällen liegt die Annahme zugrunde, dass es bei der Einbringung zu keiner Aufgabe bzw. Beschränkung des deutschen Besteuerungsrechts kommt):

Legende:

gW	gemeiner Wert	T	Teilwert
B	Buchwert	DBA	Besteuerungskompetenz im Betriebsstättenstaat
Z	Zwischenwert		

	Deutsche Kapitalgesellschaft oder natürliche Person als JV Partner				
Zielgesellschaft	**Dt. Kap.Ges.**	**EU Kap.Ges.**	**Drittstaat Kap.Ges.**	**Dt. Pers.Ges.**	**Ausl. Pers. Ges**
Einzubringendes Vermögen					
A. Inlandsvermögen					
1. **Einzelnes WG**	T	T	T	B (§ 6 V EStG) / T(1)	B (§ 6 V EStG) / T(1)
2. **Betrieb/ Teilbetrieb**	gW/B/Z (§ 20 I, II)	gW/B/Z (§ 20 I, II)	T	gW/B/Z (§ 24 I, II)	gW/B/Z (§ 24 I, II)
3. **MU-Anteil**	gW/B/Z (§ 20 I, II)	gW/B/Z (§ 20 I, II)	T	gW/B/Z (§ 24 I, II)	gW/B/Z (§ 24 I, II)
4. **Anteil Kapitalges.**					
<50 %	gW (§ 21 I, II)(2)	gW (§ 21 I, II)(2)	T	B (§ 6 V EStG) / T(1)	B (§ 6 V EStG) / T(1)
>50 %	gW/B/Z (§ 21 I, II)(2)	gW/B/Z (§ 21 I, II)(2)	T	B (§ 6 V EStG) / T(1)	B (§ 6 V EStG) / T(1)
100 %	gW/B/Z (§ 21 I, II)(2)	gW/B/Z (§ 21 I, II)(2)	T	gW/B/Z (§ 24 I, II)	gW/B/Z (§ 24 I, II)
B. EU Auslandsvermögen					
1. **Einzelnes WG**	T	T	T	B (§ 6 V EStG) / T(1)	B (§ 6 V EStG) / T(1)
2. **Betrieb/ Teilbetrieb**	gW (§ 20 III) DBA	gW (§ 20 III) DBA	T DBA	DBA	DBA
3. **MU-Anteil**	gW (§ 20 III) DBA	gW (§ 20 III) DBA	T DBA	DBA	DBA
4. **Anteil Kapitalges.**					
<50 %	gW (§ 21 I, II)(2)	gW (§ 21 I, II)(2)	T	B (§ 6 V EStG) / T(1)	B (§ 6 V EStG) / T(1)
>50 %	gW/B/Z (§ 21 I, II)(2)	gW/B/Z (§ 21 I, II)(2)	T	B (§ 6 V EStG) / T(1)	B (§ 6 V EStG) / T(1)
100 %	gW/B/Z (§ 21 I, II)(2)	gW/B/Z (§ 21 I, II)(2)	T	gW/B/Z (§ 24 I, II)	gW/B/Z (§ 24 I, II)

	Deutsche Kapitalgesellschaft oder natürliche Person als JV Partner				
	Dt. Kap.Ges.	**EU Kap.Ges.**	**Drittstaat Kap.Ges.**	**Dt. Pers.Ges.**	**Ausl. Pers. Ges**
C. Drittstaatsvermögen					
1. Einzelnes WG	T	T	T	B (§ 6 V EStG) / T[1]	B (§ 6 V EStG) / T[1]
2. Betrieb/ Teilbetrieb	gW (§ 20 III) DBA	gW (§ 20 III) DBA	T DBA	DBA	DBA
3. MU-Anteil	gW (§ 20 III) DBA	gW (§ 20 III) DBA	T DBA	DBA	DBA
4. Anteil Kapitalges.					
<50 %	gW (§ 21 I, II)[2]	gW (§ 21 I, II)[2]	T	B (§ 6 V EStG) / T[1]	B (§ 6 V EStG) / T[1]
>50 %	gW/B/Z (§ 21 I, II)[2]	gW/B/Z (§ 21 I, II)[2]	T	B (§ 6 V EStG) / T[1]	B (§ 6 V EStG) / T[1]
100 %	gW/B/Z (§ 21 I, II)[2]	gW/B/Z (§ 21 I, II)[2]	T	gW/B/Z (§ 24 I, II)	gW/B/Z (§ 24 I, II)

(1) Die Anwendung von § 6 V EStG setzt voraus, dass ein einzelnes Wirtschaftsgut von einem Betriebsvermögen in ein anderes Betriebsvermögen desselben Steuerpflichtigen gegen Gewährung von Gesellschaftsrechten oder unentgeltlich überführt wird (so auch z. B. aus einem BV des Mitunternehmers in das Gesamthandvermögen einer Mitunternehmerschaft). Das Besteuerungsrecht Deutschlands für die stillen Reserven muss sichergestellt sein. Daher kommt § 6 V EStG z. B. nicht bei der Überführung von Wirtschaftsgütern in eine ausländische Betriebsstätte zur Anwendung (in diesen Fällen Teilwert, möglicherweise aufgeschobene Besteuerung, § 4g EStG).

Darüber hinaus kommt § 6 V EStG nicht zur Anwendung, wenn

- bei Übertragungen aus dem BV eines Mitunternehmers in das Gesamthandsvermögen der Mitunternehmerschaft (oder umgekehrt),
- bei Übertragungen aus dem SBV eines Mitunternehmers in das Gesamthandsvermögen der Mitunternehmerschaft (und umgekehrt) sowie
- bei Übertragungen zwischen den jeweiligen SBVs der einzelnen Mitunternehmer

der Anteil einer Körperschaft unmittelbar oder mittelbar begründet wird oder sich dieser erhöht.

Überträgt daher eine Kapitalgesellschaft Vermögen gem. § 6 V S. 3 EStG auf eine Personengesellschaft und ist die Kapitalgesellschaft an dieser Personengesellschaft z. B. nur zu 94 % beteiligt (6 % hält eine andere Kapitalgesellschaft), kann das jeweilige Wirtschaftsgut auch nur zu 94 % zum Buchwert übertragen werden, die stillen Reserven in den restlichen

6 % sind aufzudecken. Ist eine Kapitalgesellschaft zu 100 % an der Personengesellschaft beteiligt und überträgt sie auf diese Wirtschaftsgüter, ist die Übertragung vollständig steuerneutral möglich, sofern die Besteuerung der stillen Reserven sichergestellt ist (vgl. OFD Hannover vom 24. Juli 2003, DStR 2003, S. 1754).

(2) Bewertungsgrundsatz im Rahmen des § 21 UmwStG: Ansatz mit dem gemeinen Wert. Bei Einbringung von mehrheitsvermittelnder Beteiligung kann abweichend der Buchwert oder Zwischenwert angesetzt werden.

8.2. Laufende Besteuerung des Joint Ventures

Die Kriterien für einen steuerlich optimalen Joint Venture-Standort werden damit primär die folgenden sein:

- Niedriger effektiver Steuersatz auf laufende Einkünfte,
- Schachtelprivilegien für Dividendeneinkünfte und Veräußerungsgewinne,
- Niedrige oder keine Quellensteuern auf Dividenden an Joint Venture-Partner,
- Weites DBA-Netz,
- Geringe oder keine Transaktionskosten wie Stempelsteuer etc.

Mit Ausnahme des im internationalen Vergleich immer noch hohen Effektivsteuersatzes hat Deutschland als Joint Venture-Standort in den letzten Jahren seine Position im internationalen Vergleich verbessern können. Andererseits ist zusätzlich auch die Besteuerung des zum Joint Venture entsendeten Personals zu beachten: Verglichen mit Staaten, die „Expatriates" besondere Steuervergünstigungen gewähren wie z. B. Großbritannien, Belgien oder die Niederlande, ist Deutschland mit relativ ungünstigen Spitzensteuersätzen ein vergleichsweise unattraktiver Standort.

8.3. Auflösung des Joint Ventures

Bereits bei der Begründung eines Joint Ventures, insbesondere dann, wenn dieses nicht auf Dauer angelegt ist, sollte der Fall der Auseinandersetzung der Joint Venture-Partner mitbedacht werden. Dabei sollte sichergestellt sein, dass die Trennung der Joint Venture-Partner möglichst keine Zwangs-Gewinnrealisierung auslöst.

Dies ist besonders bei mittelfristig (bis 7 Jahre) angelegten Joint Venture Gründungen nach der Vorschrift des § 22 Abs. 1 UmwStG zu beachten, da die Veräußerung von Anteilen, die aus einer Einbringung von Betrieben, Teilbetrieben und Mitunternehmeranteilen unter dem gemeinen Wert hervorgegangen sind, innerhalb von 7 Jahren i. d. R. zu einer rückwirkenden Nachversteuerung der Einbringung führt (vermindert um jeweils ein Siebtel für jedes abgelaufene Wirtschaftsjahr).

Für Joint Ventures in Form von Personengesellschaften bestehen dagegen grundsätzlich Möglichkeiten für eine steueroptimale Auseinandersetzung (im deutschen steuerlichen Rahmen z. B. durch das Institut der Realteilung), es ist jedoch in jedem Fall eine sehr sorgfältige Einzelfallanalyse notwendig. Steuereffizienz bei der Auflösung wird häufig allerdings mit steuerlichen Nachteilen bei der laufenden Besteuerung einhergehen.

8.4. Die Europäische Gesellschaft (SE) als Joint Venture-Gesellschaft

Seit Inkrafttreten des SE-Statuts (Verordnung (EG) 2157/2001) am 8. Oktober 2004 steht Steuerpflichtigen in ganz Europa eine neue Rechtsform für die Organisation ihrer wirtschaftlichen Aktivitäten zur Verfügung. Die Europäische Gesellschaft (SE) wird aufgrund ihres innovativen und paneuropäischen Charakters vermehrt als mögliche Rechtsform für grenzüberschreitende Unternehmen und Unternehmenskooperation in Anspruch genommen. Das deutsche Bundesministerium der Justiz verzeichnete bis November 2007 in Deutschland bereits 41 SE-Gründungen (u.a. Allianz, Fresenius und Porsche Holding).

Gemessen an ihren rechtlichen Grundlagen ist die SE allerdings nicht so international und europäisch, wie sie scheint. Das SE-Statut selbst regelt nämlich nur die wesentlichen Grundzüge des Gesellschaftsrechts und verweist in weiten Teilen (so zum Beispiel auch im Bereich des Steuerrechts) auf nationales Recht bzw. in manchen Teilen auch auf die Satzung der jeweiligen SE. Die verfahrensrechtlichen und materiellrechtlichen Rahmenbedingungen für die Beteiligung der Arbeitnehmer und der Arbeitnehmermitbestimmung wurden in einer eigenen Richtlinie geregelt (RL 2001/86/EG). In Deutschland hat der Bundestag die Regelungen für die SE im Gesetz zur Einführung der Europäischen Gesellschaft (SE-Einführungsgesetz, SEEG, BGBl. I 2004, S. 3675) getroffen, das am 29. Dezember 2004 in Kraft getreten ist. Das SE-Einführungsgesetz besteht im Wesentlichen aus zwei Einzelgesetzen: dem Gesetz über die Ausführung der EG-Verordnung über das Statut der Europäischen Gesellschaft (SE-Ausführungsgesetz, SEAG) und dem Gesetz über die Beteiligung der Arbeitnehmer in einer Europäischen Gesellschaft (SE-Beteiligungsgesetz, SEBG). Diese Kombination aus umsetzungsbedürftigem und nicht umsetzungsbedürftigem EG-Recht, nationalem Recht und den anwendbaren Satzungsvorschriften macht die rechtlichen Rahmenbedingungen der SE zu einem komplexen Netzwerk. Vorteile aus dem Einsatz der SE können sich aber dennoch ergeben, da sie als erste wirtschaftlich bedeutende paneuropäische Rechtsform einige (besonders gesellschaftsrechtliche) Vorteile genießt, wie der Überblick in diesem Kapitel zeigt.

8.4.1. Gründung und Sitzverlegung

Die Gründung einer SE ist gem. Art. 2 SE-Statut auf vier Arten möglich. In der Regel wird ein grenzüberschreitender Bezug der an der Gründung beteiligten Gesellschaften vorausgesetzt.

Demnach kann eine SE wie folgt gegründet werden:

- Durch Verschmelzung von Gesellschaften aus mind. zwei verschiedenen Mitgliedstaaten (Art. 2 Abs. 1 SE-Statut). Dies gilt allerdings nur für Aktiengesellschaften.
- Durch Gründung einer Holding-SE (Art. 2 Abs. 2 SE-Statut). Die Gründung einer Holding-SE ist möglich, wenn entweder zwei der an der Gründung beteiligte Gesellschaften dem Recht verschiedener Mitgliedstaaten unterliegen oder mindestens zwei von ihnen seit mindestens zwei Jahren eine Tochtergesellschaft oder Zweigniederlassung in einem anderen Mitgliedstaat haben. Diese Gründungsform steht Aktiengesellschaften und Gesellschaften mit beschränkter Haftung offen. In Joint Venture Situationen wäre hier z. B. an eine schwedische und eine britische Gesellschaft zu denken, die ihre Aktivitäten in Mittel- und Osteuropa bündeln möchten und ihre bestehenden Beteiligungen (alle mehr als 50 %) in Deutschland, Österreich, Ungarn und Tschechien in eine gemeinsam gehaltene Holding-SE einbringen möchten. Bei der Wahl des Standortes der Holding-SE sind die allgemeinen Überlegungen zur Auswahl eines Holding-Standortes (s. o. Abschnitt 5.) zu beachten.
- Durch Gründung einer Tochter-SE (Art. 2 Abs. 3 SE-Statut). Die Gründung einer Tochter-SE ist ebenfalls nur möglich, wenn mindestens zwei der an der Gründung beteiligten Gesellschaften dem Recht verschiedener Mitgliedstaaten unterliegen oder mindestens zwei der Gesellschaften eine Tochtergesellschaft oder Zweigniederlassung in einem anderen Mitgliedstaat haben. Im Gegensatz zu den ersten beiden Gründungsformen steht die Gründung einer Tochter-SE allen Gesellschaften i. S. des Art. 48 Abs. 2 EG offen. Demnach können in Deutschland Aktiengesellschaften, KGaA und GmbH, aber auch die Personengesellschaften des HGB (OHG und KG) eine Tochter-SE gründen. Praktisch wäre hier z. B. an Fälle zu denken, in welchen die JV-Partner zur gemeinsamen operativen Tätigkeit in einer bestimmten Region eine Tochter-SE gründen (z. B. durch Einbringung von bereits bestehenden Teilbetrieben).
- Durch Formwechsel (Art. 2 Abs. 4 SE-Statut), wenn die Gesellschaft seit mindestens zwei Jahren eine Tochtergesellschaft in einem anderen Mitgliedstaat hatte. Diese Möglichkeit steht nur Aktiengesellschaften offen.

Das SE-Statut bereitete erstmals die gesellschaftsrechtliche Grundlage für eine grenzüberschreitende Verschmelzung von Aktiengesellschaften innerhalb der EU. Mittlerweile wurde durch die bis 15. Dezember 2007 in den Mitgliedstaaten umzusetzende Verschmelzungsrichtlinie (RL 2005/56/EG) auch für die übrigen EU-Kapitalgesellschaften diese Möglichkeit eröffnet. Die SE bietet allerdings weiterhin als einzige Rechtsform Unternehmen die Möglichkeit, ihren Satzungssitz gemeinsam mit ihrem Verwaltungssitz ohne Auflösung grenzüberschreitend zu verlegen (Art. 8 Abs. 1 SE-Statut). In Deutschland wurde zwischenzeitlich zumindest die Möglichkeit der Verlegung des

Verwaltungssitzes ins Ausland geschaffen (vgl. § 4a GmbHG und § 5 AktG). Die Verlegung des Satzungssitzes von Kapitalgesellschaften ist im deutschen Gesellschaftsrecht weiterhin nicht vorgesehen.

Die steuerliche Behandlung der Gründung und der Sitzverlegung einer SE ist nicht im SE-Statut geregelt. Den steuerlichen Rahmen für die Sitzverlegung der SE gibt Art. 10b der Fusions-RL (FRL) für die Ebene der SE und Art. 10d FRL für die Ebene der Anteilseigner vor. Danach darf die Sitzverlegung auf Ebene der Gesellschaft keine Besteuerung auslösen, soweit das Vermögen der SE im Wegzugsstaat weiterhin tatsächlich einer Betriebsstätte zugerechnet bleibt und zur Erzielung des steuerlich zu berücksichtigenden Ergebnisses beiträgt. Die Regelungen der FRL wurden im EStG und KStG entsprechend umgesetzt.

Für den Fall, dass eine in Deutschland unbeschränkt steuerpflichtige SE ihren Satzungs- und Verwaltungssitz ins EU-/EWR-Ausland (keine Drittstaatenbegünstigung) verlegt und damit aus der unbeschränkten deutschen Steuerpflicht ausscheidet, sieht § 12 Abs. 1 1. HS KStG – grds. in Übereinstimmung mit der FRL – eine Besteuerung nur vor, wenn das Besteuerungsrecht Deutschlands durch die Sitzverlegung ausgeschlossen oder beschränkt wird. Eine steuerneutrale Sitzverlegung einer SE ins EU-/EWR-Ausland setzt damit voraus, dass in Deutschland eine Betriebsstätte zurückbleibt, der alle Wirtschaftsgüter weiterhin zuzurechnen sind. Bedenken gegenüber der Sofortversteuerung der stillen Reserven gem. § 12 Abs. 1 1. HS KStG bestehen allerdings aus primärrechtlicher Sicht. Insbesondere erscheint es auf Basis der Rechtsprechung des EuGH zum Wegzug von natürlichen Personen geboten, die bei Wegzug gem. § 12 Abs. 1 1. HS KStG anfallende Steuer nur festzusetzen und bis zu einer endgültigen Veräußerung der Beteiligung zinslos zu stunden.

Für die Anteileigner einer SE, die ihren Sitz aus Deutschland heraus in einen anderen EU/EWR-Staat verlagert, gilt in Übereinstimmung mit der FRL, dass keine Besteuerung der stillen Reserven in den Anteilen an der SE anlässlich der Sitzverlegung stattfindet. Bei einer späteren Veräußerung dieser Anteile unterliegt der Veräußerungsgewinn allerdings ungeachtet der Sitzverlegung der deutschen Besteuerung.

8.4.2. Laufende Besteuerung

Da die SE für Zwecke des nationalen Rechts als Aktiengesellschaft behandelt wird (Art. 10 SE-Statut) und über den Verweis in Art. 9 SE-Statut das nationale Steuerrecht zur Anwendung kommt, ergeben sich grundsätzlich keine signifikanten Besonderheiten bei der laufenden Besteuerung einer SE. Gleiches gilt im Bereich der anwendbaren steuerlichen EG-Richtlinien und deren Umsetzung in nationales Recht, da die Änderungen zur Berücksichtigung der SE für fast alle Richtlinien vorgenommen wurden.

Die Mutter-Tochter-Richtlinie (RL 90/435/EWG) und die Fusions-RL (RL 90/434/EWG), wurden bereits in der Form geändert, dass sie auch ausdrücklich auf die SE Anwendung finden. Die Änderung der Zinsen- und Lizenzgebühren-Richtlinie steht allerdings noch aus, da ein Änderungsvorschlag der Kommission (KOM 2003 (841)) noch nicht offiziell angenommen wurde. Unklar ist, ob die RL auch ohne entsprechende Änderung auf die SE Anwendung findet. Nach herrschender Literaturmeinung (vgl. Thömmes in: Theisen/Wenz, Die Europäische Aktiengesellschaft, Stuttgart 2002, S. 465 ff. zur Diskussion im Rahmen der Änderung der Mutter-Tochter-Richtlinie; Schön in: Lutter/Hommelhoff (Hrsg.), SE-Kommentar, StR 22, m. w. N.) kann die Aufnahme in den Anhang der einzelnen Richtlinien nur deklaratorische Wirkung haben, da die SE nach den Vorgaben des SE-Statuts als Aktiengesellschaft behandelt werden muss (Art. 3 Abs. 1, Art. 10 SE-Statut). Wird sie aber als Aktiengesellschaft behandelt, müsste sie dadurch auch in den Anwendungsbereich der Richtlinien fallen, da diese die deutsche Aktiengesellschaft explizit in den jeweiligen Anhängen anführen. Sicherheit in dieser Frage kann es allerdings erst mit der Aufnahme der SE in den Anhang der Zinsen- und Lizenzgebühren-Richtlinie geben.

8.4.3. Vor- und Nachteile der SE

a) Vorteile

- Rechtsform signalisiert Internationalität und Größe.
- Die Wahlmöglichkeit zwischen monistischem und dualistischem System macht die SE besonders für Investoren aus dem anglo-amerikanischen Rechtskreis attraktiv und ist daher besonders für Joint Ventures mit Partnern z. B. aus dem Vereinigten Königreich oder Irland interessant.
- Das SE-Statut schafft die gesellschaftsrechtliche Grundlage für die Sitzverlegung einer SE. Mit einer sekundär-rechtlichen gesellschaftsrechtlichen Grundlage für die Sitzverlegung für andere Rechtsformen als die SE ist in nächster Zeit nicht zu rechnen, da die Arbeiten an der Sitzverlegungs-Richtlinie eingestellt wurden (zum Vorentwurf einer Sitzverlegungs-Richtlinie vgl. ZIP 1997, S. 1721).
- Zusätzlich lässt sich bei nicht deutsch beherrschten Kapitalgesellschaften die deutsche Hinzurechnungsbesteuerung durch die Gründung einer ausländischen SE vermeiden. Bei der Gründung der ausländischen SE durch Verschmelzung bleibt in Deutschland nach der Verschmelzung in der Regel eine Betriebsstätte zurück. Da die SE selbst in Deutschland nur beschränkt steuerpflichtig ist, die Hinzurechnungsbesteuerung aber auf die unbeschränkte Steuerpflicht des Anteilseigners abstellt, kommt hier die Hinzurechnungsbesteuerung nicht zur Anwendung. Halten allerdings deutsche Anteilseigner mehr als 50 % an der ausländischen SE, können die §§ 7 ff. AStG mit dieser Gestaltung nicht vermieden werden.

- Wird eine deutsche Gesellschaft von einer ausländischen Holdinggesellschaft gehalten, bei der fraglich ist, ob sie die Substanzanforderungen des § 50d Abs. 3 EStG erfüllt, kann dieses Hindernis ebenfalls durch die Verschmelzung auf eine ausländische SE umgangen werden. Da auch in diesem Fall in Deutschland nur eine Betriebsstätte zurückbleibt, stellt sich die Frage des § 50d Abs. 3 EStG nicht mehr, da keine Quellensteuern auf das Transferieren von Betriebsstättengewinnen anfallen. In diesem Zusammenhang könnte der Standort der SE so gewählt werden, dass auf die von der SE ausgeschütteten Dividenden günstigere DBA-Vorschriften zur Anwendung kommen als bei Halten einer unmittelbaren deutschen Beteiligung.
- Für Vorteile, die auf einer möglichen grenzüberschreitenden Verschmelzung der SE beruhen, ist darauf hinzuweisen, dass diese nach Inkrafttreten der gesellschaftsrechtlichen Verschmelzungsrichtlinie auch normalen Kapitalgesellschaften offen stehen und damit keine ausdrücklichen Vorteile der SE darstellen.

b) Nachteile

- Der Regelungsrahmen als Kombination aus EG-Recht, Satzung und nationalem Recht ist sehr komplex und die bisherigen Erfahrungen mit der Rechtsform der SE sind gering. Darüber hinaus verringern sich die Vorteile der SE gegenüber nationalen EU-/EWR-Gesellschaften mit zunehmender Europäisierung des Gesellschaftsrechts.
- Das hohe Mindeststammkapital von EUR 120.000 (Art. 4 Abs. 2 SE-Statut) macht die SE für kleinere Unternehmen unattraktiv.

8.4.4. Fazit

Die SE ist immer noch eine recht junge Rechtsform, mit der besonders in Deutschland, aber auch in Europa allgemein erst wenig praktische Erfahrung besteht. Da aber mittlerweile Umsetzungsdefizite auf europäischer, aber auch auf nationaler Ebene weitgehend ausgeräumt wurden, wurde die praktische Umsetzung von SE-Strukturen erleichtert. Aufgrund ihrer positiven Außenwirkung ist die SE als erste grenzüberschreitende europäische Rechtsform besonders für große grenzüberschreitend tätige Unternehmen geeignet. Dies zeigt auch das Beispiel der Allianz-Versicherung, die sich als eines der ersten Unternehmen für die Rechtsform einer SE entschieden hat. Ob die Gründung einer SE für ein Unternehmen aus steuerlichen, gesellschaftsrechtlichen oder anderen Gründen sinnvoll ist, muss aber dennoch in einer detaillierten Einzelfallanalyse geklärt werden.

Belgien

Von Jozef Verstraelen und Anno Rainer (beide Deloitte Diegem)

1. Steuerliche Behandlung des Veräußerers

1.1. Veräußerung von Anteilen

Es wird unterstellt, dass eine deutsche Gesellschaft Anteile an einer belgischen Gesellschaft zu einem Preis erwirbt, der dem Fremdvergleich standhält.

In diesem Beitrag wird unter den Begriffen „belgische Gesellschaft" oder „Gesellschaft" ein selbständiger Rechtsträger verstanden (Société Anonyme (SA)/ Naamloze Vennootschap (NV), Société Privée à Responsabilité Limitée (SPRL)/ Besloten Vennootschap met Beperkte Aansprakelijkheid (BVBA), Société en Nom Collectif (SNC)/ Vennootschap onder Firma (VOF), Société en Commandite Simple (SCS)/ Gewone Commanditaire Vennootschap (GCV), Société en Commandite par Actions (SCA)/ Commanditaire Vennootschap op Aandelen (Com.VA), Société Coopérative (SC)/ Cooperatieve Vennootschap (CV)), welcher seinen Sitz, seine Hauptniederlassung oder den Ort der Geschäftsleitung in Belgien hat und nicht ausdrücklich von der Körperschaftsteuer befreit ist. Ein derartiger Rechtsträger unterliegt der belgischen Körperschaftsteuer.

1.1.1. Veräußerer ist eine in Belgien ansässige natürliche Person

Grundsätzlich werden Veräußerungsgewinne, die eine in Belgien der unbeschränkten Steuerpflicht unterliegende natürliche Person als Anteilseigner durch den Verkauf einer im Privatvermögen gehaltenen Beteiligung erzielt, nicht besteuert (unabhängig davon, ob es sich um eine belgische oder eine ausländische Gesellschaft handelt), sofern diese Gewinne nicht als Spekulationsgewinne zu behandeln sind (Art. 90 1º Code des impôts sur les revenues/Wetboek der inkomstenbelastingen 1992 – nachfolgend CIR/WIB). Das Gesetz sieht für das Vorliegen eines Spekulationsgewinns keine besonderen Kriterien vor, die als generelle Leitlinien gelten könnten; die Beweislast liegt bei der Steuerverwaltung (Verwaltungsanweisung zum CIR/WIB, nº 90/5.3.). Spekulationsgewinne unterliegen einer Einkommensteuer i. H. v. 33 % sowie einer lokalen Steuer i. H. v. i. d. R. 6-8 % der auf den Spekulationsgewinn entfallenden Einkommensteuer (Art. 171 1º a CIR/WIB).

Falls dem individuellen Anteilseigner durch den Verkauf der Beteiligung ein Verlust entsteht und es sich nicht um ein Spekulationsgeschäft handelt, ist kein steuerlicher Abzug möglich; sofern es sich um ein Spekulationsgeschäft handelt, ist ein fünfjähriger Verlustvortrag möglich, wobei nur eine Verrechnung mit Spekulationsgewinnen erlaubt ist (Art. 103 § 1 CIR/WIB).

Auch wenn kein Spekulationsgewinn vorliegt, sieht der Gesetzeswortlaut eine Veräußerungsgewinnbesteuerung vor, wenn eine wesentliche Beteiligung an einer belgischen Gesellschaft von einer in Belgien ansässigen natürlichen Person an eine ausländische Gesellschaft veräußert wird (Art. 90 9° CIR/WIB). Eine wesentliche Beteiligung liegt vor, sofern der Beteiligte zusammen mit seinem Ehegatten, Vorfahren, Nachkommen, Geschwistern oder mit den Geschwistern seines Ehegatten zu irgendeinem Zeitpunkt innerhalb der letzten fünf Jahre vor dem Veräußerungsdatum mehr als 25 % der Kapitalanteile an der betreffenden Gesellschaft gehalten hat. Nach Lage der belgischen Gesetze unterliegen derartige Gewinne einer Einkommensteuer i. H. v. 16,5 % zuzüglich der kommunalen Steuer darauf (Art. 171 4º e CIR/WIB).

Falls Anteile einer wesentlichen Beteiligung an einer belgischen Gesellschaft durch eine natürliche Person entweder an eine belgische Gesellschaft oder an eine andere natürliche Person (mit Wohnsitz innerhalb oder außerhalb Belgiens) veräußert werden, bleiben die resultierenden Veräußerungsgewinne grundsätzlich steuerfrei, sofern der Erwerber die gekauften Anteile nicht innerhalb von 12 Monaten nach dem Kauf an eine ausländische Gesellschaft veräußert. In einem solchen Fall wird der ursprüngliche Veräußerungsgewinn so besteuert, als hätte der ursprüngliche Inhaber die Anteile direkt an die ausländische Gesellschaft veräußert (Art. 94 CIR/WIB).

Auf die Vorlage des Finanzgerichts Antwerpen antwortete der Europäische Gerichtshof in Luxemburg in seinem Beschluss vom 8. Juni 2004 in der Rechtssache C-268/03 (De Baeck), dass die oben genannten Vorschriften nicht mit EU- Recht vereinbar sind. Falls die übertragene Beteiligung ihrem Inhaber einen sicheren Einfluss auf die Entscheidung der Gesellschaft verschafft und es ihm ermöglicht, deren Tätigkeit zu bestimmen, liegt ein Verstoß gegen die Niederlassungsfreiheit nach Art. 43, 48 EG vor. Falls die übertragene Beteiligung ihrem Inhaber keinen solchen Einfluss ermöglicht hatte, verstoßen die belgischen Vorschriften gegen die Kapitalverkehrsfreiheit nach Art. 56 ff. EG.

Daher dürfen diese Vorschriften bei Veräußerung einer wesentlichen Beteiligung durch eine natürliche Person an eine deutsche Gesellschaft (oder eine Gesellschaft eines anderen EU- oder EWR-Mitgliedsstaates) nicht mehr angewendet werden; dies wird von der belgischen Finanzverwaltung anerkannt. Im Sommer 2008 wurde ein Regierungsentwurf in das Gesetzgebungsverfahren eingebracht. Danach soll die Besteuerung bei Veräußerung an Gesellschaften aus dem EU- oder EWR-Ausland entfallen, jedoch unberührt bleiben, wenn die erwerbende Gesellschaft in einem Drittstaat ansässig ist.

Falls die verkauften Anteile zum Betriebsvermögen des Veräußerers gehörten, werden die erzielten Veräußerungsgewinne seinem Betriebsgewinn hinzugerechnet und dem normalen persönlichen Einkommensteuertarif unterworfen. Sofern die Anteile im Zeitpunkt der Veräußerung bereits länger als fünf Jahre dem Betriebsvermögen des Veräußerers angehörten, unterliegen die entsprechenden Veräußerungsgewinne einer pauschalen Einkommensteuer i. H. v. 16,5 % (Art. 174 4º a CIR/ WIB). Ein eventueller Veräußerungsverlust ist steuerlich abzugsfähig.

1.1.2. Veräußerer ist eine in Belgien ansässige Gesellschaft

Seit dem Steuerjahr 1992 (der Begriff Steuerjahr umfasst alle Wirtschaftsjahre, die nach dem 30. Dezember des Vorjahres und vor dem 31. Dezember des betreffenden Jahres enden) sind Gewinne, die eine Gesellschaft aus der Veräußerung von Anteilen an einer anderen (belgischen oder ausländischen) Gesellschaft erzielt, steuerfrei, sofern die steuerlichen Voraussetzungen für den Abzug erhaltener Dividenden erfüllt sind (Art. 192 § 1 CIR/WIB), nach denen u. a. grundsätzlich die Gesellschaft, welche die Dividenden zahlt, dem belgischen oder einem vergleichbaren ausländischen Körperschaftsteuersystem unterliegen muss, welches nicht vorteilhafter als das belgische System sein darf (Art. 203 § 1 CIR/WIB). Ein ausländisches Steuersystem wird als nicht vorteilhafter betrachtet, wenn die ausländische Gesellschaft einer Ertragsbesteuerung von mindestens 15 % unterliegt. Bei Gesellschaften, die in einem EU-Mitgliedsstaat ansässig und dem normalen Steuersystem in diesem Staat unterworfen sind, wird unabhängig vom Steuersatz davon ausgegangen, dass das Steuersystem nicht vorteilhafter ist, d. h. die Voraussetzungen für den Abzug erhaltener Dividenden erfüllt sind. Diese Bedingung ist nach belgischem Recht auch dann erfüllt, wenn es sich bei der ausschüttenden Gesellschaft um ein Koordinations-, Distributions- oder Dienstleistungszentrum handelt.

Sofern frühere Abschreibungen auf die veräußerten Anteile steuerlich anerkannt wurden (und nicht bis zum Zeitpunkt des Verkaufs einer nachträglichen Besteuerung unterlagen), ist nur der Teil der erzielten Veräußerungsgewinne steuerfrei, der die Abschreibung übersteigt.

Seit dem 24. Juli 1991 sind sämtliche Verluste, die eine belgische Gesellschaft aus dem Verkauf einer Beteiligung erzielt, steuerlich nicht mehr abzugsfähig, unabhängig davon, ob die Anteile die Anforderungen für den Abzug erhaltener Dividenden erfüllen (Art. 198 7 CIR/WIB).

1.1.3. Veräußerer ist ein im Ausland ansässiger Anteilseigner

Für im Ausland ansässige natürliche Personen (dazu zählen auch alle in Belgien lebenden „Non-Residents"), die ihre Beteiligung an einer belgischen Gesellschaft veräußern, ergeben sich folgende belgische Steuerauswirkungen:

- Sofern der Veräußerer in einem DBA-Staat ansässig ist, hat Belgien normalerweise kein Besteuerungsrecht auf die realisierten Gewinne (vgl. z. B. Art. 13 Abs. 3 DBA Belgien-Deutschland i. V. m. Abs. 10 des Schlussprotokolls).
- Sofern der Veräußerer nicht in einem DBA-Staat ansässig ist, unterliegen Gewinne aus der Veräußerung einer wesentlichen Beteiligung nach den gleichen Regeln und

Bedingungen, die für belgische Steuerpflichtige anzuwenden sind, der belgischen Steuer, wenn der Veräußerungserlös in Belgien empfangen wird (Art. 232 2º b CIR/WIB); die Gewinne unterliegen einer Einkommensteuer i. H. v. 16,5 % zuzüglich einer staatlichen Zuschlagsteuer i. H. v. 6 % auf die Einkommensteuer (Art. 243 3. Abschn. und Art. 245 CIR/WIB).

Sofern eine belgische Betriebsstätte einer ausländischen Gesellschaft Anteile an einer (belgischen) Gesellschaft veräußert, bleiben sämtliche Einkünfte steuerfrei, sofern bezüglich der Anteile die Bedingungen für den Abzug erhaltener Dividenden erfüllt sind.

Falls eine ausländische gemeinnützige Gesellschaft Anteile an einer belgischen Gesellschaft veräußert und es sich um eine wesentliche Beteiligung handelt, sind die Einkünfte grundsätzlich in Belgien steuerpflichtig (Art. 228 § 2 9º h CIR/WIB). Das CIR/WIB erläutert jedoch nicht, wie diese Einkünfte zu versteuern sind, weshalb diese Regelung ins Leere läuft.

1.1.4. Anteilstausch

Sofern die Vergütung für die Veräußerung einer Beteiligung in Anteilen besteht, sind die einkommensteuerlichen Auswirkungen für den Veräußerer die gleichen wie bei einer Barvergütung.

1.2. Veräußerung von Wirtschaftsgütern

Es wird im Folgenden angenommen, dass eine deutsche Gesellschaft – zu unter Fremden üblichen Bedingungen – einen belgischen Teilbetrieb erwirbt (läge der Preis zu niedrig, würde der belgische Veräußerer der deutschen Gesellschaft einen außergewöhnlichen Vorteil gewähren, der auf Ebene des Veräußerers steuerpflichtig wäre – Art. 26 CIR/WIB; wäre hingegen der Preis zu hoch, würde der belgische Veräußerer einen steuerpflichtigen außergewöhnlichen Vorteil von der deutschen Gesellschaft erhalten, der auf Ebene des Veräußerers nicht mit Verlusten des laufenden Geschäftsjahres oder Verlustvorträgen verrechnet werden könnte). Unter Teilbetrieb versteht man Unternehmensbereiche, die selbständig funktionsfähig sind; eine Beteiligung kann nur Teil eines Teilbetriebs sein, nicht jedoch für sich selbst einen Teilbetrieb darstellen.

1.2.1. Veräußerer ist eine in Belgien ansässige natürliche Person

Die Veräußerung eines Teilbetriebs stellt immer eine steuerpflichtige Transaktion dar. Ausgangspunkt für die steuerliche Behandlung ist dabei, dass der Veräußerer den ursprünglich für den Erwerb des Betriebs aufgewendeten Preis den individuellen Wirtschaftsgütern (inkl. Firmenwert) zuordnen musste. Die steuerliche Behandlung der aus der Veräußerung der Wirtschaftsgüter realisierten Gewinne hängt davon ab, wie lange diese Güter dem Betriebsvermögen angehörten.

Gewinne aus der Veräußerung materieller und immaterieller Wirtschaftsgüter (inkl. Firmenwert), die bis zu fünf Jahre dem Betriebsvermögen angehörten, unterliegen dem persönlichen progressiven Einkommensteuersatz zuzüglich einer lokalen Steuer. Gewinne aus der Veräußerung der Wirtschaftsgüter, die länger als fünf Jahre dem Betriebsvermögen angehörten, unterliegen einer pauschalen Einkommensteuer von 16,5 % zuzüglich einer lokalen Steuer (Art. 171 4º a CIR/WIB). Für Gewinne aus dem Verkauf materieller und immaterieller Wirtschaftsgüter des Anlagevermögens, die länger als fünf Jahre dem Betriebsvermögen angehörten, kann der Verkäufer für das nachfolgend erläuterte System der nachgelagerten Besteuerung (vgl. Abschnitt 1.2.2.: Verkäufer ist eine in Belgien ansässige Gesellschaft) optieren. Da jedoch die pauschale Einkommensteuer i. H. v. 16,5 % in der Regel günstiger ist als die Gesamtbelastung durch das System der nachgelagerten Besteuerung, wird dieses Wahlrecht fast nie wahrgenommen.

Sofern der Veräußerer seinen kompletten Betrieb verkauft, finden die gleichen Regelungen Anwendung mit der Ausnahme, dass die Besteuerung des Firmenwertes sowohl vom Alter des Veräußerers als auch von der Höhe des für den Firmenwert bezahlten Preises abhängt. Der Teil des für den Firmenwert bezahlten Preises, welcher das Vierfache des durchschnittlichen Nettogewinns der letzten vier Jahre vor dem Veräußerungszeitpunkt übersteigt, wird mit dem progressiven Einkommensteuersatz besteuert (zuzüglich lokaler Steuern). Der Teil des Preises, der diese Grenze nicht übersteigt, unterliegt einer Einkommensteuer i. H. v. 33 % (zuzüglich lokaler Steuern), sofern der Veräußerer jünger als 60 Jahre ist, und von 16,5 % (zuzüglich lokaler Steuern), sofern der Veräußerer mindestens 60 Jahre alt ist (Art. 171 1º c und 171 4º a CIR/WIB).

1.2.2. Veräußerer ist eine in Belgien ansässige Gesellschaft

Wenn eine in Belgien ansässige Gesellschaft einen Teilbetrieb oder den gesamten Geschäftsbetrieb veräußert, handelt es sich immer um eine steuerpflichtige Transaktion. Veräußerungsgewinne für einzelne verkaufte Wirtschaftsgüter unterliegen grundsätzlich der normalen Körperschaftsteuer (derzeit 33 % + 3 % Krisenzuschlag = 33,99 %). Gewinne aus der Veräußerung von Anteilen, für welche die Bedingungen des Abzugs empfangener Dividenden erfüllt sind, bleiben jedoch steuerfrei (vgl. oben). Außerdem kann für Gewinne aus der Veräußerung materieller und immaterieller Wirtschaftsgüter des Anlagevermögens, die länger als fünf Jahre dem Betriebsvermögen angehört haben, für das System der nachgelagerten Besteuerung optiert werden (Art. 47 CIR/WIB), wenn folgende Bedingungen erfüllt sind:

- Die betreffenden Gewinne müssen in ein steuerfreies Rücklagenkonto eingestellt werden.
- Die gesamten Veräußerungserlöse (und nicht nur die Veräußerungsgewinne) müssen innerhalb von drei Jahren ab dem ersten Tag des Steuerjahres, in dem die Gewinne realisiert werden, in abschreibbare materielle oder immaterielle Wirtschaftsgüter des Anlagevermögens (nicht unbedingt neue Wirtschaftsgüter) reinvestiert werden; sofern die Reinvestition in Gebäude, Flugzeuge oder Schiffe getätigt wird, verlängert sich die sog. Reinvestitionsperiode auf fünf Jahre. Als Beginn der Frist kann das verkaufende Unternehmen entweder den ersten Tag des Steuerjahres wählen, in dem die Veräußerung stattfand, oder den ersten Tag des zweiten Steuerjahres, das dem Steuerjahr der Veräußerung vorangeht (Art. 47 § 4 CIR/WIB).

Im System der nachgelagerten Besteuerung werden die Veräußerungsgewinne zeitanteilig entsprechend den Abschreibungen auf die als Reinvestition erworbenen Wirtschaftsgüter versteuert. Sofern diese Wirtschaftsgüter veräußert werden oder die Gesellschaft ihren Geschäftsbetrieb aufgibt, bevor die Veräußerungsgewinne voll versteuert sind, wird der verbleibende Teil der steuerfreien Rücklage in einem Betrag steuerpflichtig. Sofern die Reinvestition nicht fristgemäß getätigt wird, werden die Veräußerungsgewinne in dem Jahr steuerpflichtig, in dem die Reinvestitionsperiode abläuft (in diesem Fall werden Verspätungszinsen fällig, die auf den ersten Tag des Steuerjahres berechnet werden, welcher dem Steuerjahr der Veräußerung folgt). Verluste, die durch den Verkauf von Wirtschaftsgütern entstehen, sind im Gegensatz zu Verlusten aus Anteilsveräußerungen abzugsfähig. Grundsätzlich dürfen Verluste auf unbestimmte Zeit vorgetragen werden (Art. 206 § 1 CIR/WIB).

1.2.3. Veräußerer ist Steuerausländer

Falls eine im Ausland – z. B. in Deutschland – ansässige Gesellschaft, die eine Betriebsstätte in Belgien unterhält, einen Teilbetrieb dieser Niederlassung veräußert, liegt das Besteuerungsrecht für eventuelle Gewinne aus der Veräußerung der Wirtschaftsgüter bei Belgien (vgl. Art. 13 Abs. 2, Art. 23 Abs. 1 DBA Belgien-Deutschland). Die steuerliche Behandlung von Gewinnen oder Verlusten aus der Veräußerung von Wirtschaftsgütern entspricht derjenigen, die in Abschnitt 1.2.2. erläutert wurde. Falls die ausländische Gesellschaft den gesamten Betrieb der belgischen Niederlassung veräußert, hat dies die Aufgabe der Betriebsstätte zur Folge; eine Option für das System der nachgelagerten Besteuerung kommt in diesem Fall nicht in Betracht.

1.3. Einbringung von Wirtschaftsgütern (gegen Gewährung von Gesellschaftsrechten)

Es wird unterstellt, dass eine in Deutschland ansässige Gesellschaft einen belgischen Teilbetrieb durch eine dem Drittvergleich entsprechende Sachkapitaleinlage erwirbt.

1.3.1. Einbringung durch eine in Belgien ansässige natürliche Person

Grundsätzlich ist die Einlage von Wirtschaftsgütern, die zu einem Betriebsvermögen gehören, in eine in Deutschland ansässige Gesellschaft durch eine in Belgien steuerpflichtige natürliche Person ein steuerpflichtiger Vorgang. Durch die Einlage entstehende Gewinne/Verluste werden behandelt wie bei einer Veräußerung (vgl. oben). Grundsätzlich trifft das auch zu, wenn die eingebrachten Wirtschaftsgüter einen Teilbetrieb darstellen oder falls die natürliche Person ihren gesamten Betrieb einbringt.

Falls ein Teilbetrieb oder der gesamte Betrieb in die deutsche Gesellschaft eingebracht wird, ist es möglich, für das steuerneutrale System nach Art. 46 § 1 2º CIR/WIB zu optieren. Eine Voraussetzung für die Anwendung des steuerneutralen Systems ist, dass die Gesellschaft, in welche der Teilbetrieb oder der gesamte Betrieb eingebracht wird, ihren Sitz oder ihre Hauptniederlassung in einem Mitgliedsstaat der EU (inkl. Belgien) hat, so dass eine Einbringung in eine deutsche Gesellschaft insoweit in Betracht kommt. Weitere Bedingungen für die Anwendung des steuerneutralen Systems sind:

- Das Entgelt für die Einlage darf nur aus neu ausgegebenen Anteilen bestehen und
- die Transaktion wird aus vernünftigen wirtschaftlichen oder finanziellen Gründen durchgeführt (Business Purpose Test).

Im Hinblick auf den Business Purpose Test kann bei der zuständigen Kommission der belgischen Finanzverwaltung eine verbindliche Auskunft eingeholt werden. Mit Urteil vom 13. Dezember 2007 hat der Kassationshof entschieden, dass die Beweislast dafür, dass die Bedingungen des Business Purpose Tests nicht erfüllt sind, bei der Finanzverwaltung liegt; allerdings trifft den Steuerpflichtigen bei der Sachverhaltsaufklärung eine Kooperationspflicht.

Falls die Einlage in eine deutsche Gesellschaft erfolgt, werden die eingelegten Wirtschaftsgüter als belgische Betriebsstätte der empfangenden Gesellschaft angesehen und die Wirtschaftsgüter müssen in dieser Betriebsstätte verbleiben; diese Sichtweise wird im Regierungsentwurf vom Sommer 2008 bestätigt.

Sofern die Bedingungen für eine steuerneutrale Einbringung erfüllt sind (und für das steuerneutrale System optiert wird), bleiben sämtliche Veräußerungsgewinne aus der Übertragung der Wirtschaftsgüter zum Zeitpunkt der Einbringung steuerfrei.

Für eine natürliche Person, welche die Einlage leistet, entsprechen die Anschaffungskosten der Anteile an der deutschen Gesellschaft, die sie als Gegenleistung erhalten hat, dem Wert der hingegebenen Wirtschaftsgüter.

Auf Ebene der belgischen Niederlassung behalten die übertragenen Wirtschaftsgüter ihren steuerlich maßgebenden Wert bei, als ob keine Übertragung stattgefunden hätte (Art. 46 § 2 CIR/WIB). Folglich ist kein Step-up möglich.

1.3.2. Einbringung durch eine in Belgien ansässige Gesellschaft

Grundsätzlich werden Gewinne aus der Einbringung von Wirtschaftsgütern durch eine belgische Gesellschaft in eine deutsche (oder andere) Gesellschaft steuerlich gleich behandelt wie Gewinne aus dem Verkauf dieser Wirtschaftsgüter. Gewinne aus der Einbringung qualifizierender Beteiligungen (siehe Abschnitt 1.1.2. oben) bleiben deshalb steuerfrei, und bei Gewinnen aus der Einbringung immaterieller und materieller Wirtschaftsgüter, die länger als fünf Jahre dem Betriebsvermögen angehörten, darf die einbringende Gesellschaft – unter den gleichen Bedingungen wie im Fall des Verkaufs – für das System der nachgelagerten Besteuerung optieren. Im Falle der Einbringung erhält die einbringende Gesellschaft allerdings keine Liquidität, muss jedoch gleichwohl einen Betrag reinvestieren, der dem Veräußerungserlös der entsprechenden Wirtschaftsgüter entspricht.

Die o. g. Grundsätze finden dann Anwendung, wenn die eingebrachten Wirtschaftsgüter einen Teilbetrieb darstellen oder wenn die einbringende Gesellschaft ihre sämtlichen Wirtschaftsgüter und Verbindlichkeiten einbringt. Unter diesen Umständen kann die Gesellschaft jedoch auch für die unter 1.3.1. geschilderte steuerneutrale Einbringung gegen neue Anteile optieren. Der Regierungsentwurf vom Sommer 2008 sieht diesbezüglich als zusätzliche Bedingung vor, dass die Einbringung nach den Regeln des belgischen Gesellschaftsgesetzbuchs stattfindet.

Wenn alle o. g. Voraussetzungen erfüllt sind, kann eine belgische Gesellschaft einen Teilbetrieb oder alle ihre Wirtschaftsgüter und Verbindlichkeiten steuerneutral in eine deutsche Gesellschaft einbringen. Folglich bleiben sämtliche Einkünfte, die aus der Einbringung der Wirtschaftsgüter resultieren, zum Zeitpunkt der Einlage steuerfrei (buchhalterisch müssen die als Vergütung erhaltenen Anteile mit dem Buchwert der eingebrachten Wirtschaftsgüter angesetzt werden; Art. 41 § 1 Königlicher Erlass zur Umsetzung des Gesellschaftsgesetzbuchs).

Auf Ebene der einbringenden Gesellschaft entsprechen die steuerlichen Anschaffungskosten für die als Vergütung empfangenen Anteile dem steuerlich maßgebenden Buchwert der eingebrachten Wirtschaftsgüter (Art. 46 § 3 CIR/WIB). Falls hinsichtlich dieser Anteile die Bedingungen für den Abzug empfangener Dividenden erfüllt sind, bleiben die Veräußerungsgewinne, die im Hinblick auf diese Anteile später erzielt werden, ohne weiteres steuerfrei.

Auf Ebene der belgischen Betriebsstätte der deutschen Gesellschaft, welche aufgrund der Einlage des Teilbetriebs oder Betriebs der einbringenden Gesellschaft entsteht, behalten die übertragenen Wirtschaftsgüter ihren steuerlich maßgebenden Buchwert unverändert bei – als ob keine Übertragung stattgefunden hätte (Art. 46 § 2 CIR/WIB). Folglich ist die Möglichkeit eines Step-up nicht gegeben.

1.3.3. Einbringung durch eine im Ausland ansässige Gesellschaft

Bringt eine ausländische Gesellschaft einen Teilbetrieb ihrer belgischen Betriebsstätte oder ihren gesamten belgischen Betrieb in eine belgische oder EU-Gesellschaft ein, kann sie ebenfalls – unter den gleichen Bedingungen und mit den gleichen Auswirkungen – zur steuerneutralen Einbringung optieren. Darüber hinaus kann nach Art. 231 § 3 CIR/WIB eine ausländische Gesellschaft ihre gesamte belgische Betriebsstätte in eine dadurch neu gegründete oder eine bestehende Gesellschaft gegen neu ausgegebene Anteile steuerneutral einbringen, ohne dass explizit ein Business Purpose Test bestanden werden müsste.

2. Transaktionskosten

2.1. Beurkundungssteuer

Es gibt keine Beurkundungssteuer oder ähnliche Steuern bei der Übertragung von Anteilen. Eine Übertragung von Anteilen an einer belgischen Gesellschaft bedarf keiner notariellen Beurkundung.

2.2. Eintragungsgebühr

Beim Verkauf von Grundbesitz ist eine Eintragungsgebühr i. H. v. 12,5 % (10 %, falls der Grundbesitz in der flämischen Region liegt) des tatsächlichen Marktpreises zu bezahlen. Wird Grundbesitz als Kapitaleinlage in eine belgische Gesellschaft eingebracht, fiel bis zum Jahr 2005 i. d. R. eine Eintragungsgebühr i. H. v. 0,5 % an; in diesem Fall entfiel die Eintragungsgebühr in Bezug auf den Grunderwerb. Letzteres gilt seit dem 1. Januar 2006 weiterhin, obwohl mit Wirkung seit diesem Datum der Satz der Eintragungsgebühr für Kapitaleinlagen in eine belgische Gesellschaft auf 0 % reduziert wurde.

Übernimmt die empfangende Gesellschaft neben dem Grundbesitz auch Schulden, so fällt auf einen Betrag, der – bis zum Verkehrswert des Grundbesitzes – den Schulden entspricht, Eintragungsgebühr i. H. v. 12,5 % bzw. 10 % an. Sofern jedoch die Kapitaleinlage durch Übertragung eines Teilbetriebs oder sämtlicher Wirtschaftsgüter und Verbindlichkeiten einer Gesellschaft erfolgt, entfällt auch diese Eintragungsgebühr (abgesehen von einem Pauschbetrag von EUR 25; Art. 117 Registration Code). Falls eine belgische Gesellschaft liquidiert und ihr Grundbesitz an die Anteilseigner ausgeschüttet wird, müssen gewöhnlich Eintragungsgebühren i. H. v. 12,5 % bzw. 10 % des tatsächlichen Verkehrswertes des übertragenen Grundbesitzes gezahlt werden.

Selbst im Falle einer steuerneutralen Verschmelzung einer 100%igen Tochter auf das Mutterunternehmen (so genannte „stille Verschmelzung") vertrat die belgische Steuerverwaltung die Auffassung, dass eine Eintragungsgebühr i. H. v. 12,5 % bzw. 10 % des

Verkehrswerts des von der Tochter auf die Mutter übertragenen Grundbesitzes anfällt. Nach nunmehr gefestigter Rechtsprechung (Finanzgericht Tongeren vom 21. März 2002, bestätigt vom Appellationshof Antwerpen am 30. Oktober 2003, bestätigt vom Kassationshof am 9. März 2006) fällt jedoch im Falle der Übertragung von Grundbesitz im Rahmen einer „stillen Verschmelzung" keine Eintragungsgebühr von 12,5 % bzw. 10 % an. Die Finanzverwaltung akzeptiert diese Rechtsprechung.

2.3. Umsatzsteuerliche Gesichtspunkte

Der Verkauf oder die Einbringung von Anteilen unterliegt nicht der Umsatzsteuer. Gleiches gilt auch für den Verkauf oder die Einbringung eines Teilbetriebs oder eines gesamten Betriebs (Art. 11 und 18 § 3 USt-Gesetz). Der Erwerber tritt in die steuerliche Stellung des Veräußerers ein. Falls der Erwerber die Nutzung des übertragenen Grundbesitzes innerhalb bestimmter Fristen von umsatzsteuerpflichtigen zu nicht umsatzsteuerpflichtigen Aktivitäten ändert, muss er den Teil der Vorsteuer zurückerstatten, der auf den noch nicht abgelaufenen Teil der Frist entfällt. Die Frist beträgt für Renovierungen fünf Jahre und für die Konstruktion eines Gebäudes, das vor/ab dem 1. Januar 1996 in Betrieb genommen wurde, zehn/fünfzehn Jahre.

2.4. Einkommensteuerliche Behandlung der Erwerbsneben- und Veräußerungskosten

Nebenkosten des Erwerbs können vom Erwerber entweder sofort als Betriebsausgaben abgezogen oder aktiviert und über einen vom Erwerber zu bestimmenden Zeitraum abgeschrieben werden (Art. 62 CIR/WIB).

Bis zum Ende des Steuerjahres 2006 bestimmte sich der Veräußerungsgewinn als Unterschiedsbetrag zwischen dem Veräußerungserlös und dem steuerlichen Buchwert (Bruttogewinn). Daneben waren alle Veräußerungskosten (Notargebühren (bei Grunderwerb), Beratungskosten, Eintragungsgebühren) auf der Ebene des Veräußerers sofort zum Abzug zugelassen.

Seit dem Steuerjahr 2007 werden bestimmte Veräußerungskosten (Veröffentlichungskosten, Notarkosten, Maklerkosten, Bankkosten und bestimmte Eintragungsgebühren) in die Ermittlung des Veräußerungsgewinns einbezogen (Nettogewinn). Der Veräußerungsgewinn ist nunmehr definiert als der Betrag, um den der Veräußerungspreis nach Abzug dieser Veräußerungskosten den steuerlichen Buchwert übersteigt.

3. Gestaltung der Akquisitionsstruktur

3.1. Möglichkeiten eines Step-up

Für den Fall, dass eine deutsche Gesellschaft die Anteile einer belgischen Zielgesellschaft erwirbt, besteht hinsichtlich der Vermögensgegenstände der Zielgesellschaft keine Step-up Möglichkeit.

Bringt eine belgische Gesellschaft ihren Teilbetrieb oder ihren gesamten Geschäftsbetrieb in eine deutsche Gesellschaft unter Anwendung der Vorschriften über die steuerneutrale Einbringung nach Art. 46 § 1 2º CIR/WIB ein (siehe oben), besteht nach dieser Einbringung ebenfalls keine Step-up Möglichkeit auf der Ebene der belgischen Niederlassung der deutschen Gesellschaft.

Eine Step-up Möglichkeit besteht nur, wenn eine belgische Gesellschaft ihren gesamten Geschäftsbetrieb oder einen Teilbetrieb (oder einzelne Wirtschaftsgüter) an die deutsche Gesellschaft verkauft (oder steuerpflichtig einbringt). Der Kaufpreis muss auf die einzelnen erworbenen Wirtschaftsgüter aufgeteilt werden.

Soweit der gezahlte Kaufpreis den Verkehrswert der einzelnen Wirtschaftsgüter übersteigt, wird er dem Firmenwert zugerechnet. Handelsrechtlich wird der Firmenwert normalerweise über fünf Jahre abgeschrieben. Steuerlich wird die Finanzverwaltung normalerweise eine Abschreibung über zehn bis zwölf Jahre verlangen (Parlamentarische Anfrage v. 9. September 1992, De Clippele, Bull. 725, S. 601). Eine kürzere Abschreibungsdauer wird nur bei Vorliegen besonderer Gründe akzeptiert (Parlamentarische Anfrage v. 18. Januar 1994, Dalm, Bull. 739, S. 1353). Das Berufungsgericht in Antwerpen hat für einen Einzelfall eine Abschreibung über fünf Jahre akzeptiert (Antwerpen, 21. April 1994, FJF 94/242).

3.2. Abzug der Finanzierungskosten

Wird die belgische Zielgesellschaft von Privatpersonen gehalten, werden die Verkäufer – um eine Besteuerung des Veräußerungsgewinns ihrer wesentlichen Beteiligung zu vermeiden (siehe oben) – jedenfalls dann verlangen, dass eine belgische Akquisitionsgesellschaft (in der Praxis eine Tochtergesellschaft der deutschen Gesellschaft) die Anteile erwirbt und für mindestens ein Jahr hält, wenn die eigentlich erwerbende Gesellschaft nicht innerhalb der EU oder des EWR, sondern in einem Drittstaat ansässig ist. Um die Durchgriffshaftung auf die Gesellschafterebene zu vermeiden, sollte regelmäßig ein zweiter Gesellschafter zumindest einen Zwerg-Anteil sowohl an der Akquisitions- als auch an der Zielgesellschaft halten.

Grundsätzlich sind auf Ebene der belgischen Akquisitionsgesellschaft (Holding) alle (marktüblichen) Finanzierungskosten für steuerliche Zwecke abzugsfähig. Im Hinblick auf die Abzugsfähigkeit der gezahlten (marktüblichen) Zinsen sollten die folgenden Regelungen zur Gesellschafterfremdfinanzierung beachtet werden:

- Für den Fall, dass die belgische Akquisitionsgesellschaft von einem Vorstandsmitglied einen Kredit erhalten hat, wird der gezahlte Zins als verdeckte Gewinnausschüttung behandelt, soweit er für den Teil des Darlehens gezahlt wurde, der die Summe der versteuerten Rücklagen der Gesellschaft (zu Beginn des Steuerjahres) und des (in die Kapitalrücklage) eingezahlten Kapitals (am Ende des Steuerjahres) übertrifft. Dieser Teil ist folglich steuerlich nicht abzugsfähig (Art. 18 4º CIR/WIB; dies kann unter Umständen auch den anzuwendenden Satz der Kapitalertragsteuer beeinflussen). Ist das Vorstandsmitglied eine natürliche Person, wird die Umqualifizierung von Zinsen in Dividenden auch angewendet, falls das Darlehen vom Ehegatten gewährt wird. Ist das Vorstandsmitglied eine Gesellschaft, so kam in der Vergangenheit eine Umqualifizierung nur für Darlehen einer ausländischen Gesellschaft in Betracht. Der EuGH hat mit Urteil vom 17. Janar 2008 diese einseitig zu Lasten ausländischer Gesellschaften vorgenommene Umqualifizierung als ungerechtfertigten Verstoß gegen die Niederlassungsfreiheit (Art. 43,48 EG) angesehen (Rs C-105/07, Lammers & Van Cleeff NV). Der belgische Gesetzgeber hat auf diese Entscheidung noch nicht reagiert.

  Um Diskussionen mit der belgischen Finanzverwaltung zu vermeiden, sollte die belgische Akquisitionsgesellschaft entweder durch ein Kreditinstitut oder durch eine Konzerngesellschaft, die nicht Vorstandsmitglied der belgischen Akquisitionsgesellschaft ist, finanziert werden. Deshalb sollte z. B. eine deutsche Muttergesellschaft der belgischen Akquisitionsgesellschaft für den Fall, dass sie das Darlehen gewährt, nicht als Vorstandsmitglied ernannt werden (es sei denn, die Kapitalausstattung der belgischen Gesellschaft ist ausreichend).

- Unterliegt der wirtschaftliche Empfänger der gezahlten Zinsen nicht der Einkommensteuer oder findet in Hinblick auf die erhaltenen Zinsen ein im Vergleich zum normalen belgischen oder ausländischen Steuersystem besonders vorteilhaftes System (zu dem hier auch die belgischen Koordinationszentren zählen) Anwendung, sind diejenigen Zinsen nicht abzugsfähig, die für den Teil des Darlehens gezahlt werden, der die Summe des Siebenfachen der versteuerten Rücklagen der Gesellschaft (zu Beginn des Steuerjahres) und des (in die Kapitalrücklage) eingezahlten Kapitals (zum Ende des Steuerjahres) übersteigt (Art. 198 11º CIR/WIB).

3.3. Rettung der Verlustvorträge der Zielgesellschaft

Um einem Handel mit Anteilen an Verlustmänteln entgegenzuwirken, sieht eine Missbrauchsvorschrift vor, dass Verlustvorträge belgischer Gesellschaften gänzlich und definitiv verloren gehen, wenn die Kontrolle über eine Gesellschaft (d. h. in der Praxis mehr als 50 % der Anteile) ohne berechtigte finanzielle oder wirtschaftliche Gründe übertragen wird (vgl. Art. 207 Abs. 3 CIR/WIB). Zu der Frage, ob diese Bedingung erfüllt ist, kann eine verbindliche Vorabauskunft von der zuständigen Kommission der belgischen Finanzverwaltung eingeholt werden. Der Bericht an den König (vgl. Kgl. Beschluss vom 20. Dezember 1996, mit dem diese Beschränkung bei Wechsel der Kontrolle mit Wirkung zum 1. Januar 1997 eingeführt wurde) erwähnt als Beispiel, die Bedingung finanzieller oder wirtschaftlicher Gründe sei erfüllt, wenn die Kontrolle über eine Gesellschaft in wirtschaftlichen Schwierigkeiten wechselt und die Gesellschaft ihr Geschäft mit wenigstens einem Teil ihres Personals fortführt. Die Verlustvorträge blieben somit erhalten.

Veräußert eine belgische Zielgesellschaft ihren gesamten Geschäftsbetrieb (oder eine oder mehrere Niederlassungen) an eine deutsche Gesellschaft oder bringt ihn in diese ein, lässt diese Transaktion einen etwa auf der Ebene der belgischen Gesellschaft bestehenden Verlustvortrag unberührt (soweit es sich nicht um eine steuerpflichtige Transaktion handelt, s.o.). Mit anderen Worten, der bestehende Verlustvortrag auf Ebene der belgischen Gesellschaft geht nicht auf den übertragenen Geschäftsbetrieb über, unabhängig davon, ob die Transaktion steuerpflichtig (Verkauf oder steuerpflichtige Einlage des Geschäftsbetriebs) oder steuerneutral (steuerneutrale Einlage des Geschäftsbetriebs) war.

Im Fall der Veräußerung oder der steuerpflichtigen Einlage der Wirtschaftsgüter können Veräußerungsgewinne, die auf Ebene der übertragenden belgischen Gesellschaft realisiert wurden, mit jeglichen Verlustvorträgen verrechnet werden.

3.4. Organschaft

Das belgische Steuerrecht sieht die Möglichkeit der Organschaft für verschiedene Steuersubjekte nicht vor.

3.5. Rückführung von Gewinnen

Hält eine deutsche Muttergesellschaft an einer belgischen Tochtergesellschaft mindestens 15 % (10 % ab 1. Januar 2009) der Anteile ununterbrochen für mindestens ein Jahr, so wird auf die Dividendenzahlung der belgischen Tochter an die deutsche Muttergesellschaft keine Kapitalertragsteuer einbehalten (Art. 106 § 5 Kgl. Erl. zur Einführung des CIR/WIB, Umsetzung der Mutter-Tochter-Richtlinie). Diese Steuerbefreiung setzt voraus, dass die deutsche Muttergesellschaft eine Bescheinigung darüber vorlegt, dass die Anforderungen an eine Muttergesellschaft nach der Mutter-Tochter-Richtlinie und die einjährige Haltefrist erfüllt sind (Art. 117 § 4 1. Abschn. Kgl. Erl. zur Einführung des CIR/WIB).

Ist die einjährige Haltefrist im Zeitpunkt der Auszahlung der Dividende noch nicht erfüllt, muss diese Bestätigung weitere Angaben enthalten: den Zeitpunkt, seit dem die 10%ige Beteiligung gehalten wird, die Verpflichtung, dass mindestens eine 10%ige Beteiligung für mindestens ein Jahr gehalten wird, und die Verpflichtung, die belgische Tochtergesellschaft umgehend zu informieren, falls gegen das Erfordernis der Mindestbeteiligung innerhalb der einjährigen Haltefrist verstoßen wird (Art. 117 § 4 2. Abschn. Kgl. Erl. zur Einführung CIR/WIB).

Wird die mindestens 10%ige Beteiligung im Zeitpunkt der Dividendenzahlung noch nicht für ein Jahr gehalten, muss die belgische Tochtergesellschaft den nationalen Kapitalertragsteuersatz auf Dividenden (grundsätzlich 25 %, jedoch 15 % bei Dividenden auf registrierte Anteile, die seit dem 1. Januar 1994 gegen Bareinlagen ausgegeben wurden) bis zur Erfüllung der einjährigen Haltefrist einbehalten (Art. 117 § 4 Kgl. Erl. zur Einführung CIR/WIB). Da das DBA Belgien-Deutschland für wesentliche und Portfoliobeteiligungen lediglich eine 15%ige Quellensteuer auf Dividenden zulässt (vgl. Art. 10 Abs. 2 DBA), reduziert sich ggf. auch die Einbehaltungspflicht auf Ebene der belgischen Tochtergesellschaft auf diesen Satz.

Wird die einjährige Haltefrist einer mindestens 10%igen Beteiligung schließlich erfüllt, so darf der zurückbehaltene Betrag an die deutsche Muttergesellschaft ausgezahlt werden; wird diese Bedingung endgültig nicht erfüllt, so muss die belgische Tochtergesellschaft den einbehaltenen Betrag an den belgischen Staat abführen.

Wurde die Akquisition des belgischen Geschäftsbetriebs entweder durch einen Kauf oder durch eine Einlage von Wirtschaftsgütern realisiert, so begründet der übertragene Geschäftsbetrieb eine belgische Betriebsstätte der übernehmenden deutschen Gesellschaft. Es bestehen weder Restriktionen noch erfolgt eine zusätzliche Besteuerung des an die deutsche Hauptniederlassung transferierten besteuerten Gewinns, da Belgien keine Kapitalertragsteuer auf Betriebstättengewinne kennt (keine Branch Profits Tax).

Die Regelung des § 8b KStG führt auf der Ebene der deutschen Muttergesellschaft zu einer Gleichstellung der belgischen Gesellschaft mit beschränkter Haftung (S.P.R.L./B.V.B.A.) mit den belgischen Aktiengesellschaften (S.A./N.V.) und der belgischen Kommanditgesellschaften auf Aktien (S.C.A./B.V.A.); Art. 23 Abs. 1 DBA Belgien-Deutschland läuft aufgrund des § 8b KStG nämlich insoweit ins Leere, als ersterer nur unter eingeschränkten Voraussetzungen und nicht für die S.P.R.L./B.V.B.A. die Freistellungsmethode vorsieht. Unter Repatriierungsgesichtspunkten mag aus deutscher Sicht zur Vermeidung der Folgen des § 8b Abs. 5 KStG unter gewissen Voraussetzungen z. B. eine belgische Kommanditgesellschaft (S.C.S./C.V.) interessant erscheinen, die aus belgischer Sicht wie eine Kapitalgesellschaft besteuert, aus deutscher Sicht jedoch als transparent angesehen wird.

4. Umstrukturierung nach der Akquisition

Wie erwähnt wird eine an einer belgischen Gesellschaft wesentlich beteiligte Privatperson fordern, dass ihre Anteile an eine belgische Erwerbsgesellschaft veräußert werden, welche die Anteile dann mindestens für ein Jahr hält, wenn der eigentliche Interessent eine außerhalb der EU oder des EWR in einem Drittstaat ansässige Gesellschaft ist. Dies geschieht, um eine Besteuerung der Veräußerungsgewinne sicher zu vermeiden (s. o.). Für den Fall, dass die erwerbende Drittstaaten-Gesellschaft keine belgische Erwerbsgesellschaft zwischenschalten will, wird der Kaufpreis in der Regel steigen, um die Steuer auf die Veräußerungsgewinne abzudecken; dies dürfte auch nach der Umsetzung des EuGH-Urteils im Fall de Baeck durch den belgischen Gesetzgeber gelten.

Nach Ablauf der einjährigen Wartezeit ist der Zweck der zwischengeschalteten Erwerbsgesellschaft i. d. R. erfüllt, so dass eine Vereinfachung der belgischen Gesellschaftsstruktur in Betracht kommt, es sei denn, der erwerbende Konzern hat andere Gründe, die belgische Gesellschaft innerhalb der Konzernstruktur bestehen zu lassen.

Diese Vereinfachung kann durch Liquidation der belgischen Holdinggesellschaft oder durch Verschmelzung von Holdinggesellschaft und erworbener operativ tätiger Zielgesellschaft erreicht werden.

4.1. Auflösung und Liquidation der Holdinggesellschaft

Auch im Fall einer 100 %-Beteiligung (alle Anteile komplett) der deutschen Muttergesellschaft an der belgischen Holdinggesellschaft ist für deren Auflösung und Liquidation neben einer Gesellschafterversammlung erforderlich, dass der Liquidator und der von ihm aufgestellte Liquidationsplan vom Präsidenten des örtlich zuständigen Handelsgerichts bestätigt werden. Im Rahmen der Liquidation kommt es zu einer Endbesteuerung der liquidierten Gesellschaft. Der ausgekehrte Liquidationsgewinn unterliegt keiner belgischen Kapitalertragsteuer. Durch die Liquidation werden alle Vermögensgegenstände und Schulden der belgischen Holdinggesellschaft auf ihre 100%ige Muttergesellschaft übertragen. Auf Ebene der Muttergesellschaft, welche (für den Erwerb der Zielgesellschaft) die erwerbende Gesellschaft fremdfinanziert hatte, erlöschen die Forderungen gegen die Erwerbsgesellschaft sowie deren im Rahmen der Liquidation übertragene Verbindlichkeiten im Wege der Konfusion.

Aus deutscher Sicht ist der Liquidationsgewinn unter den Bedingungen des § 8b KStG steuerfrei; ein eventueller Veräußerungsverlust bleibt auf Ebene der deutschen Muttergesellschaft unberücksichtigt. 5 % des Liquidationsgewinnes gelten gemäß § 8b Abs. 3 KStG als nicht abzugsfähige Betriebsausgaben.

4.2. Verschmelzung der Holdinggesellschaft mit der operativ tätigen Gesellschaft

Um die Finanzierungskosten der Holdinggesellschaft von dem Ergebnis der operativen Gesellschaft in Abzug zu bringen, sollten Holding und operative Gesellschaft verschmolzen werden. Ob dabei die Regelungen für eine steuerfreie Verschmelzung gemäß Art. 211 § 1 CIR/WIB Anwendung finden, hängt davon ab, ob eine wirtschaftliche oder finanzielle Notwendigkeit (Business Purpose Test) für diese Transaktion besteht, und muss von Fall zu Fall individuell beurteilt werden; eine verbindliche Auskunft über das Vorliegen dieser Voraussetzungen kann erlangt werden. Die Beweislast für das Nichtvorliegen einer wirtschaftlichen oder finanziellen Notwendigkeit liegt bei der Finanzverwaltung, wobei jedoch den Steuerpflichtigen bei der Sachverhaltsaufklärung eine Kooperationspflicht trifft.

Nach der oben angeführten von der Finanzverwaltung akzeptierten Rechtsprechung führt die Verschmelzung der 100%igen Tochtergesellschaft auf die Holdinggesellschaft (Upstream Merger) nicht zur Erhebung einer Eintragungsgebühr i. H. v. 12,5 % (10 %) auf den Marktwert des Grundbesitzes der operativen Gesellschaft. Die steuerfreien Rücklagen unterliegen selbst bei Anwendung der Regelungen zur steuerfreien Übertragung der Besteuerung, soweit es sich nicht um steuerfreie Rücklagen aus Gewinnen aufgrund Neubewertung, aus Veräußerungsgewinnen, die von den Regelungen zur nachgelagerten Besteuerung profitieren, und steuerfreie Kapitalzuschüsse handelt. Nach dem Regierungsentwurf vom Sommer 2008 soll es in Zukunft im Rahmen einer Option möglich sein, alle steuerfreien Rücklagen auf die empfangende Gesellschaft ohne sofortige Besteuerung zu übertragen.

Eine Verschmelzung der Holdinggesellschaft auf die operative Tochtergesellschaft (Downstream Merger) kommt nur in Betracht, wenn die Summe des Kapitals und der versteuerten Rücklagen der Holdinggesellschaft und der operativen Gesellschaft den Kaufpreis übersteigt, der von der Holdinggesellschaft für die Anteile der operativen Gesellschaft gezahlt wurde.

In diesem Fall erwirbt die operative Gesellschaft, als Konsequenz aus der Verschmelzung, eigene Anteile, nämlich die Anteile, welche die Holdinggesellschaft erworben hatte. Diese Anteile werden üblicherweise sofort nach der Verschmelzung eingezogen, wobei der untergehende Betrag mit dem Eigenkapital verrechnet wird. Sofern diese Einziehung nicht mit den vorhandenen versteuerten Rücklagen und dem Kapital – und zwar der Summe aus versteuerten Rücklagen und Kapital der übertragenen und aufnehmenden Gesellschaft – verrechnet werden kann, ergibt sich eine Besteuerung, soweit der Einziehungsbetrag mit steuerfreien Rücklagen verrechnet wird.

Im Fall einer steuerneutralen Verschmelzung werden Verlustvorträge der aufnehmenden und aufgenommenen belgischen Gesellschaft unter Berücksichtigung des steuerlichen Eigenkapitals der beteiligten Gesellschaften gekürzt (Art. 206 § 2 CIR/WIB).

Im Hinblick auf den Downstream Merger sieht § 8b KStG unter den dort genannten Voraussetzungen eine 95%ige Befreiung eventueller Liquidationsgewinne bzw. eine Nichtberücksichtigung eventueller liquidationsbedingter Verluste auf der Ebene der deutschen Muttergesellschaft vor.

5. Abzug fiktiver Zinsen

Am 22. Juni 2005 verabschiedete das belgische Parlament ein Gesetz zur Einführung eines Abzugs fiktiver Zinsen auf das Eigenkapital für steuerliche Zwecke. Dieser Abzug kommt seit dem Steuerjahr 2007 für alle Gesellschaften zur Anwendung, die keinem gesonderten Steuersystem (wie z. B. Koordinationszentren) unterliegen.

Dem Abzug liegt die Idee zugrunde, eigenkapitalfinanzierte und fremdkapitalfinanzierte Investitionen steuerlich gleich zu behandeln. Zu diesem Zweck ist ein Abzug fiktiver Zinsen auf das Eigenkapital der Gesellschaft möglich. Der Abzug gilt auch für das Dotationskapital belgischer Betriebsstätten ausländischer Gesellschaften.

Das bilanzielle Eigenkapital der Gesellschaft, das sich aus der Schlussbilanz des vorangegangenen Wirtschaftsjahres ergibt, wird allerdings in einigen Punkten angepasst. So wird z. B. das Eigenkapital vermindert um:

- den steuerlichen Wert eigener Anteile, des Finanzanlagevermögens (einschließlich der Anteile an Tochtergesellschaften) und der Anteile an Investmentgesellschaften, für die der Abzug empfangener Dividenden Anwendung findet;
- den Nettobuchwert ausländischer Betriebsstätten, falls das Einkommen aus diesen Betriebsstätten nach Doppelbesteuerungsabkommen in Belgien freigestellt ist;
- den Nettobuchwert von Immobilien, falls das Einkommen daraus nach Doppelbesteuerungsabkommen in Belgien freigestellt ist.

Soweit sich im Lauf des jeweiligen Wirtschaftsjahres etwa aufgrund Kapitalerhöhungen Änderungen ergeben, werden diese ab dem ersten Tag des Folgemonats pro rata temporis berücksichtigt.

Der fiktive Zinssatz wird im Prinzip jedes Jahr angepasst und entspricht dem durchschnittlichen Zinssatz für 10-jährige belgische Staatsanleihen während des vorletzten Jahres vor dem entsprechenden Steuerjahr. Für die ersten drei Steuerjahre lautete der Zinssatz wie folgt: 2007: 3,442 %; 2008: 3,781 %; 2009: 4,307 %. Bei kleinen und mittelständischen Unternehmen wird dieser Zinssatz um 0,5 % Punkte erhöht. Der Zinssatz ist nach oben auf 6,5 % begrenzt.

Falls der abzugsfähige Betrag der fiktiven Zinsen den steuerlichen Gewinn der Gesellschaft übersteigt, kann der übersteigende Betrag sieben Jahre vorgetragen und während dieses Zeitraums steuerlich geltend gemacht werden. Wechselt während dieser Zeit die Kontrolle über die Gesellschaft, so ist eine zukünftige Nutzung des vorgetragenen Betrages nur möglich, wenn finanzielle oder wirtschaftliche Gründe für den Wechsel vorliegen (siehe Abschnitt 3.3. oben).

Aus der Sicht einer deutschen Muttergesellschaft bzw. eines deutschen Stammhauses sollten im Zusammenhang mit Abzug der Zinsen auf das Eigenkapital die Regeln des Außensteuergesetzes zur Hinzurechnungsbesteuerung im Auge behalten werden, deren vollständige Vereinbarkeit mit Europarecht auch nach der Neufassung des § 8 Abs. 2 AStG in der Folge des EuGH Urteils vom 12. September 2006 (Rs. C-196/04, Cadbury Schweppes) noch zweifelhaft ist.

Brasilien

Von Norbert Fischbach (Fried, Frank, Harris, Shriver & Jacobson LLP)

1. Allgemeine Anmerkungen

1.1. Rahmenbedingungen

Der brasilianische M&A-Markt hat in den letzten Jahren nicht zuletzt infolge des Booms auf dem Gebiet der erneuerbarenen Energien eine erhebliche Dynamik aufgewiesen. In jüngster Zeit zeigen sich jedoch auch in diesem Kontext in Brasilien die Auswirkungen der Finanzkrise.

Der Erwerb eines brasilianischen Unternehmens durch einen ausländischen Investor bedarf im Allgemeinen keiner staatlichen Genehmigung. In bestimmten volkswirtschaftlich sensiblen Bereichen (z. B. Energie, Telekommunikation, Bankensektor) gelten Beschränkungen für ausländisches Kapital. Der Erfolg eines Investments hängt in Brasilien neben wirtschaftlichen Faktoren auch von einigen – für den ausländischen Investor zum Teil unerwarteten – weiteren rechtlichen Faktoren ab. Der ausländische Investor hat beim Unternehmenskauf in Brasilien neben für jeden Unternehmenskauf „typischen" steuerlichen, gesellschafts-, kartell- und arbeitsrechtlichen Überlegungen auch den Besonderheiten eines Schwellenslands Rechnung zu tragen. Dazu zählen insb. die brasilianischen Devisenausfuhrbeschränkungen mitsamt einer „Bürokratisierung" des grenzüberschreitenden Zahlungsverkehrs, sowie die umfassende Reglementierung des Technologietransfers nach Brasilien.

Der Direkterwerb eines brasilianischen Unternehmens durch einen ausländischen Käufer ist insb. aus steuerlichen Gründen unüblich. Ein ausländischer Käufer setzt vor dem Erwerb eines brasilianischen Unternehmens in den allermeisten Fällen ein brasilianisches Akquisitionsvehikel auf. Dieses Akquisitionsvehikel hat regelmäßig die Rechtsform einer Kapitalgesellschaft. Die gängigen Rechtformen sind dabei die „Limitada (Ltda.)" – das Pendant zur deutschen GmbH – und die „Sociedade Anónima (S.A.)" – das Pendant zur deutschen Aktiengesellschaft. Brasilianische Personengesellschaften sind in der Praxis selten und sollen hier nicht weiter untersucht werden. Die brasilianische Betriebsstätte ist wegen der erheblichen administrativen Hürden kein übliches Investitionsvehikel für ausländische Unternehmen. So beträgt die Gründungsdauer für eine brasilianische Betriebsstätte durchschnittlich sechs Monate. Die Gründung bedarf der staatlichen Genehmigung. Zudem übt sich die brasilianische Finanzverwaltung – auch außerhalb von Unternehmenskäufen – nach wie vor in der OECD-widrigen brasilianischen Interpretation einiger DBA-Artikel im Zusammenhang mit der Betriebsstättenbesteuerung (sofern ein DBA anwendbar ist). In der Praxis wird deshalb davon abgesehen,

Unternehmensakquisitionen über brasilianische Betriebsstätten zu strukturieren. Weiterhin zeigt sich in der Praxis, dass ausländische Investoren – aus den unten noch genauer dargelegten Gründen – den Share Deal einem Asset Deal vorziehen.

Das brasilianische Recht kennt kein eigenständiges Umwandlungsteuerrecht. Die unter dem deutschen Umwandlungs- und Umwandlungsteuerrecht bekannten steuerneutralen Reorganisationsformen werden in Brasilien regelmäßig als Realisationsereignisse betrachtet. In der brasilianischen Unternehmens- und Beratungspraxis ist deshalb auch die Vielfalt der in Deutschland bekannten Reorganisationsformen unbekannt. Das Hauptaugenmerk der Gestaltungsberatung richtet sich weniger auf die Steuerfreiheit des Transaktionsvorgangs als solchem als vielmehr auf die Sicherstellung der steuerlichen Amortisation der Anschaffungskosten der Beteiligung. Darüber hinaus gilt auch, dass wie im allgemeinen brasilianischen Unternehmensteuerrecht den indirekten Steuern (ICMS und IPI) und den semi-indirekten Steuern (PIS und COFINS) besondere Beachtung zu schenken ist.

Das DBA Brasilien ist infolge der Kündigung durch die Bundesrepublik Deutschland am 31. Dezember 2005 außer Kraft getreten. Auf den Erwerb von brasilianischen Unternehmen durch deutsche Investoren ergeben sich dadurch nicht zwangsläufig Auswirkungen. Dies liegt zum einen an dem Umstand, dass Brasilien bereits nach nationalem Recht keine Quellensteuern auf Dividenden erhebt bzw. nationale Quellensteuersätze den (früheren) DBA-Sätzen entsprechen (z. B. auf Zinsen und Lizenzgebühren, nationale Quellensteuer 15 %). Gewinne aus der Veräußerung von Anteilen von Kapitalgesellschaften konnten auch unter der Geltung des (gekündigten) DBA (Art. 13 Abs. 3) in Brasilien besteuert werden. Weiterhin wurden die DBA-bedingten Beschränkungen nationaler Besteuerungsrechte von der brasilianischen Finanzverwaltung häufig missachtet, was in Deutschland im Zweifelsfall zu einer Versagung der Anrechenbarkeit solcher brasilianischer Steuern führte. Eine Verschlechterung ergibt sich ggf. durch den Wegfall der Anrechnung von fiktiven Quellensteuern unter dem (gekündigten) DBA.

Das brasilianische Umwandlungs- und Umwandlungsteuerrecht befindet sich derzeit (Stand: November 2008) in einer Umbruchphase. Grund ist das Gesetz 11.638/07 vom 28. Dezember 2007, mit dem die brasilianischen Bilanzierungsvorschriften an die IFRS angepasst werden sollen. Wenngleich das Gesetz 11.638/07 nach seinem Wortlaut keine steuerlichen Wirkungen zeitigen soll, wird in der Beratungspraxis allgemein davon ausgegangen, dass der brasilianische Fiskus bestimmte unerwünschte Umwandlungsgestaltungen unter Hinweis auf die Maßgeblichkeit des neuen Gesetzes (auch) für Steuerzwecke kippen wird. Die nachfolgenden Ausführungen geben die Rechtslage wieder, wie sie voraussichtlich noch für die Jahre 2008 und 2009 gelten wird. Die weiteren Entwicklungen sind genau zu verfolgen.

1.2. Besteuerung von Gesellschaften und natürlichen Personen in Brasilien

Die brasilianische Körperschaftsteuer (IRPJ) wird mit einem Satz von 15 % erhoben. Dazu kommt auf denjenigen Teil des Einkommens, der R$ 240.000 übersteigt, eine Zusatzsteuer von 10 %. Weiterhin fällt der sog. „Sozialbeitrag auf den Gewinn (CSLL)" i. H. v. 9 % an, der auf der gleichen Bemessungsgrundlage erhoben wird. Mit einer Gesamtunternehmensteuerbelastung von ca. 34 % für Kapitalgesellschaften ist Brasilien somit definitiv kein Niedrigsteuerland.

Das brasilianische Steuerrecht sieht grundsätzlich zwei Gewinnermittlungsarten vor, die Gewinnermittlung nach dem „lucro real", vergleichbar mit dem deutschen Betriebsvermögensvergleich, und die vereinfachte Gewinnermittlung nach dem „lucro presumido". Bei der Gewinnermittlung nach dem „lucro presumido" unterstellt der brasilianische Gesetzgeber branchenspezifische Umsatzrenditen. Diese Umsatzrendite wird mit dem erzielten Umsatz multipliziert und als Bemessungsgrundlage zugrunde gelegt. Da die Gewinnermittlung nach dem „lucro presumido" u. a. davon abhängig ist, dass die Gesellschaft nicht mehr als R$ 48 Mio. Umsatz erzielt, soll für die folgenden Ausführungen davon ausgegangen werden, dass die Gewinnermittlung bei brasilianischen Gesellschaften nach dem „lucro real" erfolgt.

Für natürliche Personen gilt ein dreistufiger Einkommensteuertarif: Ein Jahreseinkommen bis jährlich R$ 16.473 ist steuerfrei, die Einkommenstranche zwischen R$ 16.474 und R$ 32.919 wird mit 15 %, das Jahreseinkommen oberhalb R$ 32.919 mit einem Steuersatz von 27,5 % besteuert.

Die nachfolgende Darstellung soll sich an den praktischen Gegebenheiten orientieren und daher in besonderem Maße den Share Deal darstellen.

1.3. Besonderheiten der Bilanzierung in Brasilien

1.3.1. Beteiligungen an Kapitalgesellschaften

Kapitalgesellschaftsbeteiligungen werden in Brasilien in der Bilanz der Muttergesellschaft entweder mit den Anschaffungskosten (custo de aquisição) oder mit dem Betriebsvermögen (Aktiva abzgl. Verbindlichkeiten und Rückstellungen) der Tochtergesellschaft (sog. „equivalência patrimonial") abgebildet. Letztere Modalität entspricht weitgehend der in Deutschland bei Beteiligungen an Personengesellschaften bekannten „Spiegelbildmethode" und soll daher im Folgenden auch so bezeichnet werden. Eine Bilanzierung von Beteiligungen an Kapitalgesellschaften nach der Spiegelbildmethode ist zwingend, wenn eine Beteiligung i. H. v. mindestens 20 %, in bestimmten Ausnahmefällen auch schon von mindestens 10 %, besteht. Die Bilanzierung nach der Spiegelbildmethode ist daher im Kontext von Unternehmenskäufen die zumeist verbindliche Bilanzierungsform für Beteiligungen an Kapitalgesellschaften.

Die Spiegelbildmethode bewirkt, dass eine Erhöhung des Betriebsvermögens bei der Tochtergesellschaft automatisch zu einer Erhöhung des Betriebsvermögens der Muttergesellschaft führt. Die drohende Doppelerfassung des Ergebnisses der Tochtergesellschaft wird dadurch vermieden, dass das Mehrergebnis aus dem höheren Bilanzansatz für die Anteile an der Tochtergesellschaft bei der Gewinnermittlung der Muttergesellschaft eliminiert wird.

Bei einer Gewinnausschüttung sinkt das Betriebsvermögen der Tochtergesellschaft. Auf Ebene der Muttergesellschaft erfolgt die Gegenbuchung zur Vereinnahmung der Dividende unmittelbar auf dem Beteiligungskonto, das um den Betrag der Dividende reduziert wird. Die Dividendenausschüttung bewirkt damit bei der Muttergesellschaft eine Reduzierung des Bilanzansatzes für die Anteile an der Tochtergesellschaft und erhöht einen späteren Veräußerungsgewinn.

Übersteigt beim Erwerb von Anteilen an einer Kapitalgesellschaft der Kaufpreis den Buchwert des Betriebsvermögens der gekauften Gesellschaft, so ist die Differenz (Agio) in der Bilanz der Muttergesellschaft separat zu aktivieren. Der Wert des Agio ist durch Abschreibungen zu reduzieren, die Abschreibungsdauer richtet sich nach dem wirtschaftlichen Grund der Entstehung des Agio. Steuerlich sind die Abschreibungen auf das Agio zunächst nicht berücksichtigungsfähig; eine Berücksichtigung der kumulierten Abschreibungen erfolgt steuerlich erst im Zeitpunkt der Veräußerung der Beteiligung sowie im Kontext bestimmter Umwandlungsmaßnahmen, insbesondere der Verschmelzung der Tochter- auf die Muttergesellschaft.

1.3.2. Bilanzierung von anderen Wirtschaftsgütern als Beteiligungen mit den Anschaffungskosten oder dem Marktwert

Eine weitere Besonderheit der brasilianischen Bilanzierung ist, dass es dem bilanzierenden Steuerpflichtigen grundsätzlich freisteht, ob er Wirtschaftsgüter des Anlagevermögens mit ihren Anschaffungskosten oder dem höheren Marktwert ansetzt. Der Steuerpflichtige kann den Aufstockungsgewinn in eine Rücklage einstellen, die erst im Zeitpunkt der Veräußerung des Wirtschaftsguts, für das die Rücklage gebildet wurde, aufzulösen ist (Art. 434 RIR), bzw. wenn bestimmte Ersatztatbestände vorliegen. Weiterhin ist die Rücklage – soweit sie für abnutzbare Wirtschaftsgüter gebildet wurde – über den Abschreibungszeitraum des Wirtschaftsguts ertragswirksam aufzulösen. Die Aufstockung auf einen über den Anschaffungskosten (abzgl. Abschreibungen) liegenden Wert ist aber im Grundsatz nur bei Vorliegen eines Bewertungsgutachtens möglich. Dieses Bewertungsgutachten muss bestimmten Anforderungen genügen.

In der Beteiligungskette ergeben sich aus der Wertaufstockung auf Wirtschaftsgüter folgende Auswirkungen: Die Aufstockung erhöht über die korrespondierende Rücklagenbildung bei der aufstockenden Gesellschaft das Betriebsvermögen. Infolge der Spiegelbildmethode erhöht sich dadurch bei der Muttergesellschaft der Ansatz der Beteiligung an der Tochtergesellschaft. Bei der Muttergesellschaft erfolgt die Gegenbuchung zur Erhöhung des Beteiligungsansatzes nicht ihrerseits auf einem Rücklagenkonto bei der Muttergesellschaft, sondern im Regelfall durch eine Haben-Buchung auf dem beim Erwerb der Beteiligung gebildeten Agio-Konto. Das Agio-Konto wird dadurch um die Erhöhung des Beteiligungsansatzes herabgesetzt. Die Aufstockung bei der Tochtergesellschaft führt somit bei der Muttergesellschaft zu einem steuerneutralen Aktivtausch. Im Anschluss an die Wertaufstockung neutralisieren sich bei der Tochtergesellschaft die Mehrabschreibungen aus den aufgestockten Wirtschaftsgütern und die korrespondierende Auflösung der Wertaufstockungsrücklage; über die Spiegelbildmethode ergibt sich also aus den Mehrabschreibungen keine bilanzielle Auswirkung auf die Muttergesellschaft.

2. Besteuerung des Veräußerers

2.1. Share Deal

2.1.1. Veräußerer ist eine in Brasilien ansässige natürliche Person

Die Veräußerung von Anteilen an Kapitalgesellschaften durch eine in Brasilien ansässige natürliche Person ist steuerpflichtig. Dies gilt unabhängig davon,

- ob die Anteile in einem Betriebsvermögen gehalten werden,
- wie lange die Anteile gehalten wurden,
- wie hoch die Beteiligung an der Kapitalgesellschaft ist.

Bemessungsgrundlage für die Einkommensteuer ist der Veräußerungsgewinn, also die Differenz zwischen dem Veräußerungspreis und den Anschaffungskosten der Beteiligung. Auf diese Bemessungsgrundlage kommt im Regelfall ein Pauschalsteuersatz von 15 % zur Anwendung.

2.1.2. Veräußerer ist eine in Brasilien ansässige Kapitalgesellschaft

Die Veräußerung von Anteilen an einer brasilianischen Kapitalgesellschaft durch eine in Brasilien ansässige Kapitalgesellschaft ist steuerpflichtig. Der Veräußerungsgewinn ist die Differenz zwischen dem Veräußerungspreis für die Beteiligung einerseits und dem Buchwert der Beteiligung zzgl. eines eventuellen Agio andererseits. Es kommen die regulären Steuersätze zur Anwendung. Obwohl Dividenden nach brasilianischem Steuerrecht von der Besteuerung freigestellt sind, lässt sich die Veräußerungsgewinnbesteuerung nicht durch eine Vollausschüttung der Tochtergesellschaft verringern. Dies liegt an der oben geschilderten Spiegelbildmethode, die dazu führt, dass die Ausschüttung zu einer korrespondierenden Herabsetzung des Beteiligungsbuchwerts und damit zu einer Minderung der „Anschaffungskosten" bei der Ermittlung des Veräußerungsgewinns der Muttergesellschaft führt.

2.1.3. Veräußerer ist eine ausländische natürliche oder juristische Person

Ist der Veräußerer nicht eine in Brasilien ansässige Person, so ist die Besteuerung u. a. vom Vorliegen eines Doppelbesteuerungsabkommens (DBA) zwischen Brasilien und dem Ansässigkeitsstaat des Veräußerers und der Zuweisung des Besteuerungsrechts im DBA abhängig.

- Die brasilianischen DBA sehen abweichend von Art. 13 Abs. 5 OECD-MA regelmäßig kein ausschließliches Besteuerungsrecht des Ansässigkeitsstaats der Person vor. Der Veräußerungsgewinn kann danach in beiden Staaten besteuert werden. Eine eventuelle Doppelbesteuerung wird regelmäßig im Ansässigkeitsstaat des Veräußerers durch Anrechnung der brasilianischen Steuer beseitigt. Da allerdings viele Ansässigkeitsstaaten den Veräußerungsgewinn nach einem nationalen Schachtelprivileg freistellen, ist eine brasilianische Steuer auf den Veräußerungsgewinn häufig definitiv.

  Nur das DBA Japan sieht ein ausschließliches Besteuerungsrecht Japans vor; in der Praxis wird das fehlende brasilianische Besteuerungsrecht in den Japan-Fällen seitens der brasilianischen Finanzverwaltung auch respektiert, weil entsprechende brasilianische Verwaltungsanweisungen ergangen sind.

- Weist ein DBA auch Brasilien das Besteuerungsrecht zu oder liegt – wie im Verhältnis zur Bundesrepublik Deutschland – kein DBA vor, so gilt nach nationalem brasilianischem Steuerrecht Folgendes:

  Brasilien folgte im Rahmen seiner Vorschriften über die beschränkte Steuerpflicht bis Ende Januar 2004 zweifellos dem in Art. 685 Regulamento de Imposto de Renda (RIR) niedergelegten strengen Zahlungsquellenprinzip. Das bedeutete, dass ein Veräußerungsgewinn nur dann in Brasilien steuerpflichtig war, wenn der Käufer der Beteiligung in Brasilien ansässig war und die Zahlungsquelle in Brasilien lag (die Zahlung also aus Brasilien heraus erfolgte). Die Steuerpflicht des nicht in Brasilien ansässigen Verkäufers war damit von der Ansässigkeit des Käufers und dem Ort der Zahlungsquelle abhängig. Lag nach diesen Grundsätzen eine Steuerpflicht vor, so war der Veräußerungsgewinn nach den o. g. Grundsätzen zu ermitteln (Veräußerungspreis abzüglich Buchwert zzgl. Agio) und wurde mit einem Quellensteuersatz von 15 % belegt.

  Seit dem 1. Februar 2004 ist die Besteuerung des Veräußerungsgewinns bei einem außerhalb Brasilien ansässigen Erwerber unklar. Nach dem mit Wirkung zum

1. Februar 2004 in Kraft getretenen Art. 28 des Gesetz Nr. 10.833 soll die Veräußerung auch dann steuerpflichtig sein, wenn der Erwerber außerhalb Brasiliens ansässig ist. In der brasilianischen Fachliteratur wird lebhaft darüber gestritten, ob dieses Gesetz eine Abkehr vom strengen Zahlungsquellenprinzip darstellt und damit eine Steuerpflicht des Veräußerungsgewinns auch für Fälle vorsieht, in denen Brasilien von der Zahlung des Kaufpreises überhaupt nicht berührt wird. Z. T. wird in der Literatur die Auffassung vertreten, das neue Gesetz solle nur klarstellend solche Fälle erfassen, in denen der Erwerber nicht in Brasilien ansässig ist, gleichwohl den Kaufpreis aber aus einer brasilianischen Quelle leistet. Weiterhin bestehen erhebliche praktische Schwierigkeiten und rechtliche Bedenken bei der Durchführung des Quellensteuerabzugs (15 %). Haftungsschuldner soll nämlich nicht der (in Brasilien nicht ansässige) Käufer der Beteiligung sein, sondern der sog. steuerliche Stellvertreter, der stets zu bestellen ist, wenn Ausländer registrierungsbedürftige Wirtschaftsgüter in Brasilien (wie etwa Kapitalgesellschaftsbeteiligungen) halten. Der steuerliche Stellvertreter kann aber den Quellensteuerabzug nur vornehmen, wenn er tatsächlich in den Zahlungsvorgang des Erwerbers eingeschaltet ist. Weiterhin bestehen nach brasilianischem Abgabenrecht erhebliche Bedenken, ob der steuerliche Vertreter überhaupt als Haftungsschuldner in Anspruch genommen werden kann.

Die Veräußerungewinnbesteuerung ist damit in dem Fall, dass sowohl Veräußerer als auch Käufer nicht in Brasilien ansässig sind, unklar, wenngleich sich in letzter Zeit eine wohl herrschende Meinung herausbildet, derzufolge von einer Steuerpflicht auszugehen ist. Im Zweifelsfall ist professioneller Rat zu suchen.

2.1.4. Anteilstausch

Das brasilianische Steuerrecht kennt kein dem deutschen Umwandlungssteuergesetz vergleichbares Regelwerk. Der Anteilstausch wird als Tausch (sog. „permuta") und folglich grundsätzlich als Realisationsereignis betrachtet und entsprechend besteuert. Auch ein bilanzierender Veräußerer der Beteiligung, etwa eine Kapitalgesellschaft, kann die Veräußerungsgewinnbesteuerung nicht durch eine Wertaufstockung seiner Beteiligung vor Veräußerung – sofern diese im Rahmen der Spiegelbildmethode überhaupt möglich ist – vermeiden. Die Einbringung einer Beteiligung in eine brasilianische Tochterkapitalgesellschaft ist mit dem Marktwert zu bilanzieren. Der Marktwert der erhaltenen Anteile ist die Gegenleistung für die hingegebenen Anteile und umgekehrt. Dies führt zu Unsicherheiten bei der Bewertung, weshalb in der Praxis von solchen Operationen häufig abgesehen wird. In der Literatur wird von der wohl überwiegenden Meinung die Auffassung vertreten, die Vorschriften über den erfolgsneutralen Tausch von Grundstücken sollten auch für den Anteilstausch Anwendung finden; eine entsprechende Besteuerungspraxis scheint sich zwischenzeitlich herausgebildet zu haben.

2.1.5. Transaktionssteuern, indirekte Steuern

Die Veräußerung von Anteilen an einer brasilianischen Kapitalgesellschaft mit Grundbesitz löst keine Grunderwerbsteuer aus, selbst wenn 100 % der Anteile an der Kapitalgesellschaft übertragen werden. Andere indirekte Steuern (ICMS, IPI, ISS) fallen nicht an.

2.2. Asset Deal

Wie eingangs dargestellt, ist der Asset Deal in der brasilianischen M&A-Praxis keine übliche Erwerbsform. Dies liegt an einer Reihe von Umständen, die im Rahmen der vorliegenden Darstellung nur überschlägig dargestellt werden können. Zum einen haften dem Asset Deal in Brasilien die auch in Europa bekannten Durchführungsschwierigkeiten an. Hierbei sei etwa der sachenrechtliche Bestimmtheitsgrundsatz genannt, der genau genommen eine Einzelübertragung und Benennung aller Vermögensgegenstände des gekauften Unternehmens und die Beachtung der jeweiligen Formvorschriften für die Übertragung erfordert. Der mit einem Asset Deal bezweckte Ausschluss des Übergangs von Haftungsrisiken lässt sich häufig nicht erreichen, weil latente Risiken (z. B. Arbeits-, Steuer-, Umwelt- oder Produkthaftungsrisiken) nicht nur der Rechtsform des Target, sondern dessen unternehmerischer Substanz anhaften. Andererseits hängen in einem Land mit erheblicher bürokratischer Durchdringung wie Brasilien viele öffentlich-rechtliche Genehmigungen, Konzessionen und steuerliche Subventionen an der Fortführung der Rechtsform des gekauften Unternehmens und nicht an dessen unternehmerischer Substanz.

Ebenfalls schwer wiegen die steuerlichen Nachteile eines Asset Deals, die hier ebenfalls nur ansatzweise dargestellt werden können. Die Übertragung von Grundbesitz unterliegt der brasilianischen Grunderwerbsteuer (ITBI) mit einem Steuersatz von 2 – 6 %. Ein Asset Deal zeitigt häufig auch eine Reihe von ungünstigen Rechtsfolgen bei den indirekten Steuern ICMS (vergleichbar der deutschen Umsatzsteuer) und IPI (der Steuer auf die Industrieproduktion), die sich in erster Linie beim Veräußerer, aber dadurch auch mittelbar über den Verkaufspreis beim Erwerber auswirken. Bei der ICMS ist die Berechtigung des Erwerbers zum Vorsteuerabzug in bestimmten Konstellationen an bestimmte Haltefristen hinsichtlich der Wirtschaftsgüter geknüpft, die durch die Veräußerung im Rahmen eines Asset Deals durchbrochen werden und die ggf. zeitanteilige Vorsteuerabzugsberechtigung durchkreuzen. Auch bei den an der Schnittstelle zwischen direkten und indirekten Steuern befindlichen PIS und COFINS ist der Asset Deal gegenüber dem Share Deal im Regelfall eindeutig nachteilig. Berücksichtigt man angesichts dieser Nachteile, dass sich – anders als in vielen kontinentaleuropäischen Steuerrechtsordnungen – die steuerliche Abschreibung des Erwerbspreises auch beim Share Deal erreichen lässt (siehe dazu unten), so verwundert nicht, dass der Asset Deal in der brasilianischen Besteuerungspraxis weitgehend keine Bedeutung hat.

Abgesehen davon gelten für den Asset Deal keine Besonderheiten. Der Verkäufer erzielt beim Asset Deal im Grundsatz einen voll steuerpflichtigen Veräußerungsgewinn. Damit kommt der Veräußerer beim Asset Deal anders als u.U. beim Share Deal nicht in den Genuss eines reduzierten Steuersatzes. Der Erwerber bilanziert die angeschafften Wirtschaftsgüter mit ihrem Marktwert und aktiviert den übersteigenden Betrag als Firmenwert. Die Abschreibung richtet sich nach allgemein bekannten Grundsätzen. Bei unterjähriger Anschaffung ist die Abschreibung zeitanteilig zu gewähren, es gibt keine Vereinfachungsregelungen. Die Finanzverwaltung gibt im Annex zu Art. 310 RIR Abschreibungstabellen heraus, in denen die Nutzungsdauer der handelsüblichen Wirtschaftsgüter typisiert ist. Der Abschreibungszeitraum beträgt je nach Wirtschaftsgut 2 – 25 Jahre. Mangels einer Erwähnung in den Abschreibungstabellen ist die Nutzungsdauer von Wirtschaftsgütern zu schätzen. Der Firmenwert ist über einen Zeitraum von mindestens 60 Monaten abzuschreiben.

2.3. Einbringung von Wirtschaftsgütern gegen Anteile

Die Einbringung von Wirtschaftsgütern in eine Kapitalgesellschaft gegen Gewährung von Gesellschaftsrechten ist in Brasilien keine steuerlich begünstigte Transaktion, unabhängig davon, ob einzelne Wirtschaftsgüter, ein Betrieb oder ein Teilbetrieb übernommen werden. Die übernehmende Kapitalgesellschaft setzt die Wirtschaftsgüter samt bilanzierter und bisher nicht bilanzierter immaterieller Wirtschaftsgüter mit ihrem Marktwert an, während der Einbringende in Höhe der Differenz zwischen dem Ansatz der Wirtschaftsgüter bei der übernehmenden Gesellschaft und dem Buchwert der Wirtschaftsgüter einen steuerpflichtigen Veräußerungsgewinn erzielt. Hat der Einbringende die Wirtschaftsgüter bereits vor der Einbringung auf den höheren Marktwert aufgestockt und dafür eine Rücklage gebildet (s. o.), so ist diese bei der Einbringung beim Veräußerer ertragswirksam aufzulösen. Die Besteuerung des Einbringungsgewinns richtet sich nach der Rechtsform des Einbringenden (34 % kombinierter Unternehmensteuersatz bei Unternehmen, zweistufiger progressiver Einkommensteuertarif bei natürlichen Personen). Bei der Einbringung über die Grenze nach Brasilien gilt, dass der Einbringende im Einbringungsvorgang in Brasilien grundsätzlich keine steuerpflichtigen Einkünfte erzielt, es sei denn, die eingebrachten Wirtschaftsgüter sind in Brasilien belegen.

3. Strukturierung des Unternehmenskaufs/ postakquisitorische Gestaltungen

3.1. Organschaft

Das brasilianische Steuerrecht kennt keine Gruppenbesteuerung. Gewinne und Verluste von Konzerngesellschaften können nicht miteinander verrechnet werden. Die Spiegelbildmethode bewirkt lediglich, dass der Beteiligungsansatz bei der Muttergesellschaft dem Betriebvermögen der Tochtergesellschaft entspricht und es somit bei einer späteren Veräußerung der Beteiligung nicht zu einer Doppelbesteuerung der offenen Reserven der Tochtergesellschaft kommt. Um die Verrechnung von laufenden Gewinnen und Verlusten zwischen Konzerngesellschaften und Geschäftsbereichen zu ermöglichen, ist deshalb grundsätzlich die Zusammenführung der Gesellschaften durch Umwandlung erforderlich. Zur Behandlung von vor der Umwandlung entstandenen früheren Verlusten s.u. Abschnitt 3.4.

3.2. Buchwertverknüpfung

Wie oben ausgeführt, ist der Übergang von Wirtschaftsgütern für die untergehende Gesellschaft grundsätzlich ein Realisationstatbestand. Die Schlussbesteuerung der untergehenden Gesellschaft lässt sich jedoch durch die Möglichkeit der Aufstockung von Wirtschaftsgütern auf den höheren Marktwert vermeiden. Die Gegenbuchung zur Aufstockung erfolgt bei der aufstockenden Gesellschaft auf dem Aufstockungsrücklagenkonto. Das übernehmende Unternehmen führt die aufgestockten Buchwerte fort, übernimmt das Rücklagenkonto der übertragenden Gesellschaft und nimmt Abschreibungen auf die aufgestockten Wirtschaftsgüter und Auflösungen des Aufstockungsrücklagenkontos vor.

Im Ergebnis kommt es damit zwar bilanziell zu einer Aufdeckung der stillen Reserven in den Wirtschaftsgütern. Steuerlich wird aber durch die dargestellte bilanzielle Behandlung eine Schlussbesteuerung der untergehenden Gesellschaft vermieden.

3.3. Abzug von Finanzierungskosten

Gewinne aus der Veräußerung von Anteilen an Kapitalgesellschaften sind, wie bereits erwähnt, nicht steuerbefreit. Dividenden können zwar ertragsneutral vereinnahmt werden, führen aber zu einer korrespondierenden Herabsetzung des Buchwerts der Beteiligung. Da Finanzierungskosten in Brasilien somit im Grundsatz nicht mit steuerfreien Einkünften in Zusammenhang stehen, ist der Abzug von Finanzierungskosten bei Unternehmenskäufen weniger problematisch als in Deutschland. Die Finanzierungskosten sind grundsätzlich abzugsfähig. Bei grenzüberschreitenden Darlehen sind die brasilianischen Transfer-Pricing-Bestimmungen zu beachten, Art. 243 RIR.

3.4. Wahl der Finanzierungsform beim Unternehmenskauf

Auf Dividenden erhebt Brasilien derzeit keine Quellensteuer. Bei einer Fremdfinanzierung sind folgende Umstände zu beachten: Brasilien ist derzeit das Land mit den weltweit höchsten Darlehenszinsen. Aus diesem Grund wird eine Finanzierung des Unternehmenskaufs häufig grenzüberschreitend erfolgen. Beim grenzüberschreitenden Zahlungsverkehr sind die brasilianischen Devisenverkehrsbestimmungen zu beachten.

In der Praxis bedeutet dies, dass bei grenzüberschreitenden Finanzierungen die zugrunde liegenden Darlehen bei der brasilianischen Zentralbank registriert werden müssen, um eine problemlose Überweisung der Zinsen ins Ausland zu ermöglichen.

Einige von Brasilien abgeschlossene Doppelbesteuerungsabkommen sehen bei grenzüberschreitenden Darlehen eine Anrechnung fiktiver brasilianischer Quellensteuer vor. Die tatsächlich in Brasilien erhobene Quellensteuer beträgt 15 %. Im Verhältnis zu Deutschland ist diese Begünstigung infolge der Kündigung des DBA ausgelaufen.

Brasilien kennt keine Gesellschafter-Fremdfinanzierungsregeln (Thin Cap Rules). Eine Fremdfinanzierung wird mithin steuerlich nicht daraufhin untersucht, ob ein bestimmtes Eigen-/Fremdkapitalverhältnis bei der finanzierten Gesellschaft überschritten ist.

Bei der Entscheidung über die Finanzierung des Unternehmenskaufs sind einige Besonderheiten des Gewinntransfers von Brasilien ins Ausland zu beachten. Das brasilianische Recht sieht neben Dividende und Zins mit dem sog. „juro sobre o capital próprio" (Eigenkapitalzins) ein hybrides Eigenkapitalvergütungsinstrument vor, das in Brasilien zu steuerlichem Aufwand, auf Ebene des ausländischen Anteilseigners aber ggf. zu steuerfreien Dividendeneinkünften führt. Die Zahlung des Eigenkapitalzinses ist höhenmäßig begrenzt und vom Vorliegen eines Jahresüberschusses abhängig. Brasilien erhebt auf die Zahlung des Eigenkapitalzinses eine Quellensteuer von 15 %. Im Land des Kapitalgebers ist der Eigenkapitalzins daraufhin zu untersuchen, ob er nach einem Doppelbesteuerungsabkommen oder nach einem nationalen Schachtelprivileg unter den Dividendenbegriff fällt und freigestellt ist. In einigen europäischen Ländern ist dies der Fall; die deutsche Finanzverwaltung vertritt in Betriebsprüfungen dem Vernehmen nach zum Teil den Standpunkt, dass der Eigenkapitalzins nach § 20 Abs. 1 Nr. 7 EStG als Zins zu qualifizieren und in Deutschland deshalb nicht gem. § 8b Abs. 1 KStG freizustellen ist. Allerdings vertreten in jüngster Zeit auch namhafte Vertreter der Finanzverwaltung die Auffassung, dass der Eigenkapitalzins in Deutschland als Dividende im Sinne des § 20 Abs. 1 Nr. 1 EStG nach § 8b Abs. 1 KStG freizustellen ist. Es bleibt abzuwarten, ob sich auch ein Finanzgericht dieser Auffassung anschließen wird. Bei einer Analyse der Merkmale des Eigenkapitalzinses sprechen die überzeugenderen Argumente für eine Behandlung als Dividende und für eine Freistellung in Deutschland.

3.5. Fortbestand von Verlustvorträgen des Target

Der Fortbestand von Verlustvorträgen des Target ist bei Unternehmenskäufen in Brasilien unter zwei Gesichtspunkten gefährdet. Zum einen kennt das brasilianische Steuerrecht ähnlich der zwischenzeitlich abgeschafften deutschen Mantelkaufregelung (§ 8 Abs. 4 KStG a. F.) das Erfordernis der „wirtschaftlichen Identität" der Gesellschaft, die den Verlust erlitten hat, mit der Gesellschaft, die den Verlust steuerlich geltend machen will. Zum anderen hängt der steuerliche Verlust grundsätzlich am Steuersubjekt und geht bei Erlöschen des Steuersubjekts im Wege der Umwandlung nicht ohne weiteres auf den neuen Rechtsträger über.

Nach Art. 509, 510 RIR können Verlustvorträge nur bis zur Höhe von 30 % des jeweiligen Jahresgewinns der Gesellschaft in den Folgejahren verrechnet werden. Veräußerungsverluste werden von den übrigen Verlusten getrennt als eigene Kategorie erfasst und sind nur mit zukünftigen Veräußerungsgewinnen – und wiederum nur bis zur Höhe von 30 % des jeweiligen Jahresveräußerungsgewinns – verrechnungsfähig. Eine zeitliche Beschränkung des Verlustvortrags existiert nicht. Ein Verlustrücktrag ist nicht möglich. Bis vor kurzem galten diese Regeln uneingeschränkt auch im letzten Wirtschaftsjahr einer im Rahmen einer Umwandlung untergehenden Gesellschaft; gegen diese steuerliche Behandlung waren in der Literatur Einwände vor dem Hintergrund des auch in Brasilien geltenden Prinzips der Totalgewinnbesteuerung erhoben worden. Seit kurzem – basierend auf entsprechender Rechtsprechung – lässt der Fiskus die uneingeschränkte Verlustverrechnung zumindest mit dem Gewinn des letzten Wirtschaftsjahrs der untergehenden Gesellschaft vor der Umwandlung zu.

3.5.1. Wirtschaftliche Identität

Nach Art. 513 RIR kann eine juristische Person ihre eigenen steuerlichen Verluste nicht mit Gewinnen verrechnen, wenn zwischen der Verlustentstehung und der beabsichtigten Verlustverrechnung eine Änderung in der gesellschaftsrechtlichen Kontrolle eingetreten ist und zusätzlich die Gesellschaft ihr Betätigungsfeld geändert hat. Das brasilianische Steuerrecht enthält keine weiterreichende Spezifizierung dieser Tatbestandsmerkmale in Form von Verwaltungserlassen. Daraus resultiert in der Unternehmenspraxis eine erhebliche Unsicherheit hinsichtlich der Anwendung dieser Vorschrift. Es ist vollkommen unklar, ob eine Änderung in der gesellschaftsrechtlichen Kontrolle (im Regelfall: Übertragung von mehr als 50 % der Anteile) nur bei einer Übertragung der direkten Beteiligung oder auch bei einer Übertragung auf höherer Konzernebene vorliegen kann. Bei der Gestaltung des Unternehmenskaufs muss derzeit aus Sicherheitsgründen von letzterer Variante ausgegangen werden. Das Konzept der „Änderung des Betätigungsfeldes“ ist mangels konkretisierender Verwaltungserlasse nicht handhabbar. In der Praxis wird – soweit dies möglich ist – nach einer Übertragung von mehr als 50 % der Gesellschaftsanteile vor dem Hintergrund der Nutzung von Verlustvorträgen von jedweder Änderung des Unternehmensgegenstands abgeraten.

3.5.2. Verschmelzung/Spaltung

Nach Art. 514 RIR kann eine juristische Person, auf die im Rahmen einer Umwandlung ein anderes Unternehmen verschmolzen worden ist, nicht die Verlustvorträge der untergegangenen Gesellschaft nutzen. Das brasilianische Steuerrecht sieht damit ein kategorisches Verbot der Nutzung der Verluste der im Rahmen einer Verschmelzung untergehenden Gesellschaft durch die aufnehmende Gesellschaft vor; dieses Verbot erfasst insb. auch die Nutzung der Verluste der untergehenden Gesellschaft im Rahmen eines Up-Stream Mergers. Die Praxis hilft sich bei Unternehmenskäufen häufig mit der Figur des Down-Stream Merger, bei dem das Verbot des Art. 514 RIR dadurch umgangen wird, dass das Geschäft der zu verschmelzenden Mutter- und Tochtergesellschaften auf Ebene der Verlust-Tochtergesellschaft zusammengeführt wird. Die brasilianische Finanzverwaltung scheint diese Rechtsfolge (Nutzbarkeit der Verlustvorträge) zu akzeptieren, wenn auch teilweise in der Literatur Stimmen laut werden, die die Verlustnutzung auf diesem Wege als missbräuchlich ansehen.

Ist ein Down-Stream Merger nicht durchführbar, so kann der Verlustvortrag des Target nicht durch eine Aufstockung der stillen Reserven beim Target und eine steuerwirksame Umwandlung des Verlustvortrags in zukünftigen Abschreibungsaufwand nutzbar gemacht werden. Zwar ist eine Aufstockung auf einen höheren Marktwert grundsätzlich ohne weiteres möglich (s. o.). Die Aufstockung kann aber nicht ertragswirksam erfasst und mit den Verlusten verrechnet werden, sondern ist zwingend in die Aufstockungsrücklage einzustellen. Die Aufstockungsrücklage kann erst erfolgswirksam aufgelöst werden, wenn die zugrunde liegenden Wirtschaftsgüter veräußert werden. Die Verschmelzung ist dabei der Veräußerung nicht gleichgestellt. Vielmehr tritt die übernehmende Gesellschaft in die Fußstapfen der untergegangenen Gesellschaft und führt die Aufstockungsrücklage in ihrer Bilanz bis zur Veräußerung der Wirtschaftsgüter fort.

Bei der Abspaltung geht der durch den abgespaltenen Unternehmensteil verursachte Verlust nicht unter und kann mit zukünftigen Gewinnen des aufnehmenden Unternehmens verrechnet werden. Der übergehende Verlustvortrag ist dabei durch einen Vergleich des übergehenden Betriebsvermögens mit dem Gesamtbetriebsvermögen der abgebenden Gesellschaft zu ermitteln.

3.6. Abschreibung von Anschaffungskosten

Wie oben dargestellt, ist der Share Deal über eine brasilianische Akquisitionsgesellschaft die in der Praxis am häufigsten zu beobachtende Erwerbsmodalität. Nach geltender Rechtslage kann der Käufer bei einem Share Deal unter bestimmten Voraussetzungen eine steuerliche Geltendmachung seiner Anschaffungskosten über Abschreibungen erreichen. Diese Möglichkeit setzt zwingend voraus, dass der Käufer zunächst eine brasilianische Erwerbsgesellschaft (im Regelfall Ltda.) aufsetzt und über diese die Anteile am Target erwirbt. Im Anschluss wird das Target auf die Erwerbsgesellschaft oder umgekehrt verschmolzen (Up-Stream oder Down-Stream Merger). Bei der Entscheidung über die Verschmelzungsrichtung ist u. a. auch der Fortbestand der steuerlichen Verlustvorträge zu berücksichtigen. Durch die Verschmelzung wird die Beteiligung an der Tochtergesellschaft eliminiert und nach oben dargestellten Grundsätzen durch den Ansatz der Wirtschaftsgüter ersetzt. Ein zu bilanzierender Goodwill kann – wenn bestimmte weitere Voraussetzungen erfüllt sind – steuerwirksam mit 1/60 pro Monat oder auch über einen längeren Zeitraum (linear) abgeschrieben werden. An dieser Stelle gilt in besonderem Maße, die steuerlichen Implikationen des Gesetzes 11.638/07 vom 28. Dezember 2007, mit dem die brasilianischen Bilanzierungsvorschriften an die IFRS angepasst werden sollen, im Auge zu behalten. Möglicherweise ist die Abschreibung des Goodwill in näherer Zukunft nicht mehr möglich.

4. Zusammenfassung

Der Share Deal ist in Brasilien die bei Unternehmenskäufen in der Praxis häufigste Erwerbsform. Beim Unternehmenskauf sind unbedingt die Besonderheiten der brasilianischen Bilanzierung von Kapitalgesellschaftsbeteiligungen zu beachten. Die Bilanzierung erfolgt nach der sog. „equivalência patrimonial" (Kapitalspiegelmethode), mit der im Grundsatz das Betriebsvermögen der Tochtergesellschaft (abzüglich der Aufstockungsrücklage) auf Ebene der Muttergesellschaft abgebildet wird. Die Besteuerung des Veräußerungsgewinns des Anteilseigners ist abhängig von dessen Rechtsform. Ist der veräußernde Anteilseigner im Ausland ansässig, so hängt die Besteuerung des Veräußerungsgewinns von der Ansässigkeit des Käufers ab. Ist der Käufer nicht in Brasilien ansässig, so ist nach derzeitiger Rechtslage unklar, ob der Veräußerungsgewinn steuerpflichtig ist und wer einen etwaigen Quellensteuereinbehalt vorzunehmen hat. Hier ist die weitere Entwicklung abzuwarten.

Eine steuerpflichtige Realisierung der stillen Reserven der übergehenden Gesellschaft lässt sich bei einer Verschmelzung grundsätzlich vermeiden.

Besondere Schwierigkeiten bereitet in Brasilien die steuerwirksame Nutzung der Verlustvorträge des Target. Verlustvorträge gehen bei Verschmelzungen grundsätzlich unter; ggf. lassen sich diese Schwierigkeiten durch einen Down-Stream Merger vermeiden. Weiterhin ist das Kriterium der „wirtschaftlichen Identität" bei der Verlustnutzung zu beachten.

Das brasilianische Steuerrecht kennt keine Gruppenbesteuerung. Jedes Rechtssubjekt in einer Beteiligungskette wird separat besteuert. Eine Gewinn- und Verlustkompensation lässt sich nur durch Zusammenführung von Unternehmungen innerhalb derselben Rechtsform, insb. durch Verschmelzung oder Spaltung, erreichen.

China

Von Alan Tsoi (Deloitte Shanghai/Hongkong) und Dr. Karsten M. Ley (Deloitte Düsseldorf)

1. Überblick über die Rechtslage

Der 10. Nationale Volkskongress der Volksrepublik China (nachfolgend „China") hat am 16. März 2007 ein neues Körperschaftsteuergesetz (nachfolgend „chinKStG") angenommen, dass zum 1. Januar 2008 in Kraft getreten ist. War das Ziel der letzten grundlegenden Körperschaftsteuerreform im Jahre 1991 noch die steuerliche Gleichstellung von chinesischen Staatsunternehmen mit chinesischen Kollektiv- und Privatunternehmen sowie die hiervon unabhängige besondere Förderung von ausländisch investierten Unternehmen, so bemüht sich der chinesische Gesetzgeber mit dem neuen Gesetz insbesondere um die vollständige Vereinheitlichung des Steuersystems und die Aufhebung der bisherigen körperschaftsteuerlichen Trennung zwischen „ausländisch investierten Unternehmen" und „chinesisch investierten Unternehmen".

Darüber hinaus werden mit dem neuen Gesetz die im derzeitigen Körperschaftsteuergesetz für ausländisch investierte Unternehmen vorgesehenen vielfältigen regionalen Förderungen, Steuerbefreiungen und Steuerreduzierungen zukünftig auslaufen und zugunsten einer High-Tech-orientierten Industrie- und Technologieförderung ersetzt werden. Mit der nachfolgenden Übersicht sollen die Auswirkungen der Steuerreform aus der Sicht ausländischer Investoren bei M&A Transaktionen dargelegt werden. Da eine Vielzahl von Sonderregelungen und Verwaltungsvorschriften zu M&A Transaktionen noch auf dem alten Körperschaftsteuergesetz beruhen, bestehen derzeit noch erhebliche Rechtsunsicherheiten. Dies gilt insbesondere für die steuerlichen Regelungen zu Umwandlungen chinesischer Unternehmen. Am 7.5.2009 veröffentlichte das chinesische Finanzministerium zwar neue Richtlinien zur steuerlichen Behandlung von konzerninternen Restrukturierungen und Unternehmensliquidationen, die rückwirkend zum 1.1.2008 in Kraft getreten sind. Doch auch mit diesen Richtlinien bleiben eine Vielzahl von Detailfragen weiterhin offen.

Während in China bis einschließlich 2007 Restrukturierungen innerhalb eines Konzerns in vielen Fällen steuerfrei zu Buchwerten vorgenommen werden konnten, ist nach den neuen M&A Regelungen bei konzerninternen Restrukturierungen nach sog. „Ordinary" und „Special" Reorganisations zu unterscheiden. „Ordinary Reorganisations" können lediglich zu Marktwerten durchgeführt werden, was einer sofortigen Besteuerung der aufgedeckten stillen Reserven gleichkommt. Darüber hinaus ist bei Verschmelzungen und Spaltungen eine Verlustübertragung auf das übernehmende Unternehmen ausgeschlossen. Im Rahmen einer Special Reorganisation können die Umstrukturierungsvorgänge hingegen zu Buchwerten bzw. – bei teilentgeltlicher Reorganisation – zu Zwischenwerten durchgeführt werden. Zugleich wird innerhalb bestimmter Grenzen auch ein Übergang steuerlicher Verluste auf das übernehmende Unternehmen ermöglicht.

Grundsätzlich sind bei M&A Transaktionen unter fremden Dritten und im Rahmen der „Ordinary Reorganisation“ jedoch weiterhin die chinesische Körperschaftsteuer, die Geschäftssteuer (Business Tax), die Umsatzsteuer (VAT), die Stempelsteuer (Stamp Duty) sowie bei ausländischen Investoren zahlreiche Quellensteuern von Bedeutung.

Beim Share Deal greifen hier insbesondere die Körperschaftsteuer – zum Teil als Quellenbesteuerung – und die Stempelsteuer. Eine Übersicht bietet die nachfolgende Darstellung:

Steuer	Steuersatz	Bemessungsgrundlage	Steuerpflichtig
Quellensteuer	10 %	Veräußerungsgewinn (bei ausländischem Veräußerer)	Veräußerer
chinKStG	25 % oder Sondersteuersatz	Veräußerungsgewinn (bei inländischem Veräußerer)	Veräußerer
Stempelsteuer	0,05 %	Veräußerungswert	Veräußerer und Erwerber

Ein Asset Deal zieht hingegen weitere Transaktionskosten – wie beispielsweise die Geschäftssteuer, die Umsatzsteuer, die Stempelsteuer und gegebenenfalls die Wertzuwachssteuer – nach sich:

Steuer	Steuersatz	Bemessungsgrundlage	Steuerpflichtig
chinKStG	25 % oder Sondersteuersatz	Veräußerungsgewinn, steuerbarer Gewinn des FIE	Veräußerer
Geschäftssteuer (Business Tax)	5 %	Übertragung immaterieller Wirtschaftsgüter und unbeweglichen Vermögens	Veräußerer
Notargebühren (Deed Tax)	3 % - 5 %	Übertragung von Landnutzungsrechten und unbeweglichen Eigentums	Erwerber
Wertzuwachssteuer (Land-Value Appreciation Tax)	30 – 60 %	Veräußerungsgewinn aus der Übertragung von Landnutzungsrechten und Gebäuden	Veräußerer
Umsatzwertsteuer (Value Added Tax)	17 %	Übertragung des Warenbestands	Veräußerer
Stempelsteuer	0,03 – 0,05 %	Veräußerungswert	Veräußerer und Erwerber

1.1. Das neue chinesische Körperschaftssteuergesetz

Das neue chinesische Körperschaftsteuergesetz vereinheitlicht die steuerliche Behandlung von sog. Foreign Invested Enterprises („FIE“ – Unternehmen in China, die zu mindestens 25 % von ausländischen Investoren gehalten werden) und rein chinesischen Unternehmen (sog. Domestic Enterprises). Das neue Gesetz findet somit auf alle Körperschaften mit Sitz oder Geschäftsleitung innerhalb des Hoheitsgebiets der Volksrepublik China nach dem Welteinkommensprinzip sowie auf Betriebsstätte ausländischer Kapitalgesellschaften Anwendung. Es ist nicht einschlägig für Einzelunternehmen und Personengesellschaften, die jedoch für ausländische Investoren in der Praxis derzeit kaum Bedeutung haben. Eine Einführungsrichtlinie zum neuen Körperschaftsteuerrecht, die weitergehende Interpretations- und Klarstellungshinweise liefern, ist am 11. Dezember 2007 veröffentlicht worden.

Mit der Einführung des einheitlichen Körperschaftsteuerrechts sind nunmehr alle ansässigen Körperschaften mit einem Regelsteuersatz von 25 % steuerpflichtig. Das neue Körperschaftsteuergesetz enthält jedoch neben dem Regelsteuersatz auch eine Reihe von Steueranreize, die auch im Rahmen von M&A Transaktion interessant werden können:

1. Gesellschaften, die als Neu- oder Hochtechnologieunternehmen qualifizieren, unterliegen lediglich einem reduzierten Steuersatz von 15 %.
2. Bestimmte Tätigkeiten aus den Bereichen Land- und Forstwirtschaft, Tierzucht und Fischerei sind Gegenstand einer vollen Steuerfreistellung, wohingegen andere Teilbereiche dieser Industrien hälftig von der Körperschaftsteuer befreit sind.
3. Bestimmte staatliche Infrastrukturprojekte sind ab dem ersten Veranlagungsjahr, in dem sie Gewinn generieren, für den Zeitraum von drei Jahren steuerbefreit gefolgt von drei Jahren, in denen nur die Hälfte ihrer Einkünfte der Besteuerung unterliegen.
4. Bestimmte Gewinne aus Technologietransfers werden bis zu einer Höhe von RMB 5 Mio. innerhalb des Veranlagungsjahres von der Körperschaftssteuer befreit. Wird die Kappungshöhe überschritten unterliegt der Überhang einer hälftigen Freistellung.
5. Auf kleine Unternehmen finden ein reduzierter Steuersatz von 20 % Anwendung.
6. Bestimmte Aufwendungen für Forschung & Entwicklung unterfallen einem weiteren 50 %-igen Sonderabzug. Bei derartigen Aufwendungen, die als immaterielle Wirtschaftsgüter aktiviert wurden, bildet der anderthalbfache Wert der Kosten des Wirtschaftsguts die Grundlage für die Abschreibung.

Das neue Körperschaftsteuergesetz sowie die dazugehörenden Einführungsrichtlinien umfassen darüber hinaus auch Sonderregelungen zur:

1. Beschränkten Abzugsfähigkeit von speziellen Aufwendungen wie z. B. Zinsaufwendungen, Angestelltenprämien, Marketingausgaben, Management Fees usw.;
2. Abschreibung von unbeweglichen und immateriellen Wirtschaftsgütern;
3. Verrechnungspreisregelungen;
4. Cost Sharing Vereinbarungen;
5. Thin-Capitalization-Rules;
6. Sondertatbestände zu Controlled Foreign Corporations.

1.2. Die chinesische Geschäftssteuer (Business Tax)

Die Geschäftssteuer ist Teil des chinesischen Umsatzsteuersystems, die insbesondere auf Dienstleistungen sowie die Übertragung von Immobilien und von immateriellen Wirtschaftsgütern erhoben wird. Der Steuersatz für die Geschäftssteuer liegt abhängig vom steuerpflichtigen Tatbestand zwischen 3 % und 20 %, wobei für die im Rahmen von M&A Transaktionen einschlägigen Sachverhalte in der Regel ein Steuersatz von 5 % zur Anwendung kommt. Bestimmte Technologietransfers sind von der Steuer befreit.

1.3. Die chinesische Umsatzsteuer (Value Added Tax)

Der eigentlichen Umsatzsteuer unterliegen alle Lieferungen beweglicher Wirtschaftsgüter innerhalb Chinas und Importe nach China. Der einheitliche Umsatzsteuersatz liegt bei 17 %. Einem ermäßigten Steuersatz von 13 % unterliegen lediglich einige existenzielle Verbrauchsgüter. Die Umsatzsteuer wird mit dem entsprechenden Steuersatz bezogen auf den zu besteuernden Nettoumsatz gerechnet und vom Verkäufer abgeführt.

1.4. Die Notargebühr (Deed Tax)

Die Notargebühr fällt in Höhe von 3 % bis 5 % auf den Wert von Landnutzungsrechten und Eigentumsrechten an Gebäuden bei deren Übertragung an. Der genaue Steuersatz wird von den Lokalregierungen bestimmt.

1.5. Die Wertzuwachssteuer (Land-Value Appreciation Tax)

Gewinne, die bei der Übertragung von Land, Gebäuden und verbundenen Baukörpern entstehen, unterliegen der Wertzuwachssteuer. Entsprechend der Höhe des Gewinns bestimmt sich der Steuersatz in vier Stufen, die zwischen 30 und 60 % rangieren. Mit der Wertzuwachsteuer sollen Spekulationen mit Immobilen begrenzt werden, da mit steigendem Veräußerungserlös die Wertzuwachssteuer mit einem entsprechend höheren Steuersatz zur Anwendung kommt.

1.6. Die Stempelsteuer (Stamp Duty)

Die Registrierung bestimmter, gesetzlich umschriebener Dokumente unterliegt der Stempelsteuer. Abhängig von der Art des Dokuments liegt der Steuersatz zwischen 0,005 % und 0,1 %.

2. Verkauf von Anteilen an einer Foreign Invested Enterprise in China (Share Deal)

2.1. Veräußerung durch ein in China ansässiges Unternehmen

Die nachstehenden Überlegungen zum Share Deal in China beruhen auf dem folgenden Beispielsfall, wobei sich in der Praxis bei Änderungen der Parameter gegebenenfalls Abweichungen ergeben könnten:

> **Beispielfall:**
> Die Anteile an einem Foreign Invested Enterprise werden in China von einem anderen Foreign Invested Enterprise mit Sitz in China an ein Foreign Invested Enterprise mit Sitz in China veräußert. Die Transaktion findet nach Inkrafttreten des neuen Körperschaftsteuerrechts statt.

Hierbei ist bei einer konzerninternen Veräußerung zwischen der sog. „Ordinary" und „Special" Reorganisation zu unterscheiden. Um als Special Reorganisation qualifiziert zu werden, sind grundsätzlich die folgenden Voraussetzungen zu erfüllen: Es müssen unter anderem wirtschaftliche Gründe für die Umstrukturierung bestehen, mindestens 75 % der Anteile eines Unternehmens übertragen werden, sowie die bisherige Geschäftstätigkeit des übertragenen Unternehmens mindestens über einen Zeitraum von zwölf Monaten unverändert fortgeführt werden. Ausschlaggebend ist darüber hinaus, dass im Falle eines Anteilserwerbs die Anteilsübertragung zu mindestens 85 % gegen neue Anteile an dem erwerbenden Unternehmen erfolgt, das übertragene Unternehmen die erhaltenen Anteile mindestens zwölf Monate hält, und die Transaktion umfassend dokumentiert wird. Werden die Voraussetzungen erfüllt, so kommt es insoweit nicht zu einer Aufdeckung der stillen Reserven, wie die Umstrukturierung gegen neue Anteile erfolgt.

Gewinne, die aus der Veräußerung der Beteiligung unter fremden Dritten, einer konzerninternen „Ordinary Reorganisation" (z. B. bei einer entgeltlichen Veräußerung) oder einer teilentgeltlichen Veräußerung bei einer „Special Reorganisation" entstehen, sind auf Ebene des Veräußerers steuerpflichtig. Der Steuersatz liegt in der Regel bei 25 %. Die Gewinne sind Teil seiner steuerbaren Einkünfte im Jahr der Veräußerung.

Die Veräußerungsgewinne aus Anteilsübertragung ermitteln sich grundsätzlich wie folgt:

Verkaufserlös

./. Beteiligungsbuchwert

./. Einbehaltende Gewinne und nachträgliche Kapitalerhöhungen

= Gewinn/Verlust

Der Veräußerungspreis der Anteile muss dem Fremdvergleich entsprechen, d. h. insbesondere bei Transaktionen zwischen nahestehende Personen ist ein Marktwert zu ermitteln und zugrundezulegen. Die chinesische Finanzverwaltung kann den Veräußerungspreis anpassen, sofern der gewählte Wert aus ihrer Sicht nicht dem Marktpreis entspricht.

Änderungen der Eigentümerstellung haben indes i. d. R. keinen Einfluss auf die steuerrechtliche Behandlung des Unternehmens. Bestehende Steuervergünstigungen bleiben bis zum Zeitpunkt ihres Auslaufens in Kraft. Verluste, die vor der Veräußerung entstanden sind, können weiterhin maximal fünf Jahre vorgetragen und verrechnet werden.

Vor dem 1. Januar 2008 hatte das alte Körperschaftsteuerrecht für eine Reihe von FIE zeitlich befristete Steuerbefreiungen und Steuerreduzierungen vorgesehen. Nach den Übergangsvorschriften zum neuen chinesischen Körperschaftsteuergesetz haben diese Vergünstigungen grundsätzlich weiterhin Bestand. Sie können jedoch im Einzelfall durch M&A-Transaktionen beeinflusst werden. Dies kann beispielsweise der Fall sein, wenn die Steuervergünstigung für ein Unternehmen an eine Betriebsdauer von mindestens zehn Jahren gebunden ist und durch Umstrukturierung oder Übertragung auf einen rein chinesischen Investor diese Mindestbetriebsdauer unterschritten wird. In diesen Fällen kann es zu einer rückwirkenden Nachbesteuerung kommen.

Die Behandlung von Transaktionskosten ist weder im neuen Körperschaftsteuergesetz noch in den dazugehörenden Einführungsrichtlinien explizit geregelt. Da die Zahl an Übernahmen und Firmenzusammenschlüssen in den letzten Jahren jedoch deutlich zugenommen hat, wird davon ausgegangen, dass die chinesische Finanzverwaltung alsbald Regelungen zu der steuerlichen Behandlung von Transaktionskosten nachlegen wird.

Im Rahmen der Veräußerung von Beteiligungen fällt weder Umsatzsteuer noch die Geschäftssteuer an. Jedoch unterliegt die Beteiligungsübertragung der Stempelsteuer. Die Stempelsteuer ist von beiden Vertragsparteien zu zahlen. Grundsätzlich liegt der Steuersatz bei Beteiligungsübertragungen bei 0,05 %.

2.2. Veräußerung durch ein ausländisches Unternehmen

Anders stellt sich die Situation dar, wenn ein ausländisches Unternehmen seine Beteiligung an einem FIE veräußert. Aufgrund der fehlenden Ansässigkeit greift der chinesische Gesetzgeber auf sein Quellenbesteuerungsrecht zurück. Nach den neuen Körperschaftsteuerregelungen unterliegen Kapitalerträge eines nicht in China ansässigen Unternehmens wie bisher einer 10%igen Quellensteuer. Die Berechnung der Besteuerungsgrundlage entspricht der vorstehenden Formel. Allerdings war es nach Guoshuifa (1997) No. 207 (Verwaltungsanweisung Nr. 207) zum alten Recht möglich, im Rahmen einer konzerninternen Umstrukturierung eine Beteiligung zu Buchwerten auf eine andere Konzerngesellschaft zu übertragen, soweit ein nachvollziehbarer operativer Grund vorlagt und eine der folgenden Voraussetzungen erfüllt war:

- Ein ausländischer Investor transferiert seine 100%ige Beteiligung an einem FIE auf einen Erwerber, der ebenfalls eine 100%ige Tochtergesellschaft (direkt oder indirekt) des ausländischen Investors war;
- Sowohl der Veräußerer als auch der Erwerber werden zu 100 % von einer gemeinsamen ausländischen Muttergesellschaft gehalten.

Nach den neuen M&A Richtlinien (Caishui (2009) No. 59 und No. 60 ist nunmehr bei konzerninternen Umstrukturierungen auch hier zwischen einer „Ordinary Reorganisation" und einer „Special Reorganisation" zu unterscheinden (siehe hierzu 2.1.). Die Übertragung von Anteilen an einer chinesischen Gesellschaft von einer ausländischen Muttergesellschaft auf eine 100%ige ausländische Tochtergesellschaft gegen Gewährung neuer Anteile kann unter den Voraussetzungen der „Special Reorganisation" zu Buchwerten erfolgen. Hier darf jedoch zusätzlich zu den allgemeinen Voraussetzungen das chinesische Quellensteuerecht auf potentielle Veräußerungsgewinne durch die Reorganisation nicht vermindert werden und die ausländische Muttergesellschaft darf die neuen Anteile an der ausländischen Tochtergesellschaft drei Jahre nicht übertragen. Die Übertragung von Anteilen an einer chinesischen Gesellschaft von einer ausländischen Muttergesellschaft auf eine 100%ige chinesische Tochtergesellschaft erfolgt nach den allgemeinen Regeln zur „Special Reorganisation" (siehe hierzu 2.1.). Bei der Übertragung einer chinesischen Gesellschaft von einer chinesischen Muttergesellschaft auf eine 100%ige ausländische Tochtergesellschaft ist zusätzlich zu beachten, dass die chinesische Muttergesellschaft die neuen Anteile an der ausländischen Tochtergesellschaft zehn Jahre nicht übertragen darf.

2.3. Übertragung im Wege des Anteilstausches

Soll ein FIE in China von einem ausländischen Investor mittels Anteilstausch (sog. Equity Swap) übernommen werden, mussten in der Vergangenheit folgende Voraussetzungen erfüllt sein:

1. Die Anteile am FIE werden rechtmäßig gehalten und dürfen übertragen werden.
2. Die Anteile sind nicht Gegenstand eines Rechtsstreits über deren Eigentümerstellung, eines Pfandrechts oder einer anderweitigen Belastung durch Sicherheitsrechte.
3. Der ausländische Investor muss rechtmäßig an einem Foreign Securities Exchange Market (Börse) gelistet sein.
4. Der Wert der Aktie des Investors ist innerhalb des letzten Jahres stabil geblieben.

Somit konnten nur bestehende gelistete Unternehmen einen Aktientausch vornehmen. Eine Alternative stellen nur SPVs dar, die allein für diese Zwecke gegründet wurden. Die steuerrechtliche Erfassung der Gewinne entsprach denen bei der Veräußerung von Anteilen. Nunmehr ist der Anteilstausch auch bei regulären konzerninternen Reorganisationen möglich und Voraussetzung für die Qualifikation als „Special Reorganisation“ (siehe 2.1.).

2.4. Besonderheiten beim Share Deal

Neben den rechtlichen Vorschriften sollten bei M&A-Transaktionen in China vor allem die verwaltungstechnischen Abläufe und Regelungen Beachtung finden.

Sollen Anteile an einer FIE übertragen werden, bedarf es einer förmlichen Genehmigung und Registrierung durch die zuständigen Behörden, wobei insbesondere der Kaufvertrag zur Genehmigung vorzulegen ist. Für ausländische Investoren ist es oftmals irritierend, dass jede Stelle ihre eigenen Dokumentierungsvoraussetzungen hat. In der Regel dauert das Genehmigungsverfahren zwischen drei und sechs Monate.

Nach dem Katalog der sog. Foreign Investment Industrial Guidelines darf ein ausländischer Investor in bestimmten Branchen keine 100%igen Beteiligungen erwerben. Zudem gibt es Branchen, die ausländischen Investoren grundsätzlich unzugänglich sind. Beteiligungen an solchen Gesellschaften können somit nicht übertragen werden. Die akquirierte inländische Gesellschaft muss im Ergebnis nach den Grundsätzen für FIEs arbeiten, die für den entsprechenden Industriesektor gelten.

Ändert sich nach der Übernahme der Geschäftszweck des Unternehmens und dessen Betriebstätigkeit vom Grunde auf, entfallen die bis dahin einschlägigen Steuervergünstigungen. Auf der anderen Seite kann eine Betriebsänderung auch erst dazu führen, dass sich ein Unternehmen für Steuervergünstigungen qualifiziert. In diesem Fall kann das Unternehmen bei den zuständigen Stellen die Vergünstigungen von dem Zeitpunkt seiner Zweckänderung an beantragen.

Weder nach der neuen noch nach der alten Rechtslage gibt es eine Steuerkonsolidierung in der Volksrepublik China.

3. Verkauf von Betriebsvermögen einer chinesischen Gesellschaft (sog. Asset Deal)

Die folgenden Überlegungen zum Asset Deal beruhen wiederum auf dem nachstehenden Beispielsfall, wobei sich auch hier in der Praxis bei Änderungen der Parameter gegebenenfalls Abweichungen ergeben könnten:

> **Beispielfall:**
> Das gesamte Betriebsvermögen eines FIE wird auf ein anderes FIE übertragen. Die Transaktion findet nach Inkrafttreten des neuen Körperschaftsteuerrechts statt.

Auch beim Asset Deal ist zukünftig bei konzerninternen Restrukturierungen zwischen einer steuerpflichtigen „Ordinary Reorganisation" und der Übertragung zu Buchwerten bei einer „Special Reorganisation zu unterscheiden. Hierbei gelten die gleichen Voraussetzungen wie beim Share Deal (siehe hierzu 2.1.). Der ermittelte Reingewinn aus der Veräußerung von Betriebsvermögen bei einer „Ordinary Reorganisation" oder einer Veräußerung unter fremden Dritten unterliegt auf der Ebene des Veräußerers in der Regel einem Steuersatz von 25 %. Der Buchwert der entsprechenden Wirtschaftsgüter ist bei der Ermittlung des Reingewinns vom Veräußerungspreis abzuziehen. Auf der Ebene des Erwerbers ist der Kaufpreis nach dem Erwerb auf die einzelnen Wirtschaftsgüter zu allokieren. Die steuerliche Behandlung ist entsprechend, wenn das Betriebsvermögen einer Betriebsstätte eines FIE veräußert wird.

Auch im Rahmen eines Asset Deals sieht das Gesetz vor, dass bestehende Steuerbefreiungen und -reduzierungen oder andere Steuervergünstigungen entfallen und Steuerbeträge zurückgefordert werden, wenn die FIE aufgrund der Veräußerung ihren Geschäftsbetrieb aufgibt oder die Beendigung innerhalb der ersten zehn Jahre nach der Firmengründung stattfindet.

Die Übertragung von unbeweglichem Vermögen und immateriellen Wirtschaftsgütern ist beim Asset Deal Gegenstand der Geschäftssteuer. Für die Veräußerung dieser Wirtschaftsgüter gilt ein Tarif von 5 %. Werden materielle Wirtschaftsgüter übertragen, unterliegt dieser Transfer grundsätzlich der Umsatzsteuer i. H. v. 17 %. Die Umsatzsteuerpflicht entfällt indes, wenn die beiden nachfolgenden Kriterien erfüllt sind:

- Die Wirtschaftsgüter sind als Anlagegegenstände beim Veräußerer verbucht.
- Die Wirtschaftsgüter werden als Anlagevermögen genutzt.
- Der Verkaufserlös überschreitet nicht den ursprünglichen Kaufpreis.

FIEs, die nach dem Katalog der Foreign Investment Industrial Guidelines als förderungswürdig einzustufen sind, steht eine Freistellung von Zoll und Mehrwertsteuer für importierte Wirtschaftsgüter zu. Voraussetzung ist, dass die Wirtschaftsgüter nicht in den Katalog von „Non-Exempt Commodities Imported for Foreign-invested Projects" fallen. Diese Freistellungen werden jedoch widerrufen und die entsprechenden Zölle und Mehrwertsteuern rückwirkend erhoben, wenn die entsprechenden Wirtschaftsgüter innerhalb einer Frist von fünf Jahren veräußert werden.

Stempelsteuern entstehen im Falle eines Asset Deals sowohl beim Veräußerer als auch beim Erwerber i. H. v. 0,05 % der vertraglich festgelegten Summe des zu übertragenen unbeweglichen Vermögens und 0,03 % des Kaufpreises für beweglicher Wirtschaftsgüter. Zudem besteht in diesem Fall eine Steuerpflicht aus der Wertzuwachssteuer i. H. v. 30 bis 60 % auf die Gewinne aus der Veräußerung von Landnutzungsrechten und/oder Gebäuden.

4. Steuergestaltung nach der Übernahme

Das chinesische Steuerrecht ist komplexer als von ausländischen Investoren oftmals angenommen. Zwar sind die einzelnen Steuersätze zum Teil noch gering, aber insbesondere der Wegfall zahlreicher Steuervergünstigungen nach dem Beitritt Chinas in die Welthandelsorganisation (WTO) im Jahr 2001 und die Erhöhung des körperschaftssteuerlichen Regelsteuersatzes im Zuge der Körperschaftsteuerreform haben die Steuerbelastung für ausländische Investoren in der Volksrepublik deutlich gesteigert. Dies wirkt sich auch auf M&A Transaktionen spürbar aus. Eine wohl überlegte Gestaltung und Planung hat damit an Bedeutung gewonnen.

4.1. Grundlage für die Buchwertaufstockung (Asset Deal)

Wenn ein chinesisches Unternehmen im Rahmen eines entgeltlichen Asset Deals erworben wird, werden die übertragenen Wirtschaftsgüter einzeln bewertet. Der Kaufpreis der einzelnen Wirtschaftsgüter dient als Kalkulationsgrundlage für die Ermittlung des Veräußerungsgewinns auf Seiten des Veräußerers. Auf der Ebene des Erwerbers erfolgt für bilanzielle und steuerliche Zwecke entsprechend eine Buchwertaufstockung der erworbenen Wirtschaftsgüter auf den Kaufpreis, wodurch gegebenenfalls ein höheres Abschreibungsvolumen entsteht.

Die Abschreibung erfolgt hierbei regelmäßig linear, wobei in einigen Sonderfällen auch eine degressive Abschreibung erfolgen kann. Sofern keine vollständige Allokation des Kaufpreises auf die einzelnen Wirtschaftsgüter einschließlich der immateriellen Wirtschaftsgüter möglich ist, entsteht in der Differenz der Marktwerte der Einzelwirtschaftsgüter zum Gesamtkaufpreis ein Goodwill, der nach dem neuen Körperschaftsteuerrecht nicht abgeschrieben werden darf.

Ist es aufgrund des Umfangs und der Art der übertragenden Wirtschaftsgüter nicht möglich, einzelne Übertragungspreise zu ermitteln, kann auch eine Übertragung zu Buchwerten erfolgen, wobei dann die Differenz zwischen den Buchwerten der Wirtschaftsgüter und dem Kaufpreis als Goodwill zu aktivieren ist. In diesem Fall ist der nicht abschreibbare Goodwill regelmäßig größer als bei einer Einzelbewertung der Wirtschaftsgüter und mithin ist das zukünftige Abschreibungspotential gemindert. Zur Minimierung des nicht abschreibbaren Goodwills sollte daher auf die Bewertung der abschreibungsfähigen Wirtschaftsgüter und insbesondere der immateriellen Wirtschaftsgüter ein besonderes Augenmerk gerichtet werden.

4.2. Reorganisation des operativen Geschäfts (Asset Deal und Share Deal)

In den letzten Jahren hat die chinesische Regierung versucht, einige Wirtschaftszweige durch Maßnahmen wie die Reduzierung der umsatzsteuerlichen Vorsteuererstattung bei Exporten zu regulieren. Grundsätzlich sind Exporte von der Umsatzsteuer freigestellt und die auf die Eingangsleistungen gezahlte Umsatzsteuer wird als Vorsteuer erstattet. Der Export war damit in der Vergangenheit für die Unternehmen mit wenig Kosten verbunden. Nunmehr wird jedoch in vielen Bereichen die Vorsteuererstattung in Abhängigkeit vom exportierten Wirtschaftsgut reduziert oder vollständig versagt. Dies führt im Ergebnis zu einer unmittelbaren zusätzlichen Kostenbelastung in Höhe der nicht erstattbaren Vorsteuer.

Wenn ein ausländischer Investor ein Unternehmen erwirbt, das exportorientiert ist und bei dem die Vorsteuererstattung reduziert oder vollständig versagt wird, sollte nach der Übernahme eine Umstellung vom Direktproduzenten zum sog. Toll Manufacturing oder Contract Processing angedacht werden, bei der das Rohmaterial nur noch stellvertretend für ein anderes Unternehmen verarbeitet wird. Hierdurch kann durch entsprechende Gestaltung im Einzelfall die gestiegene Vorsteuerbelastung für produzierende Unternehmen in China abgefedert bzw. sogar aufgehoben werden. Zu bedenken ist jedoch, dass die chinesische Regierung kürzlich in bestimmten Bereichen die Anwendung von Toll Manufacturing Vereinbarungen untersagt hat, die eine besonders hohe Umweltverschmutzung, einen hohen Energieverbrauch oder einen hohen Rohstoffverbrauch begründen. Die Anwendung dieser Gestaltung ist mithin beschränkt. Eine umfassende Prüfung im Einzelfall ist daher stets notwendig und sollte bereits vor dem Erwerb vorgenommen werden.

4.3. Strukturierung zukünftiger Gewinnausschüttungen (Asset Deal und Share Deal)

Nach dem Erwerb einer Beteiligung oder eines Betriebsvermögens durch eine Beteiligung in China kommt es regelmäßig zu Gewinnausschüttungen des chinesischen FIE an seinen ausländischen Gesellschafter. In der Vergangenheit konnten diese Gewinnausschüttungen aus China quellensteuerfrei erfolgen. Seit dem 1. Januar 2008 erhebt China jedoch eine Quellensteuer von 10 % auf entsprechende Ausschüttungen, sofern die zugrundeliegenden Gewinne nach dem 1. Januar 2008 generiert worden sind. Da Dividendenerträge in den meisten Ländern steuerfrei oder weitgehend steuerfrei (z. B. Deutschland: 95 % steuerfrei) vereinnahmt werden können, kann eine Quellensteueranrechnung regelmäßig nicht vorgenommen werden und es entsteht eine Definitivbelastung.

Die Quellensteuerbelastung kann reduziert werden, indem eine Holdinggesellschaft in einer Jurisdiktion zwischengeschaltet wird, die hinsichtlich der Dividendenbesteuerung ein günstiges Doppelbesteuerungsabkommen mit China hat. Gute Voraussetzungen hierfür bieten beispielsweise Singapur und Hongkong. Dabei muss allerdings beachtet werden, dass sowohl in China als auch in anderen Ländern Missbrauchsvermeidungsvorschriften existieren, nach denen ein wirtschaftlicher Grund für die Zwischenschaltung der Holdinggesellschaft gegeben sein muss. Eine umfassende Dokumentation und hinreichende eigene Tätigkeiten der Holdinggesellschaft sind insofern erforderlich, um die Annahme eines wirtschaftlichen Grundes zu stützen.

Sofern bei einem Asset Deal ein Geschäftsbetrieb in eine chinesische Betriebsstätte des ausländischen Investors überführt wird oder durch den Erwerb des Geschäftsbetriebes eine Betriebsstätte entsteht, folgt die Besteuerung den allgemeinen Regelungen zur Gewinnbesteuerung in China mit einem Körperschafsteuersatz i. H. v. 25 %. Auch hier sind bei konzerninternen Umstrukturierungen die Regelungen zur „Ordinary Reorganisation" und zur „Special Reorganisation" zu beachten, wobei im Rahmen der „Special Reorganisation" eine Übertragung zu Buchwerten möglich ist (siehe hierzu 3. und 2.1.). Die Weiterleitung des zulünftigen Betriebstättengewinns ins Ausland löst jedoch keine Quellensteuer aus. Der ausländische Investor hat regelmäßig bereits Einkommensteuer auf die Einkünfte der Betriebsstätte gezahlt, sodass eine weitere Quellenbesteuerung eine ungerechte und sachwidrige Doppelbesteuerung nach sich ziehen würde.

Im Ergebnis kann somit die 10%ige Quellensteuer auf die ins Ausland transferierten Gewinne durch die Nutzung einer Betriebsstäte anstelle einer Kapitalgesellschaft vermieden werden. Dies gilt im Grundsatz entsprechend auch für Personengesellschaften. In der Praxis sind die Möglichkeiten für die Nutzung von Betriebsstätten und Personengesellschaften in China jedoch sehr eingeschränkt, so dass in den meisten Fällen, insbesondere bei Produktionsorientierten Unternehmen, eine Kapitalgesellschaft in China unterhalten werden muss.

4.4. Strukturierung von Finanzierungskosten (Asset Deal und Share Deal)

Finanzierungskosten zum Erwerb von Anlage- und Umlaufvermögen sind nach den neuen Regelungen des chinesischen Körperschaftsteuerrechts seit dem 1. Januar 2008 grundsätzlich abzugsfähig. In der Vergangenheit mussten Finanzierungskosten für den Erwerb von Anlagevermögen mit dem finanzierten Wirtschaftsguts aktiviert und abgeschrieben werden. Nunmehr ist eine Aktivierung nur in wenigen Sonderfällen angezeigt, z. B. wenn die Herstellung eines Wirtschaftsguts den Zeitraum von zwölf Monaten überschreitet und für die Herstellung Fremdmittel aufgenommen wurden. Die Finanzierungskosten sind in diesem Fall als Herstellungskosten zu aktivieren.

Mit dem neuen Körperschaftsteuergesetz wurde jedoch eine Beschränkung der Abzugsfähigkeit von Zinsaufwendungen im Zusammenhang mit Gesellschafterfremdfinanzierungen eingeführt (sog. Thin Capitalization Rules). Demnach erfolgt eine Begrenzung der Abzugsfähigkeit von Zinsen, deren zugrunde liegendes Gesellschafterfremdkapital (FK) ein bestimmtes Verhältnis zum Eigenkapital (EK) des betrachteten Unternehmens übersteigt. Das genaue Verhältnis FK/EK entspricht 5:1 für Finanzunternehmen und 2:1 für alle übrigen Gesellschaften. Übersteigt die Gesellschafterfremdfinanzierung die entsprechende Grenze, sind die überschießenden Zinsaufwendungen nicht abzugsfähig und werden in Dividendenzahlungen umqualifiziert. Diese Regelungen finden jedoch keine Anwendung, wenn die Darlehensbedingungen fremdüblich sind.

Eine Gesellschafterfremdfinanzierung kann im Rahmen der Finanzierungsgrenzen für ausländische Investoren jedoch eine voreilhafte Alternative zur Eigenkapitalfinanzierung darstellen. Bei einer Eigenkapitalfinanzierung unterliegen in China erwirtschaftete Gewinne dem dortigen Regelsteuersatz von 25 %. Erfolgt eine Ausschüttung an den ausländischen Anteilseigner, so entstehen nach dem neuen Körperschaftsteuerrecht nochmals 10 % Quellensteuer auf den ausschüttbaren Gewinn. In den meisten Ländern sind Dividenden steuerfrei gestellt, so dass eine Anrechnung der chinesischen Quellensteuer regelmäßig nicht möglich ist und diese zur Effektivbelastung wird (so auch in Deutschland).

Bei einer alternativen Gesellschafterfremdfinanzierung sind die Zinsaufwendungen im Rahmen der Thin-Capitalization-Rules in China abzugsfähig und mindern dort das steuerpflichtige Einkommen. Die an einen ausländischen Gesellschafter gezahlten Zinsen unterliegen in China grundsätzlich einer 10%igen Quellensteuer. Ist der Gesellschafter in Deutschland ansässig, so sind die Zinsen nunmehr im Inland steuerpflichtiger Ertrag, wobei nach dem Doppelbesteuerungsabkommen zwischen Deutschland und China eine fiktive Anrechnung von 15 % vorgenommen werden kann. Im Vergleich zur Gesamtbelastung bei Dividenden ist die steuerliche Belastung von Zinsen daher regelmäßig günstiger und sollte bei der Planung mit berücksichtigt werden.

4.5. Nutzung von Zinsaufwendungen durch Merger (Share Deal)

Nimmt ein in China ansässiges FIE Fremdkapital auf, um Anteile an einem anderen chinesischen FIE zu übernehmen, sind die dabei entstehenden Zinsaufwendungen in China grundsätzlich nicht abzugsfähig. Dem kann jedoch entgegen gewirkt werden, indem die Zinsverpflichtungen an das zu erwerbende Tochterunternehmen weitergereicht werden. Dies kann in folgender Weise geschehen:

1. Das erwerbende FIE nimmt ein Darlehen bei einem Dritten, in der Regel einer Bank oder einem ähnlichen Finanzinstitut zum Erwerb des Targets auf.
2. Das erwerbende FIE wird mit dem Target verschmolzen.
3. Nunmehr können die Darlehenszinsen als Aufwand genutzt werden.

Ungeachtet dieser Gestaltungsvariante sind weiterhin die neuen Missbrauchsvermeidungsregelungen zu berücksichtigen, wie z. B. die Abzugsfähigkeit von Zinszahlungen nach den neuen Thin-Capitalization-Rules. Darüber hinaus sind entsprechende behördliche Genehmigungen notwendig. Detailierte Regelungen zur Verschmelzung nach dem neuen Körperschaftsteuerrecht stehen zudem noch aus.

5. Verschmelzung und Spaltungen nach der Übernahme (Share Deal)

Sofern der ausländische Investor nach dem Erwerb der Beteiligung an einem FIE eine Fusion mit einem weiteren FIE plant oder aber die Spaltung der erworbenen Beteiligung in zwei oder mehr FIEs, sind die steuerlichen Folgen bei konzerninternen Restrukturierungen nunmehr mit den neuen M&A Richtlinien geregelt. In diesen Fällen sind sowohl bei der Verschmelzung als auch bei der Spaltung die allgemeinen Reglungen zur „Ordinary Reorganisation“ und zur „Special Reorganisation“ zu beachten, die auch beim Share Deal Anwendung finden (siehe hierzu 2.1.). Im Rahmen einer „Ordinary Reorganisation“ gehen die Verluste der verschmolzenen Gesellschaft unter. Bei einer Spaltung gehen hier keine Verluste über. Demgegenüber bleiben unter den Voraussetzungen der „Special Reorganisation“ bei Verschmelzungen die Verluste der verschmolzenen Gesellschaft in Höhe des Marktwertes der Net Assets multipliziert mit dem Zinssatz für langfristige Gouvernement Bonds erhalten. Im Falle einer Spaltung werden die Verluste anteilig aufgeteilt.

Bei Verschmelzungen und Spaltungen, die über die Regelungen zur konzerninternen Restrukturierung hinausgehen, sind die steuerlichen Folgen jedoch derzeit weiterhin ungeklärt. In der Vergangenheit konnten die Wirtschaftsgüter im Rahmen eines Mergers zu Buchwerten übernommen werden. Eine Aufstockung auf die Teilwerte war regelmäßig nicht zulässig.

Dänemark

Von Lars Petersen und Tim Kjær-Hansen (beide Deloitte Kopenhagen) sowie Stefanie Brecht (Deloitte Hamburg)

1. Steuerliche Behandlung des Verkäufers

1.1. Veräußerung von Anteilen an Kapitalgesellschaften (A/S- oder ApS-Anteile)

1.1.1. Vorbemerkungen

- Der Körperschaftsteuersatz sowie der Umsatzsteuersatz betragen jeweils 25 %.
- Die Besteuerung richtet sich überwiegend nach dem Territorialprinzip.
- Dänische Konzernunternehmen, Filialen und Immobilienunternehmen sind zwingend der Organschaftsbesteuerung unterworfen.

1.1.2. Veräußerung durch eine im Inland ansässige natürliche Person

Im Inland (Dänemark) ansässige natürliche Personen werden mit ihrem Welteinkommen besteuert, Nichtansässige unterliegen hingegen allein mit ihrem in Dänemark erwirtschafteten Einkommen der Besteuerung. Eine natürliche Person wird generell als ansässig angesehen, wenn sie in Dänemark ihren Wohnsitz hat oder sich im Wirtschaftsjahr mehr als sechs Monate in Dänemark aufhält.

Zum steuerpflichtigen Einkommen gehören sämtliche Erwerbseinkünfte, darunter fallen Arbeitslosengeld, Aufsichtsratsvergütungen, Zinserträge und Dividendenausschüttungen. Einkünfte aus selbständiger Tätigkeit werden in der gleichen Weise wie gewerbliche Einkünfte besteuert.

Eine Anteilsveräußerung durch eine inländische natürliche Person ist unter folgenden Bedingungen steuerpflichtig:

- Veräußerungsgewinne werden als „passives" Einkommen qualifiziert und bilden mit Dividendeneinkünften eine separate Einkunftsart, das sogenannte „Aktieneinkommen". Aktieneinkommen wird bis zu einem Betrag von DKK 45.500 einem Steuersatz von 28 % unterworfen, während Einkünfte oberhalb dieser Grenze mit 43 % belastet werden. Ab dem Jahr 2008 ist die o. g. Grenze auf DKK 102.600 angehoben worden, d. h. nur DKK 102.600 übersteigendes Aktieneinkommen wird mit 45 % besteuert. Für zusammenveranlagte Ehegatten wird die Einkunftsgrenze verdoppelt.
- Gewinne und Verluste aus Veräußerungen von im Betriebsvermögen gehaltenen Beteiligungen sind ohne Berücksichtigung einer Haltefrist stets steuerpflichtiges Einkommen und werden mit einem Steuersatz von bis zu 63 % besteuert. Die Be-

steuerung erfolgt, sobald die Gewinne realisiert wurden, oder entsprechend den Wertveränderungen der Anteile, gemessen am Marktwert, innerhalb des Wirtschaftsjahres (Wahlrecht).

1.1.3. Veräußerung durch eine im Inland ansässige Körperschaft

1.1.3.1. Gewinne und Verluste aus dem Verkauf von Anteilen, die weniger als drei Jahre gehalten wurden

Körperschaftsteuerpflichtig sind Gewinne aus dem Verkauf von Anteilen, die weniger als 3 Jahre gehalten wurden. Der Gewinn errechnet sich aus dem Unterschiedsbetrag zwischen Veräußerungspreis und ursprünglichen Anschaffungskosten. Verluste aus der Anteilsveräußerung können mit Gewinnen aus Verkäufen von Anteilen, die weniger als 3 Jahre gehalten wurden, verrechnet werden. Es gelten gewisse Einschränkungen bei der Verlustberechnung, wenn vor dem Verkauf steuerfreie Dividenden vereinnahmt wurden. Überschießende Verluste können ohne Begrenzungen vorgetragen werden.

1.1.3.2. Gewinne und Verluste aus dem Verkauf von Anteilen, die länger als drei Jahre gehalten wurden

Gewinne aus der Veräußerung von Anteilen, die länger als drei Jahre im Betriebsvermögen einer in Dänemark ansässigen Körperschaft gehalten wurden, sind steuerbefreit. Folgerichtig sind somit auch Verluste aus der Veräußerung dieser Anteile nicht mit positiven Einkünften verrechenbar. In der steuerlichen Behandlung findet keine Differenzierung zwischen der Veräußerung börsennotierter und anderer Anteile statt.

Für Investmentfonds/-gesellschaften gelten hinsichtlich der Besteuerung von Anteilsgewinnen Sonderregelungen.

1.1.4. Veräußerung durch einen nicht in Dänemark ansässigen Anteilseigner

Nach innerstaatlichem Recht hat Dänemark keine Besteuerungshoheit für Veräußerungsgewinne aus Anteilen an Körperschaften, die von einer nicht in Dänemark ansässigen natürlichen Person oder Körperschaft gehalten werden. Veräußert ein nicht in Dänemark ansässiger Anteilseigner Anteile an die Gesellschaft zurück, so wird der Veräußerungspreis als Dividende qualifiziert mit der Folge, dass Kapitalertragsteuer anfallen kann, wenn die Bedingungen für eine steuerfreie Dividendenausschüttungen nicht erfüllt sind. Die Kapitalertragsteuer beträgt grundsätzlich 28 %. In Abhängigkeit von den Regelungen in den jeweiligen DBA kann sie sich auf 15 % reduzieren. Auf Antrag kann, bei Erfüllung besonderer Voraussetzungen, die Veräußerung der Anteile an die Gesellschaft als Veräußerungsgewinn qualifiziert werden, so dass die Entstehung von Kapitalertragsteuer vermieden werden kann.

Gibt eine natürliche Person ihren dänischen (steuerlichen) Wohnsitz auf, so sind nicht realisierte Gewinne steuerpflichtig, wenn die natürliche Person innerhalb der letzten zehn Jahre vor Beendigung ihrer unbeschränkten Steuerpflicht insgesamt mindestens sieben Jahre in Dänemark unbeschränkt einkommensteuerpflichtig war. Eine Vielzahl der neueren DBA weist Dänemark das Besteuerungsrecht für diese unrealisierten Gewinne zu. Werden die Anteile bis zu einer Rückkehr nach Dänemark nicht veräußert, bestehen gewisse Möglichkeiten der Aufschiebung der Steuerzahlung.

1.1.5. Anteilstausch

Sofern ein dänischer Anteilsverkäufer im Rahmen der Anteilsübertragung Anteile des erwerbenden Unternehmens als Gegenleistung erhält, wird dieser Anteilstausch grundsätzlich wie ein Verkauf behandelt und wie dieser besteuert. Jedoch führt ein solcher Anteilstausch in Übereinstimmung mit der EG-Fusionsrichtlinie nicht zu einem steuerpflichtigen Gewinn, sofern das erwerbende Unternehmen durch die neuen Anteile die Stimmrechtsmehrheit am erworbenen Unternehmen erhält, sowohl das erwerbende Unternehmen als auch das erworbene Unternehmen ihren Sitz innerhalb der EU oder in einem Drittstaat, mit dem ein Doppelbesteuerungsabkommen besteht, haben und eine zu dänischen Kapitalgesellschaften rechtlich vergleichbare Gesellschaftsform aufweisen. Stattdessen wird das Prinzip der Buchwertfortführung angewandt. Der steuerneutrale Anteilstausch kann mit oder ohne Genehmigung der Steuerbehörden durchgeführt werden. Im Falle eines Anteilstauschs ohne Genehmigung setzt die Steuerneutralität voraus, dass für einen Zeitraum von drei Jahren keine Dividendenausschüttungen erfolgen.

1.2. Verkauf von Einzelwirtschaftsgütern

1.2.1. Voraussetzungen

Im Folgenden wird angenommen, dass die verkauften Einzelwirtschaftsgüter betrieblichen Zwecken des Veräußerers dienen. Ist der Veräußerer eine nicht in Dänemark ansässige natürliche Person oder Körperschaft, wird davon ausgegangen, dass das Wirtschaftsgut im Betriebsvermögen einer festen Betriebsstätte in Dänemark genutzt wird. Weiterhin wird unterstellt, dass der Veräußerungsgewinn im Fall einer festen Betriebsstätte gemäß dem Doppelbesteuerungsabkommen zwischen Dänemark und dem jeweiligen Land der Ansässigkeit in Dänemark steuerpflichtig ist.

1.2.2. Veräußerung durch eine im Inland ansässige natürliche Person

Ein Gewinn aus der Veräußerung von Wirtschaftsgütern des Betriebsvermögens durch eine natürliche Person ist steuerpflichtig. Die steuerliche Behandlung ist abhängig von der Art des Einzelwirtschaftsguts, das veräußert wird:

- **Maschinen, Schiffe, Ausrüstungen und Kraftfahrzeuge:** Im Falle des Verkaufs von Maschinen usw. erfolgt grundsätzlich keine sofortige Berücksichtigung des Gewinns oder Verlusts aus der Veräußerung dieser Einzelwirtschaftsgüter bei der Gewinnermittlung für Zwecke der Einkommensteuer. Stattdessen werden die Verkaufserlöse solcher Wirtschaftsgüter von den gesamten Buchwerten (Abschreibungsvolumen) aller Wirtschaftsgüter abgezogen. Folglich reduziert sich für steuerliche Zwecke die Bemessungsgrundlage für künftige Abschreibungen. Übersteigen die Verkaufserlöse das bestehende Gesamtabschreibungsvolumen, vermehrt um die Anschaffungen während des Jahres der Veräußerung, so mindert der entstehende negative Betrag entweder das steuerpflichtige Einkommen des Jahres der Veräußerung oder er kann zur Verrechnung mit Anschaffungskosten des Folgejahres vorgetragen werden. Sofern der Negativbetrag vorgetragen wird und dieser die Anschaffungskosten des Folgejahres übersteigt, muss der übersteigende Betrag in die Ermittlung des steuerpflichtigen Einkommens des Folgejahres einbezogen werden.

Für den Fall, dass Maschinen etc. im Rahmen einer Betriebsveräußerung oder -stillegung verkauft werden, wird jeglicher Überschuss der Verkaufserlöse über die steuerlichen Buchwerte des Anlagevermögens bzw. die Anschaffungskosten im Jahr des Verkaufs als steuerpflichtiger Gewinn behandelt. 90 % dieser Gewinne werden der Einkommensbesteuerung unterworfen.

- **Immobilien:** Gewinne aus dem Verkauf betrieblicher Immobilien unterliegen speziellen steuerlichen Vorschriften. Voraussetzung dafür ist, dass das Unternehmen keinen gewerblichen Grundstückshandel betreibt, bei dem die Gewinne automatisch als Teil des Einkommens des Grundstückshändlers einkommensteuerpflichtig sind.

  Gewinne aus Veräußerungen abschreibungsfähiger Gebäude und Anbauten oder Gebäudeteile werden in zwei Schritten ermittelt. Zunächst wird der Gewinn als Unterschied zwischen dem Veräußerungspreis und dem Buchwert, maximal jedoch bis zur Höhe der in der Vergangenheit vorgenommenen Abschreibungen, ermittelt. Anschließend wird der Unterschied zwischen den auf Grund von Sonderregeln korrigierten originären Anschaffungs-/Herstellungskosten und dem Veräußerungspreis berechnet. Die Anschaffungs-/Herstellungskosten schließen dabei nicht nur die historischen Anschaffungs-/Herstellungskosten, sondern auch die nachträglichen Anschaffungs-/Herstellungskosten aufgrund von Erweiterungen/Verbesserungen der Immobilien, die nicht als sofort abzugsfähiger Erhaltungsaufwand behandelt werden konnten, ein. Beide Gewinnteile zusammen werden als laufendes Einkommen angesehen. Der Besteuerung unterliegen 90 % des erzielten Gewinns.

  Die Veräußerungsgewinne sind grundsätzlich im Jahr des Verkaufs des unbeweglichen Vermögens zu versteuern. Unter bestimmten Bedingungen kann jedoch eine sofortige Besteuerung des Veräußerungsgewinns vermieden werden und eine Übertragung der stillen Reserven auf Reinvestitionsobjekte erfolgen. Voraussetzung dafür ist, dass weiteres Grundvermögen im laufenden Wirtschaftsjahr, im vorangehenden Wirtschaftsjahr oder in dem auf das Verkaufsjahr folgenden Wirtschaftsjahr erworben wird. In diesem Fall kann ein Betrag in Höhe des ansonsten steuerpflichtigen Veräußerungsgewinns von den Anschaffungskosten des erworbenen Grundbesitzes abgezogen und damit die Besteuerung aufgeschoben werden. Dies gilt allerdings nur bezüglich des Anteils der Immobilie, der für betriebliche Zwecke des Steuerpflichtigen verwendet wird.

- **Firmenwert/Goodwill:** Gewinne aus der Veräußerung des Firmenwerts sind steuerpflichtig. Der gesamte Gewinn wird als persönliches Einkommen besteuert. Der Firmenwert kann vom Erwerber für steuerliche Zwecke über einen Zeitraum von sieben Jahren mit 1/7 pro Jahr linear abgeschrieben werden. Für die Abschreibungen besteht ein Wahlrecht, d. h. für Firmenwert kann auch eine längere Nutzungsdauer als 7 Jahre zugrunde gelegt werden.

  Für natürliche Personen, die betrieblich genutzte Wirtschaftsgüter verkaufen, sind insbesondere die folgenden beiden steuerlichen Konsequenzen zu berücksichtigen: Falls die natürliche Person von den speziellen Betriebssteuervorschriften erfasst ist, werden alle betrieblichen Gewinne mit 25 % Steuer und 8 % Sozialversicherungsbeitrag belastet. Bei der Entnahme/privaten Verwendung dieser Gewinne unterliegen diese jedoch stattdessen als persönliches Einkommen dem regulären Einkommensteuersatz. Sofern Gewinne aus Verkäufen von betrieblichem Vermögen realisiert werden, die nicht unter die Betriebssteuervorschriften fallen, erfolgt eine Besteuerung als persönliches Einkommen. Der Steuersatz für persönliches Einkommen beträgt bis zu 63 % inklusive Sozialversicherungsbeitrag.

1.2.3. Der Verkäufer ist eine im Inland ansässige Kapitalgesellschaft

Die Vorschriften zur Berechnung von Veräußerungsgewinnen aus Verkäufen von Wirtschaftsgütern entsprechen den für natürliche Personen geltenden Bestimmungen (s. o. Abschnitt 1.2.2.). Allerdings unterliegen 100 % der Gewinne der Besteuerung. Veräußerungsgewinne sind bei Körperschaften mit einem Steuersatz von 25 % körperschaftsteuerpflichtig.

1.2.4. Der Veräußerer ist ein nicht im Inland ansässiger Anteilseigner

Hinsichtlich der Gewinne aus Verkäufen von Wirtschaftsgütern werden Nichtansässige für steuerliche Zwecke den Inländern gleichgestellt (s.o. Abschnitte 1.2.2. und 1.2.3.).

1.2.5. Tausch von Wirtschaftsgütern gegen Anteile

Ein Tausch, bei dem der Verkäufer von Wirtschaftsgütern des dänischen Betriebsvermögens Anteile am übernehmenden Unternehmen als Gegenleistung für die Übertragung von Wirtschaftsgütern erhält, wird grundsätzlich wie ein Verkauf behandelt. Deshalb liegt grundsätzlich ein steuerpflichtiger Vorgang vor. Jedoch gibt es davon in den von der EG-Fusionsrichtlinie abgedeckten Fällen für die steuerfreie Übertragung von

Wirtschaftsgütern eine Ausnahme. Ohne das übertragende Unternehmen ganz zu liquidieren, kann eine Übertragung eines Geschäftsbereiches als Gegenleistung steuerneutral erfolgen, wenn die folgenden Voraussetzungen erfüllt werden:

- Sowohl das übertragende als auch das übernehmende Unternehmen sind innerhalb der EU ansässig.
- Ein Geschäftszweig (Teilbetrieb) wird übertragen.
- Der Erwerber übernimmt die Wirtschaftsgüter in seine Bilanz mit dem Buchwert, der nach dänischen Steuerrecht in der Bilanz des Übertragenden anzusetzen ist (Buchwertfortführung).
- Das übernehmende Unternehmen muss in der Lage sein, den Geschäftsbetrieb ohne finanzielle Hilfen oder Bürgschaften der übertragenden Gesellschaft fortzuführen.

Sofern die vorgenannten Bedingungen erfüllt sind, wird das übertragende Unternehmen so behandelt, als habe es die Wirtschaftsgüter des dänischen Betriebsvermögens zu ihrem Buchwert veräußert und die Anteile am erwerbenden Unternehmen zu demselben Buchwert erhalten (Buchwertfortführung). Eine steuerfreie Veräußerung der aus einer derartigen Einbringung hervorgegangenen Beteiligung ist erst nach Ablauf von drei Jahren nach der Einbringung möglich.

2. Transaktionskosten

2.1. Stempelsteuer

Dänemark erhebt keine Stempelabgaben oder vergleichbare Steuern auf die Übertragung von Anteilen oder auf die (Sach- oder Bar-) Erhöhung des Eigenkapitals. Für die Übertragung von Wirtschaftsgütern fällt ebenfalls keine Stempelsteuer an.

2.2. Grunderwerbsteuer

Die Übertragung von Grundbesitz wird mit einer zweistufigen Abgabe belastet, nämlich mit einem Fixbetrag i. H. v. DKK 1.400 und darüber hinaus mit 0,6 % des Betrags, zu dem der Grundbesitz übertragen wurde (Verkaufspreis). Sollte der Preis allerdings niedriger liegen als die letzte öffentliche Bewertung des Grundbesitzes, wird diese zur Berechnung der Grunderwerbsteuer herangezogen.

Sofern die Übertragung von Grundbesitz im Rahmen einer Verschmelzung, einer Spaltung oder einer steuerbefreiten Übertragung eines Wirtschaftsguts erfolgt, wird grundsätzlich nur der Fixbetrag von DKK 1.400 festgesetzt. Selbst die Entstehung dieses Fixbetrags ist unter bestimmten Bedingungen vermeidbar.

2.3. Umsatzsteuer

Hinsichtlich der Umsatzsteuer ist zwischen dem Verkauf eines Geschäfts bzw. Teilen eines solchen und der regulär umsatzsteuerpflichtigen Veräußerung von Wirtschaftsgütern zu unterscheiden.

- **Geschäftsveräußerung:** Der Verkauf eines (Teil-)Geschäfts, das eine selbständige Geschäftstätigkeit ausübt, ist in Dänemark nicht umsatzsteuerpflichtig.
- **Sonderregelung bei Übertragung bestimmter Wirtschaftsgüter:** Sofern als Teil einer Geschäfts- oder Teilgeschäftsveräußerung unbewegliches Vermögen oder bewegliches Anlagevermögen mit einem Wert von mehr als DKK 100.000 übertragen wird, gelten besondere umsatzsteuerliche Regelungen. Grundsätzlich hat der Veräußerer bei derartigen Übertragungen die geltend gemachte Vorsteuer zeitanteilig zu korrigieren und an das Finanzamt abzuführen. Auf gemeinsamen Antrag der Vertragsparteien gegenüber dem Finanzamt kann jedoch der Erwerber in die Rechtsposition des Veräußerers eintreten, so dass im Zeitpunkt der Geschäfts- oder Teilgeschäftsübertragung keine Umsatzsteuer fällig wird, der Erwerber aber gegebenenfalls später zur Rückzahlung vom Veräußerer geltend gemachter Vorsteuer verpflichtet wird, wenn er das erworbene Wirtschaftsgut für umsatzsteuerfreie Zwecke verwendet. Ein derartiger Antrag wird im Regelfall gestellt, wenn die Vertragsparteien vorsteuerabzugsberechtigt sind.
- **Forderungen aus Lieferungen und Leistungen:** Sollen Forderungen auf den Käufer übertragen werden, hat dies zum Nennwert zu geschehen, damit der Käufer das Recht behält, seine Umsatzsteuerschuld nachträglich wegen uneinbringlicher Forderungen anzupassen. Werden die Forderungen nicht zum Nennwert übertragen, entfällt das Recht, die Umsatzsteuer nachträglich anzupassen, gänzlich.

2.4. Steuerliche Behandlung von Transaktionskosten

Transaktionskosten, wie z. B. Beratungshonorare für Anwälte oder Wirtschaftsprüfer in Zusammenhang mit dem Kauf oder Verkauf eines Geschäftsbetriebs, sind nach den allgemeinen Regeln steuerlich abziehbar, sofern die Ausgaben im Rahmen der Erweiterung eines bestehenden Geschäfts oder der Gründung eines neuen Betriebs angefallen sind. Diese Kosten sind im Erweiterungs- oder Gründungsjahr abzugsfähig.

Sofern die Transaktionskosten jedoch einzelnen Wirtschaftsgütern direkt zugerechnet werden können, sind sie als Anschaffungskosten für diese Wirtschaftsgüter zu behandeln und eine steuerliche Berücksichtigung ist nur im Wege der Abschreibung dieser Wirtschaftsgüter möglich.

Transaktionskosten, die bei Anteils-/Aktienerwerben anfallen, gehören zu den Anschaffungskosten der erworbenen Anteile. Fallen im Zusammenhang mit dem Verkauf von

Anteilen Transaktionskosten an, so mindern diese durch Abzug vom Veräußerungspreis den Veräußerungsgewinn.

3. Überlegungen zur Strukturierung von Akquisitionen

3.1. Step-up-Möglichkeiten/Zuordnung des Kaufpreises

Durch einen Verkauf von Einzelwirtschaftsgütern ist es in Dänemark möglich, eine Aufstockung des Buchwerts von Wirtschaftsgütern zu erreichen, da der Anschaffungspreis die Basis darstellt, von welcher der Erwerber in Zukunft Abschreibungen vornehmen kann. Der Buchwert der Wirtschaftsgüter in der Bilanz des Verkäufers ist für die Ermittlung der Abschreibungsbasis des Erwerbers somit irrelevant.

Bei Anteilserwerben hingegen kommt es zwar auch zu einer Buchwertaufstockung. Allerdings ist diese für steuerliche Zwecke unbedeutend, da für steuerliche Zwecke keine Möglichkeit besteht, die Anteile abzuschreiben. Somit kann auch keine Abschreibung des den Anteilen innewohnenden Firmenwertes erfolgen.

3.2. Abzugsfähigkeit von Finanzierungskosten

Alle Zinsaufwendungen sind in Dänemark grundsätzlich steuerlich abziehbar, mit Ausnahme von Zinsen auf Steuern, Geldstrafen und Ähnlichem. Folglich sind die Zinsaufwendungen für Darlehen, die zum Erwerb eines weiteren Betriebs oder zum Erwerb von Unternehmensanteilen aufgenommen werden, nach den allgemeinen Regeln grundsätzlich steuerlich abzugsfähig. Falls ein negatives Nettoergebnis entsteht, kann der Verlust einschließlich der Zinsaufwendungen uneingeschränkt vorgetragen werden. Es gelten jedoch die folgenden Einschränkungen:

3.2.1. Unterkapitalisierung (Thin Capitalization)

Bestimmungen zur Gesellschafter-Fremdfinanzierung schränken jedoch die Abzugsfähigkeit von Zinsen auf Verbindlichkeiten gegenüber verbundenen Unternehmen einer dänischen Kapitalgesellschaft oder Betriebsstätte ein, wenn die dänische Gesellschaft/Betriebsstätte und das verbundene Unternehmen einer gemeinsamen Beherrschung unterliegen (controlled debt) und das Verhältnis des beherrschten Fremdkapitals zum Eigenkapital des Darlehensnehmers 4:1 übersteigt.

Das verbundene Unternehmen und das dänische Unternehmen stehen unter gemeinsamer Beherrschung, wenn ein Anteilseigner mehr als 50 % der Kapitalanteile oder mehr als 50 % der Stimmrechte in beiden Unternehmen innehat. Beherrschtes Fremdkapital liegt vor, wenn das Fremdkapital von einem der gemeinsamen Beherrschung unterliegenden Unternehmen gewährt wird.

Zur Berechnung des Fremd-/Eigenkapital-Verhältnisses werden alle Verbindlichkeiten mit ihren Verkehrswerten zum Ende des Wirtschaftsjahres herangezogen. Das Fremd-/

Eigenkapital-Verhältnis wird für alle Gesellschaften, die in Dänemark der gemeinsamen Beherrschung unterliegen, ermittelt. Das maßgebende Eigenkapital wird am Ende des Wirtschaftsjahres aus der Differenz der Verkehrswerte der Vermögensgegenstände und der Schulden errechnet. Eigenkapital, das von Anteilseignern zugeführt wird, muss für mindestens zwei Jahre in dem dänischen Unternehmen verbleiben, um zum Eigenkapital im Sinne der Regelungen zur Gesellschafter-Fremdfinanzierung zu zählen.

Falls das Verhältnis des beherrschten Fremdkapitals zum Eigenkapital 4:1 übersteigt, wird der steuerliche Abzug für Zinsen und Kapitalverluste bezüglich des übersteigenden Teils des beherrschten Fremdkapitals teilweise versagt. Diese Vorschrift findet jedoch nur dann Anwendung, wenn das gesamte Fremdkapital der Gesellschaft DKK 10 Mio. übersteigt. Ist dies der Fall, so sind Zinsen auf den Teil des beherrschten Fremdkapitals, der in Eigenkapital hätte umgewandelt werden müssen, um das 4:1 Fremd-/Eigenkapital-Verhältnis einzuhalten, nicht abzugsfähig.

Auch Verbindlichkeiten gegenüber Dritten werden nach den Regelungen zur Gesellschafter-Fremdfinanzierung schädlich behandelt, wenn eine beherrschte Gesellschaft direkt oder indirekt die Rückzahlung der Verbindlichkeit garantiert hat („Back-to-Back"-Darlehen etc.).

Nach den Regelungen zur Gesellschafter-Fremdfinanzierung nicht abzugsfähige Zinszahlungen werden nicht als Dividendenausschüttungen klassifiziert und unterliegen somit nicht der Quellensteuer.

3.2.2. Nettofinanzierungsaufwendungen

Neben den Regelungen zur Gesellschafterfremdfinanzierung ist die Abzugsfähigkeit von Nettofinanzierungsaufwendungen anhand der beiden folgenden Tests zu beurteilen:

Nettofinanzierungsaufwendungen umfassen dabei die Gesamtsumme von:

- Zinserträgen und -aufwendungen
- Vermittlungsgebühr für Darlehen
- Kursgewinnen und -verlusten aus Forderungen, Verbindlichkeiten und Preisgarantien
- dem Zinsertrags/-aufwand-Element von Finanzierungsleasing-Verträgen
- Steuerpflichtigen Gewinnen und abzugsfähigen Verlusten aus der Veräußerung von Anteilen sowie aus Einkünften aus Kapitalvermögen.

Asset Test

Nettofinanzierungsaufwendungen über DKK 20 Mio. (2008: DKK 20,6 Mio.) unterliegen hinsichtlich der steuerlichen Abzugsfähigkeit Begrenzungen, wenn sie 6,5 % des steuerbaren Werts des Betriebsvermögens der Gesellschaft übersteigen (7 % im Jahre 2008; die entsprechenden Grenzen für die Folgejahre werden zu Beginn eines jeden Jahres festgelegt). Bei der Ermittlung des steuerbaren Werts des Betriebsvermögens (= Wert des Aktivvermögens ohne liquide Mittel) werden Anteile an dänischen Tochterunternehmen unberücksichtigt gelassen, da die Ermittlung des steuerbaren Werts des Betriebsvermögens für die Organschaft auf Konsolidierungsbasis erfolgt und somit der steuerbare Wert des Betriebsvermögens der dänischen Tochterunternehmen bereits eingeschlossen ist. 20 % der ursprünglichen Anschaffungskosten der Anteile an ausländischen Tochterunternehmen können in die Ermittlung des steuerbaren Werts des Betriebsvermögens einbezogen werden.

EBIT Test

Nettofinanzierungsaufwendungen, die DKK 20,0 Mio. bzw. 20,6 Mio. übersteigen und nach dem Asset Test abzugsfähig sind, müssen darüber hinaus den sogenannten EBIT Test bestehen. Demnach sind Nettofinanzierungsaufwendungen nicht abzugsfähig, soweit sie 80 % des Gewinns vor Zinsen und Steuern (EBIT) übersteigen. Die übersteigenden Nettofinanzierungsaufwendungen sind vortragsfähig.

Der Steuerkonsolidierung unterliegende verbundene Unternehmen haben steuerbare Einkünfte und Nettofinanzierungsaufwendungen auf gemeinsamer Basis zu berechnen.

3.3. Sicherstellung von Verlustvorträgen der Zielgesellschaft

Ein operativer Verlust muss zunächst gegen die Einkünfte des Steuerpflichtigen aus anderen Quellen desselben Jahres verrechnet werden. Danach kann ein Verlust unbegrenzt vorgetragen werden. Ein Verlustrücktrag ist hingegen nicht gestattet. Spezialvorschriften gelten für Verluste aus Anteilsveräußerungen (vgl. Abschnitt 1.1.3.), Finanzinstrumenten und Grundbesitz (vgl. Abschnitt 1.2.2.) und im Fall der steuerlichen Konsolidierung (vgl. Abschnitt 3.4.).

Bei einem Anteilseignerwechsel von mehr als 50 % des Nennkapitals oder der Stimmrechte während eines Jahres können die steuerlichen Verluste anschließend nicht mehr mit Zinsen, Dividenden, Leasingeinkünften und Anteilsveräußerungsgewinnen (passive Einkünfte) verrechnet werden. Allerdings kann der Verlust weiterhin von den restlichen Unternehmenseinkünften abgezogen werden. Keine oder geringe Aktivität in der Gesellschaft im Zeitpunkt der Anteilsübertragung könnte dazu führen, dass Verluste nicht mehr vorgetragen werden können. Ein Forderungsverzicht gegenüber der Verlustgesellschaft führt zur Vernichtung entsprechender Verlustvorträge in gleicher Höhe. Gleiches gilt im Fall der Umwandlung von Verbindlichkeiten in Eigenkapital und für Barkapitalerhöhungen, die zur Tilgung von Schulden verwendet werden.

Die Fortführung von Verlustvorträgen nach einer steuerfreien Umwandlung (Verschmelzung/Spaltung) von Kapitalgesellschaften ist grundsätzlich nicht möglich. Ändern sich bei einer Mantelgesellschaft ohne eigenen Geschäftsbetrieb die Beherrschungsverhältnisse, so geht der Verlustvortrag verloren, falls der einzige Zweck der Übertragung darin besteht, andernfalls steuerpflichtigen Gewinn mit einem steuerlichen Verlust im Rahmen einer Organschaft zu verrechnen. Verluste, die bei ausländischen Tochtergesellschaften entstehen, sind in Dänemark verrechenbar, wenn sie im Rahmen einer Organschaft gegen steuerpflichtiges Einkommen des dänischen Mutterunternehmens verrechnet werden. Hier gelten besondere Regelungen.

3.4. Steuerliche Konsolidierung (Organschaft)

Mit der steuerlichen Konsolidierung sind verschiedene Vorteile verbunden. Der entscheidende Vorteil liegt in der Möglichkeit der Verrechnung von Verlusten einer Kapitalgesellschaft gegen Gewinne einer anderen – selbst ausländischen – Kapitalgesellschaft.

In Dänemark ist für gemeinsam beherrschte Unternehmen, deren Geschäftsjahr nach dem 15. Dezember 2004 beginnt, eine steuerliche Konsolidierung zwingend vorgeschrieben. Hinsichtlich ausländischer Gesellschaften besteht ein Einbeziehungswahlrecht. Sofern die konsolidierte Besteuerung ein ausländisches Unternehmen einschließt, ist dessen Einkommen nach dänischem Steuerrecht zu berechnen. Nach den neuen Regeln der territorialen Besteuerung impliziert eine grenzüberschreitende Steuerkonsolidierung, dass alle Gesellschaften unter gemeinsamer Beherrschung (nicht ansässig, ansässig, unter gemeinsamer Beherrschung stehende Mutter- und Tochtergesellschaften) in die Steuerkonsolidierung einbezogen werden müssen. Daher wird die grenzüberschreitende Steuerkonsolidierung nur selten relevant oder vorteilhaft sein. Sie ist für eine Dauer von zehn Jahren bindend.

Ob eine Gesellschaft als gemeinsam beherrscht eingestuft wird, wird auf Grundlage der Mehrheit der direkten und indirekten Stimmrechte, des Beherrschungsinteresses und der besonderen Autorität beurteilt.

Einige allgemeine Kriterien müssen erfüllt sein, damit Gesellschaften in die konsolidierte Besteuerung eingehen:

- Die Gesellschaften müssen den zu versteuernden Gewinn unabhängig von ihrem Wirtschaftsjahr für den gleichen Zeitraum ermitteln.
- Der für steuerliche Zwecke maßgebende Gewinnermittlungszeitraum wird von der letztendlichen dänischen Muttergesellschaft vorgegeben.

- Alle steuerlichen Verluste, die vor dem Geschäftsjahr 2005 entstanden sind, können nur mit dem steuerlichen Gewinn der jeweiligen verlustverursachenden Gesellschaft der Steuerkonsolidierung verrechnet werden.
- Zahlungen für die Nutzung von ab 2005 entstehenden steuerlichen Verlusten müssen von der die Verluste nutzenden Gesellschaft geleistet werden.

  In Dänemark existieren besondere Besteuerungsregelungen, wenn Verluste von ausländischen Tochtergesellschaften im Rahmen der Steuerkonsolidierung mit inländischen (dänischen) Gewinnen verrechnet wurden. Eine sofortige nachgelagerte Besteuerung der entstandenen Gewinne tritt ein, wenn die Steuerkonsolidierung innerhalb der 10-jährigen Mindestlaufzeit durch Verkauf oder Liquidation der ausländischen Tochtergesellschaft beendet wird oder wenn die ausländische Tochtergesellschaft Gewinne erwirtschaftet. Bei der freiwilligen Beendigung der Steuerkonsolidierung mit der ausländischen Tochtergesellschaft oder bei Wechsel des obersten Gesellschafters erfolgt die nachgelagerte Gewinnbesteuerung bis zur Höhe der in vorangegangenen Jahren geltend gemachten Verluste. Aus Vertrauensschutzgründen bestehen Übergangsregelungen für die nachgelagerte Besteuerung für ausländische Tochtergesellschaften, die nach der Neuregelung nicht mehr in die Steuerkonsolidierung einbezogen werden, deren Verluste aber vor dem Veranlagungszeitraum 2005 im Rahmen der früheren Steuerkonsolidierung geltend gemacht wurden.

3.5. Rückführung von Kapital

Kapitalherabsetzungen und der Erwerb eigener Anteile werden im dänischen Steuerrecht als Dividendenausschüttung betrachtet. Es wird grundsätzlich eine Quellensteuer von 28 % auf die ausgeschütteten Dividenden erhoben, wobei dies jedoch von der Höhe des Anteilsbesitzes abhängig ist. Unter bestimmten Bedingungen ist eine Reduzierung auf 15 % möglich. Falls der Anteilsbesitz mindestens 15 % (ab 2009 10 %) beträgt, sind die Dividenden unter der Voraussetzung steuerbefreit, dass die Anteile mindestens zwölf Monate gehalten werden und dass die die Dividenden empfangende Kapitalgesellschaft in der EU oder einem Land, das mit Dänemark ein Doppelbesteuerungsabkommen bezüglich Dividendenausschüttungen geschlossen hat, ansässig ist. Entsprechend den mit Dänemark geschlossenen Doppelbesteuerungsabkommen kann jedoch ggf. eine vollständige oder teilweise Rückerstattung der von den Dividenden einbehaltenen Quellensteuer beantragt werden.

Gewinne einer dänischen Zweigniederlassung können, ohne eine dänische Quellenbesteuerung auszulösen, an das Stammhaus abgeführt werden.

4. Restrukturierung nach der Akquisition

Horizontale und vertikale Verschmelzungen können nach dem dänischen Fusionssteuergesetz ohne steuerliche Auswirkungen für die betroffenen Unternehmen oder deren Anteilseigner durchgeführt werden. Es ist ab dem Wirtschaftsjahr 2007 nunmehr auch möglich, ohne vorherige Genehmigung der dänischen Steuerbehörden, folgende Transaktionen vorzunehmen:

- Steuerfreie Fusion
- Steuerfreier Anteilstausch
- Steuerfreie Spaltung
- Steuerfreie Einlage von Vermögenswerten

Die Unternehmen sind nicht gezwungen, die Richtlinien des Fusionssteuergesetzes anzuwenden. Bei Nichtanwendung wird die Verschmelzung steuerlich so behandelt, als fände eine Abwicklung der übertragenden Gesellschaft statt und als würden die Vermögenswerte zum Marktwert auf die übernehmende Gesellschaft übergehen. Die übernehmende Gesellschaft wird als Erwerberin der Vermögenswerte betrachtet. Diese Vorgehensweise könnte in folgenden Fällen vorteilhaft sein:

Die übertragende Gesellschaft hat mangels Gewinnen nicht genutzte steuerliche Verluste. Daraus würde sich für die übernehmende Gesellschaft eine größere Abschreibungsgrundlage ergeben.

Die übernehmende Gesellschaft hat nicht genutzte steuerliche Verluste, die in zukünftigen Jahren durch Aufrechnung gegen durch die aus der übergegangenen Aktivität erwirtschafteten Gewinne genutzt werden können.

4.1. Abspaltung von Aktivitäten auf eine neue Mutter- oder Schwestergesellschaft

Die Abspaltung von Aktivitäten auf einen neuen Eigentümer (Mutter- oder Schwesterunternehmen) außerhalb Dänemarks kann unter Nutzung der EU-Fusionsrichtlinie steuerneutral erfolgen.

- **Übertragung von Wirtschaftsgütern:** Eine Gesellschaft in Dänemark überträgt Teile ihres Geschäftsbetriebs auf eine Kapitalgesellschaft mit Sitz in einem anderen EU-Mitgliedsstaat. Als Gegenleistung für die Übertragung der Wirtschaftsgüter erhält das dänische Unternehmen Anteile an der die Wirtschaftsgüter empfangenden Gesellschaft. Diese Anteile können nach einer Mindesthaltedauer von 3 Jahren steuerfrei verkauft werden.

  Die Übertragung erfordert meistens eine Genehmigung der dänischen Steuerbehörden.

- **Spaltung:** Eine Abspaltung von Aktivitäten eines dänischen Unternehmens erfolgt steuerfrei, wenn sie den Bestimmungen der EU-Fusionsrichtlinie entspricht. Die Anteile an der neuen Gesellschaft können unter der Voraussetzung, dass die Anteile beim übertragenden Unternehmen mindestens 3 Jahre im Betriebsvermögen verbleiben, steuerfrei veräußert werden.

  Auch dafür bedarf es meistens der Genehmigung der dänischen Steuerbehörden.

In den Fällen, in denen die Anteile am übertragenden Unternehmen von einer natürlichen Person gehalten werden, verlangen die dänischen Steuerbehörden für die steuerneutrale Übertragung, dass die als Gegenleistung erhaltenen Anteile für mindestens drei Jahre von der natürlichen Person gehalten werden.

4.2. Abspaltung ausländischer Tochtergesellschaften auf eine neue Mutter- oder Schwestergesellschaft

Beim Erwerb einer dänischen Unternehmensgruppe mit ausländischen Tochtergesellschaften durch einen ausländischen Käufer ist es regelmäßig vorteilhaft, die ausländischen Tochtergesellschaften des dänischen Konzerns auf Unternehmen zu übertragen, die der Käufer in dem jeweiligen Land bereits besitzt, um z. B. eine steuerliche Konsolidierung zu erreichen. Im Allgemeinen kann dies steuerlich vorteilhaft gestaltet werden, da in Dänemark Veräußerungsgewinne aus dem Verkauf einer ausländischen Tochtergesellschaft durch eine dänische juristische Person nicht besteuert werden, es sei denn, die dänische Muttergesellschaft erfüllt die Mindesthaltedauer von drei Jahren nicht. Eine Alternative hierzu kann die Übertragung der Tochterunternehmen des Käufers auf die erworbene dänische Gruppe sein, um Dänemark als Holding-Land zu benutzen.

5. Transparente dänische Gesellschaften „section 2A-branch"

Sofern eine Gesellschaft für steuerliche Zwecke nach den im Ausland geltenden Steuergesetzen als transparent behandelt wird und die Einkünfte dieser Gesellschaft daher in die steuerlichen Einkünfte des ausländischen verbundenen Unternehmens einbezogen werden (z. B. US check-the-box), wird diese Gesellschaft auch nach dänischem Steuerrecht als transparent angesehen. Die Aktivität in Dänemark wird als Niederlassung angesehen. Werden Gesellschaften als transparent betrachtet, so sind Leistungsaustausche (z. B. Darlehens- oder Lizenzgewährungen) zwischen einer dänischen Niederlassung und der Muttergesellschaft steuerlich unbeachtlich.

Die dänischen Regelungen zur Transparenz werden angewendet, sofern die dänische Gesellschaft von einer in der EU oder in einem Land, mit dem Dänemark ein Doppelbesteuerungsabkommen geschlossen hat, ansässigen Muttergesellschaft beherrscht wird (direkte oder indirekte Beteiligung von mehr als 50 % an den Stimmrechten oder am Nennkapital).

Frankreich

von Ines Leffers (Deloitte Düsseldorf) und Ambroise Bricet (Deloitte Paris)

1. Steuerliche Behandlung des Verkäufers

1.1. Veräußerung von Anteilen an französischen Kapitalgesellschaften

1.1.1. Veräußerung durch eine in Frankreich ansässige natürliche Person

Bei Veräußerung von Anteilen an einer französischen Kapitalgesellschaft durch eine in Frankreich ansässige natürliche Person bestimmen sich die Steuerfolgen für den Verkäufer danach, ob die Anteile im Betriebsvermögen oder im Privatvermögen gehalten werden.

a) Die Anteile werden im Betriebsvermögen gehalten

Werden die Anteile im Betriebsvermögen gehalten, hängt die Besteuerung des Veräußerungsgewinnes davon ab, ob es sich um einen langfristigen oder um einen kurzfristigen Veräußerungsgewinn handelt.

Ein Veräußerungsgewinn ist dann langfristig, wenn die Anteile seit mindestens zwei Jahren gehalten werden. Langfristige Veräußerungsgewinne unterliegen im Betriebsvermögen einem begünstigten Einkommensteuersatz von 16 %. Zusätzlich werden Sozialbeiträge i. H. v. 12,1 % erhoben, so dass die langfristigen Veräußerungsgewinne insgesamt einer Belastung von 28,1 % unterworfen werden. Langfristige Veräußerungsverluste können nur von langfristigen Veräußerungsgewinnen abgezogen werden, und zwar entweder im Jahr ihrer Entstehung oder in den folgenden zehn Jahren.

Gewinne aus der Veräußerung von Anteilen, die weniger als zwei Jahre gehalten wurden, gelten als kurzfristige Veräußerungsgewinne, die zusammen mit den anderen gewerblichen Einkünften dem normalen progressiven Einkommensteuersatz unterliegen.

Für Veräußerungen von Anteilen an grundbesitzhaltenden Gesellschaften gelten Sonderregeln. Als grundbesitzhaltende Gesellschaften gelten solche, deren Aktiva zu mehr als 50 % in Grundbesitz oder ähnlichen Rechten oder aus Anteilen an grundbesitzhaltenden Gesellschaften bestehen. Die steuerpflichtigen Veräußerungsgewinne verringern sich hier nach fünf Jahren Haltefrist jeweils um 10 % pro Jahr. Nach 15 Jahren ist eine vollständige Steuerbefreiung erreicht.

b) Die Anteile werden im Privatvermögen gehalten

Werden die Anteile im Privatvermögen gehalten, erfolgt keine Unterscheidung zwischen langfristigen und kurzfristigen Veräußerungsgewinnen.

Vielmehr werden die Veräußerungsgewinne grundsätzlich einem begünstigten Satz von 30,1 % (18 % Einkommensteuer – im Unterschied zu 16 % im Betriebsvermögen – zuzüglich 12,1 % Sozialbeiträge) unterworfen, wenn die gesamten Veräußerungserlöse im Veranlagungszeitraum den Betrag von EUR 25.730 überschreiten.

Liegen die gesamten Veräußerungserlöse im Veranlagungszeitraum nicht über dem Betrag von EUR 25.730, sind die Veräußerungsgewinne steuerbefreit. Es handelt sich um eine Freigrenze, d. h. sobald diese überschritten ist, werden sämtliche Veräußerungsgewinne besteuert.

Gewinne aus der Veräußerung von Anteilen, die mehr als 8 Jahre gehalten wurden, sind in Zukunft steuerfrei. Diese Steuerbefreiung wird zum ersten Mal im Jahr 2014 greifen. Wenn die Anteile mehr als sieben Jahre gehalten wurden, ist 1/3 des Veräußerungsgewinns steuerpflichtig. Dies gilt zum ersten Mal für Veräußerungen in 2013. Wenn die Anteile länger als sechs Jahre gehalten wurden, sind 2/3 des Veräußerungsgewinns steuerpflichtig. Dies findet zum ersten Mal Anwendung auf Veräußerungsgewinne, die ab 2012 erzielt werden.

Es bestehen darüber hinaus verschiedene Steuerbefreiungsregelungen für Veräußerungsgewinne, die im Rahmen der persönlichen Vermögensverwaltung entstehen, z. B. wenn der Veräußerungsgewinn im Rahmen eines Aktiensparplanes entstand (plan d'épargne-actions) oder wenn wesentliche Beteiligungen innerhalb der Familie übertragen werden.

Für Anteile an grundbesitzhaltenden Gesellschaften gelten die oben unter a) bereits genannten Sonderregeln, d. h. die steuerpflichtigen Veräußerungsgewinne verringern sich hier nach fünf Jahren Haltefrist jeweils um 10 % pro Jahr. Nach 15 Jahren ist eine vollständige Steuerbefreiung erreicht.

1.1.2. Veräußerung durch eine in Frankreich ansässige Kapitalgesellschaft

Grundsätzlich unterliegen Gewinne aus der Veräußerung von Anteilen durch eine in Frankreich ansässige Gesellschaft der Körperschaftsteuer.

Der reguläre Körperschaftsteuersatz beträgt 33,33 %, der sich um einen Zuschlag von 3,3 % auf die Körperschaftsteuer erhöht, soweit letztere den Betrag von EUR 763.000 übersteigt. Der effektive Steuersatz beträgt dann 34,43 % (33,33 % x 1,033).

Für kleine und mittelständische Unternehmen gelten Sonderregeln. Insbesondere bedeutet dies, dass für Kapitalgesellschaften, deren Umsatz weniger als EUR 7,63 Mio. beträgt und die zu mindestens 75 % mittelbar oder unmittelbar von natürlichen Personen gehalten werden, ein ermäßigter effektiver Körperschaftsteuersatz von 15 % für die ersten EUR 38.120 des steuerpflichtigen Einkommens gilt. Das darüber hinausgehende Einkommen wird zu den normalen, oben genannten Körperschaftsteuersätzen besteuert. Die Zuschlagsteuer von 3,3 % auf Körperschaftsteuerbeträge über EUR 763.000 fällt allerdings für solche Unternehmen nicht an.

Kurzfristige Veräußerungsverluste können wie ordentliche Verluste drei Jahre zurück- und ohne Zeitbegrenzung vorgetragen werden.

Gewinne aus der Veräußerung von „wesentlichen Beteiligungen", die seit mindestens zwei Jahren gehalten werden, unterliegen hingegen dem Regime der „langfristigen Veräußerungsgewinne". Dies bedeutet, dass die Veräußerungsgewinne seit 2007 zu 95 % von der Körperschaftsteuer befreit sind (wegen der Steuerbefreiung sogenannte „0 %-Kategorie").

Wesentliche Beteiligungen sind:

- Anteile, deren Besitz für die Gesellschaft als nutzbringend angesehen wird, d. h. der Anteilseigner hat Einfluss auf die Entscheidungen, die von der Beteiligungsgesellschaft getroffen werden, oder kann die Beteiligungsgesellschaft kontrollieren;
- Anteile, die im Rahmen eines öffentlichen Übernahmeangebotes erworben wurden (offre publique d'achat – OPA oder offre publique d'échange - OPE);
- Beteiligungen, die mindestens 5 % der Anteile umfassen;
- In allen drei Fällen greift die Steuerbefreiung der Veräußerungsgewinne erst dann, wenn die Anteile seit mindestens zwei Jahren gehalten wurden.

Langfristige Veräußerungsverluste können nur von Veräußerungsgewinnen derselben Steuersatzkategorie abgezogen werden. Seit 2007 gibt es die erwähnte „0 %-Kategorie" innerhalb derer die Veräußerungsgewinne zu 95 % steuerbefreit sind; es gibt ferner eine 8 %-Kategorie für langfristige Veräußerungsverluste/-gewinne, die in 2006 erzielt wurden, und eine 15 %-Kategorie für Veräußerungsverluste/-gewinne aus der Zeit davor.

Langfristige Veräußerungsverluste können zehn Jahre vorgetragen werden. Es ist allerdings zu beachten, dass langfristige Veräußerungsgewinne aus dem Verkauf von wesentlichen Beteiligungen einer Kategorie letztlich verlorengehen, wenn sie nicht mit Veräußerungsgewinnen aus derselben Kategorie verrechnet wurden, da Veräußerungsgewinne nunmehr weitgehend steuerbefreit sind. Dies bedeutet, dass ein Verlust aus der Veräußerung von wesentlichen Beteiligungen aus der Zeit vor 2007, der zu einer Zeit entstand, als Veräußerungsgewinne noch einer Besteuerung unterlagen, letztlich jetzt nicht mehr verwendet werden kann, weil Veräußerungsgewinne nunmehr – größtenteils – steuerfrei sind.

Gewinne aus der Veräußerung von grundbesitzhaltenden Gesellschaften unterliegen – unabhängig von der Beteiligungshöhe – der regulären Körperschaftsteuer. Als grundbesitzhaltende Gesellschaft gilt in diesem Zusammenhang eine Gesellschaft, deren Aktiva zu mehr als 50 % aus Grundbesitz oder ähnlichen Rechten besteht oder wiederum aus Anteilen an grundbesitzhaltenden Gesellschaften.

1.1.3. Veräußerung durch einen beschränkt Steuerpflichtigen

Die Besteuerung der Veräußerung von Anteilen an einer französischen Kapitalgesellschaft, die nicht als grundbesitzend gilt, durch einen beschränkt Steuerpflichtigen (also Steuerpflichtige, die nur mit ihren französischen Einkünften der französischen Steuer unterliegen), ist wie folgt geregelt:

- Nach französischem innerstaatlichem Recht sind Gewinne aus der Veräußerung von Anteilen in Frankreich steuerpflichtig, wenn der ausländische Gesellschafter zu irgendeinem Zeitpunkt innerhalb der letzten fünf Jahre mindestens 25 % an der französischen Gesellschaft gehalten hat.
- Wenn der Steuerpflichtige in einem Land ansässig ist, mit dem Frankreich ein Doppelbesteuerungsabkommen abgeschlossen hat, gilt Folgendes:

Die von Frankreich abgeschlossenen Doppelbesteuerungsabkommen sehen in aller Regel vor, dass das Besteuerungsrecht für den Veräußerungsgewinn dem Wohnsitzstaat des Veräußerers zugeordnet wird, sofern die Anteile nicht in einer französischen Betriebsstätte des Anteilseigners gehalten werden. Dies gilt auch für das Doppelbesteuerungsabkommen Deutschland-Frankreich (Artikel 7).

Einige Doppelbesteuerungsabkommen (z. B. Österreich, Spanien, Italien, Niederlande, Großbritannien) teilen Frankreich als dem Ansässigkeitsstaat der Kapitalgesellschaft hingegen das Besteuerungsrecht dann zu, wenn der Anteilseigner eine wesentliche Beteiligung, d. h. mindestens 25 % der Anteile, an der französischen Gesellschaft hält, deren Anteile veräußert werden.

Diese Ausführungen gelten nicht für die Veräußerung von grundbesitzhaltenden Gesellschaften. Vielmehr unterliegt die Veräußerung von Anteilen an einer grundbesitzhaltenden französischen Gesellschaft der regulären Körperschaftsteuer i. H. v. 33,33 % (ggf. plus Zuschlag von 3,33 % auf die Körperschaftsteuer). Dieser Satz kann durch Doppelbesteuerungsabkommen ggf. herabgesetzt sein. In diesem Zusammenhang gilt eine Gesellschaft als grundbesitzhaltend, wenn zum Zeitpunkt der Veräußerung der Anteile mehr als 50 % des Marktwertes ihrer Aktiva in entwickeltem oder nicht entwickeltem Grundbesitz besteht (oder in Rechten an solchem Grundbesitz).

1.1.4. Anteilstausch

Ein Anteilstausch stellt grundsätzlich eine steuerpflichtige Veräußerung von Anteilen dar, gefolgt von einem Anteilserwerb. Der Veräußerungsgewinn wird nach den unter Abschnitt 1.1.1. bis 1.1.3. dargestellten Regelungen besteuert. Die Besteuerung des Veräußerungsgewinns kann aufgeschoben werden,

- Wenn die Anteile auf eine Gesellschaft übertragen werden, die der Körperschaftsteuer unterliegt;
- Wenn mehr als 50 % der Anteile eingebracht werden; und
- Wenn die Gegenleistung in Anteilen besteht;
- Wenn über die Gewährung von Anteilen hinaus noch eine Gegenleistung gewährt wird, bleibt der Aufschub der Besteuerung erhalten, wenn die Gegenleistung 10 % des Nominalwertes der erhaltenen Anteile nicht übersteigt.

Der Steueraufschub gilt auch für Umstrukturierungen mit Auslandsbeteiligung, vorausgesetzt, das Land, das von der Umstrukturierung betroffen ist, liegt in der Europäischen Union oder hat mit Frankreich ein Doppelbesteuerungsabkommen abgeschlossen, in dem eine Amtshilfe-Klausel zur Bekämpfung von Steuerhinterziehung und Steuerflucht enthalten ist.

1.2. Veräußerung von Wirtschaftsgütern

1.2.1. Annahmen

Im Folgenden wird davon ausgegangen, dass die veräußerten Wirtschaftsgüter einem französischen Gewerbebetrieb zuzuordnen sind. Ist der Veräußerer in Frankreich nur beschränkt steuerpflichtig, wird davon ausgegangen, dass die betroffenen Wirtschaftsgüter einer französischen Betriebsstätte des Veräußerers zuzuordnen sind. In letzterem Fall wird ferner angenommen, dass Frankreich in Anlehnung an Art. 13 Abs. 2 OECD-Musterabkommen das Besteuerungsrecht für die Besteuerung des Gewinns aus der Veräußerung der Wirtschaftsgüter hat.

1.2.2. Veräußerung durch eine in Frankreich ansässige natürliche Person

Veräußert eine in Frankreich ansässige natürliche Person Betriebsvermögen, unterliegt der Veräußerungsgewinn, d. h. der Unterschiedsbetrag zwischen Veräußerungspreis und Anschaffungskosten, der Einkommensteuer im Rahmen der Einkunftsart „gewerbliche und industrielle Einkünfte" (*bénéfices industriels et commerciaux*).

Für die Höhe der Besteuerung ist zwischen langfristigen und kurzfristigen Veräußerungsgewinnen zu unterscheiden.

Kurzfristige Veräußerungsgewinne sind solche,

- die bei der Veräußerung von Wirtschaftsgütern jeglicher Art entstehen, die seit weniger als zwei Jahren gehalten werden, bzw.
- die bei der Veräußerung von Wirtschaftsgütern entstehen, die vor mindestens zwei Jahren erworben wurden, soweit der Veräußerungsgewinn auf planmäßige Abschreibungen zurückzuführen ist.

Kurzfristige Veräußerungsverluste sind solche,

- die bei der Veräußerung von nicht abschreibungsfähigen Wirtschaftsgütern entstehen, die seit weniger als zwei Jahren gehalten werden,
- die bei der Veräußerung von abschreibungsfähigen Wirtschaftsgütern entstehen, unabhängig von ihrer Haltedauer.

Alle anderen Veräußerungsgewinne/-verluste gelten als langfristig.

Aus der Unterscheidung zwischen langfristigen und kurzfristigen Veräußerungsgewinnen ergeben sich die folgenden Auswirkungen:

- Kurzfristige Veräußerungsgewinne können mit kurzfristigen Veräußerungsverlusten verrechnet werden.

  Verbleibt als Saldo ein Veräußerungsgewinn, kann dieser auf Antrag des Steuerpflichtigen auf drei Jahre verteilt werden, um den Progressionseffekt der Einkommensteuer zu mildern. Ansonsten wird der Veräußerungsgewinn mit den übrigen positiven oder negativen Einkünften verrechnet und dem normalen progressiven Einkommensteuersatz unterworfen.

  Verbleibt als Saldo ein Veräußerungsverlust, kann dieser mit den übrigen positiven Einkünften verrechnet werden und im Verlustfall zusammen mit den anderen negativen Einkünften als ordentlicher Verlust fünf Jahre vorgetragen werden.

- Langfristige Veräußerungsverluste können nur mit langfristigen Veräußerungsgewinnen verrechnet werden.

  Verbleibt als Saldo ein Veräußerungsgewinn, wird dieser mit dem begünstigten Satz von 28,1 % (16 % Einkommensteuer zuzüglich 12,1 % Sozialbeiträge) versteuert. Es kommt auch eine Verrechnung mit vorgetragenen langfristigen Veräußerungsverlusten oder mit ordentlichen Verlusten in Betracht.

  Verbleibt als Saldo ein Veräußerungsverlust, kann dieser zehn Jahre lang vorgetragen werden. Eine Verrechnung mit ordentlichen Gewinnen ist nicht möglich.

1.2.3. Veräußerung durch eine in Frankreich ansässige Kapitalgesellschaft

Veräußert eine in Frankreich ansässige Gesellschaft, die der Körperschaftsteuer unterliegt, Wirtschaftsgüter, so hängt die Besteuerung grundsätzlich wiederum von der Art der veräußerten Wirtschaftsgüter ab.

Veräußerungsgewinne, die durch die Veräußerung von Wirtschaftsgütern durch eine Gesellschaft entstehen, werden wie ordentliche Gewinne besteuert und können ggf. mit ordentlichen Verlustvorträgen verrechnet werden.

Eine Ausnahme besteht für Gewinne aus der Veräußerung einer wesentlichen Beteiligung, die seit mehr als 2 Jahren gehalten wird (s.o. Abschnitt 1.1.2. bezüglich der Besteuerung von langfristigen Beteiligungen). Diese Gewinne sind seit 1. Januar 2007 zu 95 % steuerbefreit. Veräußerungsverluste laufen dann allerdings ins Leere (siehe oben).

1.2.4. Veräußerung durch einen beschränkt Steuerpflichtigen

Unter der Annahme, dass die veräußerten Wirtschaftsgüter einer französischen Betriebsstätte zuzuordnen sind, hat Frankreich grundsätzlich das Besteuerungsrecht für die Veräußerungsgewinne. Die Besteuerungsfolgen richten sich nach den in Abschnitt 1.2.2. und 1.2.3. dargestellten Grundsätzen.

1.2.5. Einbringung von Wirtschaftsgütern

Grundsätzlich stellt die Einbringung von Wirtschaftsgütern gegen Gewährung von Anteilen eine steuerpflichtige Veräußerung dar und löst somit grundsätzlich die Besteuerung der stillen Reserven der eingebrachten Wirtschaftsgüter aus.

a) Einbringung durch eine französische Gesellschaft

Die Besteuerung der stillen Reserven lässt sich unter bestimmten Voraussetzungen hinausschieben. Art. 210-0 A ff. des französischen Steuergesetzbuches (*Code général des impôts* – im Folgenden: CGI) sieht einen Aufschub der Besteuerung unter den folgenden Voraussetzungen vor:

- Bei den eingebrachten Wirtschaftsgütern muss es sich grundsätzlich um einen Teilbetrieb (*branche complète et autonome d'activité*) handeln. Ein Teilbetrieb wird definiert als eine Gesamtheit von Aktiva und Passiva, die nach den Maßstäben der jeweiligen Branche eigenständig arbeiten kann. Anteile an Kapitalgesellschaften, die mehr als 50 % des gezeichneten Kapitals ausmachen (30 % bei börsennotierten Gesellschaften), gelten als Teilbetriebe.
- Liegt kein Teilbetrieb vor, kann die Übertragung von Wirtschaftsgütern dennoch unter die Begünstigungsvorschriften fallen, wenn eine formelle Zustimmung des Wirtschafts- und Finanzministeriums eingeholt wird (*agrément*).

- Die Gegenleistung für die Einbringung besteht in der Gewährung von Anteilen und darüber hinaus gewährte Gegenleistungen übersteigen nicht 10 % des Nominalwertes der erhaltenen Anteile.
- Der Einbringende verpflichtet sich, die als Gegenleistung erhaltenen Anteile für mindestens drei Jahre zu halten.

  Die übernehmende Gesellschaft führt die Buchwerte des übergegangenen Vermögens fort und hat spätere Gewinne aus der Veräußerung der Wirtschaftsgüter auf Grundlage dieser Buchwerte zu ermitteln.

b) Einbringung durch eine ausländische Gesellschaft

Bringt eine ausländische Gesellschaft ihre französische Betriebsstätte in eine französische Gesellschaft ein, so wird aus französischer Sicht verlangt, dass die als Gegenleistung für die Einbringung des Teilbetriebs gewährten Anteile in einer französischen Zwischenholding gehalten werden. Frankreich will sich hiermit eine doppelte Steuerverhaftung sichern: zum einen die Besteuerung der in den übertragenen Wirtschaftsgütern enthaltenen stillen Reserven, zum anderen die Besteuerung der in den gewährten Anteilen enthaltenen stillen Reserven. In der Literatur wird diese Regelung im Hinblick auf Umstrukturierungen innerhalb der Europäischen Union stark kritisiert, da es fraglich erscheint, ob sie durch die EU Fusionsrichtlinie abgedeckt ist.

2. Transaktionskosten

2.1. Verkehrssteuern

Die Bemessungsgrundlage für Verkehrssteuern in Frankreich bemisst sich nach dem höheren der beiden Beträge: Verkaufspreis bzw. Marktwert. Dies bedeutet, dass der Kaufpreis der Besteuerung nur dann zugrundegelegt wird, wenn der Marktwert nicht höher ist.

2.1.1. Veräußerung von Beteiligungen an nicht grundbesitzhaltenden Gesellschaften

Die Veräußerung von Anteilen an einer französischen Aktiengesellschaft (*société anonyme* – SA, *société anonyme simplifiée* – SAS, oder *société en commandite par actions* – SCA) unterliegt grundsätzlich einer Verkehrsteuer von 3 % des Veräußerungspreises, begrenzt auf maximal EUR 5.000 pro Veräußerungsakt. Bei börsennotierten Gesellschaften fällt nur dann Verkehrsteuer an, wenn der Veräußerungsakt in Frankreich unterzeichnet wurde.

Bei anderen Gesellschaftsformen (z. B. *Société à responsabilité limitée* – SARL, oder *société en nom collectif* – SNC) beträgt der Steuersatz ebenfalls 3 %, wobei allerdings ein Freibetrag von maximal EUR 23.000 für 100 % der Anteile Anwendung findet. Wird nur ein Teil der Anteile veräußert, verringert sich der Freibetrag entsprechend.

Beispiel:
Das Kapital einer Gesellschaft ist in 500 Anteile aufgeteilt. Es werden 200 Anteile für EUR 60.000 verkauft. Die Verkehrsteuer beträgt: 60.000 – (23.000 x 200 / 500) x 3 % = EUR 1.524.

Bei grundbesitzhaltenden Gesellschaften gilt eine generelle Verkehrsteuer von 5 % ohne Begrenzung und Freibetrag. Eine grundbesitzhaltende Gesellschaft im Sinne des Verkehrsteuerrechts ist eine Gesellschaft, deren Anteile nicht an einer (französischen oder ausländischen) Börse notiert sind und deren Aktiva im Zeitpunkt des Verkaufs oder im Jahr vor dem Verkauf hauptsächlich aus Grundbesitz oder aus Anteilen an grundbesitzhaltenden Gesellschaften bestanden.

Bei nicht börsennotierten Gesellschaften fällt die Verkehrsteuer unabhängig davon an, ob die Anteilsübertragung schriftlich erfolgt oder nicht. Hingegen fällt die Verkehrsteuer bei börsennotierten Gesellschaften nur dann an, wenn ein schriftlicher Übertragungsvertrag geschlossen wird.

Diese Grundsätze gelten auch dann, wenn die Verträge zur Übertragung von Anteilen an französischen Gesellschaften im Ausland geschlossen werden.

Bei der Übertragung von Anteilen an nicht in Frankreich ansässigen Gesellschaften hingegen unterliegt die Anteilsveräußerung nur dann der französischen Verkehrsteuer, wenn der Vertrag auch in Frankreich abgeschlossen wird.

Werden Anteile z. B. an einer französischen SARL veräußert, besteht eine geläufige Steuerplanungsmöglichkeit darin, die SARL vor der Veräußerung in eine SA oder SAS umzuwandeln. Um die Annahme eines Missbrauchs von rechtlichen Gestaltungsmöglichkeiten zu vermeiden, muss die Rechtsform der SA oder SAS dann allerdings beibehalten werden.

2.1.2. Veräußerung von Wirtschaftsgütern

Die folgenden Tatbestände unterliegen der Verkehrsteuer:

- Die entgeltliche Übertragung eines Firmenwertes bzw. eines Kundenstammes (Art. 719 CGI).
- Auch ohne Übertragung von Firmenwert oder Kundenstamm: die entgeltliche Übertragung einer Geschäftstätigkeit. Besteuerungstatbestand ist hier die Einräumung der Möglichkeit, eine bestimmte Geschäftstätigkeit auszuüben (Art. 720 CGI).

Die Verkehrsteuer beträgt in beiden Fällen:

- 0 % bis zu einem Betrag von EUR 23.000;
- 3 % zwischen EUR 23.000 und EUR 200.000;
- 5 %, soweit die Bemessungsgrundlage den Betrag von EUR 200.000 überschreitet.

2.1.3. Einbringungen

Die Übertragung von Wirtschaftsgütern gegen Gewährung von Gesellschaftsrechten unterliegt besonderen Vorschriften:

- Handelt es sich um die Übertragung eines Teilbetriebs (zur Definition s.o. Abschnitt 1.2.5.), unterliegt die Übertragung einer pauschalen Verkehrsteuer von EUR 375 bzw. EUR 500, wenn das gezeichnete Kapital der betroffenen Gesellschaft EUR 225.000 übersteigt. Andere Gegenleistungen als die Gewährung von Anteilen sind zulässig, soweit die anderen Gegenleistungen nicht mehr als 10 % des Gesamtwertes ausmachen.
- Handelt es sich nicht um einen Teilbetrieb, entsteht Verkehrsteuer i. H. v. 5 %, soweit die Bemessungsgrundlage EUR 23.000 übersteigt, und soweit die Übertragung der Wirtschaftsgüter gegen steuerpflichtiges Entgelt erfolgt, das über die Gewährung von Anteilen hinausgeht. Die Übernahme von Verbindlichkeiten gilt als steuerpflichtiges Entgelt. Hingegen werden nicht alle Verbindlichkeiten in die Bemessungsgrundlage einbezogen. Diejenigen Verbindlichkeiten, die Wirtschaftsgütern zugeordnet werden können, deren Übertragung nicht der Verkehrsteuer unterliegt (flüssige Mittel, Forderungen, Vorräte), gehören nicht zur Bemessungsgrundlage. Verkehrsteuer entsteht somit im Wesentlichen auf die entgeltliche Übertragung von immateriellen Wirtschaftsgütern und Anlagen.

2.2. Steuern auf die Übertragung von Grundbesitz

Die Übertragung von Grundbesitz unterliegt einer Verkehrsteuer von 5,09 % ohne Anwendung eines Freibetrages oder einer Obergrenze.

Werden Anteile an einer grundbesitzhaltenden Gesellschaft veräußert, fällt 5 % Verkehrsteuer an, ebenfalls ohne Begrenzung und Freibetrag.

2.3. Umsatzsteuer

2.3.1. Veräußerung von Anteilen

Die Veräußerung von Anteilen an Kapitalgesellschaften unterliegt nicht der Umsatzsteuer.

2.3.2. Veräußerung von Wirtschaftsgütern

Grundsätzlich unterliegt die Veräußerung von Wirtschaftsgütern der regulären Umsatzsteuer von 19,6 % bzw. 5,5 % (Lebensmittel, landwirtschaftliche Güter, Arzneimittel, etc.).

Sofern ein vollständiger Geschäftsbetrieb oder ein Teilbetrieb gegen Gewährung von Anteilen übertragen wird, unterliegt die Transaktion nach Art. 257 bis CGI nicht der Umsatzsteuer.

Der Erwerber übernimmt die umsatzsteuerlichen Verpflichtungen, die mit den übernommenen Wirtschaftsgütern zusammenhängen. Dies betrifft im Wesentlichen die Verpflichtung, die bei Erwerb der Wirtschaftsgüter abgezogene Vorsteuer zu berichtigen, wenn die Voraussetzungen für den Vorsteuerabzug nicht mehr vorliegen.

2.4. Steuerliche Behandlung der Transaktionskosten

Transaktionskosten für den Erwerb von Anlagegütern (mit Ausnahme von Beteiligungen) werden auf Antrag des Steuerpflichtigen

- als sofort abzugsfähige Betriebsausgabe gebucht oder
- als Teil der Anschaffungskosten aktiviert und abgeschrieben. Auch Transaktionskosten auf den Erwerb von immateriellen Wirtschaftsgütern (auch wenn diese selbst nicht abgeschrieben werden können) sind über fünf Jahre verteilt abzugsfähig.

Die Wahl des Steuerpflichtigen kann nicht zurückgenommen werden und gilt für den Erwerb von Anlagevermögen. Die Regelungen beziehen sich auf folgende Transaktionskosten: Verkehrssteuern, Gebühren, Beratungskosten, Makler- und Vermittlungsgebühren, Veröffentlichungsgebühren etc.

Transaktionskosten, die im Zusammenhang mit dem Erwerb von Anteilen stehen, sind zwingend zum Kaufpreis für die Anteile hinzuzuaktivieren. Allerdings können die so aktivierten Transaktionskosten über fünf Jahre abgeschrieben werden.

3. Planung der Unternehmensakquisition

3.1. Step-up Möglichkeiten – Aufteilung des Kaufpreises

Bei Erwerb von Anteilen an Kapitalgesellschaften besteht keine Möglichkeit, die Anschaffungskosten auf die Wirtschaftsgüter der Kapitalgesellschaft aufzuteilen. Die Anschaffungskosten für die Beteiligung an der Kapitalgesellschaft können nicht planmäßig abgeschrieben werden. Allerdings können Transaktionskosten, die zum Beteiligungsbuchwert hinzuzuaktivieren sind, steuerlich über fünf Jahre abgeschrieben werden. Sollte der Wert der Beteiligung nachträglich sinken, wird der Abschreibungsaufwand nach den für langfristige Veräußerungsverluste beschriebenen Regelungen behandelt (s. o. Abschnitt 1.1.). D. h. er kann nur mit Veräußerungsgewinnen derselben Kategorie verrechnet werden. Seit Einführung der 95%igen Steuerfreiheit auf langfristige Veräußerungsgewinne in 2007 läuft ein Veräußerungsverlust allerdings ins Leere. Mit den ordentlichen Gewinnen der Gesellschaft ist er nicht verrechenbar.

Für die Abschreibung von Anteilen an grundbesitzhaltenden Gesellschaften ist eine Verrechnung mit Veräußerungsgewinnen und ordentlichen Gewinnen hingegen möglich, weil die Gewinne aus der Veräußerung von Anteilen an grundbesitzhaltenden Gesellschaften nicht der 0 %-Kategorie unterliegen, sondern voll steuerpflichtig sind.

Der Erwerb von Anteilen an Personengesellschaften wird wie der Erwerb von Anteilen an Kapitalgesellschaften behandelt. Eine Aufteilung des Kaufpreises auf die einzelnen Wirtschaftsgüter und somit eine Erhöhung der Abschreibungsbasis dieser Wirtschaftsgüter kommt nicht in Betracht.

Lediglich der direkte Erwerb von Wirtschaftsgütern (Asset Deal) kann zu einer Aufstockung der Abschreibungsgrundlage führen. Allerdings ist zu beachten, dass ein Firmenwert in Frankreich nicht planmäßig abgeschrieben werden kann. Auch andere immaterielle Wirtschaftsgüter sind steuerlich in der Regel nicht planmäßig abschreibbar, außer wenn nachgewiesen werden kann, dass die Nutzungsdauer des immateriellen Wirtschaftsgutes tatsächlich zeitlich beschränkt ist.

3.2. Abzug von Finanzierungskosten

Finanzierungskosten für den Erwerb von Anteilen oder einem Geschäftsbetrieb sind grundsätzlich voll steuerlich abzugsfähig.

Allerdings bestehen in bestimmten Fällen erhebliche Einschränkungen für den Zinsabzug. Im Einzelnen handelt es sich um folgende Regelungen:

3.2.1. Beschränkung des Zinsausgabenabzugs bei Fremdfinanzierung durch den unmittelbaren Anteilseigner

Wird die Fremdfinanzierung von dem unmittelbaren Anteilseigner des Erwerbers zur Verfügung gestellt, ist der Zinsabzug für Darlehen von verbundenen Unternehmen in folgender Weise begrenzt:

- Ein Zinsabzug ist nur zulässig, wenn das Kapital des Darlehensnehmers voll eingezahlt ist (Art. 39 1 3°CGI).
- Der Zinssatz darf normalerweise den Zinssatz nicht übersteigen, den Banken für variabel verzinsliche Darlehen mit einer Grundlaufzeit von mehr als zwei Jahren zugrundelegen (Art. 39 1 3°CGI). Dieser Satz darf nur überschritten werden, wenn nachgewiesen werden kann, dass der höhere Zinssatz dem Fremdvergleichsstandard entspricht. Der Nachweis kann durch Vorlage von Bankangeboten geführt werden.
- Der Zinsabzug ist nur insoweit zulässig, als die Regelungen zur Kapitalausstattung nach Art. 212 CGI erfüllt sind („thin capitalization rules"). Dies bedeutet, dass Zinsen, die an verbundene Unternehmen gezahlt werden (soweit sie den Betrag von EUR 150.000 übersteigen), nicht voll abzugsfähig sind, wenn gleichzeitig alle drei der folgenden Grenzen überschritten sind:
  - Die von verbundenen Unternehmen zur Verfügung gestellten Darlehen dürfen das Eigenkapital nicht um das 1 ½-fache übersteigen (Art. 212 CGI).

- Die Zinsaufwendungen an verbundene Unternehmen dürfen 25 % eines modifizierten laufenden Gewinns des Jahres nicht übersteigen (Bemessungsgrundlage hierfür ist grds. der Gewinn vor Steuern und Finanzergebnis, erhöht um Zinsaufwand an verbundene Unternehmen und Abschreibung).
- Der Zinsaufwand an verbundene Unternehmen übersteigt die Zinserträge, die das Unternehmen von verbundenen Unternehmen erhält.

Darlehen von fremden Dritten (insbesondere Banken) unterliegen diesen Beschränkungen nicht. Dies gilt auch dann, wenn die Drittdarlehen durch verbundene Unternehmen besichert sind. D. h. die Darlehen werden durch die Besicherung nicht zu „Darlehen von verbundenen Unternehmen" und unterliegen damit nicht den oben genannten Beschränkungen.

3.2.2. Zinsabzug im Rahmen einer Organschaft zwischen dem Erwerber und der erworbenen Gesellschaft

Die Begründung einer Organschaft zwischen dem Erwerber und der erworbenen Gesellschaft ermöglicht grundsätzlich die Verrechnung der Zinsen für den Anteilserwerb mit dem operativen Ergebnis der erworbenen Gesellschaft.

Zu diesem Zweck wird häufig eine Akquisitionsholdinggesellschaft gegründet, die dann als Organmutter dient. Die Organschaft setzt voraus, dass die Organmutter mindestens 95 % der Anteile an der Organtochter hält. Die Organschaft muss vor Beginn des Wirtschaftsjahres beantragt werden, für das sie zum ersten Mal Anwendung finden soll. D. h. Zinsen, die im Zeitraum zwischen der Akquisition und Beginn des nächsten Wirtschaftsjahres, ab dem die Organschaft frühestens beginnen kann, anfallen, stellen vororganschaftliche Verluste dar, die nur vom eigenen positiven zu versteuernden Einkommen der Gesellschaft abgezogen werden können, nicht jedoch vom steuerlichen Einkommen des Organschaftskreises. Hingegen erwirtschaftet die Akquisitionsholding wegen der Finanzierungskosten normalerweise kein eigenes positives zu versteuerndes Einkommen, so dass die vororganschaftlichen Verluste in der Regel ungenutzt bleiben.

Allerdings bestehen hinsichtlich des Zinsabzuges für Akquisitionskosten im Rahmen einer Organschaft erhebliche Beschränkungen, wenn die Anteilsübertragung innerhalb eines Konzerns erfolgt (Art. 223B CGI, „*amendement Charasse*"), und zwar unter den folgenden Bedingungen:

- ► Der Erwerber wird direkt oder indirekt vom Verkäufer kontrolliert bzw. der Erwerber wird von einer Gesellschaft kontrolliert, die auch den Verkäufer kontrolliert.
- ► Nach der Akquisition wird die erworbene Gesellschaft in eine Organschaft mit dem Erwerber einbezogen.

Unter diesen Voraussetzungen sind die Zinsen auf die Akquisition der Anteile grundsätzlich nicht abzugsfähig. Die nichtabzugsfähigen Zinsen bestimmen sich nicht nach dem tatsächlich für die Akquisition aufgenommenen Fremdkapital. Vielmehr werden die nichtabzugsfähigen Zinsen pauschal im Verhältnis des Anteilswertes zu dem gesamten Fremdkapital des Organschaftskreises ermittelt. Die so ermittelten Zinsen sind so lange nicht abzugsfähig, wie die erworbene Gesellschaft Teil des Organschaftskreises ist. Die Nichtabzugsfähigkeit der Zinsen gilt ansonsten für neun Jahre.

Diese Zinsabzugsbeschränkung gilt hingegen nicht, wenn die erworbene Gesellschaft vor der Anteilsübertragung bereits zum Organschaftskreis gehörte oder wenn die Anteile von einem fremden Dritten erworben wurden, also die Voraussetzung der Kontrolle des Erwerbers durch den Verkäufer nicht gegeben ist. Ferner treten die Folgen des „*amendement Charasse*“ insoweit nicht ein, als die Anteile gegen Einlage übertragen werden.

Ferner ist das „*amendement Charasse*“ auf postakquisitorische Umstrukturierungen nicht anwendbar, wenn

- ein Erwerber die Anteile an der französischen Gesellschaft indirekt im Rahmen des weltweiten Erwerbs einer Gruppe kauft;
- und die Akquisition mit der Absicht erfolgt, die französische Gesellschaft nach Abschluss der Transaktion an eine neue französische Holdinggesellschaft zu veräußern. Die Absicht, das französische Target an eine neue französische Holdinggesellschaft weiter zu verkaufen, ist zu dokumentieren, und die Umhängung muss dann auch kurze Zeit nach Abschluss der Transaktion erfolgen.

3.2.3. Verschmelzung des Erwerbers mit dem Target nach dem Anteilserwerb

Eine häufiger verwendete Strukturierungsmöglichkeit zum Abzug der Finanzierungskosten der Akquisition ist die Gründung einer Akquisitionsholding und die anschließende Verschmelzung der erworbenen Gesellschaft mit dieser Holding.

Die französische Finanzverwaltung versagt allerdings i. d. R. den Zinsabzug unter Missbrauchsaspekten, wenn die Verschmelzung im engen zeitlichen Zusammenhang mit dem Erwerb erfolgt (*fusion rapide*).

Nach der Anweisung der französischen Finanzverwaltung vom 3. August 2000 (4 I-2-00) wird die Schädlichkeit einer zügigen Verschmelzung mit einer neu erworbenen Gesellschaft nach folgenden Kriterien geprüft:

- Zeitlicher Abstand zwischen Erwerb und Verschmelzung;
- Eigenkapitaldecke der aufnehmenden Holdinggesellschaft;

- Höhe des aus der Akquisition noch verbleibenden Fremdkapitals im Zeitpunkt der Verschmelzung im Vergleich zum ursprünglichen für die Akquisition aufgenommenen Fremdkapital;
- die Frage, ob die aufnehmende Erwerbergesellschaft außer dem Halten der Beteiligung an der erworbenen Gesellschaft noch andere Geschäftstätigkeiten ausübt.

Um die Annahme eines Gestaltungsmissbrauchs zu vermeiden, muss daher in der Regel mit der Verschmelzung einige Zeit gewartet werden. Die Finanzverwaltung nennt keinen bestimmten Zeitraum, nach dem eine Verschmelzung unschädlich wird. Es dürfte sich aber wohl um mehrere Jahre handeln.

Um den Zinsabzug in der Zwischenzeit mit den operativen Ergebnissen der erworbenen Gesellschaft verrechnen zu können, kommt in der Regel die Möglichkeit der Organschaft in Betracht, wobei allerdings die Vorschriften zur Beschränkung des Zinsabzuges zu beachten sind, die in Abschnitt 3.2.2. dargestellt wurden, wenn es sich um eine Anteilsübertragung im Konzern handelt (*amendement Charasse*).

3.2.4. Quellensteuer auf Zinsen an ausländische Fremdkapitalgeber

Werden Zinsen an nicht in Frankreich ansässige Fremdkapitalgeber gezahlt, unterliegen die Zinsen grundsätzlich einer Quellensteuer von 18 %. Die Quellensteuer wird in der Regel durch Doppelbesteuerungsabkommen verringert.

Ferner sieht das französische nationale Recht (Art. 131 quater CGI) eine Befreiung von der Quellensteuer vor,

- wenn es sich beim ausländischen Darlehensgeber um eine juristische Person handelt (d. h. um eine Kapitalgesellschaft oder um eine Personengesellschaft),
- wenn der Darlehensvertrag schriftlich abgeschlossen wurde und die Zahlung des Kapitals nach Abschluss des Darlehensvertrages erfolgte.

Frankreich hat zudem die EU Zins- und Lizenzrichtlinie vom 4. Juni 2003 (2003/49/CE hinsichtlich der Besteuerung von Zinsen und Lizenzen innerhalb der Europäischen Union) in Artikel 119 quater CGI umgesetzt.

Nach dieser Vorschrift sind Zinsen, die von einer französischen Gesellschaft an einen in der EU ansässigen Gläubiger gezahlt werden, von der Quellensteuer ausgenommen, wenn u. a. folgende Bedingungen erfüllt sind:

- Der französische Schuldner ist eine französische Gesellschaft oder eine Betriebsstätte einer EU-Gesellschaft, die im Anhang der Richtlinie aufgeführt ist und in Frankreich (ohne Ausnahme) der Körperschaftsteuer unterliegt; und
- der Empfänger der Zinsen ist eine in der EU ansässige verbundene Gesellschaft, die im Anhang zur Richtlinie aufgeführt ist und in dem Ansässigkeitsstaat (ohne Ausnahme) der Körperschaftsteuer unterliegt.

Nach dieser Vorschrift gelten Unternehmen als verbundene Unternehmen, wenn (a) die Gesellschaft seit mindestens zwei Jahren mindestens 25 % an der anderen Gesellschaft hält oder (b) beide Gesellschaften seit mindestens zwei Jahren zu mindestens 25 % von einer dritten Gesellschaft gehalten werden.

Die Quellensteuerbefreiung greift ggf. nicht, wenn der Empfänger der Zinsen von einer Nicht-EU-Gesellschaft kontrolliert wird (Missbrauchsklausel).

3.3. Nutzung der Verluste des erworbenen Geschäftsbetriebs

Voraussetzung für die Verlustnutzung durch die Gesellschaft ist die Beibehaltung ihrer wirtschaftlichen Identität.

Die Übertragung von Anteilen an der Verlustgesellschaft führt nicht zum Verlust der wirtschaftlichen Identität und somit nicht zum Untergang von Verlustvorträgen.

Hingegen kann die wirtschaftliche Identität der Gesellschaft (a) durch die Übertragung des Geschäftsbetriebs oder (b) durch die wesentliche Änderung der Geschäftstätigkeit in Frage gestellt werden.

Verluste können auf unbegrenzte Zeit vorgetragen werden.

3.3.1. Wesentliche Änderungen des Geschäftsbetriebs

Bei Vorliegen einer wesentlichen Änderung des Geschäftsbetriebs gehen sämtliche Verlustvorträge der Gesellschaft unter.

Die Änderung der Geschäftstätigkeit muss praktisch einer Aufgabe des Geschäftsbetriebs gleichkommen. Dies wird in der Regel angenommen, wenn sich die Art der Geschäftstätigkeit wesentlich ändert, z. B. wenn die Gesellschaft von einer Produktionsgesellschaft in eine Dienstleistungsgesellschaft umgewandelt wird oder wenn die angebotenen Produkte oder Dienstleistungen einer erheblichen Änderung unterliegen.

Die Umwandlung einer operativen Gesellschaft in eine Holdinggesellschaft durch Ausgliederung von Teilbetrieben oder auch die Verschmelzung einer operativen Gesellschaft mit ihrer Mutterholdinggesellschaft kann als wesentliche Änderung der Geschäftstätigkeit angesehen werden und damit zum Untergang von Verlustvorträgen führen.

3.3.2. Verlustnutzung im Rahmen von Verschmelzungen

Verluste der untergehenden Gesellschaft können im Rahmen einer Verschmelzung grundsätzlich nicht auf die übernehmende Gesellschaft übertragen werden. Die Finanzverwaltung kann jedoch in Ausnahmefällen eine Übertragung der Verlustvorträge auf die übernehmende Gesellschaft zulassen.

Des Weiteren greifen bei einer Verschmelzung ggf. die in Abschnitt 3.3.1. oben dargestellten Beschränkungen der Verlustnutzung, d. h. die Verschmelzung kann zu einer wesentlichen Veränderung der Geschäftstätigkeit führen (z. B. Verschmelzung auf eine Holdinggesellschaft) und damit zum Untergang sämtlicher Verluste.

3.4. Steuerliche Konsolidierung (Organschaft)

Teilnehmer eines Organschaftskreises können in Frankreich Gesellschaften sein, die entweder zwingend (in der Regel Kapitalgesellschaften) oder aufgrund Option (Personengesellschaften) der französischen Körperschaftsteuer unterliegen.

Die Organtöchter müssen zu mindestens 95 % mittelbar oder unmittelbar von der Organmutter gehalten werden. Die Organmutter selbst darf nicht zu 95 % oder mehr von einer anderen französischen Gesellschaft gehalten werden, die der Körperschaftsteuer unterliegt. Hingegen kann eine französische Gesellschaft Organmutter sein, wenn sie entweder von einer ausländischen Gesellschaft oder von mehreren französischen Gesellschaften gehalten wird, ohne dass eine französische Gesellschaft 95 % oder mehr des Kapitals an der Organmutter hält. Auch Zweigniederlassungen ausländischer Gesellschaften können als Organmutter fungieren, soweit ihnen die Beteiligungen an den französischen Gesellschaften zuzuordnen sind.

Eine geläufige Gestaltung im Rahmen von Unternehmensakquisitionen ist die Gründung einer Akquisitionsholding, die den Unternehmenserwerb fremdfinanziert und dann mit der erworbenen Gesellschaft eine Organschaft eingeht. Hierdurch lassen sich die Fremdkapitalzinsen für den Unternehmenserwerb im Ergebnis vom operativen Gewinn der erworbenen Gesellschaft abziehen. Allerdings kann der Zinsabzug beschränkt sein, wenn der Unternehmenserwerb innerhalb eines Konzerns stattfand (*amendement Charasse*). Im Einzelnen zu dieser Regelung sowie zu den übrigen Beschränkungen des Abzugs von Zinsaufwendungen siehe Abschnitt 3.2.

3.5. Zurückführung von Gewinnen an die Anteilseigner

3.5.1. Quellensteuer auf Dividenden

Frankreich erhebt in der Regel bei der Zahlung von Dividenden an nicht in Frankreich ansässige Gesellschafter eine Quellensteuer i. H. v. 25 % auf Dividenden.

Bei Ausschüttungen von einer französischen Kapitalgesellschaft (*SA, SAS, société en commandite par actions – SCA, SARL*) an eine EU-Kapitalgesellschaft wird die Quellensteuer aufgrund der EU-Mutter-Tochter-Richtlinie auf 0 % reduziert (umgesetzt in Art. 119 ter CGI), sofern die EU-Mutterkapitalgesellschaft mindestens 10 % an der ausschüttenden französischen Gesellschaft hält und diese Mindestbeteiligung bereits seit mindestens 2 Jahren gehalten wird bzw. wenn sich die Muttergesellschaft verpflichtet hat, diese Mindestbeteiligung für mindestens zwei Jahre beizubehalten.

Greifen die Regelungen des Art. 119 ter CGI nicht, wird die Quellensteuer in der Regel durch die von Frankreich abgeschlossenen Doppelbesteuerungsabkommen reduziert.

Z. B. sieht das deutsch-französische Doppelbesteuerungsabkommen (DBA) die Reduzierung der Quellensteuer auf 0 % ebenfalls ab einer Mindestbeteiligung von 10 % vor, fordert hingegen keine Mindesthaltefrist.

3.5.2. Quellensteuer auf die Rückführung von Gewinnen durch Betriebsstätten und Personengesellschaften

Frankreich erhebt auf die Gewinne aus französischen Betriebsstätten ausländischer Gesellschaften grundsätzlich eine Quellensteuer i. H. v. 25 %. Die Quellensteuer wird unabhängig von der tatsächlichen Rückführung der Gewinne erhoben. Allerdings entfällt die Quellensteuer, wenn es sich beim Stammhaus um eine in der EU ansässige Gesellschaft handelt, die dort der Körperschaftsteuer unterliegt.

Des Weiteren wird die Quellensteuer ggf. aufgrund von Doppelbesteuerungsabkommen herabgesetzt.

Diese Quellensteuer ist nicht auf Gewinne von französischen Personengesellschaften anwendbar, die auf die ausländischen Gesellschafter entfallen.

4. Steuerplanung nach der Akquisition

4.1. Übertragung von Geschäftsbereichen auf einen neuen Anteilseigner oder eine Schwestergesellschaft durch Abspaltung

Grundsätzlich unterliegen Übertragungen von Geschäftsbereichen der Körperschaftsteuer und der Verkehrsteuer (siehe die verschiedenen Ausführungen hierzu oben).

Spaltungen sind nach französischem Steuerrecht unter folgenden Voraussetzungen grundsätzlich steuerneutral möglich:

- Die zu spaltende Gesellschaft hat mindestens zwei Teilbetriebe,
- jede der aufnehmenden Gesellschaften übernimmt mindestens einen Teilbetrieb, und
- die Gesellschafter der zu spaltenden Gesellschaft erhalten als Gegenleistung für die Übertragung Anteile und verpflichten sich, diese Anteile für mindestens drei Jahre zu halten.

Werden nicht in Frankreich ansässige Gesellschaften in die Abspaltung einbezogen, ist zur Erreichung der Steuerneutralität die Zustimmung des französischen Finanz- und Wirtschaftsministeriums erforderlich. Es muss in der Regel sichergestellt sein, dass die stillen Reserven, die in den als Gegenleistung erhaltenen Anteilen enthalten sind, weiterhin der französischen Besteuerung unterliegen.

4.2. Übertragung von ausländischen Tochtergesellschaften auf einen neuen Anteilseigner oder eine Schwestergesellschaft

Im Rahmen der Akquisition von Unternehmensgruppen ergibt sich oftmals die Notwendigkeit, die Anteile an miterworbenen ausländischen Gesellschaften auf andere Gesellschaften zu übertragen, die die Erwerbergruppe in dem betroffenen Land bereits besitzt. Hierdurch lassen sich in der Regel Steueroptimierungen erreichen, z. B. durch Begründung einer Organschaft oder durch Vermeidung von Quellensteuern auf Ausschüttungen.

Die Besteuerung von Anteilsübertragungen richten sich für Körperschaftsteuer- und Verkehrsteuerzwecke nach den in den vorhergehenden Abschnitten beschriebenen Grundsätzen.

Wie in Abschnitt 1.1.2. dargestellt, werden Gewinne aus der Veräußerung von wesentlichen, langfristigen Beteiligungen zu 95 % steuerfrei gestellt.

Liegen die Voraussetzungen für die Steuerbefreiung nicht vor, kann sich eine sofortige Besteuerung der Anteilsübertragung ggf. im Wege der Einbringung vermeiden lassen, wenn mehr als 50 % der Anteile an einer Gesellschaft übertragen werden und die Gegenleistung in Anteilen besteht. Ist die übernehmende Gesellschaft eine ausländische Gesellschaft, ist für die Steuerneutralität die vorherige Zustimmung des französischen Finanz- und Wirtschaftsministeriums erforderlich.

Großbritannien

von Stephen Brown (Deloitte London)

1. Steuerrechtliche Behandlung des Verkäufers

1.1. Die Kapitalgesellschaft als Verkäufer

1.1.1. Übersicht

Aufgrund des in 2002 eingeführten Schachtelprivilegs für die Veräußerung von Anteilen, der sog. substantial shareholdings exemption, die unter gewissen Voraussetzungen eine steuerfreie Veräußerung von Tochtergesellschaften erlaubt, ziehen viele Gesellschaften den Verkauf von Anteilen der Veräußerung eines Gewerbes mit dessen Wirtschaftsgütern vor.

1.1.2. Körperschaftsteuer auf Veräußerungsgewinne – Allgemeines

a) Anwendungsbereich

In Großbritannien ansässige Gesellschaften unterliegen mit ihren Veräußerungsgewinnen (chargeable gains) aus dem Verkauf von Einzelwirtschaftsgütern (chargeable assets), unabhängig davon, wo sich diese befinden, der Körperschaftsteuer. Gewinne aus der Veräußerung von Wirtschaftsgütern durch nicht in Großbritannien ansässige Gesellschaften unterliegen grundsätzlich nur dann der Körperschaftsteuer, wenn der Verkauf im Zusammenhang mit einer Betriebsstätte in Großbritannien steht. Spezielle Regelungen gelten im Bereich der Erforschung und Ausbeutung von Öl- und Gasvorkommen sowie allgemein für Wirtschaftsgüter, die der Erforschung natürlicher Ressourcen dienen, sowie für nicht notierte Anteile, die ihren Wert aus derartigen Wirtschaftsgütern ableiten.

Der Begriff der „chargeable assets" erfasst neben den meisten Arten von Wirtschaftsgütern auch Anteile, Grundvermögen und Gebäude. Zudem schließt dieser Begriff immaterielle Wirtschaftsgüter (einschließlich Firmenwert, eingetragene Gebrauchsmuster, Urheberrechte etc.) mit ein, sofern diese vor April 2002 erworben oder hergestellt wurden.

Immaterielle Wirtschaftsgüter, die nach März 2002 erworben oder hergestellt wurden, unterliegen speziellen steuerlichen Regelungen für Unternehmen. Nach diesen Regelungen richtet sich die steuerliche Behandlung nach der Behandlung nach den britischen Rechnungslegungsvorschriften (UK GAAP), so dass die in der Gewinn- und Verlustrechnung ausgewiesenen Gewinne auch der Besteuerung unterliegen.

b) Steuersatz

Steuerpflichtige Gewinne werden in die Gesamteinkünfte miteinbezogen und unterliegen dem normalen Körperschaftsteuersatz, der momentan grundsätzlich 28 % beträgt.

c) Berechung des Veräußerungsgewinns

Zur Berechnung des Gewinns aus der Veräußerung eines Wirtschaftsgutes werden von dem Veräußerungspreis bzw. dem Verkehrswert der Gegenleistung, die der Verkäufer erhalten hat, bestimmte Beträge abgezogen. Diese Abzüge umfassen:

- die Gegenleistung, die der Verkäufer zur Erlangung des Wirtschaftsgutes ursprünglich geleistet hat (oder der Bezugspreis, wenn es sich um einen Verkauf von Anteilen handelt, für die der Verkäufer ursprünglich gezeichnet hat), und jeglichen Aufwand, durch den sich der Wert des Wirtschaftsgutes erhöht hat, sofern diese Wertsteigerung zum Zeitpunkt der Veräußerung des Wirtschaftsgutes noch vorliegt. Dies entspricht den fortgeführten Anschaffungskosten des Verkäufers.
- den Inflationsabschlag, der die generelle Preisinflation während des Zeitraums, in dem der Besitz an dem Wirtschaftsgut bestand, berücksichtigt, und für jeden wertsteigernden Aufwand separat berechnet wird. Im Ergebnis wird daher nur der wirtschaftliche Wertzuwachs besteuert.
- Nebenkosten des Verkaufs, unter die z. B. Anwaltskosten, die im direkten Zusammenhang mit dem Verkauf stehen, fallen.

1.1.3. Körperschaftsteuer auf Veräußerungsgewinne – Steuerermäßigungen

a) Substantial shareholding exemption ("SSE")

Die SSE wurde 2002 eingeführt und ermöglicht es Kapitalgesellschaften generell, die Anteile an ihren (inländischen oder ausländischen) Tochtergesellschaften körperschaftsteuerfrei zu veräußern. Die Beteiligung an der Tochtergesellschaft muss mindestens 10 % des Stammkapitals entsprechen und für mindestens zwölf Monate gehalten worden sein.

Die Voraussetzungen für die Anwendbarkeit der SSE sind komplex und erfordern eine detaillierte Betrachtung jedes einzelnen Falls. Es besteht noch die Möglichkeit, im Wege einer Vorabanfrage an Her Majesty´s Revenue & Customs ("HMRC") eine Klärung darüber zu erhalten, ob die entsprechenden Voraussetzungen vorliegen. Dies erfordert eine substantielle Unsicherheit über die steuerlichen Folgen einer Maßnahme, die von wesentlicher wirtschaftlicher Bedeutung für den Betrieb selbst ist.

b) Steuerliche Verluste

Veräußerungsverluste („Capital Losses")

Führt der Verkauf eines Wirtschaftsgutes zu einem Verlust (z. B. wenn die ursprünglichen Anschaffungskosten den Wert der Gegenleistung aus dem Verkauf übersteigen), so wird dieser Betrag als Veräußerungsverlust erfasst. Veräußerungsverluste werden mit jeglichen Veräußerungsgewinnen derselben Gesellschaft in derselben Abrechungsperiode verrechnet. Sofern sie nicht genutzt werden, können sie ohne zeitliche Beschränkung vorgetragen und mit zukünftigen Veräußerungsgewinnen derselben Gesellschaft verrechnet werden (oder unter gewissen Umständen mit den Veräußerungsgewinnen anderer Gesellschaften des Konzerns – siehe unten).

Verschiedene Regelungen sollen einen Missbrauch im Zusammenhang mit der Nutzung von Veräußerungsverlusten vermeiden. Entsteht z. B. ein Verlust im Zuge der Veräußerung eines Wirtschaftsgutes an eine nahe stehende Person, so kann dieser nur gegen einen Gewinn aus einer Veräußerung an dieselbe Person verrechnet werden.

Sonstige steuerliche Verluste

Zudem können unter Umständen weitere Verluste mit Veräußerungsgewinnen verrechnet werden. Dies gilt z. B. für gewerbliche Verluste des laufenden Jahres (einschließlich von Zinsaufwand in Zusammenhang mit gewerblichen Einkünften) aber auch für Zinsaufwand, der nicht in Zusammenhang mit gewerblichen Einkünften steht, und Kosten des Managements (aus dem laufenden Jahr oder aus früheren Jahren). Für eine Verrechnung ist es normalerweise erforderlich, dass die Verluste bei derselben Gesellschaft entstanden sind, die auch die Veräußerungsgewinne erzielt hat. Innerhalb eines Konzerns ist es aber unter gewissen Voraussetzungen möglich, die Verluste auf eine andere Gesellschaft zu übertragen; darauf wird weiter unten noch eingegangen.

c) Veräußerungsgewinne im Konzern

In Großbritannien kann im Rahmen der Besteuerung von Veräußerungsgewinnen das System einer Konzern- oder Gruppenbesteuerung zur Anwendung kommen. Die Definition dessen, was unter einer (Konzern-) Gruppe für diese Zwecke zu verstehen ist, ist sehr detailliert. Typischerweise werden aber Holdinggesellschaften (Principal Company), ihre zu 75 % gehaltenen Tochtergesellschaften, deren zu 75 % gehaltenen Tochtergesellschaften etc. eine solche Gruppe bilden, falls die Holdinggesellschaft effektiv zu mehr als 50 % an jeder Gesellschaft beteiligt ist. Zwar profitieren lediglich in Großbritannien ansässige Gesellschaften sowie britische Betriebsstätten ausländischer Gesellschaften von den Regelungen dieser Gruppenbesteuerung, jedoch unterbrechen ausländische Gesellschaften nicht die Gruppenbildung. Dennoch ist es wichtig zu beachten, dass Gesellschaften ohne Stammkapital die Gruppenstruktur unterbrechen können. Darüber hinaus kann eine Gesellschaft nicht zugleich Mitglied mehrerer Gruppen sein.

Die Übertragung eines Wirtschaftsgutes zwischen Gesellschaften aus derselben Gruppe führt weder zu einem steuerlichen Gewinn noch zu einem entsprechenden Verlust. Dies eröffnet Spielräume für eine Steuerplanung. Liegen z. B. bei einer Gesellschaft Veräußerungsverluste vor, so können die anderen Gruppenmitglieder Wirtschaftsgüter, die anschließend veräußert werden, auf diese Gesellschaft übertragen, so dass diese letztendlich ihre Veräußerungsverluste (oder andere Verluste) mit den entstehenden Veräußerungsgewinnen verrechnen kann. Eine tatsächlich rechtliche Übereignung der Wirtschaftsgüter ist dabei nicht immer erforderlich; die beiden beteiligten Gesellschaften haben vielmehr ein Wahlrecht, den Verkauf der Wirtschaftsgüter für steuerliche Zwecke so zu behandeln, als wäre er in der Gesellschaft mit den (Veräußerungs- oder anderen) Verlusten entstanden. Dieses Wahlrecht ("s171A election") kann nur in den Fällen ausgeübt werden, in denen die Wirtschaftsgüter tatsächlich an einen Dritten veräußert werden.

Zudem gibt es ein eigenes Konzept einer Gruppenbesteuerung für Zwecke des sog. „Group Relief". Der Group Relief ermöglicht es, laufende (nicht Veräußerungs-) Verluste auf andere Gruppenmitglieder zu übertragen, so dass dadurch deren laufender steuerpflichtiger Gewinn, einschließlich möglicher Veräußerungsgewinne, im laufenden Jahr reduziert wird; der Group Relief kann dafür genutzt werden, eine Steuerlast, die durch einen Veräußerungsgewinn eines Wirtschaftsgutes entsteht, zu vermeiden, wenn laufende Verluste vorliegen. Die Gruppendefinition ist sehr detailliert geregelt. Typischerweise werden auch hier Gesellschaften, von denen die eine 75%ige Tochtergesellschaft der anderen ist oder beide zu jeweils 75 % Tochtergesellschaften einer dritten Gesellschaft sind, eine solche Gruppe bilden. Komplexe Regelungen sollen in diesem Zusammenhang einen Missbrauch durch die Bildung von künstlichen Gruppen vermeiden.

d) Rollover relief

Der sog. Rollover Relief findet in den Fällen Anwendung, in denen der Verkäufer eine der Gegenleistung aus der Veräußerung von Wirtschaftsgütern entsprechende Summe innerhalb einer Zeitspanne von einem Jahr vor bis drei Jahre nach dem Verkauf in neue Wirtschaftsgüter reinvestiert. Die buchhalterische Behandlung entspricht einer Reinvestitionsrücklage. Diese Methode kann nur für bestimmte Wirtschaftsgüter genutzt werden; Anteile sind nicht begünstigt. Für Grundbesitz und Gebäude findet der Rollover Relief jedoch ebenso Anwendung wie für Fabrikanlagen und Maschinen. Die Veräußerung eines Firmenwerts wird hingegen nur insoweit begünstigt, als er vor April 2002 entstanden ist. Für einen Firmenwert, der nach diesem Datum entstanden ist oder erworben wurde, wird kein Rollover Relief gewährt. Sowohl die verkauften als auch die neu hinzu erworbenen Wirtschaftsgüter müssen einer dieser Gruppen begünstigter

Wirtschaftsgüter angehören und im Rahmen des Geschäftsbetriebes des Veräußerers genutzt werden.

Durch den Rollover Relief wird die Besteuerung des durch die Veräußerung des ursprünglichen Wirtschaftsgutes entstandenen Veräußerungsgewinns bei dem Verkäufer bis zum Verkauf des neuen Wirtschaftsgutes aufgeschoben. Das neu angeschaffte Wirtschaftsgut kann wiederum für einen Rollover Relief in Betracht kommen. Sofern die neuen Wirtschaftsgüter eine Lebensdauer von 60 Jahren oder weniger haben, wird der Veräußerungsgewinn nur für zehn Jahre gestundet oder bis zum Zeitpunkt des Verkaufs des neuen Wirtschaftsgutes, sofern dieser früher erfolgt.

Nach den steuerlichen Vorschriften für immaterielle Wirtschaftsgüter (Intangibles Tax Code) kann ein Gewinn aus der Veräußerung eines immateriellen Wirtschaftsgutes (einschließlich Firmenwert, eingetragene Gebrauchsmuster, Know-How, Urheberrechte etc.), das vor oder nach April 2002 bestand, auf ein immaterielles Wirtschaftsgut, das nach April 2002 erworben wurde, übertragen werden. Die Übertragung ist aber nur möglich, sofern die neuen immateriellen Wirtschaftsgüter innerhalb eines Jahres vor bzw. bis zu drei Jahren nach der Veräußerung erworben wurden.

Die Regelungen des Rollover Relief können unter bestimmten Voraussetzungen auch im Rahmen einer Gruppenbesteuerung zugelassen sein, mit der Folge, dass die Gesellschaft, die den ursprünglichen Verkauf vorgenommen hat, nicht mit derjenigen identisch sein muss, die die neue Anschaffung tätigt.

e) Regelungen zum Anteilstausch

Eine steuerrechtliche Erfassung des Veräußerungsgewinns aus dem Verkauf von Anteilen kann zeitlich hinausgeschoben werden, sofern die Gegenleistung des Käufers in der Ausgabe neuer Gesellschaftsanteile oder Schuldverschreibungen besteht und dies Teil des Angebots des Käufers ist, um die Kontrolle über die Zielgesellschaft zu erlangen, der Käufer mindestens 25 % der Anteile der Zielgesellschaft erwirbt oder der Anteilstausch Teil einer Umstrukturierung ist. Dieses gilt für Gesellschaften und natürliche Personen als Verkäufer gleichermaßen. Werden alle Bedingungen erfüllt, so kommt es automatisch zu einem Aufschub der Besteuerung; der Steuerpflichtige hat diesbezüglich kein Wahlrecht.

Zu beachten gilt, dass der Aufschub nur dann zur Anwendung kommt, wenn für das Geschäft hinreichende wirtschaftliche Gründe bestehen. Um sicher zu gehen, dass die von der Gesellschaft angegebenen wirtschaftlichen Gründe für die geplanten Transaktionen akzeptiert werden, ist es möglich, vorab eine Anfrage an HMRC zu stellen, auch wenn normalerweise keine Vorabauskünfte zu den sonstigen Aspekten einer Veräußerungstransaktion abgegeben werden.

Besteht beim Verkauf von Anteilen die gesamte Gegenleistung aus neuen Anteilen, die von dem Käufer ausgegeben werden, wird der Verkäufer so behandelt, als hätte der Verkauf nicht stattgefunden, so dass kein Veräußerungsgewinn vorliegt. Stattdessen werden die neuen Anteile wie die veräußerten Anteile behandelt (d. h. mit den gleichen Anschaffungskosten und dem gleichen Anschaffungsdatum). Das bedeutet, dass zum Zeitpunkt des Verkaufs kein steuerpflichtiger Veräußerungsgewinn oder -verlust vorliegt und es erst dann zur Besteuerung eines Veräußerungsgewinns kommt, wenn die vom Käufer gewährten Anteile verkauft werden.

Besteht bei einem Anteilskauf die Gegenleistung aus Schuldverschreibungen des Käufers, müssen der Gewinn bzw. der Verlust zwar berechnet werden, es kommt aber so lange zu keiner Besteuerung, bis die Schuldverschreibungen verkauft oder eingelöst werden. Der Begriff der Schuldverschreibung ist sehr weit und umfasst in diesem Zusammenhang alle schriftlichen Schuldvereinbarungen. HMRC ließ verlautbaren, dass die Stundung möglicherweise in den Fällen abgelehnt wird, in denen die Laufzeit der Schuldverschreibungen weniger als sechs Monate beträgt.

Umfasst die Gegenleistung aus dem Verkauf verschiedene Wirtschaftsgüter, darunter Anteile, Schuldverschreibungen und/oder Bargeld, kommt es zu einer Aufteilung des Veräußerungsgewinns. Ein entsprechender Teil des Gewinns unterfällt dann ggf. dem oben beschriebenen Aufschub.

1.1.4. Körperschaftsteuer auf Veräußerungsgewinne – Planungsmöglichkeiten

a) Effektive Nutzung von Steuervergünstigungen

Die einfachsten Planungsmöglichkeiten für Gesellschaften liegen darin, die gesetzlichen Steuervergünstigungen effektiv zu nutzen, wie z. B. die Anwendung der Regelungen zur Gruppenbesteuerung, wonach bestehende Veräußerungsverluste gegen entsprechende Gewinne aufgerechnet werden können. Ebenso könnte man in Betracht ziehen, einen Verkauf von Anteilen so lange aufzuschieben, bis die 12-monatige Haltefrist verstrichen ist, um dadurch in den Genuss des Schachtelprivilegs für Veräußerungsgewinne (SSE) zu gelangen.

b) Dividendenstripping

Daneben gibt es weitere Möglichkeiten, um auf der Ebene der Gesellschaft die Besteuerung von Veräußerungsgewinnen günstig zu gestalten.

Eine Möglichkeit besteht im sog. Dividendenstripping. Hierbei wird der Wert der Zielgesellschaft (und damit die Höhe des Gewinns) dadurch zu reduziert, dass die zu veräußernde Gesellschaft vor dem eigentlichen Verkauf der Anteile eine Dividende ausschüttet. Die Idee dieser Methode basiert darauf, dass Dividendenerträge niedriger besteuert werden als Veräußerungsgewinne. Zwar existieren eine Reihe komplexer Regelungen, die es zum Ziel haben, eine künstliche Reduktion des Wertes eines Wirtschaftsgutes zu vermeiden; wird jedoch die Dividende aus den Rücklagen gezahlt, die in der Zielgesellschaft besteuert wurden, dürften diese (Missbrauchs-)Regelungen grundsätzlich keine Anwendung finden.

1.1.5. Weitere Aspekte beim Verkauf von Anteilen

a) Keine Aufgabe der gewerblichen Tätigkeit

Der Verkauf eines Anteils an einer Gesellschaft beeinflusst grundsätzlich nicht deren körperschaftsteuerliche Position. Ausnahmen hierzu bilden bestimmte Regelungen im Rahmen der Gruppenbesteuerung, auf die nachfolgend noch eingegangen wird, sowie die möglichen Restriktionen im Zusammenhang mit steuerlichen Verlusten, die in dem Abschnitt über die Besteuerung des Käufers beschrieben werden.

b) Gruppenbesteuerung

Sobald ein rechtsverbindliches Übereinkommen im Hinblick auf den Verkauf einer Gesellschaft getroffen worden ist, wird deren Zugehörigkeit zu der steuerrechtlichen Gruppe des Verkäufers, bezogen auf die Übertragbarkeit von Verlusten („group relief“) zwischen diesen Gesellschaften, dadurch beendet.

1.1.6. Weitere Aspekte beim Verkauf von Einzelwirtschaftsgütern

a) Mögliche Beendigung der gewerblichen Tätigkeit

Werden alle oder zumindest die wesentlichen Wirtschaftsgüter des Veräußerers an den Erwerber verkauft, so kann darin aus steuerrechtlicher Sicht eine Geschäftsaufgabe des Verkäufers liegen. Wenn ein Teil eines gemischten Gewerbebetriebs („composite trade“) veräußert wird, besteht die Gefahr, dass dieser als aufgegeben und ein neuer, separater Gewerbebetrieb als aufgenommen gelten könnte.

Konsequenz hieraus ist eine bilanzielle Berichtigung der steuerlichen Abschreibungen. Zum einen kann sich zusätzliches Abschreibungspotential ergeben, zum anderen aber auch steuerpflichtiges Einkommen, je nachdem, ob die Gegenleistung, die für die Wirtschaftsgüter geleistet wurde, den korrigierten steuerlichen Wertansatz der Wirtschaftsgüter übersteigt oder nicht.

b) Keine Übertragung steuerrechtlicher Verluste auf den Käufer

Werden Wirtschaftsgüter an einen Erwerber veräußert, der keine nahe stehende Person in Bezug auf den Verkäufer ist, verbleiben alle aufgelaufenen steuerlichen Verluste beim Veräußerer. Handelt es sich dabei um laufende Verluste aus Gewerbebetrieb, so sind diese an den Gewerbebetrieb gekoppelt und erlöschen, wenn der Verkäufer diesen Gewerbebetrieb nicht weiter fortführt. Dies kann von besonderer Bedeutung sein, wenn ein gemischter Gewerbebetrieb veräußert wird. In diesem Fall kann der gemischte Gewerbebetrieb als aufgegeben gelten, so dass zwei neue getrennte Gewerbebetriebe entstehen und die Verluste auf Ebene des Veräußerers vollständig untergehen.

1.2. Die natürliche Person als Verkäufer

1.2.1. Besteuerung von Veräußerungsgewinnen – Allgemeines

a) Anwendungsbereich

Natürliche Personen unterliegen mit ihren Gewinnen aus der Veräußerung von bestimmten steuerpflichtigen Wirtschaftsgütern („chargeable assets") der sog. Capital Gains Tax (CGT), wenn sie zu irgendeinem Zeitpunkt innerhalb des Veranlagungszeitraumes ihren Wohnsitz oder gewöhnlichen Aufenthalt in Großbritannien hatten („resident or ordinarily resident in the UK").

Der Begriff „chargeable assets" umfasst im Wesentlichen die gleichen Wirtschaftsgüter wie für Gesellschaften, obgleich für natürliche Personen immaterielle Wirtschaftsgüter (einschließlich Firmenwert) immer steuerpflichtige Wirtschaftsgüter darstellen, während die Regelungen für Gesellschaften in diesem Punkt im Jahr 2002 geändert wurden, als spezielle steuerliche Regelungen für immaterielle Wirtschaftsgüter eingeführt wurden – siehe oben.

b) Steuersatz

Natürliche Personen werden derzeit mit einer CGT von 18 % besteuert.

c) Berechnung des Veräußerungsgewinns

Die Ermittlung der Veräußerungsgewinne natürlicher Personen wurde für alle Veräußerungen nach dem 6. April 2008 stark vereinfacht. Unter anderem wurden die Indexierung und die degressive Entlastung, der sog. Taper Relief, abgeschafft. Dementsprechend werden Veräußerungsgewinne üblicherweise so berechnet, dass von dem Veräußerungserlös die in Zusammenhang mit dem Verkauf angefallenen Kosten, Anschaffungskosten und Erweiterungsaufwendungen (sofern sich diese im Veräußerungszeitpunkt noch im Wert des Wirtschaftsgutes niederschlagen) abgezogen werden.

1.2.2. Capital Gains Tax – Steuervergünstigungen für natürliche Personen

Im Folgenden werden die maßgeblichen steuerrechtlichen Vergünstigungen erläutert. Darüber hinaus können unter gewissen Umständen aber noch weitere Erleichterungen Anwendung finden.

a) Jährlicher Freibetrag

Im Gegensatz zu Gesellschaften können natürliche Personen jährlich einen Freibetrag in Anspruch nehmen. Dieser beträgt für das Veranlagungsjahr 2009/20010 GBP 10.100. Übersteigt die Gesamtsumme der Veräußerungsgewinne für das Jahr diesen Betrag nicht, so fällt keine CGT an. Für die Berechnung des Freibetrages ist dabei der Betrag maßgeblich, der nach der Berücksichtigung von Veräußerungsverlusten aus dem laufenden Steuerjahr, jedoch noch vor Verrechnung vorgetragener Veräußerungsverluste aus Vorjahren, verbleibt.

b) Steuerliche Verluste

Veräußerungsverluste

Für natürliche Personen werden die Veräußerungsverluste (capital losses) in gleicher Weise wie Veräußerungsgewinne berechnet. Es kommt zu einer automatischen Verrechnung der Veräußerungsverluste gegen jegliche Veräußerungsgewinne desselben Steuerjahres. Verluste, die in einem Jahr nicht genutzt werden können, werden vorgetragen und mit zukünftigen Gewinnen in späteren Jahren verrechnet, soweit diese Gewinne nicht bereits durch den jährlichen Freibetrag gemindert werden. Verluste, die aus einem Veräußerungsgeschäft mit einer nahe stehenden Person herrühren, können nur gegenüber Gewinnen aus Verkäufen an dieselbe Person im laufenden oder in folgenden Steuerjahren geltend gemacht werden.

Sonstige steuerliche Verluste

Hat eine natürliche Person (als Einzelunternehmer oder Mitunternehmer einer Personengesellschaft) einen Verlust aus gewerblicher Tätigkeit erlitten, welcher nicht vollständig mit anderen positiven laufenden Einkünften verrechnet werden kann, so kann dieser wahlweise gegen Veräußerungsgewinne aus dem gleichen Veranlagungsjahr verrechnet werden.

c) EIS/VCT Steuererleichterungen

Das britische Steuerrecht gewährt für das laufende Einkommen sowie für bestimmte Veräußerungsgewinne Steuerentlastungen mit dem Ziel, Investitionen in bestimmte Gesellschaftstypen, die als Venture Capital Trusts (VCT) oder Enterprise Investment Scheme (EIS) qualifiziert werden, zu begünstigen.

Die Entlastungen, die nur unter Einhaltung strikter Bedingungen eingreifen, umfassen neben Steuerbefreiungen auch einen möglichen Aufschub der Besteuerung für CGT-Zwecke. Ein Aufschub der Besteuerung ist auch dann möglich, wenn Veräußerungsgewinne aus der Veräußerung von anderen Wirtschaftsgütern in diese Gesellschaften reinvestiert werden.

d) Unternehmer Entlastung („Entrepreneurs‘ Relief“)

Diese Entlastungsmaßnahme gewährt den Steuerpflichtigen einen Steuerersatz von 10 % für Gewinne aus dem Verkauf von bestimmtem Betriebsvermögen (z. B. aus der Veräußerung eines Betriebs oder ein Teil eines Betriebes eines Einzelunternehmens oder einer Personengesellschaft oder Einzelwirtschaftsgüter des Betriebsvermögens im Fall einer Betriebsaufgabe) oder einer wesentlichen Beteiligung an einem Unternehmen. Eine wesentliche Beteiligung liegt vor, wenn der Steuerpflichtige ein Arbeitnehmer oder Geschäftsführer des Unternehmens ist und über mindestens 5 % der Stimmrechte des Unternehmens verfügt.

e) Rollover relief

Diese steuerrechtliche Entlastungsmaßnahme findet für natürliche Personen in vergleichbarer Weise wie für veräußernde Kapitalgesellschaften Anwendung. So greift auch hier die Steuererleichterung nur für bestimmte gewerblich genutzte Wirtschaftsgüter und nicht für die Veräußerung und den Erwerb von Anteilen.

f) Regelungen zum Anteilstausch

Die Regelungen zum Anteilstausch entsprechen für natürliche Personen grundsätzlich denen bei einer veräußernden Kapitalgesellschaft.

Zu einer unterschiedlichen Behandlung kommt es jedoch dann, wenn die Gegenleistung Schuldverschreibungen umfasst. In bestimmten Situationen werden Schuldverschreibungen, abhängig von ihren genauen Bedingungen, so behandelt, als würde es sich um Anteile handeln; in diesem Punkt wird von dem Verfahren im Rahmen der Besteuerung von Gesellschaften abgewichen. Folge ist, dass die Schuldverschreibungen an die Stelle der ursprünglichen Anteile treten, so dass im Zeitpunkt des Anteilstausches kein Veräußerungstatbestand vorliegt. Stattdessen wird der Gewinn bei einer Veräußerung der Schuldverschreibung in der Zukunft als die Differenz zwischen Veräußerungserlös aus der Veräußerung der Schuldverschreibung und den steuerlichen Anschaffungskosten des ursprünglichen Anteils berechnet.

2. Steuerliche Behandlung des Erwerbers

2.1. Erwerb von Anteilen an einer Kapitalgesellschaft

2.1.1. Stempelsteuer

Der Erwerb von Anteilen an einer britischen Kapitalgesellschaft löst eine vom Käufer zu entrichtende Stempelsteuer in Höhe von 0,5 % der Gegenleistung aus. Detaillierte Regelungen helfen dabei zu klären, was alles unter den Begriff der Gegenleistung fallen kann.

2.1.2. Umsatzsteuer

Die Veräußerung von Anteilen ist von der Umsatzsteuer befreit.

2.1.3. Steuerrechtliche Risiken des Erwerbers

Mit dem Kauf von Anteilen an einer Gesellschaft übernimmt der Erwerber stets auch die in der Zielgesellschaft „versteckten" oder angelegten Verbindlichkeiten. Ein gewisser Schutz kann zwar durch die Vereinbarung von entsprechenden Garantien und Schadensersatzleistungen seitens des Verkäufers erzielt werden, diese werden jedoch normalerweise nur eingeschränkt erreichbar sein (regelmäßig wird die Höhe des Kaufpreises für die Zielgesellschaft hierfür die Grenze darstellen). Zudem besteht stets noch die Möglichkeit, dass sich Verpflichtungen ergeben können, die vor dem Erwerb nicht in

Betracht gezogen wurden und daher keine Entschädigungsansprüche nach sich ziehen. Eine umfassende steuerrechtliche Prüfung (Tax Due Diligence) ist deshalb vor einem Unternehmenskauf stets üblich.

Zahlungen aufgrund einer Steuerfreistellung oder steuerlichen Garantie in einem Kaufvertrag sollten als eine Anpassung des Kaufpreises und nicht als Ausgleichszahlung an die betroffene Gesellschaft strukturiert werden, um zu vermeiden, dass diese Zahlungen eine Steuerpflicht auf Ebene der betroffenen Gesellschaft auslösen.

2.1.4. Verluste der Zielgesellschaft

Liegen bei der Zielgesellschaft steuerliche Verluste aus laufender gewerblicher Tätigkeit, aufgelaufene Zinsaufwendungen, Kosten des Managements oder Veräußerungsverluste vor, die bislang nicht genutzt werden konnten, so bleiben diese Verluste mit der Zielgesellschaft verbunden und stehen auch nach dem Erwerb für die Verrechnung mit zukünftigen steuerpflichtigen Erträgen in dieser Gesellschaft grundsätzlich zur Verfügung.

In diesem Zusammenhang existieren diverse Regelungen, die darauf abzielen, eine missbräuchliche Nutzung dieser steuerrechtlichen Verluste zu verhindern. Kommt es z. B. innerhalb von drei Jahren nach dem Verkauf der Zielgesellschaft bei dieser zu einer bedeutenden Veränderung in der Art oder der Durchführung der gewerblichen oder betrieblichen Tätigkeit, so kann dies zu einer Einschränkung der Nutzung von Verlusten aus Gewerbebetrieb, aufgelaufenen, nicht mit gewerblichen Einkünften in Zusammenhang stehenden Zinsaufwendungen und noch nicht berücksichtigten Managementkosten führen. Die Nutzung der noch nicht berücksichtigten Managementkosten sowie der aufgelaufenen, nicht mit gewerblichen Einkünften in Zusammenhang stehenden Zinsaufwendungen kann auch eingeschränkt werden, wenn das Kapital eines Unternehmens substantiell erhöht wird. Eine substantielle Erhöhung liegt typischerweise in den Fällen vor, in denen sich entweder das Kapital nach dem Anteilseignerwechsel im Vergleich zu dem Kapital vor dem Anteilseignerwechsel verdoppelt hat oder eine Erhöhung von GBP 1 Million vorliegt, wobei der niedrigere der beiden Werte ausschlaggebend ist.

Ebenso kann die Nutzbarkeit von Veräußerungsverlusten in der Zielgesellschaft zur Zeit des Erwerbs erheblich beschränkt sein. Verschiedene Regelungen stehen in diesem Zusammenhang der Verrechnung von Veräußerungsverlusten mit Gewinnen aus anderen Gesellschaften der erwerbenden Gruppe entgegen. Jedoch können derartige Verluste mit zukünftigen Gewinnen aus der Veräußerung von Wirtschaftsgütern, über die die Zielgesellschaft zum Zeitpunkt des Anteilskaufs bereits verfügte, verrechnet werden.

2.1.5. Fiktiver Veräußerungsgewinn beim Ausscheiden aus der Gruppe

Sofern es innerhalb von sechs Jahren vor der Veräußerung der Anteile an der Zielgesellschaft zu einer (steuerneutralen) Übertragung von Wirtschaftsgütern innerhalb der

Gruppe auf die Zielgesellschaft gekommen ist, wird die Gesellschaft im Rahmen ihres Ausscheidens aus diesem Verbund so behandelt, als hätte sie diese Wirtschaftsgüter unmittelbar nach deren Übertragung zum Marktwert verkauft und anschließend zu diesem Wert wieder erworben. Der sich aus der Differenz zwischen dem Markt- und dem Buchwert ergebende fiktive Veräußerungsgewinn bzw. -verlust gilt am ersten Tag des Wirtschaftsjahres, in dem die Zielgesellschaft aus der Gruppe ausscheidet, als entstanden und kann daher zu nachteiligen steuerlichen Folgen für den Erwerber führen. Das ist vor allem dann der Fall, wenn der Verkäufer nicht für alle Steuern, die in der Zielgesellschaft bis zum Veräußerungsstichtag entstehen, z. B. aufgrund einer Steuerfreistellung haftet, da in diesem Fall der Gewinn in einen Zeitraum fallen würde, in dem die Zielgesellschaft noch kein Mitglied der Group Relief Gruppe des Käufers war, und deshalb mögliche Verluste des Käufers nicht mit diesen Gewinnen verrechnet werden könnten. Der Verkäufer hätte allerdings im Rahmen seiner Gruppe die Möglichkeit, eventuelle Verluste zu übertragen, um so diesen Gewinn (unter bestimmten Einschränkungen) zu reduzieren.

Bestimmte Vorschriften räumen dem Verkäufer und dem Erwerber ein gemeinschaftliches Wahlrecht dahingehend ein, dass der Gewinn in der Gruppe des Veräußerers verbleiben soll. Dies sollte bei den Vertragsverhandlungen in Bezug auf eine dementsprechende Anpassung des Kaufpreises bereits berücksichtigt werden.

2.1.6. Abziehbarkeit von Finanzierungszinsen

Grundsätzlich sind Zinsen, die für die Fremdfinanzierung des Kaufs der Anteile gezahlt werden, beim britischen Erwerber abziehbare Ausgaben. Sofern sich durch die Zinszahlungen ein steuerlicher Verlust bei der erwerbenden Gesellschaft ergibt, kann dieser grundsätzlich im Rahmen des group relief auf andere Gesellschaften aus dem Konzern, inklusive der erworbenen Gesellschaft, übertragen werden. Jedoch gibt es auch hier Regelungen, die den steuerlichen Abzug der Höhe nach einschränken.

a) Verrechnungspreise und Unterkapitalisierung

In Großbritannien ansässige Gesellschaften haben den steuerpflichtigen Gewinn, den sie aus Geschäften mit verbundenen Personen erwirtschaften, in der Regel auf der Grundlage des Fremdvergleichs zu ermitteln. Bezogen auf Finanzgeschäfte muss die steuerzahlende Gesellschaft somit darlegen, dass sowohl der von der nahe stehenden Person erhaltene Finanzierungsbetrag als auch der gezahlte Zinssatz dem Grundsatz des Fremdvergleichs entsprechen. Übersteigt das Darlehen in seiner Höhe den fremdüblichen Betrag, d. h. den Betrag, den ein fremder Dritter als Darlehen gewährt hätte, oder sind die darauf zu entrichtenden Zinszahlungen unverhältnismäßig hoch, kommt es zu einer Beschränkung des steuerrechtlichen Abzugs. Seit 1. April 2004 gelten diese

Regelungen sowohl für Transaktionen innerhalb Großbritanniens als auch für Geschäfte mit nahe stehenden Personen aus dem Ausland.

Wenn mehrere nicht nahe stehende Personen eine Gesellschaft finanzieren, die keine der Personen beherrscht, können die Anteile der einzelnen Personen zusammengerechnet werden, sodass jede Person als eine nahe stehende Person zum Kreditnehmer zählt. Dies würde dazu führen, dass die Verrechnungspreisbestimmungen für die gewährte Finanzierung anwendbar wären. Dies ist insbesondere von Bedeutung bei Private Equity unterstützten, fremdfinanzierten Unternehmenskäufen, bei denen mehrere Private Equity Fonds Teile der Akquisition durch Gesellschafterdarlehen finanzieren. Obwohl wohl kein einzelner Fonds die Akquisitionsgesellschaft kontrollieren kann, führt die Zusammenrechnung der Anteile der finanzierenden Fonds typischerweise dazu, dass die Gesellschafterdarlehen den Verrechnungspreisvorschriften im Vereinigten Königreich unterliegen.

In Bezug auf die Höhe der Verbindlichkeiten einer Gesellschaft oder die Höhe des Zinssatzes bestehen keine festen Nichtaufgriffsgrenzen („safe harbors"). Vielmehr muss jeder einzelne Fall daraufhin geprüft werden, ob er dem Drittvergleich standhält. Sicherheit kann durch die Beantragung einer verbindlichen Auskunft („advance thin capitalization agreement") bei den britischen Steuerbehörden (HMRC) erreicht werden.

b) Worldwide Debt Cap

Für Wirtschaftsjahre, die am oder nach dem 1. Januar 2010 beginnen, wurde ein „Worldwide Debt Cap" eingeführt, um den Zinsabzug auf konzerninterne Darlehen zu begrenzen. Die Regelung ist für Fälle relevant, in welchen die Finanzierungskosten von Konzerngesellschaften in Großbritannien die Finanzierungskosten des gesamten weltweiten Konzerns überschreiten.

Die Regeln sind komplex, detailliert und erzeugen unerwartete Ergebnisse. Sie erfordern die sorgfältige Planung von konzerninternen Darlehensverhältnissen im Verhältnis zu Gesellschaften, die in Großbritannien ansässig sind. Darüber hinaus bürden die Regeln britischen Konzerngesellschaften hohe Nachweispflichten auf, da sie detaillierte Steuererklärungen und Berechnungen abgeben müssen, in welchen die weltweiten konsolidierten Finanzierungskosten, die Nettofinanzierungskosten jeder einzelnen britischen Konzerngesellschaft und die nach den Regelungen nichtabzugsfähigen Beträge angegeben werden müssen.

Es gibt eine Ausnahmeregelung („Gateway Test"), nach der die Regelungen nicht angewendet werden, wenn die Nettoschulden der britischen Konzerngesellschaft 75 % oder weniger als die weltweiten konsolidierten Schulden auf Bruttobasis betragen. Es kommen detaillierte Regelungen zur Anwendung, die definieren, wie die Nettoschulden der britischen Konzerngesellschaften und die weltweiten konsolidierten Bruttoschulden berechnet werden.

Zinsen auf Darlehen sind nur steuerlich abzugsfähig, wenn ein Darlehen den oben beschriebenen Fremdvergleichstest erfüllt und darüber hinaus auch die Anforderungen des Worldwide Debt Cap erfüllt.

c) Zinsabzug bei verspäteter Zahlung

Grundsätzlich ist der steuerliche Abzug von Zinsaufwand zulässig, sofern er am Bilanzstichtag entstanden ist. Werden die Zinsen einer nahe stehenden ausländischen Person geschuldet und erfolgt die Zahlung nicht innerhalb von zwölf Monaten nach dem Ende des Abrechnungszeitraums, so wird der steuerliche Abzug erst zu dem Zeitpunkt gewährt, in dem die Zinsen tatsächlich bezahlt werden (anwendbar für Wirtschaftsjahre, die vor dem 1. April 2009 beginnen). Dies kann durch die Finanzierung von Anleihen („funding bonds“) gesteuert werden, mit deren Hilfe die Zinsen in dem erforderlichen Zeitraum gezahlt werden können. Die Zahlung erfolgt durch die Emission von Schuldverschreibungen an jedem Datum, an dem die Zinsen anfallen.

Um EG-rechtlichen Vorgaben zu entsprechen, wurden die Regelungen über den Zinsabzug bei verspäteter Zahlung für Wirtschaftsjahre, die am oder nach dem 1. April 2009 begonnen haben, geändert. Nach der Neuregelung soll eine steuerliche Abzugsfähigkeit der Zinsen in Übereinstimmung mit der handelsrechtlichen Abzugsfähigkeit erfolgen, es sei denn, (i) die Zinsen werden nicht innerhalb von zwölf Monaten nach Ende des Wirtschaftsjahres gezahlt, (ii) die Zinsen unterliegen in Großbritannien nicht der Steuerpflicht und (iii) das Darlehen erfüllt eines der folgenden Kriterien:

- Das Darlehen wurde von einer nahestehenden Person gewährt, die zu irgendeinem Zeitpunkt im Wirtschaftsjahr in bestimmten nicht qualifizierenden Staaten steuerlich ansässig war oder dort ihren Ort der Geschäftsleitung hatte;
- Das Darlehen von einem Teilhaber („participator“) (und bestimmten nahestehenden Personen) an eine „close company“ gewährt, sofern der Darlehensgeber zu irgendeinem Zeitpunkt im Wirtschaftsjahr in bestimmten nicht qualifizierenden Staaten steuerlich ansässig war oder dort seinen Ort der Geschäftsleitung hatte;
- Das Darlehen wurde von einem Gesellschafter (und bestimmten nahestehenden Personen) an eine „close company“ gewährt, sofern der Darlehensnehmer ein kleines oder mittelgroßes Unternehmen ist und von einem Fonds gehalten wird, oder das Darlehen wurde von einem Fonds in Form einer haftungsbeschränkten Personengesellschaft gewährt und die einzelnen Darlehensgeber sind in bestimmten nicht qualifizierenden Staaten ansässig.

Ein nicht qualifizierender Staat ist ein Staat, der kein Doppelbesteuerungsabkommen mit einer Nichtdiskriminierungsregel mit Großbritannien abgeschlossen hat, oder ein

Staat, der aufgrund von Verordnungen als nicht qualifizierend eingestuft wird. Die Definitionen von „close company" und „Teilhaber" sind komplex und steuerliche Beratung sollte in Situationen eingeholt werden, in denen die Regelungen möglicherweise zur Anwendung kommen können. Sind die oben genannten Kriterien erfüllt, sind nur die tatsächlich gezahlten Zinsen abzugsfähig.

Im ersten Wirtschaftsjahr, in dem die Neuregelungen zur Anwendung kommen, hat der Darlehensnehmer die Option, die weitere Anwendung der bisherigen Regelungen zu wählen, sofern das Wirtschaftsjahr vor dem 31. März 2011 endet. Diese Übergangsregelung soll Steuerpflichtigen die Möglichkeit geben, ihre Konzernstruktur anzupassen, wenn sie auch in Zukunft die Zinsen nur auf Basis der tatsächlich gezahlten Zinsen abziehen wollen, um Überhänge von steuerlichem Zinsabzug zu vermeiden.

d) Unzulässiger Zinsabzug

Eine spezielle Regelung versagt den Zinsabzug für die Fälle, in denen eine Gesellschaft ein Darlehen ausschließlich oder überwiegend für unzulässige Zwecke („unallowable purpose") in Anspruch genommen hat. Allerdings gibt es keine Definition und wenige Erläuterungen dazu, was unter einem „unzulässigen Zweck" zu verstehen ist. Wenn ein Darlehen als Teil einer Gestaltung, die unter anderem dem Zweck der Steuerumgehung dient, eingegangen wird, könnte es sich um einen unzulässigen Zweck handeln, so dass Steuerpflichtige hier spezielle Beratung einholen sollten.

e) Quellensteuern

Auf Zinszahlungen ins Ausland wird generell eine Quellensteuer von 20 % erhoben. Großbritannien verfügt über ein breites Netzwerk von Doppelbesteuerungsabkommen, von denen die meisten eine Reduzierung des Quellensteuersatzes vorsehen. Um diese niedrigen Quellensteuersätze anwenden zu können, sollte der Darlehensgeber rechtzeitig, bevor die ersten Zinszahlungen fällig werden, entsprechende Anträge bei den Steuerbehörden stellen.

Quellensteuern können auch vermieden werden, indem man die Gewährung des Kredits von einem ausländischen Kapitalgeber an ein Unternehmen im Vereinigten Königreich als einen Eurobond strukturiert, der an einer oder mehreren anerkannten Börsen wie z. B dem Channel Islands Stock Exchange, gelistet ist.

f) Besondere Missbrauchsvorschriften (Arbitrage Rules)

Im Jahre 2005 wurden Missbrauchsvorschriften eingeführt, um Strukturen zu verhindern, die einen steuerlichen Vorteil im Vereinigten Königreich durch Nutzung von hybriden Gesellschaftsformen oder hybriden Finanzierungsinstrumenten erreichen sollten. Typischerweise wird durch solche Transaktionen versucht, einen doppelten Steuerabzug für dieselben Ausgaben oder einen Steuerabzug auf der einen Seite ohne eine steuerrechtliche Belastung des korrespondierenden Einkommens auf der anderen Seite zu erreichen. Diese Regelung versagt den Steuerabzug in Großbritannien in den Fällen, in denen derartige Geschäfte zu dem Zweck eingegangen werden, die britische Steuer zu vermeiden.

2.1.7. Inländische Gesellschaften mit ausländischen Tochtergesellschaften

Hält die erworbene britische Gesellschaft Anteile an ausländischen Tochtergesellschaften, so könnten möglicherweise die sog. CFC-Regeln („controlled foreign companies rules") zur Anwendung kommen. Diese Regelungen lösen unter gewissen Umständen, vor allem dann wenn eine CFC passive Einkünfte erwirtschaftet, die keiner oder nur niedriger Besteuerung unterliegen, eine britische Steuer auf im Ausland erwirtschaftete, nicht ausgeschüttete Gewinne aus. Die britischen Gesellschaften haben daher im Rahmen ihrer Verpflichtung zur Selbstveranlagung derartige CFC-Regeln zu berücksichtigen. Die britischen CFC-Regeln wurden mit Wirkung ab 1. Juli 2009 stark geändert. Einige der bisherigen Ausnahmeregelungen wurden geändert oder aufgehoben. Der Überprüfungsprozess der Regelung dauert derzeit an und weitere Änderungen der CFC-Regelungen sind für das Jahr 2011 geplant.

Bestimmte Transaktionen, wie z.B. die Ausgabe/Übertragung von Aktien oder Schuldverschreibungen über GBP 100 Mio., müssen den britischen Steuerbehörden gemeldet werden.

Zur Vermeidung der Doppelbesteuerung stellt derzeit Großbritannien sein Steuersystem von einem Anrechnungssystem auf ein Freistellungssystem um.

Ab 1. Juli 2009 unterliegen Dividenden, die an eine in Großbritannien ansässige Gesellschaft ausgeschüttet werden (und damit auch Dividenden, die zwischen britischen Gesellschaften gezahlt werden), der Körperschaftsteuer, sofern nicht eine der Regelungen über die Freistellung von Dividenden zur Anwendung kommt. Die Freistellungsregelungen für Dividenden haben grundsätzlich einen weiten Anwendungsbereich, so dass erwartet wird, dass sie für die Mehrheit der inländischen und ausländischen Dividenden zur Anwendung kommen. Neue Anti-Missbrauchsvorschriften sehen für bestimmte Dividenden, die anderenfalls von der Steuer freigestellt wären, eine Steuerpflicht vor. Steuerpflichtige können grundsätzlich gegen die Freistellung von Dividenden optieren, was in Fällen vorteilhaft sein kann, in denen ein DBA eine „subject to tax"-Klausel vorsieht.

2.2. Erwerb von Wirtschaftsgütern

2.2.1. Stamp Duty Land Tax

Auf die Übertragung von britischem Grundvermögen fällt eine sog. stamp duty land tax ("SDLT") an. Die Grundlage für die Besteuerung bildet sowohl bei der Eigentumsübertragung von Grundbesitz als auch bei der Abtretung von Mietverhältnissen die dafür entrichtete Gegenleistung. Der Steuersatz beträgt zwischen 0 % und 4 %. Er ist einerseits abhängig von der Höhe der Gegenleistung und andererseits davon, ob ein Wohn- oder ein Geschäftsgrundstück übertragen wird.

2.2.2. Umsatzsteuer

Während der Verkauf von einzelnen Wirtschaftsgütern grundsätzlich der Umsatzsteuer unterliegt, dürfte der Verkauf eines Unternehmens als Übertragung eines „going concern" (Geschäftsbetrieb im Ganzen) gewöhnlich nicht in den Anwendungsbereich dieser Steuer fallen. Das Vorliegen dieser Voraussetzungen sollte im Einzelfall genau überprüft werden.

2.2.3. Steuerrechtliche Risiken des Erwerbers

Anders als bei dem Erwerb von Anteilen verbleibt bei dem Erwerb eines Betriebes das steuerliche Risiko in Bezug auf Sachverhalte, die bereits zum Zeitpunkt des Verkaufes im Unternehmen angelegt waren, beim Verkäufer.

2.2.4. Verluste

Verluste, die im Zusammenhang mit dem veräußerten Betrieb stehen, werden gewöhnlich nicht auf den Erwerber übertragen. Diese verbleiben entweder beim Verkäufer oder gehen im Zuge der Geschäftsübertragung verloren.

2.2.5. Erhöhung in der Bemessungsgrundlage – Grundbesitz, Gebäude, Fabrikanlagen und Maschinen

Für die Berechnung von zukünftigen Veräußerungsgewinnen ergeben sich die Anschaffungskosten für die Wirtschaftsgüter beim Erwerber aus dem Betrag, den dieser für den Kauf des Betriebes als Ganzes aufgewendet hat. Bei dem Erwerb von Anteilen hingegen werden die ursprünglichen Besteuerungsgrundlagen für die einzelnen Wirtschaftsgüter der erworbenen Gesellschaft, wie sie bei der Zielgesellschaft vorgelegen haben, beibehalten.

Ist der anteilige Kaufpreis z. B. für Gebäude, Fabrikanlagen und Maschinen höher als deren steuerlicher Wert beim Veräußerer, so führt dies durch Erhöhung der Abschreibungsbasis zu einer höheren (planmäßigen) Abschreibung für zukünftige Zeitperioden (steuerlicher Step-Up).

2.2.6. Freibeträge – immaterielle Wirtschaftsgüter

Im Jahr 2002 wurden in Großbritannien neue Regelungen eingeführt, die eine Steuererleichterung im Rahmen des Erwerbs von Firmenwerten und anderen immateriellen Wirtschaftsgütern vorsehen. Diese Vorschriften finden jedoch nur für Kapitalgesellschaften und nicht für natürliche Personen Anwendung.

Wurde ein derartiges Wirtschaftsgut von einer nicht nahe stehenden Person nach April 2002 erworben, so kommt es mittels einer Buchwertabschreibung oder einer außerplanmäßigen Wertminderung des Wirtschaftsgutes zu einer entsprechenden steuerrechtlichen Berücksichtigung. Alternativ können die Gesellschaften für einen jährlichen Steuerabzug von konstant 4 % optieren.

2.2.7. Abziehbarkeit von Finanzierungszinsen

Die bereits oben dargestellten Regelungen in Bezug auf die Abzugsfähigkeit von Finanzierungszinsen im Zusammenhang mit einem Anteilskauf finden auch bei dem Erwerb eines Betriebes als Ganzes Anwendung.

3. Postakquisitorische Maßnahmen

3.1. Steuererklärungen, Anträge und Wahlrechte

Gesellschaften, die der britischen Körperschaftsteuer unterliegen, sind verpflichtet, jährlich eine Erklärung über ihre Körperschaftsteuerschuld im Wege der Selbstveranlagung einzureichen. Die Erklärung ist ein Jahr nach dem Bilanzstichtag der Gesellschaft abzugeben. Erfolgt die Abgabe nach diesem Zeitpunkt, so kommt es zu verschiedenen Sanktionen.

Im Rahmen der Festsetzung der Körperschaftsteuer gilt es auch, eine Reihe von Anträgen und Wahlrechten zu berücksichtigen, die jeweils eigenen Fristen unterliegen, innerhalb derer sie geltend gemacht, berichtigt oder widerrufen werden müssen. Dabei stellt eine Zweijahresfrist nach dem Ende des Abrechungszeitraumes eine für alle Maßnahmen geltende Zeitschranke dar.

3.2. Forschung und Entwicklung

Den Unternehmen werden steuerliche Anreize gesetzt, in die Forschung und Entwicklung zu investieren. Großen Unternehmen wird ein 125%iger Steuerabzug für verschiedene Aufwendungen sowie eine 100%ige steuerliche Abschreibung auf die Anschaffung von diversen Gegenständen des Anlagevermögens gewährt.

Definitionsgemäß liegen Tätigkeiten im Rahmen der Forschung und Entwicklung dann vor, wenn das entsprechende Projekt darauf ausgerichtet ist, einen Fortschritt in den Bereichen der Wissenschaft und Technik durch Problemlösung ungeklärter Fragen zu erzielen. Viele Gesellschaften aus den unterschiedlichsten Branchen haben festgestellt, dass sie zumindest bestimmte Aufwendungen haben, die darunter fallen, und sie demnach steuerliche Vergünstigungen in Anspruch nehmen können.

3.3. Quellensteuern

Eine Quellensteuer auf Dividendenzahlungen wird seitens Großbritanniens nicht erhoben. Hingegen besteht eine 20%ige Quellensteuerpflicht auf Zinszahlungen in das

Ausland und eine Quellensteuer in Höhe von 20 % oder 22 % auf verschiedene andere jährliche Zahlungen (z. B. Lizenzen).

Jedoch ergibt sich durch das umfassende Netzwerk von Doppelbesteuerungsabkommen Großbritanniens mit anderen Staaten vielfach eine Reduktion dieser Quellensteuer. Um diese niedrigen Steuersätze nutzen zu können, ist es aus Sicht der Gesellschaften ratsam, entsprechende Anträge auf Herabsetzung der Quellensteuer oder auf Quellensteuerbefreiung an HMRC zu stellen, noch bevor die ersten Zahlungen vorgenommen werden. Derartige Anträge sind grundsätzlich von der Gesellschaft zu stellen, an die die Zahlungen geleistet werden.

Im Rahmen der Umsetzung der EU Zins- und Lizenzgebührenrichtlinie im Vereinigten Königreich werden Zinszahlungen nur dann von der Quellensteuer in Großbritannien befreit, wenn HMRC einen Freistellungsbescheid („exemption notice") ausgestellt hat. Den entsprechenden Antrag hat auch hier die Gesellschaft zu stellen, die die Zinsen empfängt, obwohl der Bescheid sowohl an die zahlende Gesellschaft im Vereinigten Königreich als auch an die empfangende Gesellschaft ausgestellt wird.

3.4. Group Relief/Veräußerungsgewinne im Konzern

Wie bereits dargestellt, existiert in Großbritannien das Konzept einer Gruppenbesteuerung. Die Definition einer Gruppe im Rahmen eines Group Relief (bei dem die Verluste aus dem laufenden Geschäftsbetrieb innerhalb eines Jahres auf andere Gesellschaften übertragen werden können) ist ähnlich, jedoch nicht vollkommen identisch mit der entsprechenden Definition im Rahmen einer Veräußerungsgewinnbesteuerung im Konzern (bei der die Übertragung von Wirtschaftsgütern innerhalb des Konzerns keine Veräußerungsgewinnbesteuerung auslöst).

Sofern einmal eine 75%ige Beteiligung an einer Gesellschaft erworben wurde, greifen die Regelungen über die Gruppenbesteuerung und können dementsprechend in der erweiterten Konzerngruppe zum Ausgleich steuerrechtlicher Ergebnisse genutzt werden.

3.5. Verrechnungspreise

Großbritannien verfügt über ein weit entwickeltes System für die steuerliche Behandlung von Verrechnungspreisen innerhalb eines Konzerns. Die Gesellschaften sind demnach dazu verpflichtet, ihre Steuererklärungen auf der Grundlage einzureichen, dass alle Geschäfte mit nahe stehenden Personen dem Grundsatz des Fremdvergleichs standhalten. Von dem Fremdvergleichsgrundsatz sind neben Finanztransaktionen auch Warenverkäufe und Dienstleistungen betroffen. Sofern sich der tatsächliche Preis von einem Betrag nach Arm's Length Grundsätzen unterscheidet, ist eine entsprechende Anpassung in den Steuererklärungen vorzunehmen. Die jeweilige Preisgestaltung sollte in einer entsprechenden Dokumentation nachgewiesen werden können. Strafzuschläge können auferlegt werden, wenn keine oder eine nur unzureichende Dokumentation zum Nachweis der gewählten Verrechnungspreise auf Nachfrage des HMRC zu einer Steuererklärung vorgewiesen werden kann.

Berichtigt eine in Großbritannien ansässige Gesellschaft im Zusammenhang mit einem Geschäft mit einer anderen inländischen nahe stehenden Person ihre Steuererklärung, so ist diese Person zu einer entsprechenden Korrektur in ihrer Steuererklärung berechtigt.

Für kleinere Gesellschaften gibt es Ausnahmen von diesen Verrechnungspreisregelungen.

3.6. Umsatzsteuererklärungen

Unternehmen, deren Umsätze aus Warenlieferungen und Dienstleistungen eine bestimmte Grenze überschreiten (derzeit GBP 67.000 pro Jahr), müssen sich zwingend für umsatzsteuerrechtliche Belange erfassen lassen und Umsatzsteuererklärungen einreichen. Diese Unternehmen haben grundsätzlich alle drei Monate eine Umsatzsteuererklärung abzugeben.

Um die Berechnung von Umsatzsteuer im Lieferungs- und Leistungsverkehr zwischen Gesellschaften innerhalb derselben Unternehmensgruppe zu vermeiden, kann sich der Konzern auch für Umsatzsteuerzwecke als Unternehmensgruppe (d. h. als ein Unternehmer) registrieren lassen.

3.7. Lohnsteuer- und sozialversicherungsrechtliche Verpflichtungen

Arbeitgeber in Großbritannien sind verpflichtet, vom Gehalt ihrer Arbeitnehmer Lohnsteuer sowie Sozialversicherung (sog. National Insurance Contributions, NICs) einzubehalten. Der Verkauf einer Gesellschaft beeinträchtigt diese Verpflichtungen nicht. Im Rahmen des Erwerbs eines Geschäftsbetriebs im Wege eines Asset Deal hat der Käufer für die neu übernommenen Mitarbeiter entsprechende Verpflichtungen zu erfüllen.

In Bezug auf die steuerliche Behandlung verschiedener Arbeitnehmervergünstigungen werden die Arbeitgeber in der Regel verbindliche oder zumindest unverbindliche Absprachen mit HMRC anstreben. Im Anschluss an den Erwerb eines Geschäftsbetriebes sollte sich ein neuer Arbeitgeber eine Zustimmung für die Fortführung solcher Vereinbarungen nach der Übertragung des Geschäftsbetriebes durch HMRC geben lassen.

3.8. Anreizsysteme für Arbeitnehmer

Durch den Erwerb einer Gesellschaft oder eines Betriebes besteht Bedarf, im Hinblick auf bestehende Programme über vergünstigte Mitarbeiteraktien oder -anteile Absprachen zu treffen. Insbesondere könnte den Arbeitnehmern das Recht zugestanden sein, ihr Aktienoptionsrecht innerhalb einer gewissen Zeitspanne auszuüben. Daraus können sich für den Erwerber als neuen Arbeitgeber möglicherweise Verpflichtungen in Bezug auf den Einbehalt von Steuern sowie Erklärungspflichten ergeben. Es ist daher wichtig sicherzustellen, dass diese Absprachen im Zeitpunkt der Veräußerung überprüft und die sich daraus ergebenden Verantwortlichkeiten für den Einbehalt von Steuerabzugsbeträgen und Steuererklärungspflichten wahrgenommen werden.

Hongkong

Von Alan Tsoi (Deloitte Shanghai/Hongkong) und Dr. Karsten M. Ley (Deloitte Düsseldorf)

1. Überblick über die Rechtslage

Aufgrund einer Reihe von steuerlichen Vergünstigungen ist Hongkong als Investitionsstandort insbesondere für ausländische Investoren interessant. Durch seine Sonderstellung als autonomer Teil der Volksrepublik China ist Hongkong in der günstigen Position, Investoren einen interessanten Standort sowohl für Investitionen in Hongkong als auch über Hongkong in der Volksrepublik China zu bieten.

In Hongkong findet der Erwerb von Unternehmen in einer der beiden folgenden Formen statt:

- Erwerb des Betriebsvermögens des Target-Unternehmens (sog. Asset Deal) oder
- Erwerb von Anteilen an dem Target-Unternehmen (sog. Share Deal).

Grundsätzlich bedeutsam für Unternehmenserwerbe und -restrukturierungen sind die Gewinnsteuer und die Stempelsteuer. Daneben gibt es in Hongkong weder eine gesonderte Sales Tax noch eine Umsatzsteuer. Eigentümer von unbeweglichem Vermögen unterliegen jedoch der Grundsteuer mit einem Steuersatz von 15 % auf den von der Steuerbehörde ermittelten Wert des Eigentums. In Grundzügen wird die Bewertung an der marktüblichen Miete abzüglich eines 20%igen Freibetrags für Instandhaltungskosten gemessen. Unternehmen, die mit Einkünften aus Vermietung und Verpachtung der Gewinnbesteuerung unterliegen, sind jedoch von der Vermögenssteuer befreit.

1.1. Grundlagen der Gewinnermittlung und -besteuerung in Hongkong

Die Gewinnsteuer ist eine direkte Steuer und Teil der Einkommensbesteuerung in Hongkong. Steuerpflichtig sind Kapitalgesellschaften, Personengesellschaften, Treuhänder und Einzelkaufleute, weshalb die Gewinnsteuer systematisch zwischen der deutschen Einkommen- und der Körperschaftsteuer einzuordnen ist. Die Gewinnsteuer ist mit Abstand die bedeutendste Steuer, die bei M&A-Transaktionen anfällt.

Hongkong hat ein territoriales Steuerrecht. Ansätze, die auf die Nationalität, den Wohnsitz oder den Gründungsort eines Unternehmens setzen, sind dem Hongkonger Steuerrecht fremd.

Steuerpflichtig ist allein,

- wer Handel oder ein Gewerbe in Hongkong betreibt,

- dessen Einkünfte aus diesem Handel bzw. aus dieser Gewerbetätigkeit in Hongkong ihren Ursprung haben und
- ihrer Art nach gewerblich sind.

Das bedeutet, dass Unternehmen, die in Hongkong Handel oder ein Gewerbe betreiben, nur mit den Gewinnen aus dieser Tätigkeit der Besteuerung in Hongkong unterliegen. Der gegenwärtige Steuersatz liegt hierfür bei 16,5 % (Steuerjahr 2008/2009). Die Gewinnsteuerpflicht entfällt jedoch bei:

- Einnahmen aus dem Verkauf von wesentlichen Wirtschaftsgütern,
- Dividenden (sowohl von in- als auch von ausländischen Unternehmen) und
- Zinseinkünften aus Bankeinlagen, solange die Einlagen nicht verwendet werden, um Darlehen zu sichern, deren Zinsverpflichtungen steuerlich abzugsfähig sind.

Unternehmen, die der regulären Besteuerung in Hongkong unterliegen, können grundsätzlich ihre Betriebsausgaben steuerwirksam absetzen, wobei Zinsaufwendungen nur begrenzt zum Abzug zugelassen werden. Aufwendungen für bewegliches Anlagevermögen, für Betriebs- und Geschäftsausstattung sowie für Industrie- und Verwaltungsgebäude sind regelmäßig zu aktivieren. Immaterielle Wirtschaftsgüter sind indes aus steuerlicher Sicht weder abzugsfähig noch aktivierbar. Allerdings ist gegebenenfalls ein Steuerschuldabzug für Ausgaben, die mit dem Erwerb von Patentrechten zusammenhängen, möglich.

Verluste können in Hongkong vorgetragen werden, bis eine vollständige Verrechnung stattgefunden hat. Nichtsdestotrotz sind Verluste dann nicht abzugsfähig, wenn ein Eigentümerwechsel beim Unternehmen stattgefunden hat und alleiniger Grund dieses Wechsels in der Geltendmachung der Verluste liegt. Diese Missbrauchsregelung greift nicht, wenn die Übernahme mit betriebswirtschaftlichen Überlegungen gerechtfertigt werden kann.

Sonderregelungen für konsolidierte Steuererklärungen oder Konzernfreibeträge bestehen nicht, weshalb ein Konzernunternehmen seine Gewinne nicht mit Verlusten anderer Konzernunternehmen verrechnen kann.

1.2. Quellenbesteuerung bei Einkünften beschränkt Steuerpflichtiger

Dividenden unterliegen in Hongkong keiner Quellenbesteuerung. Außerdem fällt auf Dividenden sowie auf Veräußerungsgewinne beschränkt Steuerpflichtiger keine Gewinnsteuer an. Zinszahlungen einer Hongkonger Firma an ein Unternehmen im Ausland unterliegen ebenfalls keiner Quellenbesteuerung.

Dagegen unterliegen beschränkt Steuerpflichtige mit ihren Einkünften aus der Gewährung von Nutzungsrechten an geistigem Eigentum der Quellenbesteuerung, sofern die Aufwendungen für den Erhalt der Nutzungsrechte beim Lizenznehmer in Hongkong als

Aufwand abzugsfähig sind. Der gegenwärtige Quellensteuersatz beträgt 4,95 %, sofern das geistige Eigentum in der Vergangenheit nicht teilweise oder vollständig einer Person gehörte, die Handel oder Gewerbe in Hongkong betrieb.

Neben den nationalen Regelungen zur Vermeidung von Doppelbesteuerungen hat Hongkong auch Doppelbesteuerungsabkommen (DBA) mit Belgien, Thailand, der Volksrepublik China und Luxemburg abgeschlossen. Diese DBA finden Anwendung auf die Einkommensbesteuerung und schützen vor einer ungerechten Doppelbesteuerung der Einkünfte des Steuerpflichtigen. Die nachfolgende Tabelle zeigt die Quellensteuerrechte in Hongkong auf:

DBA	Dividenden	Zinsen	Lizenzgebühren
Belgien – Hongkong	0 % (nach nationalem Steuerrecht)	0 % (nach nationalem Steuerrecht)	5 % (nach nationalem Steuerrecht: 4,95 %)
Thailand – Hongkong	0 % (nach nationalem Steuerrecht)	0 % (nach nationalem Steuerrecht)	5 %/10 %/15 % (nach nationalem Steuerrecht: 4,95 %)
China – Hongkong	0 % (nach nationalem Steuerrecht)	0 % (nach nationalem Steuerrecht)	7 % (nach nationalem Steuerrecht: 4,95 %)
Luxemburg – Hongkong	0 % (nach nationalem Steuerrecht)	0 % (nach nationalem Steuerrecht)	3 % (nach nationalem Steuerrecht: 4,95 %)

Hongkong hat darüber hinaus diverse Steuerabkommen über die Besteuerung von Gewinnen aus dem Fracht- und Flugverkehr abgeschlossen.

1.3. Stempelsteuer (sog. Stamp Duty)

Ebenfalls relevant im Rahmen von M&A-Transaktionen ist die Hongkonger Stempelsteuer. Insbesondere bei größeren Transaktionen sollte die effektive Belastung mit der Stempelsteuer nicht unterschätzt werden.

Stempelsteuer fällt zum einen an beim Erwerb von unbeweglichem Vermögen in Hongkong und zum anderen bei bestimmten Vertragsabschlüssen und bei Anteilsveräußerungen. Ursprünglich war die Stempelsteuer ein Zwitter zwischen einer Steuer und einer Gebühr, die der Staat für die Beglaubigung und Anerkennung von Dokumenten, wie beispielsweise die Grundbucheintragung bei Grundstücken, erhoben hat. Ohne Zahlung der Stempelsteuer wurde das Dokument nicht rechtsverbindlich. Heutzutage ist allerdings von dem ursprünglich gebührenrechtlichen Charakter wenig übrig geblieben. Es handelt sich vielmehr um eine vollwertige Steuer, die bei bestimmten Transaktionen ähnlich der deutschen Grunderwerbsteuer greift. Die Einzelheiten ergeben sich wie folgt:

- Beim Transfer von unbeweglichem Vermögen in Hongkong: Nach Abzug eines Freibetrags in Höhe von HKD 6,72 Mio. wird abhängig davon, welcher Wert höher ist, entweder der Verkaufserlös oder der Marktwert mit 3,75 % besteuert.
- Beim Leasing: Die Stempelsteuer ermittelt sich nach der Leasingdauer. Bei einer Leasingzeit von mehr als 3 Jahren beträgt die Stempelsteuer 1 % der durchschnittlichen jährlichen Mietzahlungen.
- Bei Anteilsveräußerungen in Hongkong: Käufer und Verkäufer tragen zu gleichen Teilen eine insgesamt 0,2%ige Besteuerung des tatsächlich entrichteten Verkaufspreises oder des gegebenenfalls höheren Marktwertes.

Eine Steuerfreistellung besteht beim Eigentumstransfer zwischen verbundenen Unternehmen. Gesellschaften gelten als verbunden, sofern eine Gesellschaft eine 90%ige Beteiligung an einer anderen Gesellschaft hält. Das gilt auch, wenn beide Unternehmen zu 90 % direkt oder indirekt von einer übergeordneten Muttergesellschaft gehalten werden. Das setzt voraus, dass die Verbindung innerhalb von zwei Jahren nach dem Zeitpunkt des Transfers nicht dadurch endet, dass sich die Eigentümerstellung im übertragenen Unternehmen ändert.

1.4. Gesellschaftsteuer (sog. Capital Duty)

Erweitert ein in Hongkong angemeldetes Unternehmen sein Eigenkapital, wird es gesellschaftsteuerpflichtig. Die Gesellschaftsteuer stammt aus dem britischen Rechtsraum und wird definiert als eine indirekte Steuer, die auf die Einbringung von Eigenkapital in eine Körperschaft erhoben wird. Jede Steigerung um HKD 1.000 generiert jeweils eine Steuerschuld von HKD 1, wobei eine Kappung der Steuer bei HKD 30.000 stattfindet.

2. Verkauf von Anteilen an einer Hongkonger Gesellschaft (sog. Share Deal)

Die nachstehenden Überlegungen zum Share Deal in Hongkong beruhen auf dem folgenden Beispielsfall, wobei sich in der Praxis bei Änderungen der Parameter gegebenenfalls Abweichungen ergeben könnten:

Beispielfall:
Der Verkäufer einer Kapitalgesellschaft mit Sitz in Hongkong ist ebenfalls eine Kapitalgesellschaft mit Sitz in Hongkong, die auch in Hongkong aktiv tätig ist. Der ausländische Käufer ist nicht in Hongkong tätig.

Der Veräußerungsgewinn ist in Hongkong nicht steuerbar. Eine Ausnahme gilt nur, wenn der Verkäufer die Anteile aus gewerblichen Gründen gehalten hat, d. h. um mit ihnen Handel zu treiben. Sofern der Verkäufer eine ausländische Kapitalgesellschaft ist, die in Hongkong keinen Geschäftsbetrieb unterhält, werden auch dessen Veräußerungsgewinne in Hongkong keiner Besteuerung unterworfen. Ebenso wird ein Aktientausch in Hongkong steuerlich grundsätzlich nicht erfasst. Die Transaktionen unterliegen jedoch der Stempelsteuer i. H. v. 0,2 % des tatsächlich entrichteten Verkaufspreises oder des gegebenenfalls höheren Marktwertes, die in gleichen Teilen vom Käufer und Verkäufer getragen wird. Beim Anteilsverkauf fällt keine Umsatzsteuer an.

Sondertatbestände für Fusionen, Übernahmen und Unternehmensumstrukturierungen bestehen in Hongkong nicht. Jedoch sind bestimmte Missbrauchsvermeidungsvorschriften im derzeitigen Steuerrecht vorgesehen, die Einfluss auf die Besteuerung von M&A-Transaktionen nehmen können. Diese greifen insbesondere in den Fällen, in denen die Transaktion allein oder hauptsächlich zur Erlangung eines Steuervorteils durchgeführt wird. Ein Steuermissbrauch ist indes nicht angezeigt, wenn betriebswirtschaftliche oder zumindest betrieblich motivierte Überlegungen die Transaktion mittragen und es den Beteiligten nicht allein um etwaige Steuervorteile geht.

2.1. Verkauf von Betriebsvermögen einer Hongkonger Gesellschaft (sog. Asset Deal)

Die folgenden Überlegungen zum Asset Deal in Hongkong beruhen wiederum auf dem nachstehenden Beispielsfall, wobei sich auch hier in der Praxis bei Änderungen der Parameter gegebenenfalls Abweichungen ergeben könnten:

> **Beispielfall:**
> Der Verkäufer ist eine Kapitalgesellschaft mit Sitz in Hongkong, die in Hongkong ihr Gewerbe betreibt und die ihren Geschäftsbetrieb auf eine andere in Hongkong ansässige Gesellschaft übertragen will.

Gewinne aus der Veräußerung von Anlagevermögen einschließlich des Grundvermögens, der Beteiligungen und des betrieblichen Goodwills unterfallen in der Regel nicht der Gewinnbesteuerung. Unter bestimmten Umständen kann der Transfer von Betriebsvermögen jedoch steuerliche Wirkungen entfalten:

- Der Verkauf abschreibungsfähiger Wirtschaftsgüter kann zu einer steuerpflichtigen Wertaufholung führen;
- Der Gewinn aus der Übertragung von Beteiligungen, die für den gewerblichen Handel vorgesehen sind, ist steuerpflichtig;
- Die Übertragung von Patenten kann steuerbares Einkommen begründen, sofern deren Erwerb ursprünglich zu Aufwand für steuerliche Zwecke geführt hat.

Auch wenn die Übertragung von Grundstückseigentum grundsätzlich keine gewinnsteuerlichen Konsequenzen hat, begründet die Übertragung von teilweise abgeschriebenen Grundstücken eine Ausgleichsgebühr (Balancing Charge). Falls ein teilweise abgeschriebenes Grundstück zu einem Preis verkauft wird, der den Restwert nach der Abschreibung übersteigt, wird dieser Überhang durch die Ausgleichsgebühr erfasst. Dabei ist der steuerlich erfasste Überhang beschränkt auf die Höhe des Steuervorteils, den der Verkäufer durch die Abschreibung auf Verwaltungs- und Industriegebäude bereits geltend machen konnte. Auf diese Weise soll verhindert werden, dass durch reine Eigentumsübertragung die Abschreibung zweimal in Anspruch genommen werden kann.

Entsprechende steuerliche Konsequenzen ergeben sich für die Übertragung von Wirtschaftsgütern aus Betriebsstätten ausländischer Unternehmen in Hongkong. Sonderregelungen für Zuwendungen von Betriebsvermögen (Sacheinlagen) durch eine ausländische Gesellschaft an ein Unternehmen in Hongkong bestehen nicht. Außer in Fällen von Grundstücksveräußerungen und der Anteilsveräußerung im Rahmen eines Asset Deals ist die Stempelsteuer beim Verkauf von Betriebsvermögen nicht einschlägig. Ebenso entsteht beim Verkauf von Betriebsvermögen keine Umsatzsteuerschuld.

3. Abzugsfähigkeit von Transaktionskosten

Sofern eine Gewinnbesteuerung stattfindet (z. B. Übertragung von Beteiligungen, die für den gewerblichen Handel vorgesehen sind, oder bei Wertaufholungen), können die damit im Zusammenhang stehenden Aufwendungen zum Abzug gebracht werden. Soweit die Übertragung steuerfrei ist, sind die damit zusammenhängenden Kosten jedoch nicht steuerlich abzugsfähig.

Dies gilt entsprechend für Zinsaufwendungen, die mit dem Erwerb der Anteile (Share Deal) im direkten Zusammenhang stehen. Sofern die erworbene Beteiligung für den gewerblichen Handel und damit für eine kurzfristige Weiterveräußerung vorgesehen ist, sind die mit dem Erwerb zusammenhängenden Darlehenszinsen steuerlich abzugsfähig. Darlehenszinsen sind jedoch nicht abzugsfähig, wenn die Beteiligung als langfristige Investition im Anlagevermögen zu bilanzieren ist.

Wird ein ganzer Betrieb bzw. werden einzelne Wirtschaftsgüter eines Betriebsvermögens erworben (Asset Deal) und wurde der Erwerb mit Fremdkapital finanziert, so sind die dabei anfallenden Darlehenszinsen grundsätzlich abzugsfähig, wenn die Darlehen aufgenommen wurden, um mit dem erworbenen Betriebsvermögen steuerbare Einkünfte zu erzielen. Da der Erwerb im Rahmen einer Betriebsübernahme in aller Regel in der Absicht geschieht, den Betrieb fortzuführen und steuerbare Gewinne zu erzielen, sollten die Aufwendungen für Darlehenszinsen regelmäßig die Voraussetzung der Gewinnerzielungsabsicht erfüllen. Seit 2004 müssen jedoch zur Missbrauchsvermeidung folgende zusätzlichen Voraussetzungen erfüllt werden, um die Darlehenszinsen zum Abzug zu bringen:

- Das Darlehen darf nicht durch nahestehende Personen abgesichert werden (sog. secured-loan test).
- Es dürfen keine Vereinbarungen bestehen, nach denen die Zinszahlungen an den Darlehensgeber oder eine nahestehende Person zurückgeführt werden (sog. interest-flow-back test).

Die Voraussetzungen wirken kumulativ. Fehlt nur eine der Voraussetzungen, sind die Zinsen nicht abzugsfähig. Eine Ausnahme zur zweiten Voraussetzung liegt jedoch vor, wenn der Empfänger des Zinses gewinnsteuerpflichtig ist. Wenn zum Beispiel Zinsen, die von einem Hongkonger Darlehensnehmer gezahlt werden, zurück nach Hongkong zu einer nahestehenden Person fließen, sind die Zinsen von der Gewinnsteuer abzuziehen.

Auch Rückflüsse aufgrund von mit der Absicherung im Zusammenhang stehenden Finanzinstrumenten sind Gegenstand des „interest-flow-back test". Nur wenn die nahestehende Person ein registrierter Sicherungsgeber (sog. registered securities dealer) ist, greift die Regelung nicht. So soll die Fremdfinanzierung von Unternehmen in Hongkong im Rahmen der Missbrauchsvermeidungsregelungen gefördert und gestärkt werden.

Sofern ein ausländischer Darlehensgeber in Hongkong keinen Handel treibt, sind seine Einkünfte aus Zinszahlungen des inländischen Darlehensnehmers nicht steuerbare Gewinne. Eine Quellenbesteuerung auf Zinszahlungen an ausländische Darlehensgeber besteht mithin nicht.

4. Strukturierung der Übernahme

Die steuerlichen Implikationen einer Übernahme sind in Hongkong im Vergleich zu Deutschland eher gering. Investoren profitieren insbesondere von den eng umgrenzten Tatbeständen. Nichtsdestotrotz ist auch in Hongkong eine wohl überlegte Strukturierung und Planung der Transaktion notwendig. Hongkong kennt keine Steuerkonsolidierung, so dass durch die Bildung von Organschaften kein steuerlicher Vorteil erzielt werden kann.

4.1. Buchwertaufstockung im Rahmen eines Asset Deals

Beim Erwerb eines Betriebs kann der den Buchwert der Wirtschaftsgüter übersteigende Kaufpreis auf die übertragenen Wirtschaftsgüter allokiert werden. Hierbei kann die konkrete Allokation für die Wirtschaftsgüter einzeln vorgenommen und im Kaufvertrag fixiert werden. Dabei wird es aus Sicht des Verkäufers von Vorteil sein, zunächst eine Allokation auf die Wirtschaftsgüter anzustreben, die nicht der Gewinnbesteuerung unterliegen. Diese Aufteilung könnte jedoch dem Interesse des Käufers entgegenstehen, der gegebenenfalls bei bestimmten Wirtschaftsgütern durch den Step-Up ein höheres Abschreibungsvolumen verwirklichen möchte. Daher sollte die Allokation auf die einzelnen Wirtschaftsgüter einen besonderen Stellenwert bei den Verhandlungen über die Übernahme zwischen dem Veräußerer und dem Erwerber einnehmen. Zudem kann die Allokation nicht beliebig erfolgen. Vielmehr kann die Finanzverwaltung für jedes Wirtschaftsgut einen angemessenen Preis fingieren und auf Grundlage dieser Fiktion die Besteuerung vornehmen. Es sollte deshalb zunächst der Gesamtwert der einzelnen Wirtschaftsgüter bestimmt werden.

4.2. Keine Buchwertaufstockung bei Share Deals

Das Steuerrecht in Hongkong erlaubt bei der Übertragung der Anteile eines Unternehmens keine Buchwertaufstockung des zugrundeliegenden Betriebsvermögens des übertragenen Unternehmens. Die steuerliche Situation auf der Ebene des erworbenen Unternehmens wird somit durch den Share Deal nicht berührt. Beim Erwerber sind die Anteile mit den Anschaffungskosten zu aktivieren.

4.3. Behandlung von Forderungen im Rahmen von Fusionen

Nachdem eine Beteiligung im Rahmen eines Share Deals von einem anderen Unternehmen mit Sitz in Hongkong erworben wurde, besteht die Möglichkeit, die beiden Unternehmen zu fusionieren. Grundsätzlich kann das übernehmende Unternehmen im Rahmen einer solchen Fusion die Abschreibungen der übertragenen Wirtschaftsgüter fortführen. Die Abschreibung folgt hierbei den allgemeinen Regelungen.

Gehen jedoch Forderungen auf das übernehmende Unternehmen über und werden diese Forderungen nach der Fusion notleidend oder uneinbringlich, so wird eine Abschreibung der Forderungen für steuerliche Zwecke versagt. Dies wird damit begründet, dass zum Zeitpunkt der Entstehung der Forderungen diese beim übernehmenden Unternehmen keinen steuerpflichtigen Ertrag darstellten, sondern vielmehr beim übertragenen und nunmehr untergegangenen Unternehmen erfasst worden waren. Insofern sollte vor der Fusion die Werthaltigkeit der Forderungen geprüft und gegebenenfalls entsprechende Abschreibungen vorgenommen werden.

Im Gegenzug stellen spätere Zuschreibungen auf Forderungen, die beim untergegangenen Unternehmen abgeschrieben wurden, beim aufnehmenden Unternehmen keine steuerpflichtige Wertaufholung dar.

4.4. Nutzung von Verlusten nach dem Erwerb (Share Deal und Asset Deal)

Die weitere Nutzung von vorhandenen Verlusten kann für den Erwerber ein entscheidendes Kriterium sein. Problematisch kann die weitere Verlustnutzung werden, wenn nach dem Erwerb die betriebliche Ausrichtung eine wesentliche Veränderung erfährt.

Werden Anteile im Rahmen eines Share Deals übertragen und ändert sich hiernach der Geschäftszweck des Unternehmens, können die vorhandenen Verlustvorträge nicht weiter genutzt werden und entfallen. Ansonsten können Verluste grundsätzlich unbegrenzt vorgetragen werden. Beim Erwerb eines Geschäftsbetriebes im Rahmen eines Asset Deals verbleiben die vorhandenen Verlustvorträge beim Veräußerer, so dass auch ohne eine Veränderung der unternehmerischen Ausrichtung des Geschäftsbetriebes die bisherigen Verluste nicht mehr genutzt werden können. Bei einer Fusion gehen Verlustvorträge eines Hongkonger Unternehmens mit einem anderen in Hongkong ansässigen Unternehmen nicht unter, sofern nicht das einzige Ziel der Übernahme in der Ausnutzung von Steuervorteilen liegt.

Indien

Von Vijay Dhingra und Akhil Muchhala (beide Deloitte Mumbai) und Dirk Rathmann (Deloitte Düsseldorf)

1. Steuerliche Behandlung des Veräußerers

1.1. Verkauf von Anteilen indischer Gesellschaften

1.1.1. Verkauf durch eine in Indien ansässige, natürliche Person

Wenn eine in Indien ansässige, natürliche Person Anteile an einer indischen Gesellschaft verkauft, sind die steuerlichen Folgen für den Verkäufer davon abhängig, ob dieser die Anteile im Betriebsvermögen oder als Kapitalanlage hält.

- Anteile im Betriebsvermögen

  Sofern die Anteile im Betriebsvermögen gehalten werden, unterliegt ein Gewinn aus dem Verkauf dieser Anteile zusammen mit den anderen gewerblichen Einkünften der Besteuerung nach dem (regulären) progressiven Einkommensteuertarif. Der maximale Steuersatz beträgt 33,99 % (inklusive Zuschlag von 10 %[2] und Cess[3] von 3 %).

  Entsteht ein Verlust beim Verkauf der Anteile, kann dieser mit anderen Einkünften desselben Jahres verrechnet werden (ausgenommen sind Einkünfte aus nichtselbständiger Arbeit). Kann ein solcher Verlust im Verlustentstehungsjahr nicht vollständig abgezogen bzw. verrechnet werden, ist der verbleibende Verlust zunächst in das folgende Jahr vorzutragen, um ihn mit anderen gewerblichen Einkünften zu verrechnen. Ein nicht genutzter Verlust kann maximal acht Jahre lang vorgetragen werden.

- Anteile im Kapitalvermögen

  Wurden die Anteile im Kapitalvermögen gehalten, bestimmt sich die steuerliche Behandlung des Veräußerungsgewinns in Abhängigkeit von der Haltedauer. Grundsätzlich wird zwischen einem kurzfristigen und einem langfristigen Veräußerungsgewinn unterschieden.

  Wurden die Anteile länger als zwölf Monate gehalten, liegt ein langfristiger Veräußerungsgewinn vor. Bei der Bestimmung eines langfristigen Veräußerungsgewinns sind die Anschaffungskosten der Anteile unter Berücksichtigung eines Inflationsindex zu ermitteln, d. h. die Anschaffungskosten werden auf den Veräußerungszeit-

---

[2] Anwendbar, wenn die gesamten Einkünfte INR 1 Mio. (indische Rupie) übersteigen.

[3] Cess ist eine Art Bildungsabgabe.

punkt weiterentwickelt. Dieser Inflationsindex wird von der indischen Regierung veröffentlicht. Erwarb der Verkäufer seine Anteile vor dem 1. April 1981, kann der Marktwert der Anteile an diesem Tag als Ausgangsgröße für die Ermittlung der Anschaffungskosten verwandt werden.

Ein kurzfristiger Veräußerungsgewinn liegt vor, wenn die Anteile zwölf Monate oder kürzer gehalten worden sind. In solch einem Fall kann der Vorteil der Weiterentwicklung der Anschaffungskosten nicht genutzt werden.

Der Kauf und Verkauf von Anteilen an der indischen Börse unterliegt einer Wertpapiergeschäftsteuer, der Securities Transaction Tax (STT), zu vorgegebenen Sätzen bezogen auf den Wert des steuerpflichtigen Wertpapiergeschäftes (Näheres siehe unter 2.1.1.). Es gelten hinsichtlich der steuerlichen Behandlung Sonderregeln für den Verkauf von Anteilen, je nachdem, ob STT gezahlt wurde oder nicht.

Die Besteuerung von Veräußerungsgewinnen bei Übertragungen von Anteilen des Kapitalvermögens stellt sich wie folgt dar:

Sachverhalt	**Steuersatz (einschließlich Zuschlägen und Cess)**
Kurzfristiger Veräußerungsgewinn (Haltedauer ≤ 12 Monate)	
► STT wurde gezahlt	16,995 %
► STT wurde nicht gezahlt	Regulärer progressiver Einkommensteuertarif – Höchststeuersatz: 33,99 %
Langfristiger Veräußerungsgewinn (Haltedauer > 12 Monate)	
► STT wurde gezahlt	Keine Besteuerung
► STT wurde nicht gezahlt	
– Börsennotiert	11,33 % oder 22,66 %[4]
– Nicht börsennotiert	22,66 %

[4] Steuer beträgt 11,33 % bei Veräußerungsgewinnen ohne Indexbindung oder 22,66 % bei Veräußerungsgewinnen mit Indexbindung.

Für die Nutzung und das Vortragen von Veräußerungsverlusten aus dem Verkauf von Anteilen gelten folgende Sonderregelungen:

Art des Veräußerungsverlustes	Einkunftsart, mit der der Verlust im Jahr der Entstehung und folgenden Jahren verrechnet werden kann	Verlustvortrag?	Frist bis zum Untergang des Verlustvortrages
Kurzfristig			
STT wurde gezahlt	Kurzfristige und langfristige Veräußerungsgewinne	Ja	8 Jahre
STT wurde nicht gezahlt	Kurzfristige und langfristige Veräußerungsgewinne	Ja	8 Jahre
Langfristig			
STT wurde gezahlt	Entfällt	Nein	Entfällt
STT wurde nicht gezahlt	Langfristige Veräußerungsgewinne	Ja	8 Jahre

1.1.2. Verkauf durch eine in Indien ansässige Gesellschaft

Die Besteuerung von Veräußerungsgewinnen, die eine in Indien ansässige Gesellschaft beim Verkauf von Anteilen an einer anderen indischen Gesellschaft erzielt, ist davon abhängig, ob die Anteile im Betriebsvermögen oder als Kapitalanlage gehalten werden.

Die steuerlichen Folgen des Anteilsverkaufs durch eine in Indien ansässige Gesellschaft sind identisch mit denen einer in Indien ansässigen, natürlichen Person, mit folgenden Ausnahmen:

- Kurzfristige Veräußerungsgewinne (STT wurde nicht gezahlt) unterliegen einem Steuersatz von 33,99 % (inklusive Zuschlag von 10 %[5] und Cess von 3 %).
- Obgleich langfristige Veräußerungsgewinne (STT wurde gezahlt) steuerbefreit sind, unterliegt der Veräußerungsgewinn der ansässigen Gesellschaft als Buchgewinn einer Art Mindestbesteuerung[6] von 11,33 % (inklusive Zuschlag und Cess).

1.1.3. Verkauf durch nicht in Indien ansässige Personen

Die Besteuerung von Veräußerungsgewinnen aus Anteilen an einer indischen Gesellschaft, die ein nicht Ansässiger erzielt, hängen davon ab, ob die Anteile im Betriebsvermögen oder als Kapitalanlage gehalten werden.

[5] Anwendbar, wenn die gesamten Einkünfte INR 10 Mio. (indische Rupie) übersteigen.

[6] Mindestbesteuerung ist anwendbar, wenn die normale Einkommensteuer geringer als 10% des Buchgewinns ist.

- Anteile im Betriebsvermögen

  Sofern die Anteile im Betriebsvermögen gehalten werden, wird der Gewinn aus dem Verkauf zusammen mit den anderen gewerblichen Einkünften besteuert. Nicht ansässige, natürliche Personen unterliegen dem (regulären) progressiven Einkommensteuertarif – Höchstsatz 33,99 % (inklusive Zuschlag und Cess). Eine ausländische Gesellschaft unterliegt einem Steuersatz von 42,23 % (inklusive Zuschlag von 2,5 %[7] und Cess von 3 %). Gegebenenfalls ist eine Entlastung auf der Grundlage des entsprechenden Doppelbesteuerungsabkommens möglich.

  Entsteht ein Veräußerungsverlust, kann dieser im Verlustentstehungsjahr mit Einkünften anderer Einkunftsarten desselben Jahres verrechnet werden (ausgenommen sind Einkünfte aus nichtselbständiger Arbeit). Kann der Veräußerungsverlust nicht vollständig verrechnet werden, ist der verbleibende Verlust in die folgenden Jahre vorzutragen. Allerdings kann dieser nur mit anderen gewerblichen Einkünften verrechnet werden. Ein nicht genutzter Verlust kann bis zu acht Jahre vorgetragen werden.

- Anteile im Kapitalvermögen

  Die Besteuerung der Veräußerungsgewinne ist wiederum davon abhängig, ob diese als langfristig oder kurzfristig zu qualifizieren sind. Wenn die Anteile in einer ausländischen Währung erworben wurden, ist der Gewinn aus der Veräußerung in derselben Währung zu errechnen und anschließend in die indische Währung umzurechnen. Ein nicht Ansässiger kommt nicht in den Genuss der Indexbindung, wenn die Anteile in ausländischer Währung erworben worden sind.

[7] Anwendbar, wenn die gesamten Einkünfte INR 10 Mio. (indische Rupie) übersteigen.

Die Besteuerung von Veräußerungsgewinnen bei Übertragungen von Anteilen des Kapitalvermögens unterscheidet sich wie folgt:

Sachverhalt	**Steuersatz (einschließlich Zuschlägen und Cess)**	
	Nicht ansässige, natürliche Person[8]	**Ausländische Gesellschaft**[9]
Kurzfristiger Veräußerungsgewinn (Haltedauer ≤ 12 Monate)		
► STT wurde gezahlt	16,995 %	15,84 %[10]
► STT wurde nicht gezahlt	Regulärer progressiver Einkommensteuertarif – Höchstsatz 33,99 %	42,23 %
Langfristiger Veräußerungsgewinn (Haltedauer > 12 Monate)		
► STT wurde gezahlt	0	0[11]
► STT wurde nicht gezahlt		
– Börsennotiert	11,33 %	10,56 %
– Nicht börsennotiert	22,66 %	10,56 %

In diesem Zusammenhang ist zu beachten, dass für nicht in Indien ansässige Inder sowie für ausländische institutionelle Investoren Sonderregelungen gelten.

Die Regeln zum Ausgleich und Vortrag von Veräußerungsverlusten sind identisch mit den oben unter 1.1.1. aufgeführten Vorschriften.

Wenn der Steuerpflichtige in einem Land ansässig ist, mit dem Indien ein Doppelbesteuerungsabkommen abgeschlossen hat, gilt Folgendes:

Die von Indien abgeschlossenen Doppelbesteuerungsabkommen weisen Indien gewöhnlich das Besteuerungsrecht auf Veräußerungsgewinne zu. Einige Doppelbesteuerungsabkommen (z. B. Mauritius, Singapur, Zypern etc.) weisen das Besteuerungsrecht für einen Veräußerungsgewinn unter bestimmten Voraussetzungen allerdings ausschließlich dem Ansässigkeitsstaat zu.

---

8 Zuschlag von 10 % ist anwendbar, wenn die gesamten Einkünfte INR 1 Mio. (indische Rupie) übersteigen, und Cess von 3 % ist anwendbar.

9 Zuschlag von 2,5 % ist anwendbar, wenn die gesamten Einkünfte INR 10 Mio. (indische Rupie) übersteigen, und Cess von 3 % ist anwendbar.

10 Ausländische Gesellschaften können Anteile an der Börse nur verkaufen, wenn gewisse Zustimmungen vorliegen.

11 Ausländische Gesellschaften können Anteile an der Börse nur verkaufen, wenn gewisse Zustimmungen vorliegen.

1.2. Verkauf von Vermögensgegenständen

1.2.1. Annahmen

Im Folgenden wird angenommen, dass es sich bei den verkauften Vermögensgegenständen um inländisches Betriebsvermögen handelt, welches an eine indische Betriebsstätte/indische Gesellschaft eines ausländischen Investors verkauft wurde. Dabei sind die Vermögensgegenstände einzeln und nicht als Sachgesamtheit veräußert worden (im Gegensatz zum sog. Slump Sale; Näheres siehe unter 5.2.).

1.2.2. Verkauf durch eine in Indien ansässige, natürliche Person

Die Besteuerung ist abhängig von der Art der veräußerten Gegenstände.

Gegenstände des Anlagevermögens unterliegen einer Veräußerungsgewinnbesteuerung. Wurde das Anlagevermögen mehr als 36 Monate gehalten, liegt ein langfristiger Veräußerungsgewinn vor (Ausnahmen bezüglich abschreibungsfähiger Wirtschaftsgüter siehe weiter unten). War das Anlagevermögen 36 Monate oder weniger im Eigentum des Verkäufers, wird der Veräußerungsgewinn als kurzfristig bezeichnet.

Im Folgenden werden die steuerlichen Folgen, die sich aus dem Verkauf verschiedener Arten von Vermögensgegenständen ergeben, aufgezeigt.

- Abschreibungsfähige Gegenstände des Anlagevermögens (Gebäude, Anlagen und Maschinen, Büroausstattung, Computer etc.)

  Steuerrechtliche Abschreibungen werden anhand vorgeschriebener Sätze berechnet, wobei die verschiedenen Vermögensgegenstände unterschiedlichen Abschreibungskategorien (sogenannte Blöcke) zugeordnet werden und alle zu einem festgelegten Block zugeteilten Vermögensgegenstände insgesamt mit der für diesen Block vorgeschriebenen Abschreibungsrate abzuschreiben sind.

  Der Verkaufserlös eines Vermögensgegenstandes reduziert den Abschreibungsrestwert seines jeweiligen Blockes und der Überschuss unterliegt der Besteuerung als kurzfristiger Veräußerungsgewinn mit dem regulären progressiven Einkommensteuertarif (Höchstsatz 33,99 %, inklusive Zuschlag und Cess). Für den Fall, dass die Gegenleistung für die Übertragung geringer ist als der Abschreibungsrestwert des Blockes, kann nach Abzug des Veräußerungserlöses nur noch der Saldobetrag abgeschrieben werden. Sofern bei einem Verkauf sämtlicher Vermögensgegenstände eines Blockes der Abschreibungsrestwert dieses Blockes nicht durch den Veräußerungserlös gedeckt ist, wird der Fehlbetrag als kurzfristiger Veräußerungsverlust betrachtet.

  Bei der Übertragung von Grundstücken und Gebäuden ist zu beachten, dass, wenn der für Zwecke der Stempelsteuer angenommene Wert höher als der Veräußerungserlös ist, dieser an die Stellte des Veräußerungserlöses für die Berechnung des Veräußerungsgewinns tritt.

- Nicht-abschreibungsfähige und selbst erstellte Vermögensgegenstände (Markenname, Firmenwert etc.)

  Veräußerungsgewinne bei der Übertragung von nicht-abschreibungsfähigen und selbsterstellten Vermögensgegenständen werden im Allgemeinen dadurch ermittelt, dass die im Zusammenhang mit der Übertragung angefallenen Anschaffungskosten und Ausgaben vom Veräußerungserlös abgezogen werden.

  Bei der Berechnung von langfristigen Veräußerungsgewinnen werden die Anschaffungskosten an einen von der Regierung veröffentlichten Inflationsindex gekoppelt und entsprechend weiterentwickelt. Der Besitzer eines vor dem 1. April 1981 angeschafften Gegenstandes kann den Marktwert des Gegenstandes an diesem Tag als Anschaffungskostenbasis für die Berechnung des Veräußerungsgewinns verwenden.

  Bei selbsterstelltem Know-How und Firmenwert werden keine Anschaffungskosten angenommen. Der Verkauf führt in Abhängigkeit von der Haltedauer zu langfristigen oder kurzfristigen Veräußerungsgewinnen.

  Langfristige Veräußerungsgewinne unterliegen einer Besteuerung von 22,66 % (inklusive Zuschlag und Cess), wohingegen kurzfristige Veräußerungsgewinne dem regulären progressiven Einkommensteuertarif unterliegen – Höchstsatz 33,99 % (inklusive Zuschlag und Cess).

- Gegenstände des Vorratsvermögens

  Gewinne aus der Veräußerung von Vorratsvermögen unterliegen als gewerbliche Einkünfte dem regulären progressiven Einkommensteuertarif – Höchstsatz 33,99 % (inklusive Zuschlag und Cess).

Für den Ausgleich und den Vortrag von Verlusten bei der Veräußerung von Vermögensgegenständen gelten folgende besondere Bestimmungen:

Art des Veräußerungsverlustes	Einkunftsart, mit der der Verlust im Jahr der Entstehung und folgenden Jahren verrechnet werden kann	Verlustvortrag?	Frist bis zum Untergang des Verlustvortrags
Kurzfristiger Veräußerungsverlust	Kurz- und langfristige Veräußerungsgewinne	Ja	8 Jahre
Langfristiger Veräußerungsverlust	Langfristige Veräußerungsgewinne	Ja	8 Jahre
Gewerblicher Verlust	Im Entstehungsjahr: jede Einkunftsart (ausgenommen Einkünfte aus nichtselbständiger Arbeit) In Folgejahren: gewerbliche Einkünfte	Ja	8 Jahre

1.2.3. Verkauf durch eine in Indien ansässige Gesellschaft

Die steuerlichen Folgen einer Veräußerung von Vermögensgegenständen einer in Indien ansässigen Gesellschaft sind die gleichen wie bei einer ansässigen, natürlichen Person mit der Ausnahme, dass kurzfristige Veräußerungsgewinne einem Steuersatz von 33,99 % (inklusive Zuschlag und Cess) und nicht – wie in 1.2.2. angeführt – dem regulären progressiven Einkommensteuertarif unterliegen.

1.2.4. Verkauf durch einen Nicht-Ansässigen

Die steuerlichen Folgen sind die gleichen wie oben in I.1.3. beschrieben mit der Ausnahme, dass eine ausländische Gesellschaft bei kurzfristigen Veräußerungsgewinnen der Besteuerung mit 42,23 % (inklusive Zuschlag und Cess) und bei langfristigen Veräußerungsgewinnen einer Belastung mit 21,115 % (inklusive Zuschlag von 2,5 %[12] und Cess von 3 %) unterliegt.

1.2.5. Einbringung von Vermögensgegenständen

Im Allgemeinen unterliegt der Erhalt von Anteilen an einer indischen Gesellschaft als Gegenleistung für die Einbringung von Wirtschaftsgütern einer Veräußerungsgewinnbesteuerung beim Einbringenden. Dabei wird der Marktwert der erhaltenen Anteile als Veräußerungspreis für die eingebrachten Vermögensgegenstände behandelt.

[12] Anwendbar, wenn die gesamten Einkünfte INR 10 Mio. (indische Rupie) übersteigen.

2. Transaktionskosten

2.1. Sonstige Steuern

2.1.1. Verkauf von Anteilen

Stempelsteuer

Liegen Anteile in physischer Form vor, führt deren Übertragung zu einer Stempelsteuer in Höhe von 0,25 % bezogen auf den Veräußerungserlös.

Allerdings wird keine Stempelsteuer fällig, wenn die entsprechenden Anteile nicht in materieller Form (z. B. elektronisch) gehalten werden.

Steuer auf Wertpapiergeschäfte (Securities Transaction Tax – STT)

STT wird auf den Erwerb und den Verkauf von Anteilen an einer Gesellschaft über eine indische Börse erhoben. Der Steuersatz beträgt:

- 0,025 % bei Transaktionen, denen keine tatsächliche Lieferung von Anteilen zu Grunde liegt (zahlbar vom Verkäufer) und
- 0,125 % bei Transaktionen, denen eine tatsächliche Lieferung von Anteilen zu Grunde liegt (zahlbar vom Käufer und Verkäufer).

Sofern STT erhoben wird und der dazugehörige Veräußerungsgewinn als gewerbliche Einkünfte besteuert wird, ist STT steuerlich abzugsfähig.

2.1.2. Verkauf von Vermögensgegenständen/Einbringung von Vermögensgegenständen

Die Übertragung sowohl von beweglichen als auch unbeweglichen Vermögensgegenständen verursacht Stempelsteuer. Hierbei ist zu beachten, dass sich der Steuersatz von Bundesstaat zu Bundesstaat unterscheidet, wobei der Bundesstaat zur Besteuerung berechtigt ist, in dem der Vermögensgegenstand gelegen ist. Die Stempelsteuer wird gewöhnlich auf die erhaltene Gegenleistung oder den Marktpreis des übertragenen Wirtschaftsgutes berechnet, je nachdem, welcher Wert höher ist.

2.2. Steuern auf die Übertragung von Grundbesitz

Bei der Übertragung von Grundbesitz wird Stempelsteuer durch den Bundesstaat erhoben, in dem das Grundstück gelegen ist. Auch hierbei ist zu beachten, dass sich der Steuersatz von Bundesstaat zu Bundesstaat unterscheidet und die Stempelsteuer gewöhnlich auf die erhaltene Gegenleistung oder den Marktpreis des übertragenen Wirtschaftsgutes berechnet wird, je nachdem, welcher Wert höher ist.

2.3. Umsatzsteuer

2.3.1. Verkauf von Anteilen

Der Verkauf von Gesellschaftsanteilen unterliegt nicht der Umsatzsteuer.

2.3.2. Verkauf von Vermögensgegenständen

In Indien fällt Umsatzsteuer bei dem Verkauf von Vermögensgegenständen an. Die meisten indischen Bundesstaaten haben eigene Umsatzsteuergesetze und Regeln. Dementsprechend sind bei einem Verkauf von Wirtschaftsgütern innerhalb eines bestimmten Bundesstaates dessen umsatzsteuerlichen Vorschriften zu beachten.

Im Allgemeinen bewegt sich der Umsatzsteuersatz in den indischen Bundesstaaten zwischen 4 % und 12,5 %. Allerdings ist dieser auch von der Klassifizierung der übertragenen Vermögensgegenstände abhängig.

2.4. Steuerliche Behandlung von Transaktionskosten

Aufwendungen, die ganz und ausschließlich in Verbindung mit der Übertragung von Wirtschaftsgütern anfallen, sind abzugsfähig. Derartige Aufwendungen umfassen z. B. Maklergebühren, Vermittlungsprovisionen, Stempelsteuern oder Beratungskosten.

3. Planung der Akquisition

3.1. Generierung von Abschreibungssubstrat durch Aufteilung des Kaufpreises

- Wenn Gesellschaftsanteile gekauft werden, gibt es keine Möglichkeit, den Kaufpreis den Vermögensgegenständen der Gesellschaft zuzuordnen. Zudem können die Anschaffungskosten für die Beteiligung steuerlich nicht abgeschrieben werden. Sollte sich der Wert der Beteiligung mindern, ist eine steuerliche Abschreibung auf den niedrigeren Wert nicht möglich, bis diese Anteile übertragen werden.
- Beim direkten Erwerb von Vermögensgegenständen (Asset Deal) werden die Anschaffungskosten auf die entsprechenden Wirtschaftsgüter verteilt und vom Erwerber mit steuerlicher Wirkung abgeschrieben. Es ist in diesem Zusammenhang anzumerken, dass ein Firmenwert nicht abgeschrieben werden kann. Hingegen sind andere immaterielle Vermögensgegenstände wie Know-How, Patente, Urheberrechte, Markennamen, Lizenzen, Konzessionen oder irgendwelche anderen geschäftlichen Rechte ähnlicher Art steuerlich abschreibbar.
- Der direkte Erwerb von Vermögensgegenständen und die damit in Verbindung stehende Generierung von Abschreibungssubstrat können auch durch einen sog. Slump Sale erfolgen. Bei einem Slump Sale, einer Sonderform des Asset Deals, wird ein Betrieb gegen einen pauschalen Kaufpreis an den Erwerber übertragen, ohne

den Kaufpreis den einzelnen Vermögensgegenständen und Schulden zuzuordnen. Der Kaufpreis wird mangels Aufteilung im Kaufvertrag anhand eines unabhängigen Wertgutachtens auf die einzelnen Wirtschaftsgüter aufgeteilt. Diese Aufteilung ist dann die Basis für die späteren steuerlichen Abschreibungen der erworbenen Wirtschaftsgüter.

3.2. Finanzierungskosten

Von einer indischen Gesellschaft erhaltene Dividenden unterliegen beim Anteilseigner nicht der Besteuerung. Dadurch sind Finanzierungskosten für den Erwerb der Anteile an einer indischen Gesellschaft grundsätzlich nicht abzugsfähig, da ein Abzug von angefallenen Kosten im Zusammenhang mit steuerfreien Einkünften nach dem indischen Einkommensteuergesetz nicht möglich ist.

Hingegen sind Finanzierungskosten für den Erwerb von Betriebsvermögen regelmäßig steuerlich abzugsfähig.

Werden Zinsen für ein in fremder Währung gewährtes Darlehen eines ausländischen (nicht in Indien ansässigen) Darlehensgebers gezahlt, unterliegen die Zinsen einer Quellenbesteuerung von 20 % (ggf. plus Zuschlag und Cess). Allerdings wird die Quellensteuer normalerweise durch das entsprechende Doppelbesteuerungsabkommen (sofern existent) ermäßigt.

4. Verlustnutzung

4.1. Erwerb von Anteilen

Vorhandene Verlustvorträge der erworbenen Gesellschaft können durch den Erwerber nicht genutzt werden, sofern mehr als 49 % der Stimmrechte im Zuge einer Akquisition übertragen worden sind.

Die vorgenannte Regel gilt unter anderem nicht im Falle von folgenden Konstellationen:

a) bei Gesellschaften, deren Anteile am 31. März des maßgeblichen Jahres an einer indischen Börse notiert sind;

b) bei Gesellschaften, bei der die mit 50 % oder mehr mit Stimmrechten behafteten Anteile durchgehend im Wirtschaftsjahr (1. April bis 31. März) von einer Gesellschaft im Sinne von a) oder einer Tochter einer solchen Gesellschaft gehalten worden sind.

4.1.1. Verlustnutzung und Übertragung von Abschreibungspotential bei Verschmelzung

Verlustvorträge und noch nicht verrechnetes Abschreibungspotential der im Zuge der Verschmelzung aufgenommenen Gesellschaft können unter besonderen Voraussetzungen auf die übernehmende Gesellschaft übertragen werden. Entsprechende Sonderregelungen sind zu beachten.

Der Vorteil einer Übertragung von Verlustvorträgen und vorhandenem Abschreibungspotential ist nutzbar, wenn die Verschmelzung als Firmenzusammenschluss im Sinne des indischen Einkommensteuergesetzes zu qualifizieren ist. Firmenzusammenschluss in diesem Sinne bedeutet, dass ein oder mehrere Unternehmen auf ein anderes Unternehmen oder zwei oder mehrere Unternehmen zu einem neuen Unternehmen dergestalt verschmolzen werden, dass:

- das ganze Vermögen und alle Verbindlichkeiten des übertragenden Unternehmens zu Vermögen und Verbindlichkeiten des aufnehmenden Unternehmens werden; und
- Anteilseigner, die mindestens 75 % der Anteile der übertragenden Gesellschaft besaßen, Anteilseigner an der übernehmenden Gesellschaft werden. Für diese Bestimmung werden Anteile an der übertragenden Gesellschaft, die bereits vorher im Besitz der übernehmenden Gesellschaft waren, außer Acht gelassen.

Die folgenden weiteren Voraussetzungen müssen gegeben sein:

- die übertragende Gesellschaft muss ein Industrieunternehmen (Herstellung oder Weiterverarbeitung von Gütern, Herstellung von Computersoftware etc.), ein Schiff oder ein Hotel sein oder der Firmenzusammenschluss findet zwischen Banken statt;
- die übertragende Gesellschaft war in dem Geschäftszweig, in dem der Verlust entstanden ist oder die Abschreibungen nicht verrechnet wurden, in den letzten drei Jahren tätig;
- die übertragende Gesellschaft hatte in den zwei Jahren vor dem Verschmelzungsstichtag durchgehend mindestens 75 % der Buchwerte des Anlagevermögens des Verschmelzungsstichtages im Besitz;
- die aufnehmende Gesellschaft hat durchgehend mindestens fünf Jahre vom Verschmelzungsstichtag an 75 % der Buchwerte der übernommenen Vermögenswerte zu behalten;
- die aufnehmende Gesellschaft hat den Betrieb der übernommenen Gesellschaft mindestens für fünf Jahre nach der Verschmelzung fortzuführen; und

- die aufnehmende Gesellschaft hat ggf. weitere Voraussetzungen zu erfüllen, z. B. dass sich der Betrieb der übernommenen Gesellschaft erholt oder dass die Verschmelzung auf vernünftigen wirtschaftlichen Gründen beruht;
- die aufnehmende Gesellschaft hat bei Übernahme eines Industrieunternehmens mindestens 50 % der Produktionskapazität der letzten 4 Jahre des Industrieunternehmens die nächsten 5 Jahre fortzuführen und zu erhalten; und
- die aufnehmende Gesellschaft hat den Steuerbehörden jeweils zusammen mit der jährlichen Einkommensteuererklärung eine von einem Wirtschaftsprüfer bestätigte Bescheinigung vorzulegen, die die Einhaltung der Voraussetzungen in Bezug auf die Fortführung und Erhaltung des Betriebs bzw. der Produktionskapazität in den fünf Jahren nach der Verschmelzung nachweist.

4.2. Rückführung von Gewinnen zu den Investoren

4.2.1. Quellensteuer auf Dividenden

Dividenden indischer Gesellschaften unterliegen keiner Quellenbesteuerung. Es entsteht jedoch eine eigene Steuerschuld der indischen Gesellschaft i. H. v. 16,995 % (inklusive Zuschlag von 10 % und Cess von 3 %) auf die Dividendenzahlung.

4.2.2. Quellensteuer auf die Rückführung von Gewinnen einer Betriebsstätte

Die Rückführung von Gewinnen einer Betriebsstätte unterliegt keiner Quellenbesteuerung in Indien.

5. Steuerplanung nach der Akquisition

5.1. Übertragung von Geschäftseinheiten durch Abspaltung an einen neuen Anteilseigner oder eine Schwestergesellschaft

Die Übertragung von Geschäftsbereichen unterliegt grundsätzlich der Einkommensbesteuerung sowie weiterer sonstiger Steuern (siehe Kommentierung oben).

Auf- und Abspaltungen von Gesellschaften können jedoch steuerneutral – ohne Auslösung einer Veräußerungsgewinnbesteuerung – durchgeführt werden. Bei einer derartigen Entflechtung bzw. Aufgliederung von Gesellschaften wird die übertragende Gesellschaft als aufgegliederte Gesellschaft und die übernehmende Gesellschaft als erwerbende Gesellschaft bezeichnet. Entflechtung bzw. Aufgliederung in diesem Sinne bedeutet die Übertragung von ein oder mehreren Geschäftseinheiten einer aufgegliederten Gesellschaft zu einer erwerbenden Gesellschaft in der Art, dass:

- alle Vermögensgegenstände und Verbindlichkeiten der Geschäftseinheiten zu denen der erwerbenden Gesellschaft werden;

- die Vermögensgegenstände und Verbindlichkeiten zu Buchwerten übertragen werden;
- als Gegenleistung für die Übertragung des Geschäftsbereiches die Gesellschafter der aufgegliederten Gesellschaft Anteile an der erwerbenden Gesellschaft im entsprechenden Verhältnis erhalten;
- Anteilseigner, die mindestens 75 % der Anteile der aufgegliederten Gesellschaft besaßen, kraft der Aufgliederung Anteilseigner an der übernehmenden Gesellschaft werden (für diese Bestimmung werden Anteile an der aufgegliederten Gesellschaft, die bereits vorher im Besitz der erwerbenden Gesellschaft waren, außer Acht gelassen);
- die Übertragung der Geschäftseinheiten auf Basis des Grundsatzes der Unternehmensfortführung erfolgt.

Verlustvorträge und noch nicht genutztes Abschreibungspotential der Geschäftseinheiten der aufgegliederten Gesellschaft werden auf die erwerbende Gesellschaft übertragen.

5.2. Slump Sale

Wie bereits erwähnt kann ein indischer gewerblicher Betrieb auch im Rahmen eines Slump Sale übertragen werden. Der Betrieb wird hierbei als Sachgesamtheit bzw. als einzelner Anlagegegenstand betrachtet. Die Differenz zwischen dem Verkaufspreis und dem Nettowert des Betriebes unterliegt der Veräußerungsgewinnbesteuerung.

Der Nettowert ist die Gesamtsumme aller Vermögenswerte des Betriebes (d. h. die abgeschriebenen Werte der abschreibungsfähigen Vermögensgegenstände und die Buchwerte der nicht abschreibbaren Vermögensgegenstände) vermindert um den Wert der Verbindlichkeiten. Für diesen Zweck ist von einer Neubewertung der Vermögensgegenstände abzusehen.

Die Bestimmung der Veräußerungsgewinnbesteuerung richtet sich nach dem Zeitraum, in dem das Unternehmen vom Verkäufer betrieben worden ist. Bei mehr als 36 Monaten liegt ein langfristiger Veräußerungsgewinn vor, der einer Besteuerung von 22,66 % (inklusive Zuschlag und Cess) unterliegt. Die Begünstigung der Indexbindung ist nicht anwendbar.

Ein Gewinn aus der Übertragung eines Betriebes, der vom Verkäufer 36 oder weniger Monate betrieben wurde, gilt als kurzfristiger Veräußerungsgewinn und unterliegt einer Besteuerung von 33,99 % (inklusive Zuschlag und Cess).

Die Regelungen zum Abzug und Vortrag von Veräußerungsverlusten sind die gleichen wie die oben in 1.2.2. beschriebenen.

Die Möglichkeit eines Slump Sale sollte immer dann untersucht werden, wenn der Betrieb mehr als drei Jahre betrieben wurde, aber eine gewisse Anzahl an Vermögensgegenständen enthält, die vor weniger als drei Jahren angeschafft worden sind. Denn in solch einer Situation könnte der Slump Sale im Gegensatz zu einem normalen Asset Deal mit Einzelverkauf der Wirtschaftsgüter günstiger sein, da der geringere Steuersatz für langfristige Veräußerungsgewinne von 22,66 % (inklusive Zuschlag und Cess) auf alle Wirtschaftsgüter – im Gegensatz zu 33,99 % bei kurzfristigen Veräußerungsgewinnen – anwendbar wäre.

Italien

Von Paolo Ippoliti und Eleonora Briolini (Deloitte Mailand) und Cornelia von Craushaar (Deloitte Frankfurt)

1. Vorbemerkung

Natürliche Personen, die in Italien ansässig sind, unterliegen einer progressiven Einkommensteuer auf ihr Einkommen (*IRPEF – imposta sul reddito delle persone fisiche*) bis zu 43 % (43 % finden Anwendung, wenn das jährliche Einkommen EUR 75.000 übersteigt).

Während Gewinne, die natürliche Personen oder Personengesellschaften aus ihrem Betrieb erwirtschaften, der progressiven Einkommensteuer IRPEF unterliegen, fällt bei Gewinnen, die von italienischen Körperschaften und Betriebsstätten von nicht in Italien ansässigen Rechtsträgern erwirtschaftet werden, eine nationale Körperschaftsteuer (*IHRES – imposta sul reddito delle società*) zu einem einheitlichen Steuersatz in Höhe von 27,5 % an. Dieser Steuersatz gilt unabhängig davon, ob die Gewinne thesauriert oder ausgeschüttet werden.

Italien erhebt keine lokale Einkommensteuer für Unternehmen (weder bei natürlichen Personen noch bei Personengesellschaften oder bei Körperschaften), aber eine regionale Steuer (*IRAP – imposta regionale sulle attività produttive*). Der Standardsteuersatz der IRAP beträgt 3,9 % (für Finanzinstitute gilt ein anderer Steuersatz) auf den aus der Erzeugung in der italienischen Region fließenden Nettowert der Produktion (die aus der Gewinn- und Verlustrechnung hervorgehende Differenz zwischen den „betrieblichen Erträgen“ und den „betrieblichen Aufwendungen“ nach ihrer jeweiligen Definition im italienischen Recht). Die regionalen Steuerbehörden können den Standardsteuersatz um bis zu 0,9176 % anheben oder senken. Zinsen und Personalkosten sind für die Bemessungsgrundlage der IRAP nicht abzugsfähig.

Prinzipiell können Restrukturierungen/Anteilsverkäufe/Reorganisationen bei Körperschaften in zwei Hauptkategorien unterteilt werden:

- Restrukturierungen, die bei dem Veräußerer besteuert werden (z. B. Verkauf von Beteiligungen/Anteilen, Tausch von Beteiligungen/Anteilen oder Verkauf eines Geschäftsbetriebs im Ganzen/eines Teilbetriebs). Der Käufer kann den Wert der Wirtschaftsgüter entweder für handelsrechtliche oder steuerrechtliche Zwecke bis zum Wert des Kaufpreises aufstocken.
- Steuerneutrale Restrukturierungen, die weder zu einem Gewinn noch zu einem Verlust führen (z. B. Verschmelzungen, Ausgliederungen, Spaltungen, Einbringungen von einem Betrieb/Teilbetrieb). Die übernehmende Gesellschaft oder der Käufer

übernimmt die Wirtschaftsgüter zu den bei dem Übertragenden bilanzierten Buchwerten; der Übertragende und Anteilseigner der Zielgesellschaft bilanziert die Anteile, die er für die Übertragung an dem Übernehmer erhalten hat, in der gleichen Höhe. Ein spezielles System wurde durch das Italienische Haushaltsbegleitgesetz 2008 (Gesetz 244 vom 24. Dezember 2007) eingeführt. Demnach kann die steuerliche Basis der im Rahmen von steuerneutralen Reorganisationen erhaltenen Wirtschaftsgüter für steuerliche Zwecke bis zur Höhe des handelsrechtlichen Wertes aufgestockt werden; der Step-up unterliegt einer progressiven Substitutionssteuer in Höhe von 12 %-14 %-16 %, die anstelle der „normalen" Körperschaftsteuer erhoben wird und über einen Dreijahreszeitraums verteilt gezahlt werden kann. Die Substitutionssteuer ist vom Käufer zu zahlen, der den Step-up vornimmt. Es findet keine Besteuerung auf Ebene des Veräußerers/Einbringenden statt.

Spezielle Regelungen finden für den Tausch von Beteiligungen/Anteilen bei kontrollierten (mehr als 50 % der Anteile oder Stimmrechte werden gehalten oder faktische Beherrschung ist gegeben) oder „qualifizierten" Beteiligungen (Definition siehe unter 2.1.1. a)) Anwendung.

2. Steuerliche Behandlung des Verkäufers

2.1. Veräußerung von Anteilen an italienischen Gesellschaften

2.1.1. Veräußerer ist eine in Italien ansässige natürliche Person

a) Der Veräußerer ist eine in Italien ansässige natürliche Person, die die Beteiligung im Privatvermögen hält

Die Veräußerung von Anteilen an einer Gesellschaft, die von einer in Italien ansässigen natürlichen Person gehalten wird, ist steuerpflichtig. Die steuerliche Bemessungsgrundlage für die Berechnung der Steuer ist die Differenz zwischen dem Veräußerungspreis und den Anschaffungskosten der Beteiligung.

Die steuerliche Behandlung des Gewinns/Verlustes aus der Veräußerung von Beteiligungen hängt davon ab, ob die Anteile im Privatvermögen oder Betriebsvermögen gehalten werden, und ob sie als qualifizierte Anteile gelten oder nicht.

Veräußerung von qualifizierten Anteilen

Eine Beteiligung gilt als qualifizierte Beteiligung, wenn der Anteilseigner mindestens

- 2 % der Stimmrechte oder 5 % des Stammkapitals bei börsennotierten Gesellschaften,
- 20 % der Stimmrechte oder 25 % des Stammkapitals bei allen anderen Beteiligungen

innehat.

Sobald die vorgenannten Grenzwerte einmal überschritten sind, wird der Prozentsatz der Stimmrechte oder des Stammkapitals der zu verkaufenden Beteiligung bestimmt, indem alle Verkäufe der natürlichen Person innerhalb eines 12-Monatszeitraums zusammenaddiert werden; dies gilt auch, wenn die Verkäufe an verschiedene Käufer ausgeführt wurden („12-Monatstest“).

Der Gewinn aus der Veräußerung von sogenannten „qualifizierten“ Gesellschaftsanteilen ist bei natürlichen Personen, die ihre Anteile im Privatvermögen halten, zu 60 % (ab dem Jahr 2009 zu 50,28 %) unter der Voraussetzung steuerfrei, dass diese Gesellschaften bzw. deren Tochtergesellschaften in einem „weiße-Liste“ Land ansässig sind; die Steuerbefreiung gilt ebenso, wenn die (ultimative) Tochtergesellschaft in einem anderen Land ansässig ist und bewiesen werden kann, dass die Beteiligung nicht nur zu dem Zweck in dem Staat angesiedelt wurde, Gewinne in einem nicht auf der „weiße-Liste“ stehenden Staat zu sichern. Somit werden ab dem Jahr 2009 lediglich 49,72 % des Gewinnes aus der Veräußerung von qualifizierten Beteiligungen im Privatvermögen durch natürliche Personen der progressiven Besteuerung nach IRPEF unterliegen.

Die sogenannte „weiße Liste“ beinhaltet verkürzt benannt u. a. alle Staaten, die einen Informationsaustausch mit der italienischen Finanzverwaltung gewährleisten bzw. ein Steuerniveau haben, das dem italienischen Steuerniveau vergleichbar ist. Alle Staaten, die nicht auf der „weißen Liste“ erscheinen, gelten als Niedrigsteuerländer.

Verluste aus dem Verkauf von Beteiligungen können – soweit sie im gleichen Jahr wie der Gewinn aus dem Verkauf der Beteiligung realisiert werden – bis zur Höhe des Gewinns aus dem Verkauf von Beteiligungen abgezogen werden. Für den Fall, dass lediglich 40 % des Gewinns der Steuer unterliegen, können Verluste nur bis zur Höhe dieses Prozentsatzes abgezogen werden. Darüber hinausgehende Verlustvorträge können bis zu vier Jahre vorgetragen werden, vorausgesetzt, dass der Verlust in den Steuerklärungen des Veräußerungsjahres erklärt wurde. Darüber hinaus müssen Verluste, die EUR 5 Mio. überschreiten, dem Finanzamt mitgeteilt werden, ansonsten können sie nicht abgezogen werden.

*Veräußerung von **nicht** qualifizierten Anteilen*

Gewinne aus der Veräußerung von sogenannten „nicht qualifizierten Anteilen“, die sich im Privatvermögen befinden, unterliegen der sogenannten Substitutionssteuer mit einem Steuersatz von 12,5 %. Die Substitutionssteuer wiederum setzt zusätzlich voraus, dass die Beteiligung und deren etwaige (ultimative) Tochtergesellschaft in einem „weiße-Liste“ Land ansässig ist.

Soweit die Substitutionssteuer anfällt, haben natürliche Personen drei Zahlungsalternativen:

(1) Steuererklärungsregime (“regime della dichiarazione“)

Der Verkäufer erklärt den Gewinn aus dem Verkauf der Anteile in seiner Jahressteuererklärung und zahlt die darauf anfallenden Steuern.

(2) Depot-/Verwahrungssystem (“regime del risparmio amministrato”)

Der Verkäufer richtet ein Depot für Verwahrungs- oder Verwaltungszwecke bei einer Bank oder einem Finanzmakler ein. Der Verwahrer (Treuhänder) ist dafür verantwortlich, dass die Steuer für jeden Veräußerungsgewinn des Steuerzahlers gezahlt wird.

(3) Vertretungsregime (“regime del risparmio gestito”)

Dieses findet Anwendung, wenn Wertpapiere durch einen qualifizierten Finanzmakler investiert werden (z. B. durch eine Bank oder einen Börsenmakler). Der autorisierte Vertreter sammelt die fälligen Steuern auf die Veräußerungsgewinne auf Beteiligungen ein (auch, wenn sie nicht realisiert wurden). Veräußerungsgewinne können mit Veräußerungsverlusten verrechnet werden, wenn sie im gleichen Regime besteuert werden.

b) Der Veräußerer ist eine in Italien ansässige natürliche Person, die die Beteiligung im Betriebsvermögen hält

Der Gewinn aus der Veräußerung von sogenannten „qualifizierten“ Gesellschaftsanteilen ist bei natürlichen Personen, die die Beteiligung im Betriebsvermögen halten, zu 60 % (ab dem Jahr 2009 zu 50,28 %) steuerbefreit. Nur 40 % der Gewinne (ab 2009: 49,72 %) unterliegen der progressiven Einkommensteuer IRPEF. Diese Steuerbefreiung greift bei Beteiligungen im Betriebsvermögen jedoch nur unter den folgenden Voraussetzungen:

(1) Die Beteiligung muss vom ersten Tag eines 12-Monatszeitraums vor dem Verkauf ohne Unterbrechung im Betriebsvermögen gehalten worden sein (wenn mehrere Anteile hintereinander gekauft werden, gelten die als zuletzt gekauften Anteile als zuerst veräußerte Anteile).

(2) Die Beteiligung muss in dem Anlagevermögen in der ersten Bilanz des Unternehmers in dem Zeitraum, in dem die Anteile gekauft wurden, bilanziert sein.

(3) Die Gesellschaft, an der die Anteile gekauft werden, muss in einem „weiße-Liste“ Land ansässig sein, oder es muss, soweit sie in einem anderen Staat ansässig ist, bewiesen werden können, dass die Beteiligung nicht nur zu dem Zweck in dem Staat angesiedelt wurde, Gewinne in einem nicht auf der „weißen Liste“ stehenden Staat zu sichern.

(4) Die Gesellschaft, an der die Anteile gehalten werden, muss eine Geschäftstätigkeit ausüben (spezielle Regelungen gelten für Holdinggesellschaften und Grundbesitz haltende Gesellschaften).

Die unter (3) und (4) aufgeführten Voraussetzungen müssen mindestens drei Steuerjahre vor dem Verkauf vorliegen.

Verluste aus dem Verkauf von Beteiligungen, für die die vorgenannte Steuerbefreiung (*participation exemption*) Anwendung findet, sind nicht abzugsfähig. Alle anderen Verluste, die aus dem Verkauf von Beteiligungen stammen, können vom laufenden zu versteuernden Einkommen vollständig abgezogen werden. Darüber hinaus müssen Verluste, die EUR 5 Mio. überschreiten, dem Finanzamt mitgeteilt werden, ansonsten können sie nicht abgezogen werden.

2.1.1. Veräußerer ist eine Körperschaft

Ein Veräußerungsgewinn aus dem Verkauf einer Beteiligung durch eine in Italien ansässige Kapitalgesellschaft oder eine italienische Betriebsstätte einer ausländischen Gesellschaft wird in das laufende zu versteuernde Einkommen einbezogen und unterliegt einer Körperschaftsteuer in Höhe von 27,5 %.

Unter der Voraussetzung, dass die Beteiligung in den letzten drei Jahren vor dem Verkauf in der Bilanz der veräußerndes Körperschaft unter dem Anlagevermögen ausgewiesen wurde, kann der Steuerzahler den Veräußerungsgewinn in gleichen Anteilen über eine Periode von insgesamt fünf Jahren verteilen (das Jahr des Veräußerungsgewinns und die vier Folgejahre).

Ab 1. Januar 2008 sind Veräußerungsgewinne aus der Veräußerung von Beteiligungen durch eine Kapitalgesellschaft unter folgenden Voraussetzungen zu 95 % steuerbefreit (participation exemption):

(1) Die Kapitalgesellschaft muss die Beteiligung vom ersten Tag eines 12-Monatszeitraums vor dem Verkauf ohne Unterbrechung gehalten haben (Mindesthaltedauer).

(2) Die Beteiligung muss in dem Anlagevermögen in der ersten Bilanz der Körperschaft in dem Zeitraum, in dem die Anteile gekauft wurden, bilanziert sein.

(3) Die Gesellschaft, an der die Anteile gekauft werden, muss in einem „weiße-Liste" Land ansässig sein (d. h. kein Niedrigsteuerland), oder es muss, soweit sie in einem anderen Staat ansässig ist, bewiesen werden können, dass die Beteiligung nicht nur zu dem Zweck in dem Staat angesiedelt wurde, Gewinne in einem Niedrigsteuerland zu sichern.

(4) Die Gesellschaft, an der die Anteile gehalten werden, muss eine aktive gewerbliche Tätigkeit ausüben.

Die unter (3) und (4) aufgeführten Voraussetzungen müssen mindestens drei Steuerjahre vor dem Verkauf vorliegen.

Der Test über die aktive Geschäftstätigkeit findet bei einem Anteilsverkauf von Gesellschaftsanteilen, die an der Börse gehandelt werden, keine Anwendung. Bei dem Verkauf von Gesellschaftsanteilen, deren Wirtschaftsgüter größtenteils (zu mehr als 50 %) aus Grundvermögen bestehen, das nicht für eine aktive Geschäftstätigkeit genutzt wird, geht das italienische Steuergesetz davon aus, dass keine aktive Geschäftstätigkeit vorliegt. Darüber hinaus gilt, wenn die verkaufte Gesellschaft eine Holdinggesellschaft ist, die mindestens zwei Beteiligungen hält, dass der Test über die aktive Geschäftstätigkeit erfüllt ist, wenn er von den Tochtergesellschaften der Holdinggesellschaft erbracht werden kann und die Anteile an den Tochtergesellschaften die Mehrheit der Wirtschaftsgüter in der Bilanz der Holdinggesellschaft ausmachen.

Verluste, die aus der Veräußerung der Anteile entstehen, können prinzipiell von dem zu versteuernden Einkommen abgezogen werden. Verluste, die aus dem Verkauf von Anteilen stammen, die in den Genuss der sogenannten *participation exemption* kommen, können nicht abgezogen werden.

Darüber hinaus müssen Verluste über EUR 5 Mio. dem Finanzamt mitgeteilt werden, ansonsten können sie nicht abgezogen werden; dies gilt auch bei Körperschaften. Verluste aus der Veräußerung von nicht unter das Schachtelprivileg fallenden Wertpapieren und Finanzanlagen können nur in Höhe von 5 % der Summe der daraus zugeflossenen Dividenden der letzten 36 Monate vor der Veranlagung abgezogen werden.

Die bisherige Regelung zur Besteuerung von Veräußerungsgewinnen auf Beteiligungen (Besteuerung eines Betrages von 16 %, Freistellung 64 %) gilt aufgrund einer Übergangsregelung weiterhin für alle Veräußerungsgewinne bis zur Höhe der vor 2004 steuerlich abgezogenen Teilwertabschreibung auf die Beteiligung. Die Besteuerung nur in Höhe von 5 % des Betrags gilt daher erst ab dem Zeitpunkt, in dem alle früheren Teilwertabschreibungen (vor 2004) mit den Veräußerungsgewinnen ab 1. Januar 2008 kompensiert (und zu einem Betrag von 16 % besteuert) worden sind.

Ergänzend sei darauf hingewiesen, dass eine spezielle steuerliche Behandlung der Veräußerung von Anteilen und ähnlichen Finanzinstrumenten für Banken und für Gesellschaften, die ihre Abschlüsse nach IFRS/IAS bilanzieren, Anwendung findet. Dies hängt davon ab, ob die Anteile als Wirtschaftsgüter „*held for trading*" bilanziert sind.

2.1.2. Veräußerer ist ein nicht in Italien ansässiger Anteilseigner

Die steuerliche Behandlung von Gewinnen aus dem Verkauf von Anteilen einer nicht in Italien ansässigen Gesellschaft hängt davon ab, ob die nicht in Italien ansässige Gesellschaft ihr Geschäft in Italien mittels einer Betriebsstätte ausübt oder nicht.

Übt eine nicht in Italien ansässige Gesellschaft ihr Geschäft durch eine italienische Betriebsstätte aus, gelten die Gewinne aus dem Verkauf von Gesellschaftsanteilen als aus Italien stammend; sie unterliegen insoweit der italienischen Steuer als sie Beteiligungen von in Italien ansässigen Gesellschaften zugeordnet werden können. Ausgenommen sind jedoch Veräußerungsgewinne aus dem Verkauf von Anteilen aus von nicht qualifizierenden an der Börse gelisteten Beteiligungen, da diese als nicht aus Italien stammend gelten.

Ähnlich wie natürliche Personen, die ihre Anteile im Privatvermögen halten, werden nicht in Italien ansässige Gesellschaften in Abhängigkeit der prozentualen Höhe der Beteiligung mit unterschiedlichen Steuersätzen besteuert.

Wenn die Höhe der Beteiligung, die verkauft wird, innerhalb eines 12-Monatszeitraums vor dem Verkauf 2 % der Stimmrechte oder 5 % des Stammkapitals (bei nicht an der Börse gelisteten Gesellschaften) nicht übersteigt, unterliegt der Gewinn aus der Veräußerung der Anteile der Substitutionssteuer in Höhe von 12,5 %.

Wenn die Höhe der Beteiligung innerhalb der letzten zwölf Monate vor dem Verkauf der Anteile mindestens einmal die vorgenannten Prozentsätze übersteigt (= qualifizierte Anteile), wird der Veräußerungsgewinn zu 40 % in das zu versteuernde Einkommen inkludiert (ab 2009 zu 49,72 %) und unterliegt der Körperschaftsteuer IRES zu 27,5 %.

Gewinne aus der Veräußerung von Anteilen, die der Substitutionssteuer in Höhe von 12,5 % unterliegen, sind vollständig steuerbefreit unter der Voraussetzung, dass die ausländischen Gesellschaften in einem „weiße-Liste“ Land ansässig sind.

Verluste können – soweit sie im gleichen Jahr wie der Gewinn aus dem Verkauf der Beteiligung realisiert werden – bis zur Höhe des Gewinns aus dem Verkauf von Beteiligungen abgezogen werden. Für den Fall, dass lediglich 40 % des Gewinns der Steuer unterliegen, können Verluste nur bis zur Höhe dieses Prozentsatzes abgezogen werden. Darüber hinausgehende Verlustvorträge können bis zu vier Jahre vorgetragen werden, vorausgesetzt, dass der Verlust in den Steuerklärungen für das Jahr des Verkaufs erklärt wurde.

Normalerweise zeigt der Steuerzahler den realisierten Gewinn/Verlust in der jährlichen Steuererklärung, die auch ein nicht in Italien ansässiger Anteilseigner abzugeben hat. Alternativ können die 12,5 % Substitutionssteuer auch durch eine in Italien ansässige autorisierte Stelle (normalerweise eine Bank oder eine andere Finanzeinrichtung) gezahlt werden. Dann muss der Steuerzahler allerdings dieser italienischen Stelle alle Unterlagen zur Berechnung der Gewinns/Verlustes aus der Veräußerung zur Verfügung stellen.

2.1.3. Anteilstausch

Der Tausch von Anteilen kann mittels eines Tauschs („*Permuta*") oder mittels einer Einbringung („*Conferimento*") stattfinden.

Prinzipiell ist der Anteilstausch, ob mittels eines Tauschs oder einer Einbringung, bei dem Übertragenden steuerpflichtig (ob natürliche Person oder Körperschaft, ob in Italien ansässig oder nicht, ob im Betriebsvermögen oder im Privatvermögen). Der entsprechende Gewinn unterliegt dem normalen Steuerregime wie bei dem Verkauf von Anteilen. Wenn die Vergütung nicht in bar erfolgt, wird der Veräußerungsgewinn/-verlust als Differenz zwischen dem Teilwert der transferierten Anteile und deren Anschaffungskosten bestimmt. Wenn die Anteile, die der Übertragende erhält, an der italienischen oder einer ausländischen Börse gelistet sind und die Einbringung proportional ist (= 100 Anteile für 100 Wert), darf der Teilwert der übertragenen Anteile nicht geringer als das durchschnittliche Rating der gelisteten Anteile des letzten Monats sein.

Spezielle Vorschriften greifen für den Anteilstausch, bei dem ein Anteil gegen einen anderen Anteil getauscht wird und ein Anteilseignerwechsel bei der Gesellschaft, die übertragen wird, stattfindet, oder bei einem Tausch von „qualifizierten" Anteilen.

Der Tausch von Anteilen ist steuerneutral, wenn eine italienische Gesellschaft (Käufer) mindestens 50 % der Anteile oder Stimmrechte an einer anderen italienischen Gesellschaft (Zielgesellschaft) kauft oder integriert, indem sie ihre eigenen Anteile an die Anteilseigner der Zielgesellschaft abtritt. In diesem Fall geht der Wert der eingetauschten Anteile der Zielgesellschaft neutral auf die erhaltenen Anteile an der Käufer-Gesellschaft über. Die Steuerneutralität findet unter den folgenden Voraussetzungen Anwendung:

- Beide, die Käufergesellschaft und die Zielgesellschaft, sind in Italien ansässig; es gibt keine bestimmten Voraussetzungen für den Anteilseigner der Zielgesellschaft.
- Die Vergütung für den Erhalt der Kontrolle ist durch eigene Anteile, die die Käufer-Gesellschaft hält, abgebildet.
- Die Käufergesellschaft kauft oder integriert „de iure" die Kontrolle und die Beteiligung nach Artikel 2359 § 1 Nummer 1 des Zivilgesetzbuches, d. h. die Mehrheit der Stimmrechte, die im Rahmen einer gewöhnlichen Anteilseignerversammlung der „eingetauschten" Gesellschaft ausgeübt werden können, muss gesichert sein.

Werden die Anteile mittels einer Einbringung transferiert und verliert die übertragende Gesellschaft die Kontrolle über die Zielgesellschaft, da die Kontrolle auf die Käufergesellschaft übergegangen ist, wird der steuerliche Gewinn als Unterschiedsbetrag zwischen der Erhöhung des Nettokapitals der Käufergesellschaft und den historischen Anschaffungskosten der übertragenen Beteiligung berechnet (Artikel 177 (2) des Einkommensteuergesetzes). Wiederum steht der Begriff „Kontrolle“ für eine „de iure“ Beteiligung nach Artikel 2359 § 1 des italienischen Zivilgesetzbuches.

Bei der Einbringung einer kontrollierten oder qualifizierten Beteiligung zwischen in Italien ansässigen Unternehmern (natürliche Personen und Gesellschaften) kann ein Veräußerungsgewinn realisiert werden. Der Veräußerungsgewinn hängt vom Betrag des (a) nach Handelsrecht den erhaltenen Anteilen zugeteilten Wertes der Anteile bei der einbringenden Gesellschaft und (b) des nach Handelsrecht den eingebrachten Anteilen zugeteilten Wertes der Anteile bei der aufnehmenden Gesellschaft (Artikel 175 (1) Einkommensteuergesetz) ab. Der Gewinn aus dem Anteilstausch durch Einbringung sollte dann gleich „null“ sein, wenn die Käufer-Gesellschaft den eingebrachten Anteilen den gleichen handelsrechtlichen Wert wie den erhaltenen Anteilen zuteilt (steuerneutraler Anteilstausch durch Einbringung).

3. Verkauf von Wirtschaftsgütern

3.1. Annahmen

Zum Zwecke der nachfolgenden Erläuterungen wird davon ausgegangen, dass die verkauften Wirtschaftsgüter einen Betrieb/Teilbetrieb darstellen oder Teil eines solchen sind (es sich also nicht um einzelne, von einem Betrieb unabhängig zu beurteilende Wirtschaftsgüter handelt).

Soweit der Eigentümer der betreffenden Wirtschaftsgüter nicht im Inland ansässig ist, wird ferner unterstellt, dass die Wirtschaftsgüter eine italienische Betriebsstätte darstellen oder einer solchen zugeordnet sind. Für diesen Fall schließlich wird davon ausgegangen, dass Italien gemäß Art. 13 Abs. 2 OECD MA berechtigt ist, sämtliche Veräußerungsgewinne zu besteuern, die beim Verkauf der Wirtschaftsgüter entstehen.

3.2. Veräußerer ist eine im Inland ansässige natürliche Person

Der Verkauf von zu einem Betriebsvermögen gehörenden Wirtschaftsgütern durch einen Einzelunternehmer stellt einen steuerpflichtigen Vorgang dar. Durch die Veräußerung entsteht ein Veräußerungsgewinn (bzw. Veräußerungsverlust) in Höhe des Unterschiedsbetrages zwischen dem Kaufpreis und dem (steuerlichen) Buchwert der Wirtschaftsgüter. Dieser Veräußerungsgewinn unterliegt der italienischen Einkommensteuer und wird beim Veräußerer mit dessen individuellem Einkommensteuersatz besteuert.

Je nach dem zur Veräußerung gelangenden Betriebsvermögen und der Haltedauer kommen unterschiedliche steuerliche Begünstigungen in Betracht:

Haltefrist vor Verkauf	Im Inland ansässiger Unternehmer	
	Betrieb/Einzelunternehmen	Teilbetrieb
Mehr als fünf Jahre	Zwei Alternativen: ► normale Besteuerung* ► gesonderte Besteuerung	Drei Alternativen: ► normale Besteuerung ► gesonderte Besteuerung ► nachgelagerte Besteuerung
Weniger als fünf Jahre, aber mindestens drei Jahre	Zwingend anzuwenden: ► normale Besteuerung	Zwei Alternativen: ► normale Besteuerung ► nachgelagerte Besteuerung
Weniger als drei Jahre	Zwingend anzuwenden: ► normale Besteuerung	Zwingend anzuwenden: ► normale Besteuerung

* Sofern der Veräußerer im Zeitpunkt der Veräußerung seines Betriebes eine neue gewerbliche Tätigkeit aufnimmt, hat er die Möglichkeit, zu einer nachgelagerten Besteuerung zu optieren.

Normale Besteuerung

Der Veräußerungsgewinn wird als Teil der laufenden Einkünfte aus Gewerbebetrieb behandelt und ist als solcher einkommensteuerpflichtig.

Nachgelagerte Besteuerung

Gemäß Artikel 58 und Artikel 86 § 4 Einkommensteuergesetz können steuerpflichtige Veräußerungsgewinne auf Antrag des Steuerpflichtigen wahlweise in voller Höhe im Jahr ihrer Realisation bei der Einkommensermittlung berücksichtigt oder in gleichen Teilbeträgen auf maximal fünf Wirtschaftsjahre, beginnend mit dem Jahr der Realisation, verteilt werden.

Gesonderte Besteuerung

Veräußerungsgewinne werden nicht bei der Ermittlung des steuerpflichtigen Gesamteinkommens der natürlichen Person berücksichtigt, sondern davon getrennt besteuert. Hierzu wird auf den Veräußerungsgewinn derjenige persönliche Steuersatz angewendet, welcher sich für die Hälfte der Einkünfte ergibt, die insgesamt im Zweijahreszeitraum vor dem Jahr, in welches der Veräußerungszeitpunkt fällt, erzielt worden sind.

3.3. Veräußerer ist eine inländische Kapitalgesellschaft

Bei der Veräußerung von Betriebsvermögen durch eine Kapitalgesellschaft handelt es sich um einen steuerpflichtigen Vorgang. Es ergibt sich ein Veräußerungsgewinn (oder Veräußerungsverlust) in Höhe des Unterschiedsbetrages zwischen Kaufpreis und (steuerlichem) Buchwert der Wirtschaftsgüter. Gemäß Artikel 86 § 4 Einkommensteuergesetz können steuerpflichtige Veräußerungsgewinne auf Antrag des Steuerpflichtigen wahlweise in voller Höhe im Jahr ihrer Realisation bei der Einkommensermittlung berücksichtigt oder in gleichen Teilbeträgen auf maximal fünf Wirtschaftsjahre (beginnend mit dem Jahr der Realisation) verteilt werden, vorausgesetzt der veräußerte Betrieb wurde zum Veräußerungszeitpunkt länger als drei Jahre vom Veräußerer gehalten.

Die Veräußerungsgewinne (ob als einzelner Gesamtbetrag oder ratierlich verteilt) unterliegen der Körperschaftsteuer mit einem Steuersatz von 27,5 %, sind aber nicht IRAP-pflichtig. Die ratierliche Verteilung eines Veräußerungsgewinns über mehrere Jahre (maximal fünf) ist nicht nur im Hinblick auf die faktische Steuerstundung von Vorteil, sondern ermöglicht gegebenenfalls auch die Verrechnung der jeweiligen Raten mit im Stundungszeitraum anfallenden etwaigen laufenden steuerlichen Verlusten und stellt damit ein effektives Instrument der Steuerplanung dar.

Erwähnenswert ist, dass nach Auffassung der Finanzverwaltung die allgemeine Steuerfreistellung für (direkte) Beteiligungsveräußerungen (*participation exemption*, 95 %) nicht für solche Beteiligungen gilt, die im Betriebsvermögen eines veräußerten Betriebs enthalten sind, so dass der volle Veräußerungsgewinn dem Körperschaftsteuersatz von 27,5 % unterliegt. Umgekehrt dürften dann auch Abschreibungen auf (der *participation exemption* unterliegende) Beteiligungen, welche unter normalen Umständen steuerlich nicht abzugsfähig wären, im Rahmen einer solchen Betriebsveräußerung steuerwirksam werden.

3.4. Veräußerer ist nicht in Italien ansässig

Ein nicht in Italien ansässiger Veräußerer eines italienischen Betriebsvermögens, welches Teil einer italienischen Betriebsstätte ist, ist in Italien einkommensteuerpflichtig oder körperschaftsteuerpflichtig. Da Italien ein Besteuerungsrecht in Bezug auf die Gewinne aus der Veräußerung dieses Vermögens zusteht, entsprechen die steuerlichen Konsequenzen in Italien in einem solchen Fall denjenigen, die im Falle einer Veräußerung durch einen in Italien ansässigen Veräußerer ausgelöst werden (siehe oben).

3.5. Tausch von Wirtschaftsgütern gegen Gesellschaftsanteile

3.5.1. Einbringung eines italienischen Betriebes

Bei einer Einbringung erhält der Veräußerer/Einbringende eines italienischen Betriebes im Wege eines Tausches Anteile an dem übernehmenden Rechtsträger (Übernehmer) als Gegenleistung für die Übertragung der Wirtschaftsgüter. Ein solcher Tausch ist seit Januar 2008 zwingend als steuerneutraler Vorgang zu behandeln, es besteht keine Wahlmöglichkeit in Bezug auf die Besteuerung eines durch die Transaktion generierten Veräußerungsgewinns. Im Vergleich zu der bisherigen Regelung (bis 31. Dezember 2007) besteht die wesentliche Einschränkung darin, dass der einbringende Unternehmer im Rahmen dieses steuerneutralen Modells nicht mehr die Möglichkeit hat, einen Veräußerungsgewinn aus den aufgestockten Werten der Wirtschaftsgüter mit vorhandenen steuerlichen Verlusten zu verrechnen.

Wie nachfolgend beschrieben, besteht für den Übernehmer trotzdem auch nach neuer Rechtslage die Möglichkeit, eine volle oder teilweise Aufstockung der steuerlichen Buchwerte der übernommenen Wirtschaftsgüter (bis zur Höhe der handelsbilanziellen Buchwerte) zu erreichen, indem er zur Zahlung der Substitutionssteuer optiert.

Die Regelung erstreckt sich auch auf solche Fälle, in denen entweder der Einbringende oder der Übernehmer nicht in Italien ansässig ist, vorausgesetzt die Betriebsstätte befindet sich in Italien. Vermutlich findet die Regelung im Fall der Übertragung einer italienischen Betriebsstätte auch dann Anwendung, wenn weder der Einbringende noch der Übernehmer im Inland ansässig sind.

Es ist hervorzuheben, dass auch die Veräußerung von Gesellschaftsanteilen, welche zuvor im Wege eines steuerneutralen Tausches erworben wurden, durch die allgemeine Steuerfreistellung von Beteiligungsveräußerungen (*participation exemption*, 95 % Steuerbefreiung) begünstigt sein könnte und dass das gesamte Modell (Einbringung eines Betriebes und nachfolgende Veräußerung der als Gegenleistung erhaltenen Anteile) ausdrücklich nicht zu denjenigen Vorgehensweisen gehört, die als mögliche missbräuchliche Gestaltungen Gegenstand steuerbehördlicher Prüfung sind.

3.5.2. Einbringung eines ausländischen Betriebes

Gemäß den Regelungen in Artikel 178 Einkommensteuergesetz (welcher im Wesentlichen die EU-Verschmelzungsrichtlinie für grenzüberschreitende Reorganisationen implementiert) handelt es sich bei der Einbringung eines außerhalb Italiens ansässigen Betriebes grundsätzlich um einen steuerneutralen Vorgang, sofern die beteiligten Unternehmer in der EU ansässig sind und darüber hinaus folgende Voraussetzungen erfüllt sind:

(1) Rechtsform des Einbringenden und des Übernehmers (die Rechtsform muss in der weißen Liste der EU aufgenommen sein);

(2) Einbringender und Übernehmer sind in zwei unterschiedlichen EU-Staaten ansässig, oder

(3) einer der Beteiligten (Einbringender oder Übernehmer) ist in Italien ansässig.

Sofern diese Voraussetzungen erfüllt sind, wird aus steuerlicher Sicht unterstellt, dass der ausländische Betrieb wie ein italienischer Betrieb behandelt wird und somit der Veräußerer den Betrieb zum Buchwert veräußert und die Anteile an der übernehmenden Gesellschaft zum selben Buchwert erworben hat (Steuerneutralität). Der Übernehmer führt grundsätzlich ebenfalls die Buchwerte der übernommenen Wirtschaftsgüter (des Betriebes) unverändert fort, mit denen diese zuvor beim Übertragenden angesetzt waren.

4. Transaktionskosten

4.1. Verkehrssteuern, Stempelsteuer

Verkehrssteuern auf die Übertragung von Gesellschaftsanteilen oder Teilen von Gesellschaftsanteilen (vormals 0,14 %, 0,05 % und 0,0012 %, abhängig von der jeweiligen Situation) wurden im Jahr 2007 abgeschafft.

4.2. Beurkundungssteuer

Prinzipiell unterliegt die Übertragung eines Geschäftsbetriebs mittels Urkunde der Beurkundungssteuer. Entweder ist dies ein geringer Betrag (EUR 168) oder die Beurkundungssteuer wird in Höhe eines fixen Prozentsatzes auf den Wert des Geschäftsbetriebs erhoben.

Insbesondere wird auf die Einbringung eines Geschäftsbetriebs oder eines Teils eines Geschäftsbetriebs gegen Ausgabe neuer Anteile an eine bereits existierende oder neu gegründete Gesellschaft lediglich eine Beurkundungssteuer in Höhe von EUR 168 erhoben.

Wird hingegen der Geschäftsbetrieb gegen Vergütung gekauft, unterliegt der Kauf einer Beurkundungssteuer, die auf den „normalen Wert" des zu übertragenden Geschäftsbetriebs inklusive des Firmenwertes (das Konzept ist nahezu identisch mit dem Verkehrswert, d. h. es ist prinzipiell der Kaufpreis, obwohl die Steuerbehörden oft künstliche Bewertungsmethoden anwenden) erhoben wird. Schuldner der Beurkundungssteuer ist grundsätzlich der Käufer. Soweit Grundstücke übertragen werden, sind höhere Beurkundungssteuern und Grundbuch(Kataster-)steuern fällig. In diesem Fall wird die Basis für die höhere Beurkundungssteuer pro rata um die übertragenen Verbindlichkeiten reduziert.

Die Beurkundungssteuer ist für ertragsteuerliche Zwecke eine abziehbare Betriebsausgabe.

4.3. Steuern auf die Übertragung von Grundbesitz

Es fällt keine Steuer auf die Übertragung von Grundbesitz an (Katastersteuer, Beurkundungssteuer), wenn der Grundbesitz durch eine Veräußerung/Einbringung von Anteilen an Grundbesitz haltenden Körperschaften/Personengesellschaften erfolgt.

4.4. Umsatzsteuer

Die Übertragung/Einbringung eines Geschäftsbetriebs (Art. 2, § 3b Präsidentenerlass 633/72) und von Beteiligungen/Anteilen (Art, 10, § 1 Nr.4 Präsidentenerlass 633/72) unterliegen nicht der Umsatzsteuer.

4.5. Behandlung der Transaktionskosten für einkommensteuerliche Zwecke

Der Verkäufer hat generell das Interesse, Transaktionskosten (Beraterkosten etc.) sofort vom zu versteuernden Einkommen für die Körperschaftsteuer abzuziehen. Soweit diese Transaktionskosten direkt im Zusammenhang mit dem Kauf von Beteiligungen an einer italienischen Gesellschaft bestehen, ist dies grundsätzlich nicht möglich. Die Transaktionskosten erhöhen lediglich die steuerliche Basis des Käufers für die Anteile an der Gesellschaft (und werden zum Zeitpunkt eines weiteren Verkaufs in die Berechnung des Veräußerungsgewinns einbezogen, obwohl der Veräußerungsgewinn wahrscheinlich aufgrund der *participation exemption* zu 95 % steuerbefreit ist).

Anders ist die Situation im Fall des Kaufs eines Teilbetriebs. Hier können die Transaktionskosten als andere Kosten kapitalisiert und über eine bestimmte Laufzeit (generell fünf Jahre) abgeschrieben werden.

Ebenfalls können Finanzierungsaufwendungen prinzipiell über die Laufzeit des Darlehensvertrages abgeschrieben werden.

4.6. Andere Steuern

Eine pauschale Steuer als Grundpfand- und Katastersteuer wird in Höhe von EUR 168 erhoben, wenn Grundstücke im Wege der Teilbetriebseinbringung übertragen werden. Im Falle eines Verkaufs eines Geschäftsbetriebs kann die pauschale Steuer 4 % des Wertes der Grundstücke erreichen.

5. Planung der Unternehmensakquisition – Strukturierung nach Anteilskauf

5.1. Step up Möglichkeit

Bis Ende des Jahres 2007 war es allein möglich, durch einen Asset Deal einen Step-up zu generieren. Dies ist durch das Haushaltsgesetz 2008 geändert worden.

Die Einbringung des gesamten Geschäftsbetriebs oder eines Teilbetriebs sowie die Übertragung des gesamten Geschäftsbetriebs im Wege der Verschmelzung oder Spaltung kann steuerneutral zu Buchwerten erfolgen. Das setzt voraus, dass die Wirtschaftsgüter zum steuerlichen Buchwert der eingebrachten oder übertragenen Wirtschaftsgüter von der übernehmenden Gesellschaft/aufnehmenden Gesellschaft (bei Verschmelzung/Spaltung) bilanziert werden.

Das Haushaltsgesetz 2008 hat ein Wahlrecht eingeführt, das anstelle der Buchwertübertragung genutzt werden kann. Demnach kann die aufnehmende Gesellschaft wählen, einen Step-up auf die eingebrachten oder übertragenen materiellen und immateriellen Wirtschaftsgüter (inklusive des Firmenwerts) vorzunehmen. Der Step-up führt zu höheren Abschreibungen oder der Reduzierung der steuerlichen Basis dieser Wirtschaftsgüter bei einem zukünftigen Verkauf. Bei dem Step-up kann die steuerliche Basis bis zur Höhe des handelsrechtlichen Wertes aufgestockt werden. Die Parteien können zwischen einem Step-up zum Teilwert oder Zwischenwert wählen. Bei einem Step-up zum Zwischenwert sind jedoch die Wirtschaftsgüter in bestimmte homogene Klassen zu unterteilen.

Der Step-up unterliegt einer sog. progressiven Substitutionssteuer auf die Differenz zwischen den historischen Anschaffungskosten und dem Wert laut Bilanz (sog. fiktiver Gewinn) zu folgenden Steuerraten:

- 12 % auf die ersten EUR 5 Mio. des fiktiven Gewinns,
- 14 % auf den Anteil zwischen EUR 5 Mio. und EUR 10 Mio.,
- 16 % auf einen EUR 10 Mio. übersteigenden Betrag.

Die Substitutionssteuer findet anstelle der Körperschaftsteuer (IRES) und der regionalen Steuer (IRAP) Anwendung. Die Steuer kann in drei Jahresraten aufgeteilt werden (30-40-30 %). Für die zweite und dritte Rate fällt eine Verzinsung in Höhe von 2,5 % an.

Die Option zum Step-up muss in den Steuererklärungen des Jahres, in dem die Übertragung stattgefunden hat, oder in dem Wirtschaftsjahr, das auf die Übertragung folgt, erklärt werden.

Gegenläufiger Effekt zu der im Voraus gezahlten Substitutionssteuer sind die für körperschaftsteuerliche und IRAP-Zwecke anzuwendenden Abschreibungen auf die materiellen und immateriellen Wirtschaftsgüter in den Folgejahren. Die aufgestockten Werte können ab dem Wirtschaftsjahr der Übertragung abgeschrieben werden. Für den Fall, dass ein Wirtschaftsgut vor dem vierten Wirtschaftsjahr nach der Übertragung verkauft wird, wird die Basis des Wirtschaftsguts auf die originäre Steuerbasis reduziert und der Gewinn aus dem Verkauf dieses Wirtschaftsguts unterliegt in vollem Umfang der Körperschaftsteuer, allerdings reduziert um die bereits bezahlte Substitutionssteuer.

Die Möglichkeit des Ansatzes der aufgestockten Werte durch einen Step-up findet für alle Übertragungen Anwendung, die nach dem 31. Dezember 2007 erfolgen.

5.2. Organschaft versus Verschmelzung

Es gibt zwei typische Szenarien, die nach einem Anteilskauf etabliert werden können, um eine Verrechnung des steuerlichen Einkommens/Verluste und des Zinsaufwandes aus der Finanzierung der Akquisition des italienischen Akquisitionsvehikels mit den Gewinnen aus der italienischen Zielgesellschaft vornehmen zu können:

(1) Verschmelzung zwischen Akquisitionsvehikel (ob neu gegründet oder bereits existierende Gesellschaft) und Zielgesellschaft oder,

(2) Organschaft zwischen Akquisitionsvehikel (ob neu gegründet oder bereits existierende Gesellschaft) und Zielgesellschaft.

Der Nutzen beider Optionen kann je nach Sachbverhalt unterschiedlich sein und ist von einer Vielzahl von Faktoren abhängig, die pro Einzelfall genau untersucht werden müssen und nicht nur durch das Steuerrecht bestimmt werden.

Im Vorhinein kann deshalb nicht festgelegt werden, ob eine Verschmelzung aus der Sicht der Steuerersparnis nützlicher ist als die Begründung einer Organschaft.

Bei der Verschmelzung gibt es Missbrauchsregelungen hinsichtlich der beschränkten Nutzbarkeit von Verlustvorträgen bei der aufnehmenden Gesellschaft einer Verschmelzung. Dies ist dann kein Problem, wenn die Verluste ohnehin verloren wären, ansonsten wäre die Organschaft eine bessere Lösung, da sie die Verlustvorträge nicht beeinflusst (hier sei darauf hingewiesen, dass die vor-organschaftlichen Verlustvorträge nur bei der Gesellschaft genutzt werden können, die sie erlitten hat).

Darüber hinaus ist eine Verschmelzung günstiger im Hinblick auf die Abzugsfähigkeit von Finanzierungszinsaufwendungen, da die Zinsaufwendungen vollständig mit dem Zinsertrag der gleichen Gesellschaft abgezogen werden können (ohne Begrenzung auf die 30 % EBITDA-Grenze), während bei einer Organschaft der Zinsaufwand und der Zinsertrag getrennt bleiben, weil die 30 % EBITDA Berechnung auf Einzelbasis ermittelt wird.

Es sollte erwähnt werden, dass ab 1. Januar 2008 die 100%ige Befreiung von Dividendenausschüttungen innerhalb des Konsolidierungskreises abgeschafft wurde, was eine der Hauptbegünstigungen der Organschaft war. Dividenden innerhalb eines Organkreises werden nun in Höhe von 5 % besteuert. Ebenfalls wurde die bislang geltende steuerneutrale Übertragung von Wirtschaftsgütern des Anlagevermögens zwischen den Gesellschaften eines Konsolidierungskreises abgeschafft.

Eine wichtige nicht-steuerrechtliche Implikation bezieht sich auf die Gewinn- und Verlustrechnung nach einer Verschmelzung. Tatsächlich generiert die Verschmelzung in den meisten Fällen – und speziell in M&A-Transaktionen – die Verpflichtung, einen bestimmten Betrag als Firmenwert zu bilanzieren, der nach italienischem Handelsrecht abgeschrieben werden muss (es können auch andere Wirtschaftsgüter bilanziert werden, die den Unterschiedsbetrag zwischen dem Kaufpreis, der für die Zielgesellschaft bezahlt wurde, und dem Nettobuchwert der Zielgesellschaft widerspiegeln). Bei einer Verschmelzung wird die Gewinn-/Verlustrechnung der übernehmenden Gesellschaft um die Abschreibung des Firmenwertes reduziert, was bei einer Organschaft nicht stattfände (weil die Anteile an der Tochtergesellschaft bei der Muttergesellschaft keine Abschreibung implizieren). In diesem Fall kann die übernehmende Gesellschaft überlegen, ob sie nicht als Alternative anstatt nach italienischem Handelsrecht nach IFRS bilanziert. Diese Option muss allerdings im Hinblick auf andere Auswirkungen einer Bilanzierung nach IFRS und der in diesem Zusammenhang bislang noch nicht vollständig geklärten Steuerrechtsfragen genau überlegt sein.

5.3. Begründung einer Organschaft mit existierenden Gesellschaften

Nur Körperschaften können Gegenstand einer Organschaft sein (nicht Personengesellschaften).

Unter den folgenden Bedingungen kann eine Organschaft nach italienischem Steuerrecht begründet werden:

- Der Anteilseigner muss **direkt** mindestens 50 % der Stimmrechte an der Organgesellschaft innehaben (die in der ordentlichen Gesellschafterversammlung ausgeübt werden)
- Kontrolle: der Anteilseigner muss mindestens **indirekt oder direkt** 50 % des Stammkapitals innnehaben und mindestens 50 % des Gewinns erhalten

Die Kontrolle muss (mindestens) ab Beginn des Wirtschaftsjahrs der Organschaft bestehen.

Für das italienische Steuerrecht muss der Organträger entweder in Italien ansässig sein oder eine ausländische Gesellschaft sein, die (1) in einem Land, mit dem Italien ein Doppelbesteuerungsabkommen hat, ansässig ist und (2) eine Betriebsstätte in Italien hat, in deren Büchern die Anteile an der Organgesellschaft ausgewiesen sind. Prinzipiell können Gesellschaften, die in Italien ansässig sind, sowohl als Organträger als auch als Organgesellschaft fungieren. Eine ausländische Gesellschaft kann hingegen lediglich Organträger sein.

Neben den vorgenannten Voraussetzungen müssen

(1) Organträger und Organgesellschaft das gleiche Wirtschaftsjahr haben,

(2) Organträger und Organgesellschaft gemeinsam die Option zu einer Organschaft ausüben,

(3) die Option zur Ausübung dem Finanzamt bis zum 16. Tag des sechsten Monats des Wirtschaftsjahres vor dem Beginn der Organschaft angezeigt werden,

(4) die Organgesellschaft wählen, dass sie für steuerliche Zwecke an dem Ort des Organträgers ansässig ist (wenn die Ansässigkeit nicht mehr gegeben sein sollte, muss zumindest die steuerliche Ansässigkeit bei dem Organträger beibehalten werden bis zum Verfall des Rechts des Finanzamts, einen Steuerbescheid zu erlassen).

Die Option zur Organschaft ist für drei Jahre unwiderruflich und muss von dem Organträger und der Organgesellschaft gemeinsam ausgeübt werden. Wenn – aus irgendwelchen Gründen – die faktische Kontrolle vor Ende der Dreijahresperiode wegfällt, gibt es unterschiedliche Rechtsfolgen (z. B. können die Verluste aufgeteilt und der Gesellschaft, die für den Bruch der Organschaft verantwortlich zeichnet, zugeordnet werden).

Trotz der Organschaft wird das Einkommen der an der Organschaft beteiligten Gesellschaften auf Einzelbasis berechnet. D. h. jedes Unternehmen, auch wenn es Teil einer Organschaft ist, wird wie ein separater Steuerzahler behandelt. Ferner muss jede an der Organschaft teilnehmende Gesellschaft eine Steuererklärung abgeben, in der das zu versteuernde Einkommen/der Verlust einzeln ausgewiesen ist. Darüber hinaus muss der Organträger eine Gruppenerklärung abgeben, die das konsolidierte zu versteuernde Einkommen und die entsprechenden Steuern ausweist. Das konsolidierte zu versteuernde Einkommen ist die Summe in Höhe von 100 % des zu versteuernden Einkommens/Verlustes jeder Organtochter, auch wenn die Anteilseignerschaft faktisch unter 100 % beträgt.

Der Organträger haftet für die Berechnung und die Zahlung der Steuern (inklusive Mehrsteuern auf das zu versteuernde Einkommen, das sich aufgrund von Anpassungen des zu versteuernden Einkommens der beteiligten Organgesellschaften ergibt) und haftet als Gesamtschuldner für Geldstrafen wegen Zuwiderhandlungen durch die an der Organschaft beteiligten Gesellschaften. Die Organgesellschaft ist zusammen mit dem Organträger gesamtschuldnerisch haftbar für (1) Mehrsteuern nebst Zinsen für jede an der Organschaft beteiligte Gesellschaft sowie (2) direkt haftbar für alle Geldstrafen, die im Zusammenhang mit ihrem eigenen zu versteuerndem Einkommen stehen.

Jegliche Zahlungen innerhalb der Organschaft für den Transfer des zu versteuernden Einkommens oder den Ausgleich der Verluste sind für steuerliche Zwecke unbeachtlich (d. h. das Einkommen unterliegt nicht der Steuer und Aufwand ist nicht abzugsfähig). Wenn die Summe negativ ist, kann der Organträger die Verluste vortragen; Verluste, die vor dem Beginn der Organschaft entstanden sind, können nur von der verlusttragenden Gesellschaft (auch innerhalb des Zeitraums der Organschaft) genutzt werden.

Um einen Doppeleffekt, der sich aus Abschreibungen von Beteiligungen an der (zukünftigen) Organgesellschaft innerhalb der letzten zehn Jahre vor Begründung der Organschaft ergeben kann, zu vermeiden, ist es für steuerliche Zwecke zwingend, dass die

Steuerbilanzwerte der Wirtschaftsgüter und Verbindlichkeiten der Organgesellschaft, deren Beteiligung abgeschrieben wurde, angepasst werden. Folglich sollte bei der Frage, ob eine Gesellschaft Organgesellschaft werden soll, auch mit in die Überlegung einbezogen werden, ob die Anteile an der zukünftigen Organgesellschaft in der Vergangenheit abgeschrieben wurden.

Neben dem oben beschriebenen Organschaftsregime gibt es ein weltweites Organschaftsregime, das dem oben beschriebenen System ähnelt.

5.4. Beschränkung des Zinsabzugs bei Fremdfinanzierung

5.4.1. Generelle Anmerkungen

Grundsätzlich unterliegen Körperschaften der Zinsschranke.

Nicht der Zinsschrankenregelung unterliegen Banken und andere Finanzdienstleister, Versicherungen und Muttergesellschaften von Bankengruppen. Ebenso sind Einzelunternehmen und Personengesellschaften von der Zinsschrankenregelung ausgeschlossen. Es gibt jedoch bestimmte Regelungen, wenn z. B. eine Personengesellschaft von einer Kapitalgesellschaft gehalten wird, um eine Umgehung der Zinsschrankenregelung zu vermeiden.

Die Beschränkungen des Zinsabzugs sind auch auf Holdinggesellschaften anwendbar. Weil Dividenden aus Sicht der italienischen Handelsbilanz nicht als Einkommen einer Gesellschaft angesehen werden, würde das EBITDA einer „typischen" Holdinggesellschaft null oder sogar negativ sein. Hier kann mit der Gruppenbesteuerung entgegen gewirkt werden. In diesem Fall könnte der Zinsaufwand, der den Zinsertrag übersteigt, bei solchen Holdinggesellschaften genutzt werden, um das Einkommen der anderen Organgesellschaften des Organkreises zu verringern. Somit können Holdinggesellschaften von der 30 % EBITDA Kapazität ihrer Tochtergesellschaften profitieren (die den Zinsabzug nicht ausschöpfen können).

Die Beschränkung des Zinsabzugs, d. h. die EBITDA Regel, findet auf alle Arten der Überlassung von Fremdkapital Anwendung und beinhaltet Darlehen, Bonds, Finanzierungsleasing (hier: die Zinskomponente des Leasingraten). Es gibt keine Freigrenze für den Zinsaufwand und auch keine Ausnahmetatbestände.

Zinsen auf Fremdkapital, die in dem Steuerjahr nach dem 1. Januar 2008 anfallen und die nicht kapitalisiert werden, sind vollständig abziehbar bis zur Höhe des Zinsertrages des gleichen Steuerjahres. Der überschießende Betrag ist in Höhe von 30 % des Bruttoeinkommens des Betriebs abziehbar. Das Bruttoeinkommen ähnelt dem EBITDA (*Earnings before interest, taxes, depreciation and amortization*) und wird berechnet als Differenz zwischen den Umsatzerlösen (= Position A des Gewinn- und Verlustberechnungsschemas, Artikel 2425 des C.C.) und den Produktionskosten (Position B des Gewinn- und

Verlustberechnungsschemas, Artikel 2425 des C.C.), ohne die Abschreibungen auf materielle und immaterielle Anlagegüter und Abwertungen sowie die Finanzierungsleasingsraten von Wirtschaftsgütern des Geschäfts. Es wird auf das handelsrechtliche EBITDA abgestellt. Die relevanten Positionen können aus der Gewinn- und Verlustrechnung entnommen werden. Soweit Abschlüsse nach IFRS oder IAS erstellt werden, stammen die entsprechenden Positionen aus diesen Gewinn- und Verlustrechnungen.

Zinsaufwendungen, die nicht abgezogen werden können, können in die folgenden Wirtschaftsjahre (zeitlich unbeschränkt) vorgetragen und in späteren Wirtschaftsjahren – soweit der Nettozinsaufwand unter 30 % des EBITDA liegt – genutzt werden.

Neben der Vortragsmöglichkeit der Zinsen besteht ab dem 1. Januar 2010 die Vortragsmöglichkeit des nicht genutzten EBITDA.

5.4.2. Zinsabzug im Rahmen einer Organschaft zwischen der Erwerbergesellschaft und dem Target

Wenn eine Gesellschaft in eine Organschaft eingebunden ist, kann jeglicher nicht abzugsfähiger Zinsaufwand, der 30 % des EBITDA übersteigt (oder der Zinsvortrag), der nach dem Beginn einer Organschaft entsteht, genutzt werden, um bei jeglicher anderen in den Organkreis eingebundenen Gesellschaft das zu versteuernde Einkommen bis zur Höhe von 30 % des EBITDA, das nicht zum Abzug der eigenen Zinsen genutzt wurde, zu reduzieren.

Um den abzugsfähigen Nettobetrag der Zinsen zu berechnen, können auch 30 % des EBITDA von ausländischen Gesellschaften virtuell berücksichtigt werden und somit das EBITDA erhöht werden; dies gilt, soweit das EBITDA den Zinsaufwand, der bei den ausländischen Gesellschaften angefallen ist, übersteigt und vorausgesetzt, dass:

- Der italienische Organträger direkt oder indirekt mindestens 50 % des Stammkapitals, der Stimmrechte und der Gewinnbeteiligungsrechte der ausländischen Gesellschaft vom Beginn des relevanten Steuerwirtschaftsjahres innehat;
- Das Steuerwirtschaftsjahr der ausländischen Gesellschaft mit dem Steuerwirtschaftsjahr des italienischen Organträgers übereinstimmt; und
- Die Jahresabschlüsse der ausländischen Gesellschaft geprüft werden.

5.4.3. Zinsabzug der Erwerbergesellschaft mit dem Target bei Verschmelzung/Spaltung

Im Falle einer Verschmelzung und Spaltung ist es der übernehmenden Gesellschaft erlaubt, den Zinsvortrag der übertragenden Gesellschaft zu nutzen, jedoch nur

- bis zu einem Betrag des Nettoeigenkapitals der aufgenommenen oder abgespaltenen Gesellschaft (ohne die Einzahlungen in das Eigenkapital der letzen 24 Monate zu berücksichtigen) und

- unter der Bedingung, dass die Gewinn- und Verlustrechnung der verschmolzenen oder abgespaltenen Gesellschaft, in dem Wirtschaftsjahr, das der Übertragung vorangeht, Bruttoerlöse und Personalkosten ausweist, die höher als 40 % des Durchschnitts der zwei vorangegangenen Steuerjahre sind.

5.5. Beibehaltung der Verlustvorträge der Zielgesellschaft

5.5.1. Generelle Regelung

Verluste können nicht zurückgetragen werden.

Für Verluste, die innerhalb eines Drei-Jahres-Zeitraums nach der Aufnahme einer Geschäftstätigkeit entstehen, gibt es keine zeitliche Limitierung für den Verlustvortrag, vorausgesetzt, dass die Verluste aus einer wirklich neuen Geschäftstätigkeit stammen (d. h. eine Geschäftstätigkeit, die nicht bereits vorher von einer anderen Person ausgeübt wurde).

Prinzipiell kann der steuerliche Verlust eines Wirtschaftsjahres, der nicht ausgeglichen wurde, bei Körperschaften über einen Zeitraum von bis zu fünf Jahren vorgetragen und mit zukünftigen Gewinnen verrechnet werden.

5.5.2. Anteilseignerwechsel/Restrukturierungen

Jedoch gibt es bei einem Wechsel des Anteilseigners Verlustabzugsbeschränkungen.

Der Verlust kann nicht für fünf Jahre vorgetragen werden, wenn bei der Gesellschaft, in der der Verlust verursacht wurde,

- mehr als 50 % der Stimmrechte an einen anderen Anteilseigner übertragen werden,
- sich die wirtschaftliche Tätigkeit, die die Gesellschaft ausübt, während des Geschäftsjahres, in dem die Verluste entstehen, oder in den zwei nach der Entstehung der Verluste folgenden Wirtschaftsjahren wesentlich ändert.

Diese Regelung findet keine Anwendung, wenn die Gesellschaft in den zwei Wirtschaftsjahren, die der Übertragung vorangehen, mehr als zehn Personen beschäftigt hat, und in dem Wirtschaftsjahr, das der Übertragung vorangeht, Bruttoerlöse und Personalkosten getätigt wurden, die höher als 40 % des Durchschnitts der zwei vorangegangenen Steuerjahre vor dem Anteilseignerwechsel sind.

Bei einer Verschmelzung oder einer Aufspaltung sind die Verlustvorträge der gleichen Regelung wie bei der unter Abschnitt 5.4.3. beschriebenen Zinsschrankenregelung unterworfen. Der Verlust kann bei einer Spaltung jedoch nur anteilsmäßig in Höhe der übernommenen Nettowerte der Wirtschaftsgüter aus die übernehmende Gesellschaft übertragen werden. Darüber hinaus gibt es eine Missbrauchsregel. Diese sieht vor, dass Verluste, die aus der verschmolzenen Gesellschaft stammen, deren Anteile von der übernehmenden Gesellschaft in den Vorjahren abgeschrieben wurden, bis zu einem

Betrag in Höhe der Abschreibung auf die Beteiligung an der verschmolzenen Gesellschaft bei der aufnehmenden Gesellschaft nicht abgezogen werden können.

Es gibt weiterhin Restriktionen hinsichtlich des Verlustvortrages, wenn die Gesellschaft von einer Freistellungsregelung an sich Gebrauch machen kann oder wenn das Einkommen von der Steuer freigestellt ist.

5.5.3. Organschaft

Wenn eine Organschaft unter reiner Beteiligung von italienischen Gesellschaften besteht, entsteht der Nettoverlust aus allen Organgesellschaften bei dem Organträger; wenn jedoch eine Gesellschaft die Organschaft verlässt, wird dieser Gesellschaft der Teil, den sie an dem Verlustvortrag der Organträgerin „trägt", wieder zugeteilt.

Verlustvorträge, die entstehen, bevor eine Gesellschaft in die Organschaft eintritt, können nur bei der Gesellschaft, die die Verluste erlitten hat, genutzt werden. D. h., dass vororganschaftliche Verlustvorträge nicht konsolidiert werden können und nur von der Gesellschaft genutzt werden können, bei der sie verursacht wurden (dies ist auch während des Bestehens der Organschaft möglich).

Zur Behandlung der Verluste aus der Veräußerung von Beteiligungen, siehe in dem jeweiligen Abschnitt unter 2.

6. Repatriierung von Einkommen der Zielgesellschaft

6.1. Kapitalertragsteuer auf Darlehenszinsen

Während auf Darlehenszinsen, die an einen italienischen Darlehensgeber gezahlt werden, keine Kapitalertragsteuer erhoben wird, fällt auf Darlehenszinsen, die an einen ausländischen Darlehensgeber gezahlt werden, italienische Kapitalertragsteuer in Höhe von 12,5 % an. Der Kapitalertragsteuersatz kann aufgrund eines Doppelbesteuerungsabkommens reduziert werden. Keine Kapitalertragsteuer fällt an, wenn die Voraussetzungen für die Anwendung der EU-Zinsrichtlinie vorliegen. Eine höhere Kapitalertragsteuer in Höhe von 27 % auf Darlehenszinsen fällt bei Darlehensgebern an, die nicht in einem weiße-Liste Land ansässig sind (d. h. in einem Niedrigsteuerland oder einem Land, das den steuerlichen Informationsaustausch ablehnt), und bei Zinsen, die auf Staatsbonds oder Bonds mit einer Laufzeit von unter 18 Monaten nach der Ausgabe gezahlt werden.

Bei Missbrauch der EU-Zinsrichtlinie (z. B. wenn eine italienische Gesellschaft nur unter eine EU-Holdinggesellschaft gehängt wird, um die Kapitalertragsteuerbefreiung in Anspruch zu nehmen) kann nicht ausgeschlossen werden, dass im Rahmen einer zukünftigen Steuerprüfung die Kapitalertragsteuerbefreiung als Missbrauch negiert wird.

Die Kapitalertragsteuer auf Darlehenszinsen fällt bei Zahlung der Zinsen an (oder wenn diese als gezahlt gelten), jedoch nicht, wenn die Zinsen thesauriert werden.

Jegliche Zinszahlung, die vor Ablauf der 12-Monate-Mindesthaltefrist laut EU-Zinsrichtlinie geleistet wird, unterliegt der Kapitalertragsteuer. Nach Ablauf der Haltefrist kann jedoch eine Erstattung verlangt werden.

6.2. Kapitalertragsteuer auf Dividenden

Dividenden, die an ausländische Gesellschaften ausgeschüttet werden, unterliegen generell einem Steuersatz in Höhe von 27 % oder einer Kapitalertragsteuer in Höhe von 1,375 %, es sei denn, ein Doppelbesteuerungsabkommen oder die Mutter-Tochter Richtlinie reduziert den Steuersatz. Die Kapitalertragsteuer in Höhe von 1,375 % (27 % x 5 %) findet auf Dividendenauschüttungen nach dem 31. Dezember 2008 an EU- und EWR-Gesellschaften Anwendung, wenn nicht der Null-Satz aufgrund der Mutter-Tochter Richtlinie gegenüber EU-Gesellschaften zur Anwendung kommt. Die 1,375 % sind prinzipiell der gleiche Steuersatz, den eine italienische Gesellschaft auf die Dividenden, die sie erhält, zahlt, da diese zu 5 % mit einem Körperschaftsteuersatz in Höhe von 27 % besteuert werden.

Die EU-Mutter-Tochter-Richtlinie erlaubt einer italienischen Gesellschaft, an einen unter der Richtlinie qualifizierenden Anteilseigner (Halten von mindestens 15 % des Kapitals, 10 % ab dem 1. Januar 2009, Mindesthaltefrist zwölf Monate) die Dividenden ohne Kapitalertragsteuereinbehalt auszuschütten. Wie bei den Zinszahlungen müssen auch hier bestimmte Voraussetzungen eingehalten werden und es gibt eine Missbrauchsregelung.

7. Exit

Es gibt zwei Hauptanwendungsfälle, wenn die Beteiligung wieder verkauft werden soll (es wird angenommen, dass 100 % der Anteile verkauft werden sollen):

(1) *Verkauf des italienischen Akquisitionsvehikels nach Verschmelzung zwischen dem italienischen Akquisitionsvehikel und der italienischen Zielgesellschaft nach dem Anteilskauf*

Der Gewinn, der aus dem Verkauf der Anteile durch den (angenommen) ausländischen Anteilseigner des italienischen Akquisitionsvehikels entsteht, ist in Italien dann nicht steuerpflichtig, wenn das DBA das Besteuerungsrecht dem Land des Verkäufers zuordnet. Wenn kein DBA vorliegt oder wenn ein DBA Italien das Besteuerungsrecht zuteilt, unterliegen 40 % des Veräußerungsgewinns (ab 2009: 49,72 %) der italienischen Körperschaftsteuer.

(2) *Verkauf der italienischen Zielgesellschaft (das italienische Akquisitionsvehikel befindet sich in einer Organschaft mit der Zielgesellschaft nach dem Anteilskauf)*

Wenn dann die italienische Zielgesellschaft durch die italienische Akquisitionsgesellschaft verkauft wird, sind 5 % des Veräußerungsgewinns mit einem Steuersatz in Höhe von 27,5 % steuerpflichtig. Dividenden, die das Akquisitionsvehikel an seinen ausländischen Anteilseigner ausschüttet, unterliegen prinzipiell der italienischen Kapitalertragsteuer. Wenn das italienische Akquisitionsvehikel veräußert wird, ist die steuerliche Behandlung wie unter (1) beschrieben.

Japan

Von Jonathan Stuart-Smith und David Bickle (beide Deloitte Tokio) und Thomas Welz (Deloitte Düsseldorf)

In diesem Kapitel werden einige der wesentlichen Sachverhalte im Hinblick auf die Besteuerung von Mergers & Acquisitions (kurz M&A) in Japan behandelt. Aufgrund des Umfangs und der Komplexität dieses Themas können in diesem Rahmen nicht alle Aspekte umfassend abgedeckt werden. Die folgenden Informationen basieren auf dem Rechtsstand der japanischen Steuergesetze per 30. November 2008.

1. Steuerliche Behandlung des Veräußerers

1.1. Veräußerung von Anteilen an japanischen Unternehmen

1.1.1. Veräußerer ist eine in Japan ansässige natürliche Person

Veräußerungsgewinne, die durch in Japan ansässige natürliche Personen realisiert werden, werden unabhängig vom sonstigen Einkommen der jeweiligen natürlichen Person besteuert. Die Veräußerung von Anteilen an einem japanischen Unternehmen durch eine in Japan ansässige natürliche Person wird grundsätzlich mit einem Steuersatz i. H. v. 20 % besteuert. Dieser Steuersatz betrifft zu 15 % die Einkommensteuer und zu 5 % Kommunalsteuer. Für den Zeitraum vom 1. Januar 2003 bis 31. Dezember 2008 wurde der Steuersatz auf Veräußerungsgewinne aus börsennotierten Anteilen unter bestimmten Voraussetzungen jedoch auf 10 % reduziert (7 % Einkommensteuer und 3 % Kommunalsteuer). Für den Zeitraum vom 1. Januar 2009 bis 31. Dezember 2010 beträgt der Steuersatz auf Veräußerungsgewinne aus börsennotierten Anteilen bis zu einer Höhe von JPY 5,0 Mio. je natürlicher Person weiterhin 10 % (7 % Einkommensteuer und 3 % Kommunalsteuer).

Zum gegenwärtigen Zeitpunkt dürfen natürliche Personen Verluste aus der Veräußerung von Anteilen nur mit entsprechenden Gewinnen aus der Veräußerung von Anteilen verrechnen. Ab dem Steuerjahr 2009 ist es jedoch unter bestimmten Voraussetzungen möglich, Verluste aus der Veräußerung börsennotierter Anteile, die über eine Verrechnung mit entsprechenden Gewinnen hinausgehen, mit Dividendenerträgen aus börsennotierten Anteilen zu verrechnen.

1.1.2. Veräußerer ist eine in Japan ansässige Gesellschaft

Werden Anteile an einem japanischen Unternehmen durch eine andere, in Japan ansässige Gesellschaft veräußert, so wird der daraus resultierende Veräußerungsgewinn dem sonstigen Einkommen der Gesellschaft hinzugerechnet und mit den allgemeinen Steuersätzen besteuert (der effektive Steuersatz aus Körperschaftsteuer und Kommunalsteuer beträgt ca. 41 %).

Verluste aus der Veräußerung von Anteilen werden für steuerliche Zwecke mit dem sonstigen Einkommen verrechnet.

1.1.3. Veräußerer ist ein in Deutschland ansässiger Anteilseigner

Veräußerungsgewinne aus der Veräußerung von Anteilen an einer japanischen Gesellschaft durch einen im Ausland ansässigen Anteilseigner werden bei Vorliegen der folgenden Voraussetzungen als in Japan steuerpflichtiges Einkommen behandelt:

- Der gesamte Anteilsbesitz des im Ausland ansässigen Investors und verbundene Gesellschafter an der japanischen Gesellschaft belief sich zu einem Zeitpunkt in den vorangegangenen drei Jahren (gerechnet vom Geschäftsjahresende der Veräußerung) auf mindestens 25 % aller ausgegebenen Anteile, und
- der im Ausland ansässige Investor und dessen verbundene Gesellschafter veräußern mindestens 5 % der Anteile an der japanischen Gesellschaft im laufenden Geschäftsjahr.

Gemäß dieser Regelung (oft auch als sogenannte „5/25-Regel“ bezeichnet) unterliegt eine im Ausland ansässige Gesellschaft der japanischen Steuer. Bei der Veräußerung von Anteilen an einer japanischen Gesellschaft beträgt der Steuersatz bei im Ausland ansässigen Gesellschaften 30 % bzw. bei im Ausland ansässigen natürlichen Personen 15 %.

Betreffend die Besteuerung von Gewinnen aus der Veräußerung von Anteilen an einer Grundstücksgesellschaft kommen nach japanischer Steuergesetzgebung abweichende Regelungen zur Anwendung. Eine Gesellschaft wird im Allgemeinen als Grundstücksgesellschaft angesehen, wenn sich 50 % oder mehr der Wirtschaftsgüter (auf Basis der Verkehrswerte) aus in Japan befindlichem Immobilienvermögen, Nießbrauchsrechten in speziellen japanischen Immobilienfonds und/oder Anteilen an anderen Grundstücksgesellschaften zusammensetzten. In derartigen Fällen unterliegen die Gewinne der ausländischen Investoren der japanischen Steuer, soweit der Veräußerer mehr als 2,0 % an einer nicht börsennotierten Grundstücksgesellschaft besitzt. Im Fall einer börsennotierten Grundstücksgesellschaft unterliegen alle Gewinne der japanischen Steuer, wenn der Veräußerer mehr als 5,0 % der Anteile hält.

Gemäß dem deutsch-japanischen Doppelbesteuerungsabkommen (DBA) sind jedoch Gewinne aus der Veräußerung von Anteilen an einer japanischen Gesellschaft grundsätzlich nur im Ansässigkeitsstaat zu versteuern. Daher wäre die Veräußerung von Anteilen an einer japanischen Gesellschaft durch eine in Deutschland ansässige Gesellschaft oder natürliche Person, auf die das DBA Anwendung findet, grundsätzlich in Japan nicht steuerpflichtig.

1.2. Veräußerung von Wirtschaftsgütern

1.2.1. Veräußerer ist eine in Japan ansässige natürliche Person

Gewinne aus der Veräußerung von Wirtschaftsgütern durch eine in Japan ansässige natürliche Person unterliegen Steuersätzen von bis zu 50 %. Die tatsächlichen Steuersätze variieren je nach Klassifizierung der Einkunftsart.

1.2.2. Veräußerer ist eine in Japan ansässige Gesellschaft

Von einer Gesellschaft realisierte Gewinne und Verluste aus der Veräußerung eines Betriebs oder eines Teilbetriebs werden gemeinsam mit den anderen für Steuerzwecke erfassten Einkünften besteuert oder von diesen abgezogen.

1.2.3. Veräußerer ist ein in Deutschland ansässiger Anteilseigner

Sind die veräußerten Wirtschaftsgüter einer Betriebsstätte in Japan zuzuordnen, unterliegen jegliche Gewinne aus der Veräußerung derartiger Wirtschaftsgüter dem japanischen Besteuerungsrecht.

1.2.4. Sacheinlagen einer deutschen Kapitalgesellschaft durch ihre japanische Betriebsstätte

Bei einer Sacheinlage werden Wirtschaftsgüter gegen Gewährung von Gesellschaftsrechten übertragen. Die Überträgerin ist grundsätzlich mit einem etwaigen Einbringungsgewinn steuerpflichtig, jedoch kann auch unter bestimmten Voraussetzungen eine steuerneutrale Sacheinlage möglich sein.

Leistet nämlich eine japanische Betriebsstätte einer deutschen Gesellschaft eine Sacheinlage in eine japanische Gesellschaft, so fällt grundsätzlich keine Steuer auf einen Einbringungsgewinn an, wenn (zusätzlich zu bestimmten Befreiungstatbeständen) die deutsche Gesellschaft die Betriebsstätte in Japan weiterhin unterhält und die erhaltenen Anteile der Betriebsstätte zuzurechnen sind.

1.3. Steuerneutralität von Gewinnen aus Anteilsübertragungen

Eine Anteilsübertragung kann steuerneutral erfolgen, wenn die Übertragung in Form einer qualifizierten, gesetzlich vorgeschriebenen Reorganisationsform (z. B. einer Verschmelzung oder einem Anteilstausch) erfolgt. Dies würde unter anderem voraussetzen, dass der Verkäufer Anteile als Gegenleistung akzeptiert.

1.3.1. Verschmelzung

Das japanische Steuerrecht sieht unter bestimmten Voraussetzungen eine steuerneutrale Verschmelzung (mit Blick auf das verschmolzene Unternehmen und dessen Gesellschafter) vor. Diese Voraussetzungen hängen von der Art der Beziehungen der betroffenen Parteien vor der Verschmelzung ab. Verschmelzungen gliedern sich im Allgemeinen in drei Arten: (i) 100%ige Gruppen-Verschmelzung, (ii) Gruppen-Verschmelzungen von mehr als 50 %, aber weniger als 100 % und (iii) Verschmelzung zur gemeinsamen Geschäftstätigkeit. Die Voraussetzungen für eine steuerneutrale Verschmelzung sind in der untenstehenden Tabelle dargestellt.

Gruppen-Verschmelzungen		Verschmelzung zur gemeinsamen Geschäftstätigkeit
100 % Beteiligung	**> 50 % Beteiligung**	
► Fortbestand einer 100%igen Beteiligung (für den Fall der Seitwärts-Verschmelzung) ► Keine zusätzlichen Leistungen	► Fortbestand einer >50%igen Beteiligung (für den Fall der Seitwärts-Verschmelzung) ► Beibehaltung der Mitarbeiter (80 % oder mehr) ► Fortbestand des Kerngeschäfts ► Keine zusätzlichen Leistungen	► Geschäftsbeziehung/-nähe ► Umfang im Verhältnis 1:5 oder Fortbestand des Managements ► Beibehaltung der Mitarbeiter (80 % oder mehr) ► Fortbestand der Geschäftsbeziehung/-nähe muss durch den sog. Geschäftsbeziehungstest erfüllt werden ► Nachweis des Fortbestands einer Beteiligung der Anteilseigner der verschmolzenen Gesellschaft an der "aufnehmenden" Gesellschaft, wenn die Anzahl der Anteilseigener der verschmolzenen Gesellschaft weniger als 50 beträgt ► Keine zusätzlichen Leistungen

Erfüllt die Verschmelzung nicht die o. g. Voraussetzungen, so werden die Aktiva und Passiva der verschmolzenen Gesellschaft zum Marktwert übertragen, und entsprechend könnten steuerpflichtige Gewinne oder Verluste in diesem Unternehmen entstehen. Auch auf Ebene der Gesellschafter des verschmolzenen Unternehmens können dann (verdeckte) Gewinnausschüttungen und Veräußerungsgewinne/-verluste realisiert werden.

1.3.2. Dreiecksverschmelzungen

Dreiecksverschmelzungen (und andere Dreiecksreorganisationen) wurden mit Inkrafttreten des neuen Gesellschaftsrechts zum 1. Mai 2007 möglich. Die neuen Regeln ermöglichen es ausländischen Gesellschaften, ihre Anteile als Vergütung für den Erwerb japanischer Gesellschaften zu verwenden.

Bei einer Dreiecksverschmelzung handelt es sich um eine Verschmelzung einer japanischen Zielgesellschaft (übertragendes Unternehmen) mit einer in Japan ansässigen Tochtergesellschaft einer ausländischen Muttergesellschaft (aufnehmendes Unternehmen), wobei die Anteile der ausländischen Muttergesellschaft als Gegenleistung an die Anteilseigner der Zielgesellschaft verwendet werden. Dies führt zu einem ähnlichen wirtschaftlichen Effekt wie bei einem grenzüberschreitenden Aktientausch.

Die oben genannten Voraussetzungen für eine steuerneutrale Verschmelzung gelten auch im Fall einer Dreiecksverschmelzung, einschließlich der Voraussetzung einer erforderlichen Geschäftsbeziehung/-nähe. Aufgrund dieses Erfordernisses würde eine Verschmelzung, an der eine Gesellschaft ohne Geschäftsbetrieb beteiligt ist, steuerneutral nicht möglich sein. Deshalb ist es für eine ausländische Gesellschaft oftmals steuerlich nicht zweckmäßig, mittels einer Dreiecksverschmelzung erstmalig in den japanischen Markt einzutreten.

Die Steuerneutralität kann aber auch trotz Vorliegens der oben genannten Voraussetzung versagt werden, und zwar wenn ausländische Gesellschafter der verschmolzenen Gesellschaft als Gegenleistung Anteile an einer ausländischen Gesellschaften erhalten und diese Anteile nicht durch eine japanische Betriebsstätte gehalten werden. Dies wäre der Fall, wenn die 5/25-Regel erfüllt ist oder die verschmolzene Gesellschaft eine Grundstücksgesellschaft ist und der ausländische Gesellschafter zu mehr als 5,0 % (bei börsennotierten Grundstücksgesellschaften) bzw. 2,0 % (bei nicht börsennotierten Grundstücksgesellschaften) beteiligt ist.

1.3.3. Anteilstausch

Der Anteilstausch stellt einen weiteren gesetzlichen Mechanismus für Unternehmenserwerbe in Japan dar, bei dem zwei bestehende japanische Gesellschaften in ein 100%iges Mutter/Tochter-Verhältnis überführt werden und der Anteilseigner Anteile an der aufnehmenden Gesellschaft erhält. Werden die folgenden Voraussetzungen jedoch nicht erfüllt, so werden allerdings nicht realisierte Gewinne/Verluste der eingebrachten Gesellschaft auf Basis der Marktwerte bestimmter Wirtschaftsgüter des Anlagevermögens besteuert:

- Die Gesellschafter erhalten keine zusätzlichen Leistungen; und
- der Anteilstausch erfüllt entweder die Voraussetzungen der steuerneutralen Reorganisationen oder die Voraussetzungen der Verschmelzung im Hinblick auf eine gemeinsame Geschäftsbeziehung/-nähe (wie eingangs in I.3.1. beschrieben).

Auch für die Gesellschafter der Zielgesellschaft sollte ein steuerneutraler Anteilstausch möglich sein, vorausgesetzt sie erhalten im Rahmen der Verschmelzung keine zusätzlichen Leistungen.

Aufgrund der Beschränkungen im Gesellschaftsrecht ist es einem ausländischen Unternehmen nicht möglich, ein japanisches Unternehmen direkt mittels eines gesetzlichen Anteilstausches zu erwerben. Nicht gesetzliche Anteilstausche mit Beteiligung ausländischer Gesellschaften sind möglich, würden allerdings die Voraussetzungen für eine Steuerneutralität nicht erfüllen. Obwohl es auf Ebene der Zielgesellschaft selbst nicht zu einer Aufdeckung stiller Reserven bzw. stiller Lasten kommt, stellt die Besteuerung der Gesellschafter der Zielgesellschaft ein wichtiges Hindernis für diese Alternative dar.

1.3.4. Dreiecks-Anteilstausch

Bei einem Dreiecks-Anteilstausch erwirbt eine 100%ige japanische Tochtergesellschaft einer ausländischen Muttergesellschaft alle Anteile an einer japanischen Zielgesellschaft und verwendet dabei die Anteile der ausländischen Muttergesellschaft als Gegenleistung. Wie im Fall des Anteilstauschs würde es zu einer Aufdeckung der stillen Reserven bzw. stillen Lasten (auf Basis der Marktwerte bestimmter Wirtschaftsgüter des Anlagevermögens) der Zielgesellschaft kommen, wenn bestimmte Voraussetzungen nicht erfüllt werden können.

Im Gegensatz zum "regulären" Anteilstausch würden die Gesellschafter der Zielgesellschaft nach Abschluss der Transaktion Gesellschafter der ausländischen Muttergesellschaft werden.

2. Transaktionskosten

2.1. Japanische Verbrauchsteuer (Japanese Consumption Tax – „JCT")

Die JCT wird auf die Veräußerung von Wirtschaftsgütern (außer Grundstücken, Wertpapieren und Forderungen) erhoben. Erwerbende Gesellschaften, die selbst verbrauchsteuerpflichtig sind, haben allerdings die Möglichkeit eines Vorsteuerabzugs. Es existieren keine speziellen Befreiungen von der JCT bei der Veräußerung eines Teilbetriebs. Insofern der Käufer als Verbrauchsteuerzahler registriert und vorsteuerabzugsberechtigt ist, stellt die JCT keine endgültige Steuerbelastung dar.

Eine Sacheinlage würde der JCT unterliegen, insoweit die eingebrachten Wirtschaftsgüter verbrauchssteuerpflichtig sind. In diesem Fall würde der Marktwert der ausgegebenen Anteile als Bemessungsgrundlage für die Besteuerung herangezogen werden.

Die JCT wird weder auf die Veräußerung von Anteilen, bei einer Verschmelzung noch auf einen Anteilstausch erhoben.

2.2. Steuern auf die Übertragung von Immobilien

Die *Steuer für die Immobilienregistrierung* beläuft sich generell auf 2,0 % des im Grundbuch einzutragenden Wertes (bei Verkauf von Grundstücken verringert bis 31. März 2009 auf 1,0 %, bis 31. März 2010 auf 1,3 % und bis 31. März 2011 auf 1,5 %). Im Fall einer Verschmelzung beläuft sich die Steuer für die Immobilienregistrierung auf einen reduzierten Satz von 0,4 %. Bei einer Spaltung wird ein reduzierter Steuersatz von 0,8 % (bis 31. März 2011) und 1,3 % (vom 1. April 2011 bis 31. März 2012) erhoben.

Die *Grunderwerbsteuer* beläuft sich grundsätzlich auf 4,0 % des Grundbuchwertes (für den Zeitraum vom 1. April 2003 bis 31. März 2009 galt ein reduzierter Steuersatz von 3,0 % für Grundstücke und Wohngebäude). Im Fall einer Verschmelzung fällt keine Grunderwerbsteuer an. Bei einer Spaltung oder einer Sacheinlage können unter bestimmten Voraussetzungen Befreiungen greifen.

2.3. Sonstige Transfersteuern

Die *Registrierungssteuer* wird auf die Übertragung bestimmter Wirtschaftsgüter wie beispielsweise Lizenzen oder bei der Ausgabe neuer Anteile erhoben (einschließlich Verschmelzungen und Sacheinlagen).

Stempelsteuer fällt bei Anteilsübertragungen, Verschmelzungen oder Sacheinlagen nicht zwangsläufig an, kann jedoch erhoben werden, wenn die Übertragungsverträge in Japan abgeschlossen werden. Die Höhe variiert in Abhängigkeit von der Art und dem Wert der übertragenen Wirtschaftsgüter, ist aber grundsätzlich eher gering.

2.4. Steuerliche Behandlung der Transaktionskosten

Die bei der Veräußerung von Wirtschaftsgütern anfallende Steuer für eine Immobilienregistrierung, die Grunderwerbsteuer und die Stempelsteuer sind grundsätzlich steuerlich abziehbar. Beratungsgebühren für Leistungen wie Rechts-, Steuer- und Finanzberatung sollen für Steuerzwecke grundsätzlich als Anschaffungsnebenkosten der erworbenen Wirtschaftsgüter oder Anteilen aktiviert werden. Fallen die Aufwendungen jedoch an, bevor der Beschluss gefasst wird, den Erwerb fortzusetzen, würden diese für steuerliche Zwecke grundsätzlich als Aufwand erfasst werden.

3. Planung einer Unternehmensakquisition

Bei der Strukturierung eines Erwerbs werden sowohl Veräußerer als auch Erwerber daran interessiert sein, die Transaktionskosten schon im Vorhinein möglichst gering zu halten, indem sie beispielsweise eine Besteuerung von Gewinnen aus der Aufdeckung von stillen Reserven in Wirtschaftsgütern bei der Zielgesellschaft zu vermeiden versuchen. Die Planung für den Zeitraum nach Erwerb hängt maßgeblich von den Geschäftsbedürfnissen des Erwerbers und dessen Plänen für das Zielgeschäft ab. Der Erwerber wird aber auch immer darauf achten, dass ihm mögliche Steuervorteile erhalten bleiben (z. B. steuerliche Verlustvorträge, so dass diese zusammen mit den Refinanzierungskosten dazu genutzt werden können, zukünftige Steuerlasten zu reduzieren). Darüber hinaus werden Erwerber in der Regel sicherstellen wollen, dass Vorteile aus einem Doppelbesteuerungsabkommen erhalten bleiben, um Gewinne flexibel und möglichst steuerneutral zu repatriieren (und wenn notwendig das erworbene Geschäft zu verkaufen).

3.1. Step-up Möglichkeiten – Aufteilung des Kaufpreises

Liegt der für die Anteile an einer Gesellschaft bezahlte Kaufpreis über dem Buchwert des Vermögens der Gesellschaft, gibt es in der Regel keine Möglichkeit, einzelne Wirtschaftsgüter aufzustocken.

Wird ein Betrieb erworben, kann grundsätzlich ein Geschäfts- oder Firmenwert für steuerliche Zwecke aktiviert werden. Der Geschäfts- oder Firmenwert entspricht im Allgemeinen der Differenz zwischen dem Kaufpreis und dem Marktpreis (für Steuerzwecke) des erworbenen Betriebsvermögens und kann für Steuerzwecke über fünf Jahre linear abgeschrieben werden. Bei dem Erwerb einzelner Wirtschaftsgüter wird allerdings grundsätzlich kein Geschäfts- oder Firmenwert erfasst.

Wird für den Erwerb verschiedener Wirtschaftsgüter ein Gesamtkaufpreis geleistet, so sollte der Kaufpreis auf Basis der Marktwerte auf die einzelnen Wirtschaftsgüter verteilt werden.

Liegen die Anschaffungskosten der Wirtschaftsgüter unter deren Marktwert, so sollte der steuerliche Buchwert der erworbenen Wirtschaftsgüter durch den Erwerber auf die Höhe des Marktwertes aufgestockt und der Unterschiedsbetrag zwischen dem gezahlten Kaufpreis und dem Marktwert als negativer Geschäfts- oder Firmenwert erfasst werden. Liegen die Anschaffungskosten über den entsprechenden Marktwerten, so wird der Überschussbetrag entweder als Geschäfts- oder Firmenwert oder als nicht abzugsfähiger Aufwand des Erwerbers behandelt.

3.2. Abzug von Finanzierungskosten

Grundsätzlich sind Zinsen auf Fremdmittel, die zur Finanzierung des Erwerbs von Anteilen oder Wirtschaftsgütern aufgenommen wurden, in den Grenzen der japanischen Regelungen zur Gesellschafterfremdfinanzierung abziehbar.

Die japanischen Regelungen zur Gesellschafterfremdfinanzierung erlauben einen Abzug der Zinsaufwendungen für Darlehen von ausländischen, das Unternehmen beherrschenden Gesellschaftern, unter der Voraussetzung, dass der Gesamtbetrag dieser Darlehen nicht höher ist als maximal das Dreifache des durchschnittlichen Eigenkapitals dieses Gesellschafters. In Fällen, bei denen eine japanische Gesellschaft Darlehen von Drittkapitalgebern erhalten hat, die von deren ausländischen beherrschenden Gesellschaftern besichert sind, wird der Betrag dieser Darlehen in die für die Zwecke der Gesellschafterfremdfinanzierung erfolgte Berechnung des Verschuldungsgrads einbezogen. Fällt dieser Verschuldungsgrad höher als 3:1 aus, so würden die auf den überschießenden Teil entfallenden Zinsen und Garantiegebühren nicht abzugsfähig sein. Zinsen auf besicherte Darlehen von japanischen Darlehensgebern sind jedoch nicht von diesen Beschränkungen betroffen.

3.3. Debt-Push-down

Aufgrund des relativ hohen effektiven japanischen Steuersatzes von ca. 41 % planen Erwerber von japanischen Unternehmen in der Regel, die zur Finanzierung des Erwerbs entstehenden Zinsaufwendungen mit den Gewinnen der japanischen Zielgesellschaft zu verrechnen.

3.3.1. Verschmelzung

Es existieren verschiedene Wege eines sog. Debt-Push-down. Die gängigste Methode im Zusammenhang mit dem Erwerb von Anteilen besteht darin, dass ein fremdfinanziertes japanisches Unternehmen die Anteile an der Zielgesellschaft erwirbt und anschließend mit der Zielgesellschaft verschmolzen wird. Dadurch können die Zinsaufwendungen aus der Akquisitionsfinanzierung mit anfallenden Gewinnen verrechnet werden.

Liegt der Marktwert der Wirtschaftsgüter über deren Buchwert, möchten die Erwerber in der Regel sicherstellen, dass die Verschmelzung steuerneutral erfolgen kann und es somit zu keiner Aufdeckung von stillen Reserven kommt. Bei der Planung derartiger Transaktionen ist es außerdem wichtig zu berücksichtigen, ob vorhandene Verlustvorträge bzw. nicht realisierte Verluste aufgrund einer Verschmelzung oder aufgrund eines vorangegangen Anteilseignerwechsels durch Begründung einer Gruppe (siehe unten) verfallen oder eingeschränkt werden.

3.3.2. Organschaft

Ein andere Möglichkeit, die zur Finanzierung des Erwerbs entstehenden Zinsaufwendungen mit den Gewinnen der japanischen Zielgesellschaft zu verrechnen, besteht in der Begründung einer steuerlichen Organschaft zwischen der fremdfinanzierten Erwerbergesellschaft und der erworbenen Tochtergesellschaft.

Eine in Japan ansässige Muttergesellschaft und ihre im 100%igen (direkten/indirekten) Besitz befindlichen Tochtergesellschaften können eine konsolidierte Körperschaftsteuererklärung abgeben, bei der die von japanischen Organgesellschaften realisierten Verluste genutzt werden können, um diese mit Gewinnen (für Zwecke der nationalen Körperschaftsteuer, nicht aber für kommunale Steuerzwecke) anderer Organgesellschaften zu verrechnen. Auf diese Art und Weise kann die steuerliche Organschaft auch genutzt werden, um die Zinsaufwendungen für die Verbindlichkeiten aus der Akquisitionsfinanzierung mit den steuerpflichtigen Gewinnen der japanischen Zielgesellschaft zu verrechnen. Ausländische Unternehmen dürfen allerdings nicht in den Organkreis einbezogen werden.

Bei der Begründung einer Organschaft kann es jedoch zu einer anfänglichen Steuerbelastung kommen, da die Organgesellschaften bei ihrem Eintritt bestimmte Wirtschaftsgüter zum Marktpreis bewerten und somit die durch Aufdeckung der stillen Reserven bzw. Lasten resultierenden Gewinne und Verluste erfassen (und die darauf ggf. anfallende Steuer entrichten) müssen. Diese Regel gilt jedoch nicht für: (i) Tochtergesellschaften, die für einen Zeitraum von mindestens fünf Jahren vor der Organschaftsbegründung ununterbrochen zu 100 % im Besitz der Muttergesellschaft waren, (ii) Tochtergesellschaften, die in den letzten fünf Jahren vor der Organschaftsbegründung durch die Muttergesellschaft oder durch eine 100 % Tochtergesellschaft gegründet wurden, oder (iii) Tochtergesellschaften, die aufgrund einer steuerneutralen Verschmelzung bzw. Abspaltung oder eines steuerneutralen Anteilstauschs zu 100 % in den Besitz der Muttergesellschaft übergingen. Auf Ebene der Muttergesellschaft kommt es zu keiner Aufdeckung von stillen Reserven bzw. stillen Lasten.

Darüber hinaus dürfen Verlustvorträge und nicht realisierte Verluste einer Tochtergesellschaft, die vor deren Eintritt in die Organschaft entstanden sind, grundsätzlich nicht zur Verwendung im Organkreis vorgetragen bzw. genutzt werden. Hingegen dürfen die Verlustvorträge und nicht realisierten Verluste der Muttergesellschaft für die Verwendung im Organkreis genutzt werden.

3.4. Nutzung der Verluste einer Zielgesellschaft

3.4.1. Übernahme von Verlusten

Werden die Wirtschaftsgüter eines Unternehmens erworben, kann die Erwerbergesellschaft keine Verlustvorträge des Veräußerers übernehmen.

Im Fall einer steuerneutralen Verschmelzung kann jedoch die aufnehmende Gesellschaft grundsätzlich die Verlustvorträge der verschmolzenen Gesellschaft übernehmen. Handelt es sich bei der steuerneutralen Verschmelzung um verbundene Unternehmen (sog. „Gruppe“)[13] und liegt der Beginn des Wirtschaftsjahres der aufnehmenden Gesellschaft im Jahr der Verschmelzung innerhalb von fünf Jahren nach dem Tag, an dem die Gruppe begründet wurde, so ist die Übernahme der Verlustvorträge der verschmolze-

[13] Im Rahmen einer steuerneutralen Verschmelzung wird eine Gruppe zwischen zwei Gesellschaften angenommen, wenn eine der beiden direkt oder indirekt mehr als 50 % der ausgegebenen Anteile der anderen Gesellschaft hält (d. h. Mutter-Tochter-Beziehung) oder wenn eine Muttergesellschaft mehr als 50 % der ausgegebenen Anteile von zwei Gesellschaften hält (Schwestergesellschaften).

nen Gesellschaft gegebenenfalls eingeschränkt. Diese Einschränkungen begrenzen auch die Verwendung der Verlustvorträge der aufnehmenden Gesellschaft.

Greifen die Einschränkungen, so gehen die Verlustvorträge der verschmolzenen Gesellschaft unter, die in Zeiträumen vor der Begründung der Gruppe entstanden sind. Darüber hinaus gehen auch Verluste aus der Realisierung stiller Lasten bestimmter Wirtschaftsgüter[14] unter, die zwischen dem Zeitpunkt der Begründung einer Gruppe und dem Tag vor der Verschmelzung entstanden sind.

Bei der aufnehmenden Gesellschaft gehen Verluste aus Zeiträumen vor der Gruppenbildung unter. Verluste, die aus der Realisierung stiller Lasten bestimmter Wirtschaftsgüter resultieren und zwischen dem Datum der Begründung der Gruppe und dem Ende des Geschäftsjahres vor dem Jahr der Verschmelzung aufgetreten sind, gehen ebenfalls unter.

Diese Einschränkungen gelten jedoch nicht, wenn die Verschmelzung die Voraussetzungen der „gemeinsamen Geschäftsbeziehung/-nähe" erfüllt oder wenn die nicht realisierten Gewinne der verschmolzenen Gesellschaft zum Zeitpunkt der Gruppenbegründung die Summe der Verluste übersteigt. Die Voraussetzungen sind wie folgt: (a) Geschäftsbeziehung/-nähe[15], (b) vergleichbarer Umfang (im Rahmen eines Verhältnisses von 1:5 hinsichtlich des Kapitals, der Umsätze etc.), (c) keine wesentlichen Änderungen des Umfangs der Tätigkeit (1:2) zwischen dem Zeitpunkt der Begründung einer Gruppe und der Verschmelzung und (d) Fortbestand des Managements[16], wenn (b) und (c) nicht erfüllt sind.

3.4.2. Einschränkung der Verwendung nicht realisierter Verluste

Zusätzlich zu der Einschränkung der Verwendung von Verlustvorträgen, die vor der Verschmelzung angefallen sind, ist möglicherweise auch die Realisierung stiller Lasten aus der Veräußerung bestimmter[17] Wirtschaftsgüter nach der Verschmelzung einge-

---

[14] Unter bestimmten Wirtschaftsgütern versteht man bestimmte Aktivwerte, die vor dem Entstehen einer Gruppe gehalten wurden (Ausnahmen sind Vorräte, zum Handel gehaltene Wertpapiere, Aktiva mit einem Buchwert oder Anschaffungskosten von weniger als JPY 100 Mio. zum Zeitpunkt der Verschmelzung und Wirtschaftsgüter mit nicht realisierten Gewinnen zum Zeitpunkt der Begründung der Gruppe).

[15] Eines der Hauptgeschäfte der verschmolzenen Gesellschaft muss vor der Verschmelzung in einer beidseitigen Beziehung (d. h. hat eine Synergie) zu einem der Geschäfte der aufnehmenden Gesellschaft vor Verschmelzung stehen.

[16] Um diese Voraussetzung zu erfüllen, muss die Erwartung bestehen, dass zumindest je ein Vorstand (auf Management- oder Geschäftsführerebene) aus der verschmolzenen und der aufnehmenden Gesellschaft, die jeweils auch schon vor der Verschmelzung dort beschäftigt waren, den Posten eines Managers oder Geschäftsführers in der nach der Verschmelzung entstehenden Gesellschaft erhält und an der Führung der Geschäfte beteiligt ist.

[17] Folgende Wirtschaftsgüter zählen nicht zu den bestimmten Wirtschaftsgütern: (i) Vorräte (außer Grundstücke und darauf bezogene Rechte), (ii) für den Handel gehaltene Wertpapiere, (iii) Aktiva mit einem Buchwert von

schränkt. Diese Einschränkung bezieht sich bei steuerneutralen Verschmelzungen auf bestimmte Wirtschaftsgüter in Besitz der aufnehmenden Gesellschaft, die diese von der verschmolzenen Gesellschaft übernommen hat.

Für bestimmte, von der verschmolzenen Gesellschaft übernommene Wirtschaftsgüter gelten die Beschränkungen nur, wenn die nicht realisierten Verluste im Zeitraum zwischen dem Verschmelzungsdatum und dem früheren der folgenden Daten realisiert wurden: (i) drei Jahre nach dem Zeitpunkt der Verschmelzung bzw. (ii) fünf Jahre nach dem Zeitpunkt der Begründung der Gruppe. Für bestimmte Wirtschaftsgüter, die schon vor der Verschmelzung im Eigentum der aufnehmenden Gesellschaft waren, gelten die Einschränkungen nur, wenn die nicht realisierten Verluste vor dem Zeitpunkt der Verschmelzung und dem früheren der in (i) und (ii) beschriebenen Zeitpunkte realisiert wurden.

Greifen die Einschränkungen, so erfolgt bei der aufnehmenden Gesellschaft keine steuerliche Berücksichtigung der realisierten stillen Lasten. Das Untergehen der Verlustvorträge und etwaige Einschränkungen gelten jedoch nicht, wenn die Verschmelzung die eingangs beschriebenen Voraussetzungen einer „gemeinsamen Geschäftsbeziehung/-nähe" erfüllt.

3.4.3. Regelungen betreffend Verlustgesellschaften

Unter den japanischen Regelungen betreffend Verlustgesellschaften können die Verlustvorträge und nicht realisierten Verluste einer japanischen Gesellschaft beim Erwerb dieser Gesellschaft (oder der Gruppe, zu der sie gehört) untergehen. Diese Bestimmungen gelten insbesondere, wenn (i) mehr als 50 % der Anteile (direkt oder indirekt) an einer Verlustgesellschaft übertragen werden und (ii) ein „bestimmtes Ereignis" (dazu gehört z. B. die Zuführung neuen Betriebsvermögens in einem bestimmten Umfang) innerhalb von fünf Jahren nach dem Anteilseignerwechsel eintritt. Verluste, die aus der Veräußerung von bestimmten Wirtschaftsgütern innerhalb eines Zeitraums von drei Jahren nach dem Jahr resultieren, in dem das „bestimmte Ereignis" eingetreten ist (innerhalb von maximal fünf Jahren nach dem Anteilseignerwechsel), sind steuerlich nicht absetzbar, wenn den Wirtschaftsgütern zum Zeitpunkt des Anteilseignerwechsels stille Lasten innewohnten.

Eine „Verlustgesellschaft" im Sinne dieser Bestimmungen versteht sich als eine Gesellschaft, die zu Beginn des Jahres, in dem der Anteilseigner wechselt, einen Verlustvortrag oder zum Zeitpunkt des Anteilseignerwechsels einen nicht realisierten Verlust in Höhe von JPY 10 Mio. oder mehr ausweist.

---

weniger als JPY 10 Mio. zum Zeitpunkt der Begründung der Gruppe und (iv) Aktiva, die zur Zeit der Begründung der Gruppe keine stillen Lasten beinhalten.

3.5. Zurückführung der Gewinne an den Investor

3.5.1. Quellensteuer auf Dividenden

Gemäß japanischem Steuerrecht unterliegen Dividenden, die von einem nicht börsennotierten, japanischen Unternehmen an ein ausländisches Unternehmen ausgeschüttet werden, einem Quellensteuersatz von 20 %.

Gemäß dem DBA zwischen Deutschland und Japan kann dieser Steuersatz unter bestimmten Voraussetzungen auf 10 % reduziert werden.

3.5.2. Quellensteuer auf Gewinnausschüttungen bei Betriebsstätten und Personengesellschaften

Japan erhebt keine Quellensteuern auf die Zahlungen von in Japan ansässigen Betriebsstätten an deren ausländisches Stammhaus.

Der Gewinn japanischer Personengesellschaften („*nin'i kumiai*") und vergleichbarer ausländischer Personengesellschaften mit bestimmten geschäftlichen Aktivitäten in Japan, die an ausländische Mitunternehmer fließen, unterliegen ebenfalls einer Quellensteuer von 20 %.

3.5.3. Anteilsrückkauf

Ein Anteilsrückkauf wird für japanische Steuerzwecke wie eine Rückzahlung von Kapital bzw. wie eine Dividende behandelt. Gewinne und Verluste hinsichtlich der Kapitalrückzahlung würden gemäß der 5/25-Regel der japanischen Körperschaftsteuer unterliegen. Im Fall deutscher Gesellschaften, die dem DBA unterliegen, wären jedoch jegliche Gewinne von der japanischen Steuer ausgenommen (siehe Abschnitt I.1.3.).

3.5.4. Rückzahlung eines Darlehens

Die Rückzahlung eines Darlehens an einen ausländischen Darlehensgeber unterliegt nicht der japanischen Steuer, vorausgesetzt der zurückgezahlte Betrag beinhaltet keine aufgelaufenen Zinsaufwendungen. Würden aufgelaufene Zinsen zurückgezahlt, so wird für Zwecke der japanischen Steuer auf diesen Betrag eine Quellensteuer von 20 % erhoben, die gemäß den Bestimmungen des DBA zwischen Deutschland und Japan auf 10 % reduziert werden kann.

Niederlande

Von Erik Smits und Jean Pierre Viergever (beide Deloitte Rotterdam) und Roland Bien und Lars Wetteskind (beide Deloitte Düsseldorf)

1. Steuerliche Behandlung des Verkäufers

1.1. Beteiligungsverkauf

1.1.1. Allgemeine Erläuterungen – der niederländische Kontext

Das zu versteuernde Einkommen von ansässigen und nicht ansässigen natürlichen Personen wird in drei getrennte Kategorien (niederl. „Boxen") aufgeteilt. Jede Box erfährt dabei eine eigene spezifische steuerliche Bemessungsgrundlage und Behandlung. Die wichtigsten Einkommensformen innerhalb der jeweiligen Box können wie folgt charakterisiert werden:

- **Box 1:** Gewerbliche Gewinne, steuerbare Einkünfte aus selbständiger und nichtselbständiger Arbeit, Arbeitseinkünfte ohne bestehendes Arbeitsverhältnis sowie Einkünfte aus selbstgenutztem Wohneigentum („Einkünfte aus eigener Wohnung", unter Berücksichtigung von Hypothekenzinsen; vergleichbar mit der früheren Besteuerung des Nutzungswertes der eigenen Wohnung (§ 21a EStG a. F.) unter Gewährung des Abzugs von Hypothekenzinsen, was in der Praxis regelmäßig zu einem Abzugsbetrag führt, der in der steuerlichen Wirkung vergleichbar ist mit den erhöhten Absetzungen für Einfamilienhäuser, § 7b EStG a. F.). Diese Einkünfte unterliegen einem progressiven Steuersatz bei einem Spitzensteuersatz von 52 %;
- **Box 2:** Dividenden und Veräußerungsgewinne aus wesentlichen Beteiligungen, welche regelmäßig bei einer Beteiligungsquote von mindestens 5 % angenommen werden können. (Dafür gilt ein linearer Einkommensteuersatz von 25 %; für nichtansässige Anteilseigner gilt dies nur bei Beteiligungen an einer in den Niederlanden ansässigen Gesellschaft, es sei denn, dass die Anteile als Betriebsvermögen angesehen oder einer niederländischen Betriebsstätte zugerechnet werden können.);
- **Box 3:** Besteuerung des Vermögens im Falle von Kapitalanlagen, vermietetem oder verpachtetem Vermögen sowie allen weiteren Investitionen, aus welchen Einkünfte resultieren (Besteuerung eines pauschalierten Einkommens aus Vermögensgütern von 4 % des jeweiligen Vermögens pro Jahr mit einem linearen Steuersatz von 30 %, wobei Bemessungsgrundlage die um die Schulden bereinigten Vermögenswerte sind).

Die wichtigsten niederländischen Gesellschaftsformen, die der Körperschaftsteuerpflicht unterliegen, sind die BV (vergleichbar mit der deutschen GmbH) und die NV (vergleichbar mit der deutschen AG). Im Ausland gegründete Gesellschaften können ebenfalls der niederländischen Körperschaftsteuer unterliegen. Der niederländische Körperschaftsteuersatz beträgt linear 25,5 %. Gewinne unter EUR 40.000 werden jedoch lediglich mit 20 % besteuert, Gewinne zwischen EUR 40.000 und EUR 200.000 mit 23 %.

Eine in den Niederlanden ansässige Gesellschaft unterliegt mit ihrem weltweiten Einkommen der Körperschaftsteuer. Die Ansässigkeit bestimmt sich nach den Umständen des Einzelfalls. In der Regel ist ausschlaggebend, ob sich der Ort der tatsächlichen Geschäftsleitung der Gesellschaft in den Niederlanden befindet.

Nicht in den Niederlanden ansässige ausländische Gesellschaften unterliegen im Rahmen der beschränkten Steuerpflicht der Körperschaftsteuer mit ihren niederländischen Einkünften. Die wesentlichsten Einkunftsarten bei einer beschränkten Körperschaftsteuerpflicht lassen sich wie folgt unterteilen:

- Gewinne aus der Geschäftstätigkeit einer niederländischen Betriebsstätte oder eines in den Niederlanden ansässigen ständigen Vertreters.
- Dividenden aus der wesentlichen Beteiligung an einer in den Niederlanden ansässigen Gesellschaft, ggf. durch DBA vermindert.
- Veräußerungsgewinne aus der Beteiligung an einer in den Niederlanden ansässigen Gesellschaft, an der der Empfänger eine wesentliche Beteiligung hält. Dies gilt nicht, sofern die Anteile in einem Betriebsvermögen gehalten werden.
- Einkommen und Veräußerungsgewinne aus dem Verkauf niederländischer Immobilien.

Die Quellensteuer auf Dividendenausschüttungen (niederländischer Steuersatz: 15 %) wird definitiv, wenn die Dividenden beim Empfänger nicht der niederländischen Einkommensteuer bzw. Körperschaftsteuer unterliegen.

Sollten die Dividenden der niederländischen Einkommensteuer/Körperschaftsteuer unterliegen, wird die Quellensteuer als Vorauszahlung auf die zu zahlende Einkommensteuer/Körperschaftsteuer behandelt. Ausschüttungen an Gesellschaften, welche von der EU-Mutter-Tochter-Richtlinie erfasst werden, sind quellensteuerfrei. Darüber hinaus erheben die Niederlande keine Quellensteuern auf Zinsen und/oder Lizenzgebühren.

Die nationalen niederländischen Vorschriften sind gegenüber den von den Niederlanden abgeschlossenen DBA und gegenüber EU-Richtlinien nachrangig.

1.1.2. Der Verkäufer ist eine inländische natürliche Person

Der Verkauf von Anteilen an einer niederländischen oder ausländischen Kapitalgesellschaft durch eine in den Niederlanden ansässige natürliche Person unterliegt in den folgenden Fällen der niederländischen Steuerpflicht:

- Beteiligungen im Betriebsvermögen: Der Gewinn aus der Veräußerung der Anteile unterliegt der Einkommensteuer (max. Steuersatz 52 %, Box 1).
- Wesentliche Beteiligungen: Werden die Anteile im Privatvermögen gehalten und stellen sie eine wesentliche Beteiligung dar, werden die Veräußerungsgewinne aus dem Anteilsverkauf mit einem Einkommensteuersatz von 25 % besteuert (Box 2). Eine wesentliche Beteiligung liegt im Allgemeinen vor, wenn der Anteilseigner direkt oder indirekt:
  - mindestens 5 % einer bestimmten Art von Gesellschaftsanteilen hält;
  - das Recht besitzt, wenigstens 5 % einer bestimmten Art von Anteilen zu erlangen;
  - mindestens 5 % des Jahresgewinns erhält oder, falls eine Beteiligung am Jahresgewinn nicht gegeben ist, wenigstens 5 % der Liquidationserlöse bezieht;
  - Anteile im Privatvermögen (und keine wesentliche Beteiligung) hält.

Ein pauschalierter Jahresbetrag in Höhe von 4 % des Kapitalvermögens gilt als zu versteuerndes Einkommen (Box 3). Dieses pauschalierte Einkommen wird mit einem einheitlichen Steuersatz in Höhe von 30 % besteuert. Das tatsächliche Einkommen und/oder die tatsächlich realisierten Veräußerungsgewinne sind für steuerliche Zwecke unerheblich. Veräußerungsgewinne stellen in den Niederlanden keinen steuerlich gesondert zu erfassenden Tatbestand dar. Wertveränderungen im Vermögen werden fortlaufend bei der Ermittlung des durchschnittlichen jährlichen Vermögens erfasst, das die Bemessungsgrundlage für die pauschale Rendite von 4 % bildet.

1.1.3. Der Verkäufer ist eine inländische Gesellschaft

Der Verkauf von Anteilen an einer niederländischen oder ausländischen Gesellschaft durch eine in den Niederlanden ansässige Körperschaft als Anteilseigner ist aufgrund des niederländischen Schachtelprivilegs in der Regel steuerfrei.

a) Beteiligung berechtigt zur Inanspruchnahme des Schachtelprivilegs

Das niederländische Körperschaftsteuergesetz erstreckt das Schachtelprivileg auf alle Erträge, die aus einer Beteiligung resultieren. Die Befreiung gilt grundsätzlich für alle in den Niederlanden steuerpflichtigen Körperschaften und umfasst alle Anteile sowohl an niederländischen als auch an ausländischen Kapitalgesellschaften. Ausnahmen sieht das Gesetz für bestimmte Kapitalanlagegesellschaften vor.

Ist das Schachtelprivileg anwendbar, sind alle Erträge, die aus der Beteiligung stammen, von der niederländischen Körperschaftsteuer vollständig befreit. Die Freistellung erfasst somit nicht nur tatsächliche Dividendenausschüttungen, sondern auch verdeckte Gewinnausschüttungen, Währungsgewinne aus Anteilen an ausländischen Tochtergesellschaften sowie Veräußerungs- bzw. Liquidationsgewinne aus der Veräußerung oder Aufgabe einer solchen Beteiligung. Korrespondierend zur Freistellung von Veräußerungsgewinnen sind Veräußerungsverluste steuerlich nicht abzugsfähig. Unter bestimmten Umständen ist ein Veräußerungsverlust jedoch nach der förmlichen Liquidation der betroffenen Tochtergesellschaft vom zu versteuernden Einkommen der Muttergesellschaft abzugsfähig. Dieser Verlust errechnet sich grundsätzlich aus der Differenz zwischen den tatsächlichen Anschaffungskosten der Anteile an der Beteiligungsgesellschaft und dem Liquidationserlös.

Das Schachtelprivileg erstreckt sich auch auf Währungsgewinne/-verluste, die von der niederländischen Gesellschaft im Rahmen der Eigenkapitalfinanzierung eines Beteiligungserwerbs realisiert wurden. Die Freistellung gilt ferner für die Ergebnisse von Swaps und anderen Sicherungsinstrumenten, die sich auf eigenfinanzierte Beteiligungen beziehen. Die Steuerbefreiung für Sicherungsinstrumente gilt jedoch nur vorbehaltlich einer verbindlichen Auskunft der niederländischen Steuerbehörden. Das Schachtelprivileg umfasst auch die Anschaffungsnebenkosten des Beteiligungserwerbs, da diese nicht als Betriebsausgaben abzugsfähig sind. Diese müssen als aktivierungspflichtige Kosten bei der Beteiligung bilanziert werden. Andere mit der Beteiligung im Zusammenhang stehende Aufwendungen (z. B. Finanzierungskosten) können prinzipiell abgezogen werden, da sich die Steuerbefreiung nicht auf diese Aufwendungen bezieht. Dies gilt nicht für Kosten, welche im Rahmen der Anschaffung oder dem Verkauf einer unter das Schachtelprivileg fallenden Beteiligung entstanden sind. Diese Kosten sind nicht abzugsfähig.

Es ist darauf hinzuweisen, dass im Falle einer Beteiligung an einer ausländischen Gesellschaft die ausländische Quellensteuer, die auf Dividenden erhoben wird, nicht wie eine Betriebsausgabe abgesetzt werden kann. Unter bestimmten Voraussetzungen kann jedoch die ausländische Quellensteuer teilweise auf die niederländische Quellensteuer auf Dividenden angerechnet werden, falls die niederländische Gesellschaft die empfangenen Dividenden an ihre – überwiegend ausländischen – Anteilseigner weiter ausschüttet.

Das Schachtelprivileg wird nach niederländischem Steuerrecht unter folgenden Voraussetzungen gewährt:

- Die niederländische Gesellschaft besitzt Anteile im Umfang von mind. 5 % des eingezahlten Nominalkapitals der Tochtergesellschaft. Sowohl rechtliches als auch wirtschaftliches Eigentum können zur Begründung des Schachtelprivilegs führen. Unter bestimmten Bedingungen (hierzu im Folgenden) gilt das Schachtelprivileg auch für weitere Beteiligungen von weniger als 5 %, wenn die Anteile an einer in einem EU-Mitgliedsstaat ansässigen Gesellschaft gehalten werden und die Anteile mindestens 5 % der Stimmrechte repräsentieren. Dazu muss aber das DBA zwischen den Niederlanden und dem betreffenden EU-Mitgliedsstaat das Stimmrechtskriterium als Voraussetzung für die Reduzierung der Kapitalertragsteuer aufgenommen haben.

- Weder die Muttergesellschaft noch die Tochtergesellschaft können als niedrig besteuerte Anlagegesellschaften für niederländische steuerliche Zwecke (sog. „fiscale beleggingsinstellingen", f.b.i.) qualifiziert werden.
- Das Kapital der Tochtergesellschaft muss grundsätzlich in Aktien/Geschäftsanteile aufgeteilt sein. Unter bestimmten Bedingungen sind jedoch auch Personengesellschaften und Genossenschaften einzubeziehen.
- Die Tochtergesellschaft darf nicht selbst eine niedrig besteuerte Anlagegesellschaft sein. Als niedrig besteuerte Anlagegesellschaften gelten Gesellschaften, deren Aktivseite der Bilanz zu mehr als 50 % aus sog. „freien Anlagen" besteht und deren effektiver Steuersatz nach niederländischen Maßstäben weniger als 10 % beträgt. „Freie Anlagen" in diesem Sinne sind Aktiva, die nicht unmittelbar der Betriebsausübung dienen. Finanzierungen und Aktiva, die konzernintern zur Verfügung gestellt werden, gelten normalerweise als freie Anlagen. Eine Immobiliengesellschaft, deren Aktiva zu mehr als 90 % aus Immobilien bestehen (nach niederländischem Recht beurteilt), gilt gemäß einer Sonderregelung nie als eine niedrig besteuerte Anlagegesellschaft.

Ist auf eine Beteiligung das Schachtelprivileg anzuwenden, so gilt dieses auch für:

- Genussrechte an der Tochtergesellschaft;
- Forderungen gegen die Tochtergesellschaft, die nach niederländischem Steuerrecht als Eigenkapital qualifiziert werden (siehe Abschnitt 3.2.2).

b) Beteiligung berechtigt nicht zur Inanspruchnahme des Schachtelprivilegs

Erfüllt die Beteiligung nicht die oben genannten Kriterien, wird das Schachtelprivileg nicht gewährt. In dem Fall unterliegen Beteiligungserträge wie Dividenden und Veräußerungsgewinne der regulären Besteuerung zum normalen Körperschaftsteuersatz. Allerdings sind die mit den Einkünften zusammenhängenden Aufwendungen wie auch Veräußerungsverluste steuerlich abzugsfähig.

1.1.4. Der Verkäufer ist eine in den Niederlanden nichtansässige natürliche Person

Nach niederländischen Bestimmungen unterliegt eine nicht in den Niederlanden ansässige natürliche Person, die eine wesentliche Beteiligung an einer in den Niederlanden ansässigen Gesellschaft hält, mit den Dividenden und Veräußerungsgewinnen aus dieser Beteiligung der Steuerpflicht, wenn die Beteiligung nicht Teil des Betriebsvermögens ist.

DBA können diese Vorschrift verdrängen. Normalerweise weisen DBA das Recht zur Besteuerung von Dividenden und Veräußerungsgewinnen dem Wohnsitzstaat des

Steuerpflichtigen zu. Einige DBA gestatten es jedoch den Niederlanden, Quellensteuern auf ausgeschüttete Dividenden zu erheben.

Bei Anteilen, die einer Betriebsstätte in den Niederlanden zuzurechnen sind, unterliegen sowohl Veräußerungsgewinne als auch aus der Beteiligung fließende Dividenden in den Niederlanden der Besteuerung in der Box 1.

1.1.5. Der Verkäufer ist eine in den Niederlanden nichtansässige Gesellschaft

Nichtansässige ausländische Gesellschaften unterliegen in den Niederlanden mit den bezogenen Dividenden und Veräußerungsgewinnen aus dem Verkauf von Beteiligungen an jeglicher in den Niederlanden ansässigen Gesellschaft, an der der Empfänger eine wesentliche Beteiligung hält, der Körperschaftsteuer zu den normalen Steuersätzen, sofern die Beteiligungen nicht als Teil des Betriebsvermögens angesehen werden können. DBA können diese Vorschrift verdrängen. Normalerweise weisen DBA das Recht zur Besteuerung von Dividenden und Veräußerungsgewinnen dem Wohnsitzstaat des Steuerzahlers zu. Einige DBA gestatten es jedoch den Niederlanden, Quellensteuern auf ausgeschüttete Dividenden zu erheben.

Auch eine ausländische Gesellschaft kann in den Genuss des niederländischen Schachtelprivilegs kommen, wenn eine hierfür qualifizierende Beteiligung zum Betriebsvermögen einer von der ausländischen Gesellschaft in den Niederlanden betriebenen Betriebsstätte gehört.

1.1.6. Anteilstausch – verkaufte Anteile sind nicht Teil einer Schachtelbeteiligung

Erhält der Verkäufer von Anteilen an einer niederländischen Gesellschaft als Gegenleistung für die Anteilsübertragung Anteile an der erwerbenden Gesellschaft, gilt ein solcher Anteilstausch als Verkauf und unterliegt, wie oben beschrieben, der Besteuerung entsprechend dem Steuerstatus des Verkäufers. Unter bestimmten Bedingungen kann die auf den aus dem Anteilstausch resultierenden Gewinn zu zahlende Steuer bis zur endgültigen Veräußerung der erworbenen Anteile aufgeschoben werden.

1.2. Verkauf von Einzelwirtschaftsgütern

1.2.1. Voraussetzungen

Für die folgenden Erläuterungen wird angenommen, dass die verkauften Wirtschaftsgüter einen niederländischen Geschäftsbetrieb begründen oder einen Teil davon darstellen. Ist der Eigentümer der Wirtschaftsgüter in den Niederlanden nicht gebietsansässig, wird weiterhin unterstellt, dass die Wirtschaftsgüter ebenfalls eine niederländische Betriebsstätte begründen oder einen Teil hiervon darstellen. In letzterem Fall wird schließlich angenommen, dass die Niederlande nach Art. 13 Abs. 2 des OECD-MA berechtigt sind, Gewinne aus der Veräußerung dieser Wirtschaftsgüter zu besteuern.

1.2.2. Der Verkäufer ist eine inländische natürliche Person

Der Verkauf von Wirtschaftsgütern des Betriebsvermögens durch eine natürliche Person stellt einen steuerpflichtigen Vorgang dar. Der Verkauf führt zu einem Veräußerungsgewinn (oder Veräußerungsverlust) in Höhe der Differenz zwischen Verkaufspreis und steuerlichem Buchwert der Wirtschaftsgüter. Der Veräußerungsgewinn wird mit dem individuellen Steuersatz des Veräußerers zur Einkommensteuer veranlagt (Höchstsatz 52 % [Box 1]). Außerdem unterliegt der Vorgang in der Regel auch der Umsatzsteuer. Begründen die veräußerten Wirtschaftsgüter jedoch einen Geschäftsbetrieb im Ganzen, ist der Vorgang umsatzsteuerfrei.

Gewinne aus dem Verkauf von Wirtschaftsgütern des Betriebsvermögens können in eine steuerfreie Reinvestitionsrücklage eingestellt werden, sofern Reinvestitionen in andere betriebliche Wirtschaftsgüter geplant sind (vergleichbar mit den deutschen Sonderposten mit Rücklageanteil, z. B. gemäß § 6b EStG). Nichtabschreibungsfähige Wirtschaftsgüter des Betriebsvermögens bzw. Wirtschaftsgüter mit einer Abschreibungsdauer von mehr als zehn Jahren können grundsätzlich nur durch technisch vergleichbare Wirtschaftsgüter ersetzt werden.

Während Zuführungen zu dieser Rücklage abzugsfähig sind, wird die steuerliche Bemessungsgrundlage für die später angeschafften Ersatzinvestitionen im Umfang der gebildeten Rücklage vermindert. Die in den Folgejahren geringeren Abschreibungen gleichen dabei die bei der ursprünglichen Bildung der Rücklage resultierende Steuerersparnis aus; es kommt zu einer sukzessiven Nachversteuerung. Der Buchwert des erworbenen Wirtschaftsgutes nach Abzug der Rücklage darf jedoch nicht niedriger sein als der letzte Buchwert des verkauften Wirtschaftsgutes. Vorbehaltlich besonderer Umstände muss die Reinvestition innerhalb von drei Jahren erfolgen; andernfalls wird die Rücklage aufgelöst und wieder dem zu versteuernden Einkommen hinzugerechnet.

1.2.3. Der Verkäufer ist eine inländische Kapitalgesellschaft

Der Verkauf von Wirtschaftsgütern des Betriebsvermögens durch eine inländische Gesellschaft unterliegt der Steuerpflicht. Der Verkauf führt zu einem Veräußerungsgewinn (oder Veräußerungsverlust) in Höhe der Differenz zwischen dem Verkaufspreis und dem steuerlichen Buchwert der Wirtschaftsgüter. Der Veräußerungsgewinn unterliegt grundsätzlich der normalen Körperschaftsteuer. Die Gesellschaft kann beim Verkauf eines Wirtschaftsgutes des Betriebsvermögens eine Reinvestitionsrücklage bilden (zu Einzelheiten s.o. Abschnitt 1.2.2.). Außerdem unterliegt der Vorgang in der Regel auch der Umsatzsteuer. Begründen die veräußerten Wirtschaftsgüter jedoch einen Geschäftsbetrieb im Ganzen, ist der Vorgang umsatzsteuerfrei.

1.2.4. Der Verkäufer ist nicht in den Niederlanden ansässig

Ein nicht in den Niederlanden ansässiger Veräußerer von Wirtschaftsgütern, welche Teil einer in den Niederlanden gelegenen Betriebsstätte sind, unterliegt der niederländischen Einkommensteuer- bzw. Körperschaftsteuerpflicht. Da den Niederlanden das Recht zur Besteuerung der aus dem Verkauf der Wirtschaftsgüter entstehenden Veräußerungsgewinne zusteht, ergeben sich die gleichen niederländischen Steuerfolgen, wie sie beim Verkauf von Wirtschaftsgütern durch einen inländischen Veräußerer eintreten würden (vgl. Abschnitte 1.1.2. und 1.1.3.).

1.2.5. Einbringung gegen Gewährung von Gesellschaftsrechten

Der Tausch von Wirtschaftsgütern eines niederländischen Betriebsvermögens, bei denen der Veräußerer als Gegenleistung für die Übertragung der Wirtschaftsgüter (bzw. Betriebseinbringung) Anteile an der erwerbenden Gesellschaft erhält, wird im Allgemeinen ebenfalls als Verkauf behandelt und unterliegt daher grundsätzlich der Steuerpflicht. Da die Auslegung dieser Rechtsvorschrift insbesondere bei Unternehmen und Gesellschaften mit dem Ziel, eine verbesserte Konzernstruktur zu schaffen, restriktiv wirken würde, sieht das niederländische Steuerrecht verschiedene Vorschriften zur steuerneutralen Übertragung von Wirtschaftsgütern unter Fortführung von Buchwerten vor.

Eine der Möglichkeiten besteht darin, dass der nicht ansässige Inhaber einer niederländischen Betriebsstätte diese steuerneutral in eine niederländische Gesellschaft umwandelt. In diesem Fall dürfen in den Wirtschaftsgütern enthaltene stille Reserven auf die Tochtergesellschaft übertragen werden. Die erwerbende Gesellschaft führt die vom Übertragenden angesetzten steuerlichen Buchwerte der Aktiva und Passiva fort. Darüber hinaus ermöglichen die Vorschriften eine Übertragung der Betriebsstättenverluste auf die Tochtergesellschaft.

Wegen der Vielzahl der bei dieser Möglichkeit zu beachtenden Bestimmungen wird bei den niederländischen Steuerbehörden üblicherweise vorweg eine klärende Stellungnahme zu der Möglichkeit der Buchwertfortführung beantragt.

2. Steuerliche Überlegungen für den Käufer

2.1. Kauf von Einzelwirtschaftsgütern

Bei dem Kauf von Einzelwirtschaftsgütern ist zu beachten, dass die Abschreibung bei einigen Wirtschaftsgütern besonderen Regeln unterliegt:

- Erworbener Goodwill soll in mindestens zehn Jahren abgeschrieben werden.
- Andere Wirtschaftgüter als Immobilien haben eine gesetzliche Nutzungsdauer von fünf Jahren.

Für Immobilien gelten spezielle Regelungen. Immobilien, die zur eigenen Nutzung unterhalten werden, dürfen bis auf 50 % des von der Gemeinde festgestellten Grundbesitzwertes (sog. WOZ-Wert) abgeschrieben werden. Immobilien, die der Vermietung dienen, dürfen nur bis auf 100 % des WOZ-Wertes abgeschrieben werden. Da der WOZ-Wert sehr nah am Verkehrswert liegt, sind Abschreibungen auf vermietete Immobilien in der Regel nicht möglich.

Trotz der obengenannten Abschreibungsbeschränkungen gibt es immerhin die Möglichkeit einer Teilwertabschreibung auf den niedrigeren Verkehrswert, wenn dieser unterhalb des WOZ-Wertes liegt.

Beim Kauf von Einzelwirtschaftgütern, die zusammen ein Unternehmen bilden, wird das Personal nach niederländischem Zivilrecht mit übernommen (vergleichbar mit der Betriebsübernahme im Ganzen). Hinsichtlich der Lohnsteuer sind dabei einige formelle Verpflichtungen einzuhalten, wie z. B. Neuanmeldung der Mitarbeiter beim Finanzamt.

2.2. Untersuchungspflicht

Nach niederländischem Zivilrecht hat der Käufer die Verpflichtung, in gewissem Maße selbst zu untersuchen, inwieweit das von ihm zu kaufende Objekt seinen Erwartungen und Wünschen entspricht. Dieses gilt auch für die Steuerrisiken, die mit dem Kauf eines Unternehmens zusammenhängen. Ist diese Untersuchungspflicht nicht eingehalten, kann der Käufer später Nachteile erleiden, wenn er Schadensersatzansprüche geltend machen will. Der Verkäufer ist generell verpflichtet, den Käufer ausreichend zu informieren. Beide Verpflichtungen spielen eine wichtige Rolle im Kaufvertrag.

2.3. Transaktionskosten

2.3.1. Grunderwerbsteuer

Die Übertragung von niederländischem Grundbesitz ist steuerpflichtig. Steuerpflichtiger ist der Erwerber des Grundstücks. Der Steuersatz beträgt 6 % des Verkehrswertes des Grundstücks. Der Erwerb von Anteilen an Gesellschaften, deren Vermögen überwiegend aus Grundbesitz besteht, wird ähnlich besteuert wie die Übertragung des Grundbesitzes selbst. Das Grunderwerbsteuergesetz kennt jedoch mehrere Befreiungstatbestände, wie z. B. für Verschmelzungen, Spaltungen und konzerninterne Umstrukturierungen.

Die Grunderwerbsteuer gilt als Anschaffungsnebenkosten und wird deshalb mit dem Kaufpreis der Immobilie bzw. der Anteile aktiviert.

2.3.2. Umsatzsteuer

Wird ein Geschäftsbetrieb oder ein Teil des Geschäftsbetriebs im Rahmen der Geschäftsveräußerung im Ganzen an einen Erwerber verkauft, ist der Verkauf von der Umsatzsteuer befreit, wenn das Unternehmen fortgeführt wird. Der Käufer tritt in die steuerliche Position des Verkäufers ein. Dies kann von Bedeutung sein, wenn Immobilien übertragen werden und im Zusammenhang mit dem Grundbesitz in den letzten zehn Jahren vor der Übertragung Vorsteuer abgezogen wurde oder wenn Vorsteuer im Zusammenhang mit dem Erwerb anderer materieller Sachanlagen in den letzten fünf Jahren vor der Übertragung abgezogen wurde. Ändert der Käufer die Nutzung des Wirtschaftsgutes und verwendet er es für nicht umsatzsteuerbare/umsatzsteuerpflichtige Aktivitäten, muss der Vorsteuerabzug berichtigt werden. Die vom Verkäufer bereits geltend gemachte Vorsteuer muss vom Käufer anteilig an die Finanzbehörden zurückgezahlt werden.

Der An- und Verkauf von Anteilen ist von der Umsatzsteuer befreit. Die hiermit im Zusammenhang stehenden Vorsteuern sind daher nicht abzugsfähig. Vor dem Hintergrund der aktuellen Rechtsprechung und eines Erlasses der niederländischen Finanzbehörden erscheint es jedoch möglich, bei Erfüllung bestimmter Voraussetzungen den Vorsteuerabzug geltend zu machen. Besonders im Rahmen der Vorsteuer auf Anschaffungsnebenkosten (Beratungskosten usw.) ist Planung wichtig, um diese Vorsteuer geltend machen zu können.

2.3.3. Einkommensteuerliche Behandlung von Transaktionskosten

Es liegt allgemein im Interesse des Käufers, Transaktionskosten wie Beratungsgebühren, Grunderwerbsteuer usw. sofort vom niederländischen zu versteuernden Einkommen abzuziehen. Der sofortige Abzug wird jedoch in der Regel nicht möglich sein, wenn solche Kosten in direktem Zusammenhang mit dem Erwerb von Gesellschaftsanteilen stehen und beispielsweise auf Ebene einer niederländischen Akquisitionsgesellschaft (= Käufer) entstehen.

Diese Transaktionskosten erhöhen auf der Ebene des Käufers lediglich die Anschaffungskosten der Anteile als Anschaffungsnebenkosten und sind deshalb nicht abzugsfähig. Darüber hinaus sind solche Kosten, welche in direktem Zusammenhang mit dem Erwerb von Gesellschaftsanteilen stehen und nicht als Anschaffungsnebenkosten angesehen werden, aufgrund des Schachtelprivilegs nicht abzugsfähig.

3. Besonderheiten im Zusammenhang mit der Akquisitionsstruktur

3.1. Organschaft

3.1.1. Körperschaftsteuerliche Organschaft (niederl. „fiscale eenheid“)

Gewinne und Verluste niederländischer Gesellschaften können für körperschaftsteuerliche Zwecke konsolidiert werden. Dies geschieht innerhalb einer sog. „fiscale eenheid“, der niederländischen Organschaft. Im Weiteren wird der im Deutschen gebräuchliche

Begriff „Organschaft“ verwendet, auch wenn die Voraussetzungen und formellen Anforderungen in den Niederlanden weniger eng gefasst sind als in Deutschland. Um als niederländische Organschaft eine gemeinsame Steuererklärung abgeben zu können, muss eine Gesellschaft mindestens 95 % der Anteile des ausgegebenen Gesellschaftskapitals der anderen Gesellschaft halten. Erforderlich ist ein rechtlicher sowie wirtschaftlicher Anteilsbesitz.

Eine Tochtergesellschaft kann auch während eines Wirtschaftsjahres Teil eines Organkreises werden. Dementsprechend ist im Rahmen eines Anteilserwerbs eine Eingliederung als Organgesellschaft in einen Organkreis ab dem Anschaffungszeitpunkt möglich. Gesellschaften, welche nach ausländischem Recht gegründet wurden, jedoch ihren Sitz und ihre Geschäftsleitung im (niederländischen) Inland haben und mit Gesellschaften niederländischen Rechtes vergleichbar sind, können ebenfalls in eine Organschaft aufgenommen werden. Voraussetzung dafür ist, dass sie sich auf eine Antidiskriminierungsvorschrift der EU oder eine anwendbare Vorschrift in dem jeweiligen DBA berufen können. Bezeichnet werden diese als sog. für die Organschaft qualifizierende Gesellschaften. Darüber hinaus ist es möglich, eine Organschaft zwischen einer niederländischen Gesellschaft und einer niederländischen Betriebsstätte einer ausländischen, qualifizierenden Gesellschaft zu begründen.

Die Vorteile der Organschaft bestehen darin, dass Gewinne und Verluste der Konzerngesellschaften verrechnet werden und Wirtschaftsgüter innerhalb der Gruppe ohne Aufdeckung stiller Reserven übertragen werden können. Insoweit besteht also eine erhöhte Flexibilität. Es existieren Missbrauchsbestimmungen, welche die Realisierung von Steuerumgehungstatbeständen vermeiden sollen, die durch künstliche Transaktionen innerhalb einer steuerlichen Organschaft kurz vor deren Beendigung durchgeführt worden sind.

Verluste einer Gesellschaft können auch nach deren Aufnahme in die Organschaft verrechnet werden, aber mit der Beschränkung, dass für die Verlustverrechnung nur die von der jeweiligen Organgesellschaft selbst erzielten Gewinne zur Verfügung stehen.

Die Organschaft hat nur Bedeutung für Körperschaftsteuerzwecke. Im Gegensatz zu einer deutschen Organschaft hat sie keine handelsrechtlichen Folgen; die niederländische Organschaft wird auch nicht im Handelsregister eingetragen.

3.1.2. Umsatzsteuerliche Organschaft

Unternehmensgruppen, die aus finanzieller, organisatorischer und wirtschaftlicher Sicht eine Einheit bilden, können für umsatzsteuerliche Zwecke als Organschaft angesehen werden. Wird eine umsatzsteuerliche Organschaft anerkannt, sind Lieferungen von Waren und Leistungen innerhalb des Organkreises nicht umsatzsteuerbar. Auch hier gilt, dass eine solche Organschaft nur für Umsatzsteuerzwecke relevant ist.

3.2. Niederländische Akquisitionsgesellschaften

Eine fremdfinanzierte Akquisition in den Niederlanden geschieht in der Regel durch eine niederländische Holdinggesellschaft. Die erwerbende Gesellschaft wird in den häufigsten Fällen versuchen, eine Gruppenbesteuerung zu erreichen und dazu eine Organschaft zu implementieren. Sie muss dazu mindestens 95 % der Anteile an der Zielgesellschaft halten, um die Darlehenszinsen zur Finanzierung des Anteilserwerbs mit den Gewinnen der erworbenen Gesellschaft auszugleichen. Der Zinsabzug kann jedoch eingeschränkt werden (siehe 3.2.1. und 3.2.2.).

3.2.1. Beschränkungen beim Zinsabzug

3.2.1.1. Generelle Zinsabzugsbeschränkung

Das niederländische Körperschaftsteuerrecht verbietet den Abzug von Schuldzinsen, die im Zusammenhang mit Verbindlichkeiten zwischen verbundenen Unternehmen stehen, wenn die Verbindlichkeiten ihren Ursprung in den folgenden Sachverhalten haben:

- Erwerb oder Erweiterung des Besitzes einer Beteiligung;
- fällig gewordene Gewinnanteile (z. B. Dividenden);
- fällig gewordene Rückzahlungen aus Kapitalrücklagen;
- ausstehende Einlagen, welche fällig bleiben.

Ebensowenig sind deren sonstige Finanzierungskosten sowie andere daraus resultierende Währungsverluste abzugsfähig.

Zwei Gesellschaften gelten als verbundene Unternehmen, wenn eine Gesellschaft eine Beteiligung von mindestens einem Drittel an der anderen hält oder ein fremder Dritter an beiden Gesellschaften eine Beteiligung von jeweils einem Drittel hält. Gelten Schuldner- und Gläubigergesellschaft als verbundene Unternehmen, ist der Zinsausgabenabzug beschränkt.

Der Abzug von Zinsaufwendungen wird dennoch gewährt, wenn ein sog. Gegenbeweis erbracht werden kann. Dies ist der Fall, wenn nachgewiesen werden kann, dass sowohl die Darlehensgewährung als auch die Transaktion, für die das Darlehen aufgenommen wurde, auf außersteuerlichen wirtschaftlichen Gründen beruhen. Eine weitere Gegenbeweismöglichkeit besteht darin, dass der Steuerpflichtige eine sog. kompensierende Besteuerung beim Empfänger der Zinszahlungen glaubhaft machen kann. Das ist auf der Grundlage von Erlassen des niederländischen Finanzministeriums der Fall, wenn die Zinszahlungen in einem angemessenen Umfang im Sinne der niederländischen Standards besteuert werden, nämlich zu mindestens 10 %.

Fragen, die bei der Beurteilung, ob eine Transaktion und deren Finanzierung auf außersteuerlichen wirtschaftlichen Gründen beruhen, eine Rolle spielen, sind z. B.:

- Wird eine Beteiligung innerhalb des Konzerns erworben? Ist dies der Fall, werden rein steuerliche Gründe für die Transaktion unterstellt.
- Ist die erworbene Gesellschaft wirtschaftlich logisches Ziel oder ist die Wahl rein steuerrechtlich motiviert? Der Erwerb einer Akquisitionsgesellschaft wird üblicherweise als auf außersteuerlichen wirtschaftlichen Gründen beruhend akzeptiert.
- Kommt die Finanzierung von einem logischen Gläubiger? Gibt es keine steuerrechtlichen Überlegungen bei der Strukturierung der Schuld? Sind Garantien oder sonstige Bedingungen vereinbart, die der Annahme von außersteuerlichen wirtschaftlichen Gründen schaden können?

Eine genaue Planung ist also erforderlich. Es gibt die Möglichkeit, in diesem Rahmen eine verbindliche Auskunft von der niederländischen Finanzverwaltung einzuholen. Die in diesem Zusammenhang gemachten Praxiserfahrungen differieren jedoch stark nach zuständigem Finanzamt und jeweiligem Sachbearbeiter.

3.2.1.2. Gesellschafter-Fremdfinanzierung

Sollte eine niederländische Kapitalgesellschaft Teil einer „Unternehmensgruppe" und daneben übermäßig mit Fremdkapital ausgestattet sein, können die Zinsaufwendungen gegenüber verbundenen Unternehmen für niederländische körperschaftsteuerliche Zwecke gegebenenfalls nicht voll abzugsfähig sein.

Ob eine Gesellschaft Teil einer „Unternehmensgruppe" ist, wird anhand des niederländischen Zivilrechts geprüft. Danach ist eine Gruppe eine wirtschaftliche Einheit, in der Rechtspersonen und Gesellschaften organisatorisch miteinander verbunden sind.

Ob übermäßiges Fremdkapital vorliegt, ist anhand von zwei Prüfungsschritten zu ermitteln:

- Fremdkapital/Eigenkapital-Relation 3:1 bei der darlehensempfangenden Gesellschaft sowie
- Fremdkapital/Eigenkapital-Relation innerhalb der gesamten Unternehmensgruppe.

Bei der Ermittlung des zugestandenen Fremdkapitals wird das Dreifache des Eigenkapitals noch um einen Freibetrag von EUR 500.000 erhöht. Der so ermittelte Betrag wird dem tatsächlich vorhandenen Fremdkapital gegenübergestellt. Die Zinsen, die auf den übersteigenden Betrag entfallen, unterliegen der Zinsabzugsbeschränkung.

Der Höchstbetrag der aufgrund der Gesellschafterfremdfinanzierungsregelungen nicht abziehbaren Zinsen bemisst sich bei Durchleitungskrediten nach dem Saldo von Zinsaufwand und Zinsertrag.

Indirekte Zinszahlungen an verbundene Unternehmen können dann angenommen werden, wenn das Darlehen zwar formell von einem fremden Dritten gewährt wird, die Zinszahlungen aber wirtschaftlich gesehen an ein verbundenes Unternehmen geschuldet werden (z. B. back-to-back-Finanzierungen). Darüber hinaus sollte beachtet werden, dass bspw. Bürgschaftserklärungen eines verbundenen Unternehmens gegenüber einem fremden Dritten, welcher ein Darlehen gewährt, dazu führen können, dass das Darlehen unter die Regelung zur Gesellschafterfremdfinanzierung fällt und nicht mehr als Darlehen eines fremden Dritten angesehen werden kann.

3.2.2. Umqualifizierung von Darlehen

Werden bestimmte Darlehen an niederländische Gesellschaften gewährt, so kann es zu einer Umqualifizierung dieser Darlehen in Eigenkapital kommen (hybride Darlehen). Auf der Grundlage der niederländischen Finanzrechtsprechung erfolgen diese Umqualifizierungen, wenn:

- das beteiligte Unternehmen am Gewinn partizipiert. Dies ist der Fall, wenn das „Darlehen" eine unbefristete Laufzeit hat bzw. für einen Zeitraum von mehr als 50 Jahre gewährt wird, wenn es nachrangig ist im Vergleich mit allen anderen Schulden und eine gewinnabhängige Vergütung vereinbart ist;
- schon beim Gewähren des Darlehens deutlich war, dass der Schuldner den Betrag nie tilgen wird, oder
- Gläubiger und Schuldner eigentlich eine Einlage beabsichtigt haben.

Die Zinsen auf ein solches hybrides oder eigenkapitalersetzendes Darlehen sind nicht abzugsfähig. Soweit die formellen Voraussetzungen des niederländischen Schachtelprivilegs erfüllt sind, wird ein solches Darlehen zur Beteiligung gerechnet. Die Zinsen unterliegen dann beim Gläubiger dem Schachtelprivileg.

3.3. Repatriierung von Gewinnen

Die Niederlande erheben eine Quellensteuer auf Dividenden in Höhe von 15 %. Die Quellensteuer verringert sich im Anwendungsbereich der EU-Mutter-/Tochter-Richtlinie auf 0 % oder auf einen im jeweils anzuwendenden DBA vorgesehenen niedrigeren Steuersatz. Eine Steuer auf die Repatriierung von Betriebsstättengewinnen (branch profits tax) wird von den Niederlanden nicht erhoben.

Im Juli 2001 veröffentlichte das niederländische Finanzministerium einen Erlass zu den Anforderungen, unter denen die Beteiligung an einer (zwischengeschalteten) niederländischen Holdinggesellschaft steuerlich einer niederländischen Betriebsstätte einer ausländischen Muttergesellschaft zuzurechnen ist. Die Zurechnung der Beteiligung zur Betriebsstätte ist unter der Voraussetzung ausreichender Substanz der Betriebsstätte möglich. Die skizzierte Struktur führt im Ergebnis zur Repatriierung niederländischer Dividenden ohne Auslösung von niederländischer Quellensteuer auf Dividenden.

3.4. Verlustverrechnung

Das niederländische Steuerrecht ermöglicht einen zeitlich befristeten körperschaftsteuerlichen Verlustvortrag von neun Jahren (für Verluste ab 2003, sämtliche älteren Verluste müssen spätestens in 2011 verrechnet werden) und ermöglicht somit die Verrechnung mit zukünftigen Gewinnen. Der Verlustrücktrag ist seit dem Veranlagungszeitraum 2007 auf ein Jahr beschränkt.

Allerdings bestehen – unter Berücksichtigung weiterer Bedingungen – Beschränkungen hinsichtlich der Vortragsfähigkeit von Verlusten, wenn sich während eines Jahres ein Anteilseignerwechsel von mehr als 30 % auf der höchsten Beteiligungsebene vollzieht. Erfolgt ein direkter oder indirekter Anteilseignerwechsel von mindestens 30 % bei einer Gesellschaft im Vergleich zur Anteilseignerstruktur zu Beginn des letzten Wirtschaftsjahres, aus dem ein Verlustvortrag noch nicht ausgeglichen wurde, so verliert die Gesellschaft grundsätzlich ihre Verlustvorträge. Die Vorschrift greift nicht, wenn

- der Verlust in einem Jahr entstanden ist, in dem das Vermögen des Steuerpflichtigen während mindestens neun Monaten nicht zu mehr als 50 % aus Anlageinvestitionen bestand, sofern
- unmittelbar vor dem Anteilseignerwechsel der Gesamtumfang der Tätigkeiten der Gesellschaft nicht auf weniger als 30 % der gesamten Tätigkeiten im Verlustentstehungsjahr abgenommen hat und im Zeitpunkt des Anteilseignerwechsels nicht geplant ist, den Gesamtumfang der Tätigkeiten innerhalb eines Zeitraums von drei Jahren nach dem Anteilseignerwechsel auf weniger als 30 % gegenüber der Tätigkeiten im Verlustentstehungsjahr zurückzuführen.

Weiterhin ist zu beachten, dass im Fall des Erwerbs von Organgesellschaften (ohne gleichzeitigen Erwerb des Organträgers) Verlustvorträge der Organgesellschaft beim Organträger als veräußernde Gesellschaft verbleiben. Auf Antrag des Organträgers und der Organgesellschaft können jedoch die Verlustvorträge bei der verlustverursachenden Gesellschaft verbleiben.

Im Fall des Erwerbs von Einzelwirtschaftsgütern besteht keine Möglichkeit, Verluste auf den Erwerber zu übertragen.

Um zu verhindern, dass Verluste (gegebenenfalls aus Vorjahren) aus der reinen Holding- oder Finanzierungstätigkeit einer Gesellschaft vollständig gegen das zu versteuernde Einkommen aus anderen Betätigungsfeldern verrechnet werden können, wurde mit Wirkung ab dem 1. 1. 2004 die Verlustnutzung wie folgt eingeschränkt:

Die Verlustvorträge von Holding- und Finanzierungsgesellschaften können nur in solchen Wirtschaftsjahren genutzt werden, in welchen die Betätigungsfelder dieser Gesellschaften sich nicht von den Betätigungsfeldern der verlustverursachenden Jahre unterscheiden. D. h. nur die Gewinne und Verluste aus der ausschließlichen Holding- oder Finanzierungstätigkeit dürfen miteinander verrechnet werden.

4. Umstrukturierung im Anschluss an die Akquisition

Das niederländische Recht enthält mehrere Möglichkeiten einer steuerneutralen Umstrukturierung im Anschluss an einen Unternehmenserwerb. Neben der Begründung einer steuerlichen Organschaft (s. Abschnitt 3.1.) werden zwischen den in den Niederlanden gegründeten Gesellschaften häufig die Möglichkeiten einer Verschmelzung und einer Spaltung verwendet. Im Vergleich zu einer Übertragung von Einzelwirtschaftsgütern mit einer anschließenden Liquidation der Gesellschaft besteht bei diesen Umstrukturierungsmöglichkeiten der Hauptvorteil darin, dass nur ein Übertragungsakt erforderlich ist, wahlweise die Fortführung der Buchwerte des übertragenen Vermögens möglich ist und dass alle Vertragsbeziehungen erhalten bleiben.

4.1. Verschmelzung

Die Verschmelzung ist ein nach niederländischem Zivilrecht möglicher Rechtsakt zwischen mindestens zwei juristischen Personen. Folgende Situationen sind denkbar:

(1) Verschmelzung durch Aufnahme, wobei ein oder mehrere übertragende(r) Rechtsträger untergehen/untergeht und der bestehende (aufnehmende) Rechtsträger als Erwerber fortbesteht.

(2) Verschmelzung zur Neugründung, bei der der neue Rechtsträger als erwerbender Rechtsträger handelt und die bestehenden (übertragenden) Rechtsträger untergehen.

(3) „Dreiecksverschmelzung", bei der die Anteilseigner der untergehenden Gesellschaft keine Anteile an der erwerbenden Gesellschaft, sondern an einer Konzerngesellschaft der erwerbenden Gesellschaft erhalten.

(4) Verschmelzungen innerhalb des Konzerns. Dies kann im Wege einer Verschmelzung einer Tochter- auf die Muttergesellschaft, welche sämtliche Anteile an der Tochter hält, oder durch die Verschmelzung zweier Schwestergesellschaften erfolgen. Die Verschmelzung von Schwestergesellschaften ist zulässig, wenn die Muttergesellschaft alle Anteile an der übernehmenden und an der untergehenden Gesellschaft hält.

(5) Verschmelzung der Mutter- auf die Tochtergesellschaft (Down-stream Merger), bei der die Holdinggesellschaft untergeht.

Seit dem 1. 8. 2008 ist in den Niederlanden auch eine grenzüberschreitende Verschmelzung innerhalb der EU möglich.

4.2. Spaltung

Es gibt mehrere Möglichkeiten der Spaltung:

(1) Aufspaltung, bei der das gesamte Vermögen des übertragenden Rechtsträgers unter zwei oder mehr Gesellschaften gegen Gewährung von Anteilen an die Anteilsinhaber der übertragenden Gesellschaft aufgeteilt wird. Die übertragende Gesellschaft geht kraft Gesetzes unter.

(2) Aufspaltung mit natürlichen Personen als Anteilsinhaber der übertragenden Gesellschaft geschieht entsprechend. Die übertragende Gesellschaft geht auch hier kraft Gesetzes unter.

(3) Abspaltung, bei der ein Teil des Vermögens der übertragenden Gesellschaft übertragen und von einer oder mehreren Gesellschaften gegen Gewährung von Anteilen an die Anteilsinhaber der übertragenden Gesellschaft erworben wird. In diesem Fall bleibt die übertragende Gesellschaft mit dem verbleibenden Vermögen bestehen.

(4) Teilweise Ausgliederung zur Neugründung, bei der das gesamte Vermögen oder ein Teil davon ausgegliedert und von einer oder mehreren neu gegründeten Gesellschaften gegen Gewährung von Anteilen an die übertragende Gesellschaft erworben wird. Auch in diesem Fall bleibt die übertragende Gesellschaft bestehen.

5. Aktuelle Themen zum Unternehmenskauf in den Niederlanden

Zurzeit werden in Literatur, Gesetzgebung und Rechtsprechung die folgenden Themen diskutiert, die im Rahmen des Unternehmenskaufs oder -verkaufs von Bedeutung sein können:

1. „Zinsbox“

Bei der Steuerreform 2007 wurde eine Sonderregelung für konzerninterne Zinsen vorgeschlagen, nach der konzerninterne Zinsen wahlweise mit einem effektiven Steuersatz von 5 % besteuert werden. Nachdem die EU-Kommission in dieser Regelung zunächst eine unzulässige staatliche Beihilfe erkannt hat und das förmliche Prüfverfahren eingeleitet (und die Einführung der Regelung einstweilen untersagt) hatte, wurde rückwirkend für 2008 der Körperschaftsteuersatz für Gewinne bis EUR 200.000 auf 20 % gesenkt. Ende 2008 wurde dann beschlossen, die sogenannte Zinsbox nicht mehr als wahlweise anwendbare Sonderregelung auszugestalten. Stattdessen wurde vorgeschlagen, dass alle Zinseinnahmen und -aufwendungen innerhalb eines Konzernverbandes nur mit dem Bruchteil von 5/25,5 bei der Ermittlung des zu versteuernden Einkommens berücksichtigt werden. Das führt dazu, dass der effektive Steuersatz auf diese Zinsen lediglich 5 % beträgt. Ist der Saldo aus Zinserträgen und Zinsaufwendungen positiv, ergibt sich also eine Verringerung der Steuerbelastung auf die Zinsen. Ist der Saldo dagegen negativ, wird der Zinsabzug auf 5 % begrenzt, sodass die Steuerbelastung der Zinsen effektiv steigen würde. Auf Basis dieses Vorschlags wurde die Zinsbox von der Kommission am 8. Juli 2009 genehmigt, sodass mit einer baldigen Einführung zu rechnen ist.

2. Grenzüberschreitende Organschaft

Wie in Abschnitt 3.1.1. beschrieben, können auch niederländische Betriebsstätten einer ausländischen Gesellschaft Teil einer körperschaftsteuerlichen Organschaft sein, aber nicht eine ausländische Gesellschaft, die in den Niederlanden nicht über eine Betriebsstätte verfügt. Im Juli 2008 hat der niederländische Hoge Raad (vergleichbar mit dem Bundesfinanzhof) dem Europäischen Gerichtshof die Frage vorgelegt, ob die heutige Regelung mit EU-Recht vereinbar ist. Konkreter Anlass war der Fall, in dem eine niederländische Muttergesellschaft eine Organschaft mit einer belgischen Tochtergesellschaft bilden wollte, die in den Niederlanden keine Betriebsstätte hat.

3. Zinsabzugsbeschränkung

Im Zusammenhang mit der unter 1. beschriebenen Einführung einer Zinsbox wurden zwei verschiedene Varianten zur Reform der niederländischen Zinsabzugsbeschränkung vorgestellt. Der eine Vorschlag sieht eine spezifische Abzugsbeschränkung auf Zinsen im Zusammenhang mit dem Erwerb von Beteiligungen vor. Wird bei Erwerb einer Beteiligung als Übernahmekörperschaft eine Holdinggesellschaft eingesetzt, die dann in eine Organschaft mit einer aktiven Gesellschaft aufgenommen (oder in eine Verschmelzung/Spaltung mit einer aktiven Gesellschaft einbezogen) wird, wäre eine Verrechnung der Zinsaufwendungen mit Erträgen der aktiven Gesellschaft nicht zulässig (mit einem Schwellenwert von EUR 250.000). Eine Ausnahme soll dann gelten, wenn die Übernahme zu mindestens einem Drittel mit Eigenkapital finanziert wird. Der andere Vorschlag sieht eine generelle Zinsabzugsbeschränkung, ähnlich der deutschen Zinsschranke vor. Hiernach würde die Abzugsfähigkeit von Zinsaufwendungen begrenzt, sofern der Saldo der Zinsaufwendungen und Zinserträge 30 % des EBITDA übersteigt (wiederum mit einem Schwellenwert von EUR 250.000). Ähnlich wie in Deutschland sieht dieser Vorschlag eine Ausnahme von der Zinsabzugsbeschränkung vor, wenn das Verhältnis zwischen Eigen- und Fremdkapital der steuerpflichtigen Körperschaft nicht ungünstiger ist als dasjenige in der konsolidierten Bilanz des Konzerns, zu dem die steuerpflichtige Körperschaft gehört. Während die Zinsbox im Anschluss an die Genehmigung durch die Kommission ohne weitere Änderungen eingeführt werden soll, wurden die beiden Varianten der Zinsabzugsbeschränkung öffentlich zur Diskussion gestellt. Erst nach der

Auswertung der bis zum 1. August möglichen Stellungnahmen sollte über die Einführung einer der beiden Varianten entschieden werden.

4. Änderungen im Gesellschaftsrecht

Zurzeit werden im Parlament grundsätzliche Änderungen im Gesellschaftsrecht diskutiert. Zu der B. V. (besloten vennootschap; ähnlich einer GmbH) ist eine Änderung geplant bezüglich u. a. Mindestkapital, Satzung der Gesellschaft, Haftung der Geschäftsleitung und der Gesellschafter. Zu den Personengesellschaften wird auch eine umfassende Änderung diskutiert, wobei erstmals die Möglichkeit geschaffen werden soll, dass auch Personengesellschaften mit eigener Rechtspersönlichkeit ausgestattet werden können.

5. Höhere Besteuerung „carried interest" und Geschäftsleitungsbelohnung

Weiterhin ist vor einiger Zeit im Parlament ein Gesetzesentwurf verabschiedet worden („Exzessive Belohnungen"), der gewisse Belohnungselemente für Geschäftsführer und Manager in vergleichbaren leitenden Positionen höher besteuert bzw. die entsprechenden Aufwendungen nicht mehr (vollständig) zum Betriebsausgabenabzug zulässt. Diese vorgenommene Änderung wird besonders bei Management-Beteiligungen und Private Equity Strukturen greifen.

Österreich

Von Dr. Bernhard Gröhs und Prof. Dr. Josef Schuch (beide Deloitte Wien)

1. Steuerliche Interessenspositionen des Veräußerers/Erwerbers

Für den Veräußerer liegt das Hauptinteresse bei der Veräußerung von Unternehmen regelmäßig in der Vermeidung der Besteuerung eines Veräußerungsgewinns infolge der Anteilsveräußerung (Share Deal) oder der steuerwirksamen Aufdeckung stiller Reserven beim Betriebsverkauf (Asset Deal). Im Fall der Aufdeckung steuerbarer und steuerpflichtiger stiller Reserven ist für den Veräußerer die Nutzbarmachung allfälliger Steuerbegünstigungen – vor allem Tarifbegünstigungen – von Relevanz.

Aus der Sicht des Erwerbers besteht das meist entgegengerichtete Interesse, ein dem Kaufpreis möglichst weitgehend entsprechendes Abschreibungspotenzial zu erhalten, das den zukünftigen Gewinn reduziert. Dies wird meist beim Betriebserwerb (Asset Deal) leichter zu bewerkstelligen sein als beim Beteiligungserwerb (Share Deal), bei dem ein Goodwill-Element für spätere Abschreibungen oft verloren gehen wird – was aber gerade in Österreich ab 2005 ermöglicht wurde (dazu im Detail unten Abschnitt 3.3. und 3.4.).

Für den Erwerber ist auch die steuerliche Abzugsfähigkeit von Schuldzinsen im Rahmen der Beteiligungsfinanzierung von großer Bedeutung. Während des Beteiligungszeitraumes sind die steuerliche Behandlung der Eigenkapitalrückführung sowie die Besteuerung von Gewinnausschüttungen von Interesse, vor allem dann, wenn aus dem Cash Flow der Targetgesellschaft Fremdkapitaltilgungen bei einem Akquisitionsvehikel erfolgen müssen. Auch dazu wurden in Österreich abgesehen von den bereits bestehenden Möglichkeiten des steuereffizienten „Leverage" beim Unternehmenskauf seit 2005 zusätzliche attraktive Möglichkeiten geschaffen (siehe unten Abschnitt 3.3. und 3.4.).

2. Die Position eines ausländischen Investors

In Hinblick auf die für ausländische Investoren relevanten Beteiligungsansätze scheint es sinnvoll, im Folgenden jeweils von der Existenz eines nach österreichischem Recht inkorporierten Akquisitionsvehikels in Form einer Kapitalgesellschaft (Gesellschaft mit beschränkter Haftung (GmbH) oder Aktiengesellschaft (AG)) auszugehen, welchem die entsprechenden Beteiligungsmittel (Eigen- und Fremdkapital) in einem ersten Schritt zugeführt werden.

In weiterer Folge werden sowohl die ertragsteuerlichen Rechtsfolgen für den Veräußerer sowie für den Erwerber dargestellt, wobei die bereits weiter oben angesprochene

Unterscheidung zwischen Share Deal und Asset Deal als Ausgangspunkt der Darstellung dient. Die Rechtsfolgen und Gestaltungsmöglichkeiten für den Veräußerer werden überdies in Abhängigkeit von dessen Rechtspersönlichkeit aufgezeigt.

3. Ertragsteuerliche Konsequenzen eines Share Deals

Beim Share Deal überträgt der Veräußerer gegen Bezahlung des Kaufpreises seine Anteile an der Zielgesellschaft (i.d.R. einer Kapitalgesellschaft). Der Erwerber erwirbt somit einen Anteil an einer Kapitalgesellschaft, wodurch ein Mutter-Tochter-Verhältnis zwischen Akquisitions- und Targetgesellschaft entsteht. Dieser Fall kann gleichermaßen bei der Nachfolgeregelung wie auch beim Spin-off einer Konzerngesellschaft zutreffen.

3.1. Rechtsfolgen beim Veräußerer

3.1.1. Veräußerer ist eine ansässige natürliche Person

Handelt es sich beim Veräußerer um eine natürliche Person, die aus ihrem Privatvermögen eine Beteiligung von weniger als 1 % des Nominalkapitals veräußert, kann der dabei erzielte Capital Gain, also der Unterschiedsbetrag zwischen den seinerzeitigen Anschaffungskosten und dem nunmehr erzielten Veräußerungspreis, steuerfrei realisiert werden, sofern zwischen Anschaffungs- und Veräußerungszeitpunkt mindestens ein Zeitraum von einem Jahr liegt (Spekulationsfrist). Ist diese Spekulationsfrist noch nicht abgelaufen, wird der erzielte Capital Gain als Spekulationsgewinn i. S. des § 30 öEStG in voller Höhe erfasst und dem progressiven Einkommensteuersatz unterworfen. Beträgt die veräußerte Beteiligung mindestens 1 % des Nominalkapitals der Gesellschaft, ist von der Veräußerung einer bestimmten Beteiligung i. S. des § 31 öEStG auszugehen, wenn zwischen Anschaffungs- und Veräußerungszeitpunkt zumindest ein Zeitraum von einem Jahr liegt. Allerdings kann für den dabei erzielten Capital Gain die Tarifermäßigung des § 37 Abs. 4 öEStG in Anspruch genommen werden (halber durchschnittlicher Steuersatz). Für natürliche Personen bestehen über diese Tarifermäßigung hinaus keine weiteren Begünstigungen anlässlich der Veräußerung einer bestimmten Beteiligung. Der Verkauf einer Beteiligung innerhalb der Spekulationsfrist ist voll steuerpflichtig.

3.1.2. Veräußerer ist eine ansässige Körperschaft

Wird die Beteiligung von einer juristischen Person veräußert (meist einer Kapitalgesellschaft), unterliegt der Veräußerungserlös im vollen Umfang der Körperschaftsteuer. Eine Steuerbefreiung ist lediglich in jenen Fällen vorgesehen, in denen Beteiligungen an ausländischen Kapitalgesellschaften veräußert werden (internationale Schachtelbeteiligungen). Voraussetzung für die Steuerbefreiung bei internationalen Schachtelbeteiligungen ist u. a., dass die Beteiligung während eines Zeitraumes von mindestens einem Jahr bestanden hat, das Beteiligungsausmaß mindestens 10 % beträgt und keine Option zur Steuerpflicht ausgeübt wurde. Die letztgenannte Optionsmöglichkeit wird i. d. R. dann sinnvoll sein, wenn mit entsprechenden Wertverlusten gerechnet wird, welche so verwertet werden können.

Für juristische Personen sind keine Steuerbegünstigungen anlässlich der Veräußerung von Beteiligungen vorgesehen.

3.1.3. Veräußerer ist eine nichtansässige Person

Die Rechtsfolgen im Falle der Realisierung eines Gewinnes aus der Veräußerung von Beteiligungen an Kapitalgesellschaften durch nichtansässige Personen hängen primär von der Rechtslage nach dem jeweils anwendbaren DBA ab. Gehören die veräußerten Anteile zum Betriebsvermögen einer österreichischen Betriebsstätte, ist Österreich als Betriebsstättenstaat zur Besteuerung befugt. Wird bewegliches Vermögen, das keiner österreichischen Betriebsstätte zugeordnet werden kann, veräußert, so sehen die meisten österreichischen DBA eine Art. 13 Abs. 4 OECD-MA vergleichbare Auffangklausel vor. Da demnach alle sonstigen Veräußerungsgewinne nur im Ansässigkeitsstaat besteuert werden dürfen, verliert Österreich damit sein Besteuerungsrecht (aufgrund der in DBA oftmals verankerten Immobilienklausel kann i. Z. mit der Veräußerung von Anteilen an österreichischen Immobiliengesellschaften das Besteuerungsrecht diesbezüglich jedoch bei Österreich verbleiben). Diese Auffangklausel hat insbesondere Bedeutung bei der Veräußerung von Anteilen an Kapitalgesellschaften.

Für ausländische Investoren greifen daher die oben für ansässige Personen dargestellten Rechtsfolgen, wenn Österreich nach dem jeweiligen DBA das Besteuerungsrecht ausnahmsweise verbleibt (wie z. B. nach dem DBA Österreich-Japan) oder wenn im Verhältnis zu einem Staat kein DBA existiert. Die Veräußerung von Beteiligungen, deren Höhe weniger als 1 % ausmacht, ist für ausländische Investoren allerdings regelmäßig – unabhängig von der Erfüllung der einjährigen Spekulationsfrist – steuerfrei.

3.1.4. Anteilstausch

Wenn der Verkäufer von Anteilen an einer österreichischen Kapitalgesellschaft Anteile an der Erwerbergesellschaft erhält, handelt es sich dabei grundsätzlich um einen steuerbaren Tausch. Allerdings kann dieser Anteilstausch von der Fusionsrichtlinie gedeckt sein und somit eine steuerneutrale Transaktion darstellen. Ein derartiger steuerfreier Anteilstausch kann aufgrund des österreichischen Umgründungssteuergesetzes (öUmgrStG) erfolgen und ist dort als Einbringung von Kapitalanteilen konzipiert.

Steuerneutral einbringungsfähig sind u. a. Anteile an (in- oder ausländischen) Kapitalgesellschaften, sofern der eingebrachte Anteil mindestens 25 % des Grund- oder Stammkapitals beträgt. Ebenso sind solche Einbringungen steuerneutral möglich, die der übernehmenden Gesellschaft die Mehrheit der Stimmrechte an jener Gesellschaft vermitteln oder erweitern, deren Anteile eingebracht werden. Hierbei ist die Übertragung von Kapitalanteilen jeglichen Ausmaßes begünstigt, ein Mindestbeteiligungsausmaß ist nicht vorgesehen. Dieser zweite Fall der Einbringung von Kapitalanteilen entspricht dem Anteilstausch nach der EU-Fusionsrichtlinie. Begünstigt sind dabei nicht nur jene Anteilseinbringungen, die der übernehmenden Gesellschaft erstmals die Stimmrechtsmehrheit verschaffen (z. B. der Zuerwerb von 2 % zu einer bisherigen Beteiligung von 49 %), sondern auch der Ausbau einer bereits zuvor bestehenden Mehrheitsbeteiligung (z. B. von 90 % auf 100 %). Das bei einer Einbringung nach Art. III öUmgrStG übertragene Vermögen muss in jedem Fall einen positiven Verkehrswert aufweisen.

Eine Einbringung nach österreichischem Recht hat, sofern das Besteuerungsrecht Österreichs durch die Umgründung nicht eingeschränkt wird, grundsätzlich zu Buchwerten stattzufinden. Durch diese Buchwertfortführung werden die im Einbringungsvermögen enthaltenen stillen Reserven auf die übernehmende Körperschaft übertragen. Ist der Einbringende im Ausland, wie z. B. Deutschland, ansässig, kann das Einbringungsvermögen unter gewissen Voraussetzungen auf den gemeinen Wert aufgewertet werden.

Wird durch die Einbringung in eine ausländische Gesellschaft allerdings das Besteuerungsrecht Österreichs beschränkt, kommt es im Regelfall zur Realisierung der im Einbringungsvermögen enthaltenen stillen Reserven. Diese können bei Übertragungen innerhalb der EU allerdings regelmäßig bis zur tatsächlichen Realisierung unbesteuert bleiben.

3.2. Gestaltungsmöglichkeiten

3.2.1. Privatstiftung

Für natürliche Personen, die bestimmte Beteiligungen, d. h. Beteiligungen mit einem Nominalanteil von mindestens 1 % veräußern, kann die Zwischenschaltung einer nach dem österreichischen Privatstiftungsgesetz (öPSG) errichteten Privatstiftung eine attraktive Veräußerungsvariante darstellen.

Der Veräußerer wendet in einem ersten Schritt die bestimmte Beteiligung der neu errichteten Privatstiftung zu, wobei diese Zuwendung ab 1. August 2008 Stiftungseingangssteuer i. H. v. 2,5 % gem. § 1 Abs. 1 i. V. m. § 2 Abs. 1 Stiftungseingangssteuergesetz (öStiftEG) auslöst. Schenkungssteuer wird ab diesem Zeitpunkt nicht mehr erhoben.

Die Stiftung selbst unterliegt mit ihren Einkünften grundsätzlich der Körperschaftsteuer (25 %). Einkünfte gem. § 31 öEStG, also Capital Gains aus der Veräußerung bestimmter Beteiligungen, unterliegen jedoch einer nur 12,5%igen Zwischenbesteuerung mit Körperschaftsteuer. Wurden im Veranlagungszeitraum Zuwendungen der Privatstiftung an Begünstigte getätigt und ist davon 25 % KESt einbehalten worden (ohne Entlastung aufgrund eines DBA), erfolgt eine Gutschrift der 12,5%igen Zwischensteuer. Die Gesamtbelastung entspricht daher in jedem Fall 25 %.

Die Versteuerung des Gewinnes aus der Beteiligungsveräußerung kann aber durch Übertragung stiller Reserven auf neue Beteiligungen und durch Bildung eines steuerfreien Betrages für die Übertragung stiller Reserven hinausgeschoben werden. Erfolgt im Kalenderjahr der Aufdeckung keine Übertragung stiller Reserven, so kann für sie ein steuerfreier Betrag gebildet werden. Der steuerfreie Betrag kann innerhalb von zwölf Monaten ab Beteiligungsveräußerung als stille Reserve übertragen werden. Steuerfreie Beträge, die von der Privatstiftung nicht innerhalb der 12-monatigen Frist übertragen werden, unterliegen der 12,5%igen Zwischenbesteuerung nach § 22 Abs. 3 öKStG, wobei diese gem. § 13 Abs. 3 letzter Satz öKStG im Falle von Zuwendungen der Privatstiftung an Begünstigte im selben Veranlagungszeitraum entfällt.

Die solcherart in der Privatstiftung steuerfrei „zwischengeparkten" Capital Gains können in der Folge unter Abzug von 25 % Kapitalertragsteuer mit Endbesteuerungswirkung (also keine weitere Besteuerung im Rahmen einer allfälligen Veranlagung) oder im Falle einer 12,5%igen Zwischenbesteuerung auf Ebene der Stiftung unter Abzug von weiteren 25 % Kapitalertragsteuer unter Anrechnung/Erstattung der 12,5%igen Zwischensteuer mit Endbesteuerungswirkung auf Ebene der Begünstigten an die Stiftungsbegünstigten weitergeleitet werden (Gesamtbelastung daher in jedem Fall 25 %).

3.2.2. Ausschüttung thesaurierter Gewinne

Wird die Beteiligung durch eine österreichische juristische Person veräußert, kann allenfalls versucht werden, über die Ausschüttung thesaurierter Gewinne den Kaufpreis und damit den steuerpflichtigen Capital Gain, welcher sich aus dem Unterschiedsbetrag zwischen Kaufpreis und Buchwert der Beteiligung im Veräußerungszeitpunkt ergibt, auf Ebene der veräußernden Gesellschaft zu reduzieren. Die Ausschüttung thesaurierter Gewinne kann von der Muttergesellschaft gem. § 10 öKStG steuerfrei empfangen werden.

Auf den steuerlichen Buchwert der Beteiligung selbst wirkt sich die Ausschüttung der Gewinne nicht weiter aus, da ausschüttungsbedingte Abschreibungen des Buchwertes keine steuerliche Wirkung entfalten. Diese Strategie greift nur für die Ausschüttung thesaurierter Gewinne. Die Ausschüttung von Einlagen mit Eigenkapitalcharakter (etwa des Nominalkapitals im Rahmen einer effektiven Kapitalherabsetzung oder von Gesellschafterzuschüssen) ist zwar bei der empfangenden Gesellschaft ebenfalls steuerneutral, führt aber gem. § 4 Abs. 12 öEStG bei dieser zu einer entsprechenden Buchwertabstockung, wodurch letztlich der Capital Gain unverändert bleibt. Allerdings lässt sich durch diese vom Erwerber oft gewünschte Maßnahme eine Verlagerung von Finanzierungsaufwand in die Zielgesellschaft erreichen.

3.3. Rechtsfolgen beim Erwerber

Der Erwerber – in den typischen Fällen das Akquisitionsvehikel in Form einer Kapitalgesellschaft – hat die erworbene Beteiligung mit den Anschaffungskosten in seinen Büchern zu aktivieren. Gewinnausschüttungen der Tochtergesellschaft (Target) können in der Folge sofort von der Muttergesellschaft gem. § 10 Abs. 1 Z 1 öKStG steuerfrei lukriert werden, Einlagenrückzahlungen gem. § 4 Abs. 12 öEStG lösen bei der empfangenden Gesellschaft ebenfalls keine Steuerpflicht aus, führen aber wie erwähnt zu einer Abstockung des Beteiligungsbuchwertes.

Seit 2005 kann innerhalb einer Unternehmensgruppe – ähnlich wie beim Asset Deal (dazu unten 4.) – die erworbene Beteiligung nach bestimmten Regeln auch beim Share Deal abgeschrieben werden. Der steuerwirksame Abzug von Fremdkapitalzinsen, die für den Beteiligungserwerb anfallen, wurde zwar ebenfalls im Rahmen des Gruppenbesteuerungssystems eingeführt (siehe im Detail sogleich 3.4.), ist aber auch außerhalb einer Gruppe möglich (vgl. § 11 Abs. 1 Z 4 öKStG).

3.4. Gestaltungsmöglichkeiten

Bis zur Einführung der neuen Gruppenbesteuerung im Jahr 2005 war Ziel der steuerlichen Strukturierung immer eine Konstruktion, die eine steuerwirksame Verrechnung der operativen Gewinne des Target mit dem Zinsaufwand der Akquisitionsgesellschaft ermöglichte. Dazu waren Konzepte wie die Bildung einer Organschaft oder die Umwandlung des Target in eine Personengesellschaft vor oder nach dem Erwerb erforderlich. Seit 2005 kann im Rahmen einer Unternehmensgruppe im Zusammenhang mit Unternehmensakquisitionen in Österreich durch Zwischenschaltung einer Holdinggesellschaft der Firmenwert steuerwirksam abgeschrieben werden. Zugleich können die Finanzierungszinsen für das den Beteiligungserwerb finanzierende Fremdkapital abgezogen werden.

Zur Nutzung der Firmenwertabschreibung auch im Falle des Share Deal ist eine Gruppenbildung erforderlich. Sofern der ausländische Investor nicht bereits über eine in Österreich ansässige Gesellschaft verfügt, ist daher die Gründung einer österreichischen Erwerberholding zu empfehlen. Diese erwirbt in weiterer Folge die Anteile am Target, einer in Österreich unbeschränkt steuerpflichtigen Kapitalgesellschaft. Voraussetzung für die Firmenwertabschreibung ist, dass das Target einen Betrieb führt und der Erwerb der Anteile von einem Konzernfremden erfolgt. Nach Erwerb der Anteile durch die Erwerberholding muss diese mit dem Target eine steuerliche Unternehmensgruppe bilden, um die Firmenwertabschreibung zu nutzen.

Dabei gilt als abschreibbarer Firmenwert der Unterschiedsbetrag zwischen dem handelsrechtlichen Eigenkapital des Target zuzüglich stiller Reserven im nicht abnutzbaren Anlagevermögen (vor allem Grundstücke und Beteiligungen) und den Anschaffungskosten für die Anteile am Target. Die Höhe des steuerlich abschreibbaren Firmenwerts ist mit 50 % der Anschaffungskosten für die Anteile am Target begrenzt. Der sich daraus ergebende Firmenwert kann über 15 Jahre gleichmäßig verteilt abgesetzt werden. Dadurch kann die Firmenwertabschreibung mit den steuerlichen Gewinnen des Target in den Folgejahren innerhalb der Gruppe verrechnet werden. Im Jahr der Anschaffung der Beteiligung ist die Geltendmachung des ersten Firmenwertfünfzehntel allerdings nur dann möglich, wenn der Anteilserwerb genau am ersten Tag des Wirtschaftsjahres des Target um 0.00 Uhr stattfindet. Andernfalls geht das erste Fünfzehntel verloren. Die Fünfzehntelabsetzungen reduzieren in der Folge den steuerlich maßgeblichen Buchwert der Anteile am Target.

Zu beachten ist, dass auch negative Firmenwerte steuerlich gewinnerhöhend berücksichtigt werden müssen. Dies geschieht allerdings nur dann, wenn das Target auch in eine Unternehmensgruppe einbezogen wird. Bei der Einbeziehung von neu erworbenen Beteiligungsgesellschaften ist demnach darauf zu achten, dass diese keinen negativen Firmenwert aufweisen.

Ein weiterer steuerlicher Vorteil bei der Akquisition einer in Österreich ansässigen Gesellschaft durch Zwischenschaltung einer Erwerberholding besteht darin, dass seit 1. Januar 2005 Fremdkapitalzinsen im Zusammenhang mit der Finanzierung von Beteiligungserwerben steuerlich abzugsfähig sind, obwohl Gewinnausschüttungen aus solchen Beteiligungen steuerbefreit sind. Bisher mussten – wie bereits erwähnt – zur Erreichung dieses Ziels andere prä- oder post-akquisitorische Strukturierungen vorgenommen werden. Finanziert die Erwerberholding den Kauf der österreichischen Beteiligung fremd und bildet sie in weiterer Folge mit dem Target eine steuerliche Unternehmensgruppe, können die Fremdkapitalzinsen mit den steuerlichen Gewinnen des Target innerhalb der Gruppe verrechnet werden. Die Fremdfinanzierung kann durch einen fremden Dritten und – Fremdüblichkeit der Bedingungen vorausgesetzt – auch innerhalb des Konzerns erfolgen.

Eine steuerliche Gruppe zwischen zwei rechtlich selbständigen Körperschaften ist in Österreich seit 2005 viel einfacher möglich als unter der alten Organschaftsregelung. Dazu muss zwischen Gruppenträger und Gruppenmitglied lediglich eine finanzielle Verbindung bestehen. Diese ist dann gegeben, wenn der Gruppenträger am Gruppenmitglied direkt oder indirekt (z. B. über eine Personengesellschaft) mehr als 50 % des Gesellschaftskapitals und der Stimmrechte hält. In diesem Fall wird das steuerliche Ergebnis des Gruppenmitglieds dem Gruppenträger zugerechnet, wodurch es zu einer Verrechnung von Verlusten der Muttergesellschaft (etwa Schuldzinsen) mit den Gewinnen der Tochtergesellschaft kommt.

In Summe kann gesagt werden, dass bei Erwerb einer in Österreich ansässigen und operativ tätigen Gesellschaft jedenfalls der Erwerb durch eine in Österreich ansässige

Erwerberholding erwogen werden sollte. Mit Hilfe der Gruppenbildung können der Firmenwert und die Fremdkapitalzinsen i. Z. m. der erworbenen Beteiligung mit den steuerlichen Gewinnen der erworbenen Gesellschaft steuerwirksam verrechnet werden.

4. Ertragsteuerliche Konsequenzen eines Asset Deals

4.1. Rechtsfolgen beim Veräußerer

Veräußert wird im Fall eines Asset Deals ein Einzelunternehmen oder ein Anteil an einer Personengesellschaft oder der Betrieb einer Kapitalgesellschaft. Das Akquisitionsvehikel erwirbt dabei nach § 6 Z 8 lit. b öEStG unmittelbar einen Betrieb oder einen Anteil an einer Personengesellschaft, wobei letzteres steuerlich betrachtet einem unmittelbaren Betriebserwerb gleichkommt.

4.1.1. Veräußerer ist eine ansässige natürliche Person

Handelt es sich beim Veräußerer um eine natürliche Person, die ihr Einzelunternehmen oder einen Anteil an einer Personengesellschaft veräußert, liegt eine (Teil)Betriebsveräußerung i. S. d. § 24 öEStG vor. Der Unterschiedsbetrag zwischen Kaufpreis und steuerlichem Eigenkapital (Veräußerungsgewinn) ist grundsätzlich steuerpflichtig und unterliegt dem progressiven Einkommensteuersatz, der ab einem steuerpflichtigen Einkommen von über EUR 51.000 genau 50 % beträgt.

Bei natürlichen Personen reduziert sich der auf den Veräußerungsgewinn anzuwendende Steuersatz auf Antrag auf die Hälfte des für den Veräußerer maßgeblichen Durchschnittssteuersatzes, wenn der Veräußerer gestorben ist, erwerbsunfähig ist oder das 60. Lebensjahr vollendet hat und die Erwerbstätigkeit eingestellt hat. Überdies muss zwischen Veräußerungszeitpunkt und letztem entgeltlichen Erwerbsvorgang ein Zeitraum von mindestens sieben Jahren verstrichen sein (§ 37 Abs. 5 öEStG). Kann von dieser Begünstigung kein Gebrauch gemacht werden, besteht gem. § 37 Abs. 2 öEStG auf Antrag die Möglichkeit, eine Progressionsmilderung durch Verteilung des Veräußerungsgewinnes auf drei Veranlagungsjahre zu erreichen. Wird auch diese Variante nicht gewählt, kann ein Freibetrag i. H. v. EUR 7.300 oder des der Beteiligung an der Personengesellschaft entsprechenden Anteiles zur Kürzung des Veräußerungsgewinnes geltend gemacht werden (§ 24 Abs. 4 öEStG).

4.1.2. Veräußerer ist eine ansässige Körperschaft

Bei Übertragung eines (Teil-)Betriebs durch eine juristische Person (i. d. R. eine Kapitalgesellschaft) unterliegen die dabei aufgedeckten stillen Reserven beim Veräußerer im vollen Umfang dem linearen Körperschaftsteuersatz von 25 %. Eine weitere Gewinnbesteuerung erfolgt nicht, so hat Österreich etwa die Gewerbesteuer mit dem EU-Beitritt abgeschafft.

Für juristische Personen sind aufgrund des linearen Steuersatzes von 25 % im öKStG keine Progressionsermäßigungen anlässlich der Besteuerung der aufgedeckten stillen Reserven bei Veräußerung eines (Teil-) Betriebs vorgesehen. Eine Übertragung der aufgedeckten stillen Reserven auf andere Wirtschaftsgüter des Veräußerers („roll over") zwecks zeitverzögerter Realisierung der stillen Reserven (§ 12 öEStG) scheidet in Österreich bei Kapitalgesellschaften, anders als im Betriebsvermögen natürlicher Personen bzw. von Personengesellschaften, generell aus.

4.1.3. Veräußerer ist eine nichtansässige Person

Nichtansässige Personen (natürliche wie juristische) unterliegen mit Gewinnen aus der Veräußerung von Betrieben, die eine österreichische Betriebsstätte darstellen oder einen Teil einer österreichischen Betriebsstätte bilden, der beschränkten Steuerpflicht (Einkommensteuer oder Körperschaftsteuer). Auf Basis eines Doppelbesteuerungsabkommens nach dem Muster des Art. 13 Abs. 2 OECD-MA hat Österreich das Besteuerungsrecht für solche Einkünfte. Die Rechtsfolgen decken sich mit jenen für ansässige Personen.

4.1.4. Tausch von Assets gegen Anteile

Wenn der Verkäufer von Assets eines österreichischen Betriebs Anteile an der Erwerbergesellschaft erhält, handelt es sich dabei grundsätzlich um einen steuerbaren Tausch. Allerdings kann dieser Asset-for-Share-Tausch von der EU-Fusionsrichtlinie gedeckt sein und somit eine steuerneutrale Transaktion darstellen. Im öUmgrStG ist diese Struktur als Einbringung von Betrieben oder Teilbetrieben konzipiert.

Der Begriff des Betriebs oder Teilbetriebs entspricht dabei im Wesentlichen dem auch in Deutschland vorherrschenden Verständnis. Ein Teilbetrieb ist danach ein in sich geschlossener, mit einer gewissen Selbständigkeit ausgestatteter Teil eines Gesamtbetriebs, der einen Übernehmer die bisherige Tätigkeit fortsetzen lässt, d. h. selbständig lebensfähig ist. Art. III öUmgrStG verlangt nicht, dass bei der Einbringung sämtliche dem (Teil-)Betrieb zuzuordnenden Wirtschaftsgüter mit übertragen werden. Vielmehr ist es zulässig, einzelne Wirtschaftsgüter (z. B. Grundstücke) bei der Einbringung zurückzubehalten. Allerdings darf die (Teil-)Betriebseigenschaft des übertragenen Vermögens durch die Zurückbehaltung nicht gefährdet sein. Der Einbringung von Betrieben und Teilbetrieben ist die Einbringung von Mitunternehmeranteilen (Beteiligungen an mitunternehmerisch tätigen Personengesellschaften) – unabhängig vom Ausmaß der Beteiligung – gleichgestellt.

Bei der Einbringung richten sich Bewertung und Gewinnrealisierung nach österreichischem Recht grundsätzlich nach der Ansässigkeit des Einbringenden. Ist der Einbringende in Österreich oder in einem anderen EU-Mitgliedstaat ansässig, so hat die Einbringung von österreichischem Betriebsvermögen in eine österreichische Kapitalgesellschaft grundsätzlich zu Buchwerten stattzufinden. Unter bestimmten Voraussetzungen (siehe oben) kann zur Aufwertung auf den höheren Teilwert optiert werden. Einbringungen von österreichischen Betrieben, Teilbetrieben oder Mitunternehmeranteilen durch in Deutschland ansässige Steuerpflichtige in eine österreichische Körperschaft können daher idR steuerneutral durchgeführt werden. Erfolgt die Einbringung in eine ausländische Körperschaft wird i. d. R. eine Zwangsaufwertung bzw. – im EU-Fall – eine aufgeschobene Besteuerung bis zur tatsächlichen Realisation erfolgen.

4.2. Gestaltungsmöglichkeiten

4.2.1. Hälftesteuersatz beim Asset Deal

Der Asset Deal ist regelmäßig nur für jene natürlichen Personen attraktiv, die von der Hälftesatzbesteuerung Gebrauch machen können. Angesichts der bei Mittel- und Kleinbetrieben häufig anzutreffenden Personenidentität in der Management- und Eigentümerposition und des fortgeschrittenen Lebensalters des Eigentümers könnten die Kriterien für das Hälftesatzregime erfüllt sein und der Asset Deal eine attraktive Besteuerungsvariante für den Veräußerer darstellen.

Sollten die oben dargestellten Kriterien des § 37 Abs. 5 öEStG nicht erfüllt sein, ließe sich ein dem Asset Deal wirtschaftlich vergleichbares Ergebnis aus der Sicht des deutschen Veräußerers durch die Umwandlung des Asset Deals in einen Share Deal erzielen. Dazu bringt der Veräußerer den Betrieb bzw. die Beteiligung in einem ersten Schritt gem. Art. III öUmgrStG steuerneutral in eine Kapitalgesellschaft ein. Im Gegenzug erhält der Veräußerer Anteile an der neu gegründeten Kapitalgesellschaft. Nach Ablauf der einjährigen Spekulationsfrist tritt der Veräußerer die Anteile an der Kapitalgesellschaft unter Ausnützung des Hälftesteuersatzes gem. § 37 Abs. 4 öEStG an den Erwerber ab (Share Deal). Um den Verdacht einer missbräuchlichen Zwischenschaltung der Kapitalgesellschaft zu zerstreuen, sollte die Veräußerung der Anteile nicht unmittelbar nach Einbringung derselben in die Kapitalgesellschaft erfolgen.

Einschränkend ist anzumerken, dass der Hälftesteuersatz erst nach Ablauf der einjährigen Spekulationsfrist anzuwenden ist. Weiterhin ist zu berücksichtigen, dass für die anlässlich einer Einbringung erworbenen Anteile unabhängig vom Beteiligungsausmaß eine für die Besteuerung nach § 31 öEStG zu beachtende Sperrfrist von zehn Jahren besteht (§ 20 Abs. 6 Z 1 öUmgrStG). Das heißt, dass selbst Minderheitenanteile (maximal 1 % des Nominalkapitals) an der neu gegründeten Kapitalgesellschaft für einen Zeitraum von zehn Jahren steuerverhangen bleiben und daher auch außerhalb der Spekulationsfrist von einem Jahr nicht steuerfrei veräußert werden können. Ferner ist anzumerken, dass diese Variante für den Erwerber mit den Nachteilen eines Share Deals verbunden ist (dazu oben).

4.2.2. Entnahmemodell

Wenn der Veräußerer ein Einzelunternehmen betreibt oder einen Anteil an einer Personengesellschaft veräußert, bietet sich weiterhin folgende Gestaltungsvariante an: Der Veräußerer tätigt Entnahmen aus seinem Einzelunternehmen oder der Personengesellschaft, die von diesem zunächst steuerfrei lukriert werden können. Durch die Entnahmen reduziert sich der buchmäßige Kapitalanteil des Veräußerers am Einzelunternehmen oder der Personengesellschaft, wobei entnahmebedingt auch ein negatives Kapitalkonto beim Veräußerer entstehen kann. Scheidet der Veräußerer zu einem späteren Zeitpunkt endgültig aus der Personengesellschaft aus oder veräußert er sein Einzelunternehmen, kommt es erst zu diesem späteren Zeitpunkt zu einer steuerlichen Erfassung des Abschichtungsgewinnes. Der Abschichtungsgewinn ergibt sich als Differenzbetrag zwischen Abschichtungserlös und steuerlichem Buchwert des (anteiligen) Eigenkapitals. Die Besteuerung dieses Abschichtungsgewinnes wurde bereits unter 4.1. dargestellt.

Zur weiteren Optimierung des Modells kann der vom Veräußerer gehaltene Anteil an der Personengesellschaft oder sein Einzelunternehmen in die Akquisitionsgesellschaft gegen Ausgabe von Anteilen an dieser Kapitalgesellschaft gem. Art. III öUmgrStG steuerneutral eingebracht werden. Voraussetzung ist u. a., dass der eingebrachte Anteil auch nach den Entnahmen einen positiven Verkehrswert aufweist. Da der Verkehrswert des eingebrachten Anteiles an der Personengesellschaft oder des Einzelunternehmens durch die vorher getätigten Entnahmen stark herabgesetzt wird, kann der Veräußerer i. d. R. mit einem Minderheitenanteil, d. h. weniger als 1 % des Nominalkapitals an der aufnehmenden Kapitalgesellschaft, abgefunden werden.

In der Folge bleiben dem Veräußerer, der nunmehr Anteile an der Akquisitionsgesellschaft hält, folgende Veräußerungsvarianten: Verkauft der Veräußerer die Anteile innerhalb eines Jahres ab dem dem Einbringungsstichtag folgenden Tag, verwirklicht er ein Spekulationsgeschäft. In diesem Fall wird der Unterschiedsbetrag zwischen dem Veräußerungserlös und dem Buchwert der Anteile im vollen Umfang besteuert (siehe oben). Der Buchwert der Anteile leitet sich dabei aus dem Buchwert des anteiligen Eigenkapitals in der Personengesellschaft zum Zeitpunkt der Einbringung ab und kann trotz positiven Verkehrswertes der Anteile, wie gezeigt, negativ sein. Verkauft der Veräußerer die Anteile nach Ablauf der Spekulationsfrist, aber innerhalb eines Zeitraumes von 10 Jahren ab Einbringungsstichtag, unterliegt der dabei erzielte Capital Gain der Besteuerung. Allerdings kann in diesem Fall der Hälftesteuersatz gem. § 37 Abs. 4 öEStG in Anspruch genommen werden. Wartet der Veräußerer hingegen die 10-jährige Behaltefrist ab, welche in § 20 Abs. 5 öUmgrStG normiert ist, kann die Beteiligung steuerfrei veräußert werden.

4.3. Rechtsfolgen beim Erwerber

Beim reinen Asset Deal hat der Erwerber die erworbenen Wirtschaftsgüter mit ihren Anschaffungskosten zu aktivieren und auf ihre betriebsgewöhnliche Nutzungsdauer abzuschreiben. Verbleibt nach Aufteilung des Kaufpreises auf die erworbenen Wirtschaftsgüter nach Maßgabe ihrer Teilwerte ein nicht zuteilbarer Restbetrag, so stellt dieser einen derivativ erworbenen Firmenwert i. S. des § 8 Abs. 3 öEStG dar. Dieser Firmenwert ist verteilt auf 15 Jahre abzusetzen und kann somit als steuermindernder Faktor in der Ertrags- und Finanzplanung beim Erwerber berücksichtigt werden.

Beim oben dargestellten Entnahmemodell hat der Erwerber zunächst seine Kapitaleinlage in die Personengesellschaft als Beteiligungsansatz aufzunehmen. Zwecks Vermeidung der Verschiebung stiller Reserven vom bisherigen Einzelunternehmer oder den bisherigen Personengesellschaftern zur Akquisitionsgesellschaft kann ein Gewinn- und Liquidationsvorab vereinbart oder durch Ergänzungsbilanzen Vorsorge getroffen werden. Mit der Einbringung der Anteile durch den Veräußerer wird der Beteiligungsansatz durch die Buchwerte der tatsächlichen Wirtschaftsgüter ersetzt, womit letztlich die buchmäßige Erfassung des vormals von der Personengesellschaft geführten Betriebs bei der Akquisitionsgesellschaft erreicht wird.

4.4. Gestaltungsmöglichkeiten

Aus der Sicht des Erwerbers ist der Asset Deal aus ertragsteuerlicher Sicht i. d. R. günstig. Zunächst wird mit der Aktivierung der Wirtschaftsgüter zu Anschaffungskosten ein hohes Abschreibungsvolumen geschaffen, das den zukünftigen steuerpflichtigen Gewinn reduziert. Darüber hinaus kann ein allenfalls im Kaufpreis abgegoltener Firmenwert einer steuerlich wirksamen Abschreibung zugeführt werden, wodurch das zukünftige steuerliche Ergebnis weiter gesenkt wird. Durch den Asset Deal wird ferner ein operativ tätiger und Gewinn generierender Betrieb in das Akquisitionsvehikel transferiert, wodurch das steuerliche Ergebnis des erworbenen Betriebs mit dem für das Fremdkapital zu entrichtenden Zinsaufwand verrechnet werden kann (Schuldzinsenabzug). Zu beachten ist, dass – wie bereits oben unter 3.4. dargestellt – diese Effekte seit 2005 praktisch auch beim Share Deal erreicht werden können.

Beim dargestellten Entnahmemodell, das letztlich auch in der Übertragung des (Teil-) Betriebs auf die Akquisitionsgesellschaft mündet, ist im Unterschied zum Asset Deal beim Erwerber zu beachten, dass die übernommenen Wirtschaftsgüter mit ihren Buchwerten geführt werden und keine Aufstockung auf die Verkehrswerte (Step-up) erfolgt. Praktisch gesehen wird der Erwerber zu einem geringen Kaufpreis ein Vehikel erwerben, das relativ hoch verschuldet sein wird (Entnahmeverbindlichkeit).

5. Transaktionskosten in Form von Verkehrssteuern und Gebühren

Die Gesellschaftsteuer beträgt 1 % und fällt grundsätzlich bei Zufuhr von Eigenkapital durch einen direkten Gesellschafter an seine Kapitalgesellschaft an. Die Ausstattung eines inländischen Akquisitionsvehikels mit Eigenkapital führt daher regelmäßig zum Anfall von Gesellschaftsteuer. Keine Gesellschaftsteuer fällt an, wenn das Eigenkapital nicht durch den direkten Gesellschafter, sondern etwa durch die Großmuttergesellschaft zugeführt wird (Großmutterzuschuss). Daher sind doppelstöckige Konstruktionen mit nicht allzu langer Lebensdauer in Österreich keine Seltenheit.

Insbesondere beim Asset Deal sind Rechtsfolgen in Bezug auf Grunderwerbsteuer zu beachten. Die Grunderwerbsteuer beträgt 3,5 % vom Kaufpreis eines inländischen Grundstücks. Eintragungsgebühren machen weitere 1 % aus. Die im Grunderwerbsteuergesetz angeführten Tatbestände sind komplex, wobei als Grundtatbestand der entgeltliche Erwerb eines inländischen Grundstücks(anteils), wie dies insbesondere beim Asset Deal vorkommen kann, zu nennen ist. Grunderwerbsteuer kann auch beim Share Deal anfallen – nämlich dann, wenn alle Anteile an einer grundstückshaltenden Kapitalgesellschaft von einem oder mehreren Käufern erworben werden (Übertragung aller Anteile bzw. Vereinigung aller Anteile in einer Hand). Die Grunderwerbsteuer wird dann allerdings vom 3-fachen Einheitswert, der bedeutend unter dem Marktwert des Grundstücks liegt, erhoben. Grunderwerbsteuer beim Share Deal kann in Österreich durch Einschaltung eines Zwerganteilsinhabers vermieden werden.

Beim Share Deal fällt keine Umsatzsteuer an, weil Umsätze von Gesellschaftsanteilen unecht umsatzsteuerbefreit sind (kein Vorsteuerabzug auf damit in Zusammenhang stehende Vorleistungen). Beim Asset Deal fällt grundsätzlich Umsatzsteuer nach Maßgabe der Umsatzsteuerbarkeit und -steuerpflicht der dabei übertragenen Einzelwirtschaftsgüter an. Diese Umsatzsteuer ist auf Seiten des Erwerbers grundsätzlich abzugsfähig.

Gebühren sind insbesondere im Zusammenhang mit der Fremdkapitalausstattung des Akquisitionsvehikels zu beachten. Für Kreditverträge und Darlehensverträge fallen je nach Ausgestaltung des konkreten Vertragsverhältnisses Gebühren i. H. v. 0,8 % bzw. 1,5 % an, wenn über das Rechtsgeschäft eine die Gebührenschuld auslösende Urkunde im Inland oder Ausland errichtet wird. Die genannten Modellfälle sind im Einzelfall um entsprechende Gebührenvermeidungsstrategien zu erweitern.

Abschließend ist anzumerken, dass im Bereich des öUmgrStG weitreichende Gebühren- und Kapitalverkehrssteuerbefreiungen verankert sind, die bei Erfüllung aller Voraussetzungen nutzbar gemacht werden können.

6. Typische Akquisitionsstrukturierungsthemen

6.1. Step-up Möglichkeit

Beim – einfachen – Share Deal existiert die Möglichkeit eines Step-ups nicht. Aus der Sicht des Erwerbers ist der Asset Deal aus ertragsteuerlicher Sicht daher i. d. R. günstiger. Wie unter Abschnitt 4.4. näher dargestellt, wird mit der Aktivierung zu Anschaffungskosten hohes Abschreibungsvolumen geschaffen, das den zukünftigen steuerpflichtigen Gewinn reduziert. Darüber hinaus kann ein allenfalls im Kaufpreis abgegoltener Firmenwert steuerwirksam abgeschrieben werden. Eine Firmenwertabschreibung ist seit 2005 allerdings auch beim Share Deal möglich (vgl. oben Abschnitt 3.4.).

6.2. Abzug von Fremdfinanzierungszinsen

Ziel des steuerlichen Designs beim Share Deal ist es, eine Konstruktion zu finden, die ein steuerliches Verrechnen der operativen Gewinne des Target mit dem Zinsaufwand bei der Muttergesellschaft ermöglicht. Dies wurde ab 2005 explizit ermöglicht (vgl. oben Abschnitt 3.4.). Generell sei darauf hingewiesen, dass in Österreich keine Thin-Capitalization Regeln bestehen. Beim Asset Deal ist der Abzug der Fremdfinanzierungszinsen steuerlich unproblematisch.

6.3. Verlustvortragsübergang

In Österreich steht für Verluste i. d. R. ein zeitlich unbefristeter Verlustvortrag zu (§ 8 Abs. 4 Z 2 erster Satz öKStG i. V. mit § 18 Abs. 6 und 7 öEStG). Ausnahmen vom Recht auf Verlustvortrag bestehen im Falle eines sogenannten Mantelkaufs (§ 8 Abs. 4 zweiter und dritter Satz öKStG). Die Voraussetzungen für den Mantelkauf unterscheiden sich geringfügig von jenen, die in Deutschland bis zum 31.12.2007 in Kraft waren.

6.4. Tax Grouping lokal und grenzüberschreitend

Eine steuerliche Konsolidierung zwischen Gesellschaften ist im Rahmen der 2005 neu eingeführten Gruppenbesteuerung recht einfach möglich. Dazu muss zwischen Gruppenträger und Gruppenmitglied nur eine finanzielle Verbindung bestehen. Diese liegt bereits vor, wenn der Gruppenträger am Gruppenmitglied direkt oder indirekt (z. B. über eine Personengesellschaft) mehr als 50 % des Gesellschaftskapitals und der Stimmrechte hält. In diesem Fall wird das steuerliche Ergebnis des Gruppenmitglieds dem Gruppenträger zugerechnet, wodurch es zu einer Verrechnung von Verlusten der Muttergesellschaft (etwa Schuldzinsen) mit den Gewinnen der Tochtergesellschaft kommt.

Teilnehmer der Gruppe können sowohl unbeschränkt als auch beschränkt steuerpflichtige Kapitalgesellschaften sein. Aus Österreich heraus kann daher etwa auch eine Gruppe über die Grenze gebildet werden, die die steuerwirksame Verrechnung mit Verlusten ausländischer Tochtergesellschaften ermöglicht.

6.5. Repatriierung von Gewinnen

Gewinnausschüttungen vom Target an die Akquisitionsgesellschaft können – wie bereits dargestellt – steuerfrei durchgeführt werden. Werden diese Gewinne von der Akquisitionsgesellschaft an den ausländischen Investor weitergeschüttet, ist die Rechtsform des Investors von maßgeblicher Bedeutung für die Behandlung der Gewinnausschüttung. Aus der Sicht des österreichischen Steuerrechts wird das Einkommen einer Personengesellschaft nicht dieser Gesellschaft selbst, sondern ihren Partnern zugeordnet. Dies gilt grundsätzlich auch für Gewinnausschüttungen an die Personengesellschaft. Die ausschüttende Gesellschaft hat daher die hinter der Personengesellschaft stehenden Gesellschafter zu identifizieren und je nach Rechtsform und Sitz bzw. Wohnsitz dieser Person zu entscheiden, welche steuerlichen Konsequenzen die Ausschüttung nach sich zieht. Konkret geht es also letztlich um die Frage, ob in Österreich Quellensteuer auf die Ausschüttung zu erheben ist bzw. welches – so vorhanden – Doppelbesteuerungsabkommen für den wirtschaftlichen Dividendenempfänger anzuwenden ist. Innerstaatlich erhebt Österreich eine 25%ige Quellensteuer auf ins Ausland gezahlte Dividenden, die entweder aufgrund nationalen Rechts (Umsetzung der EU-Mutter-Tochter-Richtlinie) oder aufgrund Völkerrechts (Doppelbesteuerungsabkommen) bis zur Gänze reduziert werden kann. Entnahmen aus einer österreichischen Personengesellschaft sind ohne Quellensteuerabzug möglich.

7. Postakquisitorische Gestaltungen/Exit-Strukturen

Postakquisitorische Gestaltungen hängen sehr vom jeweiligen Einzelfall ab. Gefragt ist bisweilen im österreichisch-deutschen Verhältnis die Rückführung des Ergebnisses eines österreichischen Engagements (Exit) nach Deutschland. Dazu bietet sich etwa der simple Verkauf einer österreichischen Tochtergesellschaft an. Verkauft ein deutscher institutioneller Investor die Beteiligung an einer österreichischen Tochter, realisiert er damit steuerpflichtige Veräußerungsgewinne nach § 21 Abs. 1 öKStG i. V. m. § 98 Z 8 öEStG. Allerdings darf Österreich diesen innerstaatlichen Besteuerungsanspruch nicht ausüben. Art. 13 Abs. 5 des DBA Österreich-Deutschland weist das ausschließliche Besteuerungsrecht an Gewinnen aus der Veräußerung von Anteilen an österreichischen Kapitalgesellschaften Deutschland zu (eine Ausnahme stellt die schon oben erwähnte Immobilienklausel dar).

Anstelle des Verkaufs der Anteile könnte die österreichische Gesellschaft auch liquidiert werden. Der Besteuerung ist dabei der Liquidationsgewinn zugrunde zu legen. Ein allfälliger Liquidationsgewinn unterliegt in den Händen eines z. B. deutschen Investors nach § 1 Abs. 3 Z 1 i. V. m. § 21 Abs. 1 Z 1 öKStG i. V. m. § 98 Abs. 1 Z 8 öEStG der beschränkten Steuerpflicht in Österreich. Das DBA Österreich-Deutschland schirmt aber das österreichische Besteuerungsrecht ab.

Eine Alternative zum Verkauf und zur Liquidation einer österreichischen Gesellschaft stellt deren Verschmelzung auf den ausländischen Hauptgesellschafter dar. Diese würde das Abwicklungsprozedere vermeiden und wäre in Österreich, unter der Prämisse, dass in Österreich eine Betriebsstätte verbleibt und das Vermögen dieser weiterhin zuzurechnen ist, in Österreich ertrag- und verkehrssteuerneutral durchführbar.

Polen

Von Tomasz Walczak und Seweryn Dabrowski (beide Deloitte Posen)

Der folgende Beitrag befasst sich mit der steuerlichen Behandlung von Unternehmenskäufen in Polen ab dem 1. Januar 2008. Da die Kapitalgesellschaft die in Polen am meisten verbreitete Rechtsform für Investitionen ist, liegt der Schwerpunkt der Ausführungen auf Transaktionen zwischen Kapitalgesellschaften sowohl auf der Erwerber- als auch der Veräußererseite.

1. Steuerliche Behandlung des Unternehmensverkäufers

1.1. Verkauf von Anteilen

1.1.1. Der Veräußerer ist eine in Polen ansässige Kapitalgesellschaft

Die Veräußerung von Anteilen an einer polnischen Kapitalgesellschaft durch eine in Polen ansässige Kapitalgesellschaft ist grundsätzlich ein steuerpflichtiger Vorgang. Der steuerpflichtige Gewinn wird als Differenz zwischen dem Veräußerungspreis und den steuerlichen Anschaffungskosten der Beteiligung ermittelt. Der Veräußerungspreis entspricht hierbei grundsätzlich dem zwischen den Parteien vereinbarten Preis, es sei denn, dass dieser signifikant vom Marktwert der Beteiligung abweicht. Im letztgenannten Fall können die Steuerbehörden eine Übertragung zum Marktwert unterstellen.

Die steuerlichen Anschaffungskosten sind entweder die historischen Anschaffungskosten der veräußerten Beteiligung (einschließlich der entsprechend kapitalisierten Anschaffungsnebenkosten wie Notargebühren, Vermittlungsprovisionen usw.) oder – bei einbringungsgeborenen Anteilen – der Buch- bzw. Verkehrswert der für die Beteiligung hingegebenen Wirtschaftsgüter, je nachdem, ob die vorhergegangene Einbringung als steuerneutraler oder gewinnrealisierender Vorgang durchgeführt wurde. Der Gewinn aus der Veräußerung ist Teil des laufenden zu versteuernden Einkommens der polnischen Kapitalgesellschaft und wird nach allgemeinen Regeln besteuert. Der seit dem Jahr 2008 gültige Steuersatz beträgt 19 %. Eine Änderung des Körperschaftsteuersatzes ist zurzeit nicht geplant.

1.1.2. Der Veräußerer ist nicht in Polen ansässig

Im Fall von nicht in Polen ansässigen Gesellschaftern, die Anteile an einer polnischen Kapitalgesellschaft veräußern, hängt die Veräußerungsgewinnbesteuerung davon ab, ob ein DBA zwischen Polen und dem Ansässigkeitsstaat des Gesellschafters besteht und ob gegebenenfalls dieses DBA als Sitzstaat der Kapitalgesellschaft, an der die Anteile veräußert werden, das Besteuerungsrecht zuweist.

Falls ein DBA nach dem Vorbild von Art. 13 OECD-MA besteht, wird dieses typischerweise Polen nur dann ein Besteuerungsrecht einräumen, wenn die Anteile an der polnischen Gesellschaft in einer polnischen Betriebsstätte des Veräußerers gehalten werden. In diesem Fall oder wenn kein DBA vorliegt oder wenn – in Ausnahmefällen – ein DBA Polen das Besteuerungsrecht zuweist, sind die Besteuerungsfolgen mit denen für Ansässige identisch. Polnische Betriebsstätten nichtansässiger Kapitalgesellschaften unterliegen den gleichen Besteuerungsgrundsätzen wie ansässige Kapitalgesellschaften.

Einige DBA, die Polen abgeschlossen hat, z. B. das neue DBA mit Deutschland, das grundsätzlich am 1. Januar 2005 in Kraft getreten ist, sehen dabei eine Ausnahmeregelung vor, nach der Polen das Besteuerungsrecht an Gewinnen aus der Veräußerung von Anteilen an einer polnischen Gesellschaft behält, deren Aktivvermögen überwiegend mittelbar oder unmittelbar aus in Polen belegenem unbeweglichen Vermögen oder aus Rechten an einem solchen Vermögen besteht.

1.1.3. Anteilstausch

Bei einem Anteilstausch, bei dem die Gesellschaft A die Anteile an der polnischen Kapitalgesellschaft B gegen Anteile an der zu erwerbenden Kapitalgesellschaft C tauscht, werden folgende Steuerfolgen ausgelöst:

Sofern C neue Anteile an A im Tausch für die B-Anteile ausgibt, kann diese Transaktion als Sacheinlage behandelt und entsprechend besteuert werden (vgl. unter Abschnitt 1.2.4.).

Es wird jedoch keine Besteuerung ausgelöst (d. h. A behandelt den Wert der erhaltenen C-Anteile und C den Wert der erhaltenen B-Anteile nicht als steuerpflichtigen Gewinn), falls C im Rahmen der Transaktion die Mehrheitsbeteiligung in B erwirbt (zusätzlich ist es erforderlich, damit der Anteilsaustausch steuerneutral erfolgen kann, dass im Rahmen der besprochenen Transaktion keine Zahlung von C an A erfolgt, die 10 % des Wertes der von A erhaltenen C-Anteile übersteigt). Ein solcher steuerneutraler Anteilstausch kann zwischen zwei Gesellschaften erfolgen, die ihren Sitz in einem EU-Mitgliedstaat haben.

1.2. Verkauf von Wirtschaftsgütern

1.2.1. Einführende Anmerkungen

Für Zwecke der Verkehrssteuern sowie der Umsatzsteuer (vgl. unten Abschnitte 2.1. und 2.2.) – und teilweise auch für ertragsteuerliche Zwecke – ist es von erheblicher Bedeutung, ob das Veräußerungsobjekt als gesamter Geschäftsbetrieb, Teilbetrieb oder einzelne Wirtschaftsgüter zu qualifizieren ist. Nach polnischem Zivilrecht ist ein gesamter Geschäftsbetrieb eine Gesamtheit aus materiellen und immateriellen Wirtschaftsgütern, die einem gemeinsamen Geschäftszweck dienen. Hierzu zählen insbesondere:

- die Firma, Warenzeichen und andere das Geschäft kennzeichnende Merkmale;
- die Geschäftsbücher des Unternehmens;
- Grundbesitz und bewegliches Anlagevermögen;
- Lagerbestände und Vorräte;
- Patente, Muster, Modelle;
- aus dem Geschäftsbetrieb resultierende Verbindlichkeiten und Verpflichtungen;
- Verpflichtungen im Zusammenhang mit vom Unternehmen angemieteten Räumlichkeiten.

Bei der Veräußerung von gesamten Geschäftsbetrieben werden häufig vertraglich bestimmte Teile von der Übertragung ausgeschlossen. Dies ist grundsätzlich möglich, da das polnische Zivilrecht einen derartigen Ausschluss auf einzelvertraglicher Basis zulässt. Gleiches gilt für den polnischen Teilbetriebsbegriff. Die meisten steuerlichen Vorschriften zur Unternehmensveräußerung beziehen sich auf Teilbetriebsveräußerungen, wobei der Begriff des Teilbetriebs mittlerweile im polnischen KStG definiert wurde, als ein im Rahmen eines gesamten Geschäftsbetriebs organisatorisch und finanziell ausgegliederter Bestand von Vermögensgegenständen (inklusive Verbindlichkeiten), der für die Ausübung gewisser Geschäftsaufgaben bestimmt ist und der auch selbständig als gesamter Geschäftsbetrieb solche Aufgaben erfüllen könnte. Da jedoch die Definitionen des gesamten Geschäftsbetriebs sowie des Teilbetriebs einen im gewissen Grad allgemeinen Charakter haben, kommt es gelegentlich vor, dass die Steuerbehörden Übertragungen von Unternehmen oder Teilen von Unternehmen nicht als Betriebs- oder Teilbetriebsübertragungen, sondern als Übertragung einzelner Wirtschaftsgüter qualifizieren.

1.2.2. Veräußerer ist eine polnische Kapitalgesellschaft

a) Veräußerung eines gesamten Geschäftsbetriebs oder eines Teilbetriebs

Ein Veräußerungsgewinn ist körperschaftsteuerpflichtig. Das polnische Recht definiert jedoch nicht, was als Veräußerungserlös anzusehen ist oder welche Kosten abzugsfähig sind. In der Praxis wird der gezahlte Kaufpreis zuzüglich der übernommenen Verbindlichkeiten als Veräußerungserlös behandelt. Dem Veräußerungserlös gegenübergestellt werden die steuerlichen Buchwerte der veräußerten Wirtschaftsgüter.

b) Veräußerung von Einzelwirtschaftsgütern

Bei der Veräußerung von Einzelwirtschaftsgütern wird die Differenz zwischen dem erhaltenen Veräußerungserlös und den steuerlichen Buchwerten der übertragenen Wirtschaftsgüter als Veräußerungsgewinn besteuert.

1.2.3. Der Veräußerer ist nicht in Polen ansässig

Die Veräußerung von Wirtschaftsgütern einer polnischen Betriebsstätte unterliegt den gleichen Vorschriften wie eine Veräußerung durch eine in Polen ansässige Person. Nach dem DBA-Polen wird aufgrund Art. 13 Abs. 3 (einer Art. 13 Abs. 2 OECD-MA vergleichbaren Regelung) Polen das Besteuerungsrecht zustehen.

1.2.4. Einbringungen gegen Gewährung von Gesellschaftsrechten

a) Einbringung eines gesamten Geschäftsbetriebs oder eines Teilbetriebs in eine Kapitalgesellschaft gegen Gewährung von Gesellschaftsrechten

Die Übertragung eines gesamten Geschäftsbetriebs oder eines Teilbetriebs durch eine polnische Kapitalgesellschaft an eine andere Kapitalgesellschaft gegen Gewährung von Anteilen an der aufnehmenden Gesellschaft ist grundsätzlich ein steuerneutraler Vorgang. Die erhaltenen Anteile erhöhen nicht das Einkommen der übertragenden Gesellschaft. Bei einer späteren Veräußerung der erhaltenen Anteile an der aufnehmenden Gesellschaft stellen die steuerlichen Buchwerte des übertragenen gesamten Geschäftsbetriebs bzw. Teilbetriebs die steuerlichen Anschaffungskosten der Anteile dar.

b) Sacheinlage von Einzelwirtschaftsgütern

Die Einbringung von Einzelwirtschaftsgütern in eine Kapitalgesellschaft ist ein steuerpflichtiger Gewinnrealisierungsvorgang. Der Gewinn aus dem Einbringungsvorgang wird als Differenz zwischen dem Nennwert der erhaltenen Anteile und dem Buchwert der auf die Kapitalgesellschaft übertragenen Einzelwirtschaftsgüter ermittelt. Bei einer späteren Veräußerung der für die Einbringung von Einzelwirtschaftsgütern an den Einbringenden gewährten Anteile wird der Veräußerungsgewinn wie folgt ermittelt: Steuerpflichtig ist die Differenz zwischen dem Veräußerungserlös und dem Nennwert der übertragenen Anteile.

2. Transaktionskosten

2.1. Steuern auf Zivilrechtsvorgänge

2.1.1. Allgemeine Anmerkungen

Die Steuer auf Zivilrechtsvorgänge wird bei bestimmten Rechtsgeschäften erhoben, z. B. bei nicht der Umsatzsteuer unterliegenden Veräußerungstransaktionen, Kapitalerhöhungen, Darlehensgewährungen usw. Schuldner der Steuer auf Zivilrechtsvorgänge ist der Erwerber/Darlehensnehmer. In Veräußerungstransaktionen (Kauf oder Tausch) stellt grundsätzlich der im Vertrag festgelegte Veräußerungspreis die Steuerbemessungsgrundlage dar, es sei denn, dieser weicht vom Marktwert des übertragenen Gegenstandes ab. Im letztgenannten Fall können die Steuerbehörden vom geschätzten

Marktwert ausgehen (bei erheblichen Abweichungen vom Marktwert sind die Kosten von Sachverständigen vom Steuerzahler zu tragen).

2.1.2. Anteilsverkäufe

Der Verkauf von Anteilen an polnischen Kapitalgesellschaften unterliegt grundsätzlich – unabhängig von deren Rechtsform – der Steuer auf Zivilrechtsvorgänge i. H. v. 1 %. Ebenfalls unerheblich für die Steuerpflicht ist die Ansässigkeit von Käufer und Verkäufer. Der Erwerb von börsennotierten Anteilen an polnischen Kapitalgesellschaften über einen Wertpapierhändler (Broker) ist von der Steuer auf Zivilrechtsvorgänge befreit.

2.1.3. Veräußerung eines gesamten Betriebs oder Teilbetriebs

Der Steuer auf Zivilrechtsvorgänge unterliegen ferner die Veräußerung von gesamten Betrieben oder Teilbetrieben, für die separate Teilbilanzen erstellt werden, sowie die Veräußerung der zu einem Teilbetrieb gehörenden Wirtschaftsgüter, wenn deren Übertragung nicht der Umsatzsteuer unterliegt. Bei den letztgenannten Wirtschaftsgütern ist es in der Praxis problematisch, die anteilige Bemessungsgrundlage (Marktwert) zu ermitteln. Die Steuersätze betragen 2 % des Marktwertes der unbeweglichen und beweglichen Wirtschaftsgüter (und bestimmter Rechte an polnischem Grundbesitz) sowie 1 % des Marktwertes aller sonstigen Vermögensrechte.

Die steuerliche Behandlung eines Geschäfts- und Firmenwerts (Goodwill) für Zwecke der Steuer auf Zivilrechtsvorgänge ist unklar, wobei die Unklarheit aus der gesetzlich nicht klar definierten Bemessungsgrundlage für die Steuer resultiert. Zum einen wird die Auffassung vertreten, dass der Veräußerungspreis der Steuer unterliegt (in diesem Fall käme es bei einem Kaufpreis, der höher ist als die Marktwerte der Einzelwirtschaftsgüter, zur Besteuerung von Goodwill), während zum Teil nur der Marktwert sämtlicher Einzelwirtschaftsgüter der Steuer unterworfen wird (in diesem Fall kommt es auch bei einem die Marktwerte der Einzelwirtschaftsgüter übersteigenden Kaufpreis nicht zu einer Besteuerung des Goodwill). Die steuerliche Behandlung größerer Transaktionen sollte aufgrund der bestehenden Unsicherheit vorab mit der polnischen Finanzverwaltung abgestimmt werden.

2.1.4. Kapitalerhöhungen

Die Steuer auf Zivilrechtsvorgänge fällt auch bei Kapitalerhöhungen einer polnischen Gesellschaft im Wege von Bar- oder Sacheinlagen an. Die Steuer wird auf den gesamten Kapitalerhöhungsbetrags ausschließlich eines Agios berechnet. Der Steuersatz beträgt 0,5 %.

2.1.5. Anteilstausch

Bei Anteilstauschvorgängen, die nicht im Wege der Sacheinlage erfolgen, fällt die Steuer auf Zivilrechtsvorgänge i. H. v. 1 % des Marktwertes der getauschten Anteile an.

2.2. Umsatzsteuer

2.2.1. Veräußerung von Anteilen und Anteilstausch

Die Übertragung von Anteilen an einer Kapitalgesellschaft unterliegt grundsätzlich nicht der polnischen Umsatzsteuer.

2.2.2. Übertragung eines gesamten Betriebs oder separat geführten Teilbetriebs

Polnische Umsatzsteuer wird ebenfalls nicht erhoben, wenn Veräußerungsgegenstand ein gesamtes Unternehmen oder ein separat geführter Teilbetrieb mit getrennter Buchführung ist (Geschäftsveräußerung im Ganzen).

2.2.3. Übertragung eines nicht separat geführten Teilbetriebs

Nach dem polnischen Umsatzsteuergesetz unterliegt die Übertragung von Gegenständen der Umsatzsteuer. Unter den Begriff des Gegenstands fallen hierbei körperliche Gegenstände, Sachgesamtheiten sowie solche Wirtschaftsgüter, die im Rechtsverkehr wie körperliche Sachen behandelt werden (z. B. Strom).

Weder das polnische Zivilrecht noch das polnische Steuerrecht definieren, was ein „nicht separat geführter Teilbetrieb“ ist. Nach der zurzeit wohl herrschenden Auffassung wird ein „nicht separat geführter Teilbetrieb“ für Zwecke der polnischen Umsatzsteuer nicht als „Gegenstand“ behandelt, was zu praktischen Schwierigkeiten bei der Ermittlung der umsatzsteuerlichen Bemessungsgrundlage bei der Übertragung eines nicht separat geführten Teilbetriebs führt. Liegt ein umsatzsteuerpflichtiger Übertragungsvorgang von Einzelwirtschaftsgütern vor, unterliegt dieser der polnischen Umsatzsteuer zu einem Satz von 22 %.

2.2.4. Sacheinlagen von Einzelwirtschaftsgütern

Grundsätzlich sind Sacheinlagen in Kapitalgesellschaften von der polnischen Umsatzsteuer befreit. Allerdings besteht das Risiko (eine solche Auffassung vertritt die polnische Finanzverwaltung), dass in Bezug auf Gegenstände, die Teil der Sacheinlage sind und bei deren Erwerb zuvor die Vorsteuer geltend gemacht wurde, eine Korrektur dieser abgezogenen Vorsteuer durchgeführt werden muss.

2.3. Ertragsteuerliche Behandlung von Transaktionskosten

2.3.1. Erwerb von Anteilen

In Polen bestehen keine eindeutigen ertragsteuerlichen Bestimmungen zur Behandlung von Transaktionskosten. Allerdings sind nach allgemeinen (Buchführungs-)Prinzipien Anschaffungsnebenkosten zu aktivieren und daher erst bei einer späteren Veräußerung der Beteiligung steuermindernd zu berücksichtigen.

Obwohl es in Polen keine gesetzliche Bestimmung zu „Anschaffungsnebenkosten“ gibt, werden in der Praxis vor allem die Steuer auf Zivilrechtsvorgänge, Notargebühren, Gebühren für Investmentbanker sowie sonstige Beratungskosten zu den aktivierbaren Anschaffungsnebenkosten gerechnet, sofern sie direkt mit dem Erwerb der Anteile zusammenhängen.

2.3.2. Erwerb von Einzelwirtschaftsgütern

Nach den allgemeinen Prinzipien sind Aufwendungen für den Erwerb von Einzelwirtschaftsgütern, die vor der erstmaligen Inbetriebnahme bzw. Nutzung dieser Wirtschaftsgüter anfallen, nicht sofort als Aufwand abzugsfähig, sondern erhöhen als Anschaffungsnebenkosten den Buchwert dieser Wirtschaftsgüter und damit das zukünftige Abschreibungsvolumen. Die ab dem Zeitpunkt der erstmaligen Inbetriebnahme bzw. Nutzung von Wirtschaftsgütern anfallenden Aufwendungen sind im Regelfall sofort als Aufwand steuerlich abzugsfähig.

3. Fragen der Erwerbsstrukturierung

3.1. Step-up Möglichkeiten

In Polen besteht keine direkte Möglichkeit, bei einem Anteilskauf (Share Deal) eine steuerfreie oder steuerbegünstigte Aufstockung der Buchwerte der erworbenen Gesellschaft und daraus resultierendes Abschreibungsvolumen (Step-up) zu generieren (komplexe Umstrukturierungsmaßnahmen sind notwendig, um hierbei einen steuerlich effektiven Step-up zu erreichen). Ein Step-up kann jedoch beim Erwerb eines gesamten Betriebs, Teilbetriebs oder von Einzelwirtschaftsgütern erreicht werden. Dabei werden im Rahmen des Erwerbs die Buchwerte der einzelnen Wirtschaftsgüter bis zum Verkehrswert aufgestockt. Ein überschießender Betrag wird beim Erwerb eines gesamten Unternehmen oder eines Teilbetriebs grundsätzlich als Goodwill behandelt und kann über mindestens fünf Jahre steuerlich abgeschrieben werden.

3.2. Typische Erwerbsstrukturen ausländischer Investoren

Für den Erwerb der Anteile einer polnischen Zielgesellschaft gründen viele ausländische Investoren in Polen zunächst eine polnische Erwerbsgesellschaft, die die Anteile an der polnischen Zielgesellschaft erwirbt. Zwar besteht in Polen die Möglichkeit, bei der Erwerbsgesellschaft ggf. anfallenden Zinsaufwand mit Gewinnen der Zielgesellschaft auf dem Wege einer Gruppenbesteuerung (Organschaft) der Erwerbsgesellschaft und der Zielgesellschaft zu verrechnen (vgl. unter 3.7.), allerdings scheitert dieses vielfach daran, dass die Voraussetzungen nicht erfüllt werden. Vor diesem Hintergrund wählen viele Investoren in der Praxis im Anschluss an den Erwerb der Anteile eine Verschmelzung der Zielgesellschaft auf die Erwerbsgesellschaft (Upstream Merger) oder eine Verschmelzung der Erwerbsgesellschaft auf die Zielgesellschaft (Downstream Merger) – vgl. unter 4. Die Verschmelzungsrichtung wird hierbei in der Praxis davon bestimmt, welche der beiden Gesellschaften im Verschmelzungszeitpunkt über Verlustvorträge verfügt (vgl. unten 4.3.). Zu beachten ist, dass bei einer zeitnahen Verschmelzung im Anschluss an den Erwerb der Zielgesellschaft die Gefahr besteht, dass die Verschmelzung von der polnischen Finanzverwaltung als Gestaltungsmissbrauch qualifiziert wird. Dieses ist insbesondere der Fall, wenn für die Verschmelzung beachtliche wirtschaftliche Gründe fehlen und damit das Hauptmotiv durch die Finanzverwaltung in der Steuerumgehung gesehen wird (vgl. unten 4.3.). Vor diesem Hintergrund sollte im Regelfall eine Verschmelzung erst ein bis zwei Jahre nach dem Erwerb der Zielgesellschaft in Betracht gezogen werden. Darüber hinaus ist auch anzumerken, dass die Struktur mit einer Erwerbsgesellschaft beim Kauf von Anteilen an einer Gesellschaft mit einem wesentlichen Potential für ein Step-up nicht empfehlenswert erscheint, da bei einer späteren inländischen Verschmelzung der über dem Nettobuchwert der Gesellschaft liegende Kaufpreis für steuerliche Zwecke nicht realisiert werden kann.

3.3. Abzugsfähigkeit von Finanzierungskosten

Die Behandlung von Finanzierungskosten im Zusammenhang mit dem Erwerb von Anteilen an polnischen Gesellschaften ist unklar. Nach den allgemeinen Regeln sind die im Zusammenhang mit dem Erwerb von Anteilen entstehenden Kosten nicht abzugsfähig, sondern stellen zusätzliche Anschaffungskosten der Beteiligung dar und sind damit erst bei einer möglichen späteren Veräußerung der Anteile steuerlich berücksichtigungsfähig. Unklar ist, ob von dieser allgemeinen Regel auch Finanzierungskosten erfasst werden. Dieses ist vom Finanzministerium in der Vergangenheit widersprüchlich beurteilt worden. Auch das oberste polnische Verwaltungsgericht hat in der Vergangenheit Urteile gefällt, in denen die sofortige Abzugsfähigkeit von Zinsen nicht anerkannt wurde. In der Praxis behandeln viele ausländische Investoren in Polen den bei einer zwischengeschalteten Erwerbsgesellschaft anfallenden Zinsaufwand für den Erwerb von Anteilen an polnischen Zielgesellschaften als steuerlich – im Rahmen der Bestimmungen zur Gesellschafterfremdfinanzierung (vgl. unten 3.4.) – abzugsfähigen Zinsaufwand. Die gegenwärtige Entwicklung in diesem Bereich ist jedoch eher positiv, und die polnische Finanzverwaltung lässt solche Zinsaufwendungen als steuerlich abzugsfähige Kosten auf laufender Basis zu.

3.4. Gesellschafterfremdfinanzierung

Polen hat, wie viele andere Staaten auch, Regeln zur Gesellschafterfremdfinanzierung eingeführt (Thin Capitalization Rules). Diese Regeln gelten grundsätzlich für die Finanzierung durch bestimmte, sowohl in- wie auch ausländische Gesellschafter und verbundene Unternehmen. Nach dem polnischen Körperschaftsteuergesetz sind Zinsen nicht abzugsfähig, wenn sie an eine Gesellschaft gezahlt werden, die entweder zu mindestens 25 % an einer polnischen Gesellschaft beteiligt ist oder einen jeweils zu mindestens 25 % beteiligten gemeinsamen Gesellschafter hat, und soweit die Zinsen auf

Darlehen entfallen, die eine Nichtaufgriffsgrenze (Safe Haven) von Fremd- zu Stammkapital von 3:1 übersteigen.

Das für Zwecke des Safe Havens anzusetzende Stammkapital wird vermindert um nicht eingezahlte Teile des Stammkapitals sowie ausstehende Einlagen. Weiterhin wird das anzusetzende Stammkapital um zwecks Deckung des Stammkapitals eingebrachte immaterielle Wirtschaftsgüter gekürzt, die nicht abschreibungsfähig sind.

3.5. Polnische Quellensteuer auf Zinszahlungen an Nichtansässige

Bei Zinszahlungen an Empfänger in Nicht-DBA-Staaten ist durch den polnischen Zinsschuldner Quellensteuer i. H. v. 20 % des Zinsbetrags von der Zahlung einzubehalten und an die polnische Finanzverwaltung abzuführen. Im DBA-Fall hängen die Erhebung sowie der Umfang der Erhebung polnischer Quellensteuer auf Zinszahlungen von den Regelungen des DBA zwischen Polen und dem Ansässigkeitsstaat des Zinsempfängers ab. In DBA-Fällen werden typischerweise keine oder geringere Quellensteuersätze erhoben. So erhebt Polen z. B. eine 5 % Quellensteuer bei Zinszahlungen nach Deutschland. Es ist jedoch erforderlich, dass der Zinsempfänger dem Schuldner eine Ansässigkeitsbestätigung der ausländischen Finanzbehörde vorlegt, damit der polnische Zinsschuldner die DBA-Quellensteuerbefreiung geltend machen kann.

Die Vorschriften der EU-Richtlinie über eine gemeinsame Steuerregelung für Zahlungen von Zinsen und Lizenzgebühren zwischen verbundenen Unternehmen verschiedener Mitgliedstaaten wurden in das polnische KStG umgesetzt. Eine vollständige Steuerbefreiung bei Zahlungen an berechtigte Empfänger wird jedoch erst ab dem 1. Juli 2013 gelten (bis zum 30. Juni 2009 darf Polen 10 % und bis zum 30. Juni 2013 5 % Quellensteuer einbehalten).

3.6. Erhalt der steuerlichen Verlustvorträge der Zielgesellschaft

Nach polnischem Steuerrecht können Verluste eines Rechtsträgers grundsätzlich vorgetragen werden, wobei der Verlustvortrag nicht an die Fortführung einer bestimmten unternehmerischen Aktivität gekoppelt ist.

Verluste, die in einem Wirtschaftsjahr erwirtschaftet wurden, können mit Gewinnen in den folgenden fünf Jahren verrechnet werden. Dabei ist die maximale Verlustverrechnung in einem bestimmten Jahr jedoch auf 50 % des ursprünglichen Verlustes begrenzt.

Polen kennt keine dem deutschen § 8 KStG vergleichbare Vorschrift zur Verhinderung von Mantelkäufen.

3.7. Gruppenbesteuerung (Organschaft)

Es ist in Polen möglich, eine Gruppenbesteuerung (Organschaft) zu erreichen. Gegenwärtig gelten folgende wichtigste Voraussetzungen für eine solche Gruppenbesteuerung:

- Sämtliche Gesellschaften der konsolidierten Gruppe müssen in Polen ansässige Aktiengesellschaften oder Gesellschaften mit beschränkter Haftung sein.
- Das Stammkapital jeder Gesellschaft der konsolidierten Gruppe oder das durchschnittliche Stammkapital aller Gesellschaften der konsolidierten Gruppe muss mindestens 1 Mio. Zloty (PLN) betragen.
- Die Muttergesellschaft muss an der oder den Tochtergesellschaften mindestens eine direkte Beteiligung von 95 % der Anteile halten.
- Die Gesamtrendite auf das eingesetzte Kapital für die konsolidierte Gruppe muss in jedem Steuerjahr 3 % vor Steuern erreichen.
- Die Gesellschaften der konsolidierten Gruppe dürfen keiner Steuerbefreiung für Zwecke der Körperschaftsteuer unterliegen.

Zur Begründung einer konsolidierten Gruppe ist ein beurkundeter Vertrag erforderlich. Dieser Vertrag muss für mindestens drei Jahre geschlossen werden. Während dieser Frist ist keine Veränderung der Zusammensetzung der konsolidierten Gruppe möglich. Die Verträge über die konsolidierte Gruppe müssen den polnischen Steuerbehörden mindestens drei Monate vor Beginn des ersten Wirtschaftsjahrs der konsolidierten Gruppe vorgelegt werden. Der Vorteil der Bildung einer konsolidierten Gruppe ist, dass zwischen den Gesellschaften, die der Gruppenbesteuerung unterliegen, Übertragungen von Wirtschaftsgütern zum Buchwert oder sogar unentgeltlich möglich sind. Darüber hinaus sind Zuschüsse zwischen den Gesellschaften steuerlich abzugsfähig, so dass ein Verlustausgleich mit steuerlicher Wirkung ermöglicht wird. Dennoch gibt es in der Praxis wegen der sehr spezifischen Anforderungen nur ganz selten eine Gruppenbesteuerung. Andererseits gewinnen Strukturen unter Einschaltung von Personengesellschaften zunehmend an Bedeutung.

3.8. Repatriierung von Gewinnen aus Polen

3.8.1. Ausschüttungen einer polnischen Kapitalgesellschaft an eine andere polnische Kapitalgesellschaft

Ausschüttungen polnischer Kapitalgesellschaften unterliegen einer Quellensteuer auf Dividenden i. H. v. 19 %.

Gleichzeitig sind aufgrund der Umsetzung der Vorschriften der EU-Richtlinie über das gemeinsame Steuersystem der Mutter- und Tochtergesellschaften verschiedener Mitgliedstaaten in das polnische KStG die Ausschüttungen an Gesellschaften mit Sitz in

Polen steuerfrei. Die Quellensteuerbefreiung aufgrund der umgesetzten Mutter-Tochter-Richtlinie ist unter folgenden Voraussetzungen anwendbar:

- der Empfänger ist eine Körperschaft mit dem Status eines unbeschränkt steuerpflichtigen Steuerzahlers;
- die Anteile an der ausschüttenden Gesellschaft i. H. v. nicht weniger als 15 % werden von dem Empfänger ununterbrochen über eine Periode von 2 Jahren gehalten (die obige Beteiligungsgrenze wird ab dem 1. Januar 2009 10 % betragen).

Die 2-jährige Halteperiode kann auch nach dem Zeitpunkt einer Gewinnausschüttung erfüllt werden. Sollte es jedoch vor Ablauf dieser Frist zur Veräußerung der Anteile durch den Empfänger kommen, so ist er zur Zahlung der nicht einbehaltenen Quellensteuer zuzüglich Verzugszinsen verpflichtet.

3.8.2. Ausschüttungen einer polnischen Kapitalgesellschaft an nicht ansässige Gesellschafter

Ausschüttungen an nicht ansässige Gesellschafter unterliegen grundsätzlich dem Quellensteuersatz von 19 %, der in diesem Fall Abgeltungswirkung hat. Die einzubehaltende Quellensteuer kann jedoch nach Maßgabe eines DBA auf einen geringeren Satz reduziert werden. Bei der 10 %-Schachtelbeteiligung einer deutschen Kapitalgesellschaft an einer polnischen Kapitalgesellschaft beträgt die maximal in Polen zu erhebende Quellensteuer nach Art. 10 Abs. 2a DBA-Polen 5 %.

Gleichzeitig sind aufgrund der Umsetzung der Vorschriften der EU-Richtlinie über das gemeinsame Steuersystem der Mutter- und Tochtergesellschaften verschiedener Mitgliedstaaten in das polnische KStG die Ausschüttungen an Körperschaft mit dem Status eines unbeschränkt steuerpflichtigen Steuerzahlers in einem EU-Staat steuerfrei. Die Voraussetzungen für die Steuerbefreiung entsprechen grundsätzlich den für polnische Dividendenempfänger geltenden Regelungnen (vgl. unter 3.8.1.).

Ein verminderter Quellensteuerabzug nach einem anwendbaren DBA und der EU-Mutter-Tochter-Richtlinie darf in der Praxis nur dann durch die eine Dividende zahlende polnische Gesellschaft in Anspruch genommen werden, wenn der polnischen Gesellschaft eine Ansässigkeitsbescheinigung der für den Gesellschafter der polnischen Gesellschaft zuständigen ausländischen Finanzbehörde vorgelegt wird.

4. Postakquisitorische Umstrukturierungsmaßnahmen – Verschmelzung von Kapitalgesellschaften

4.1. Allgemeine Anmerkungen

Nach den Bestimmungen des polnischen Handelsgesetzbuchs kann eine Verschmelzung von Kapitalgesellschaften in Polen grundsätzlich auf zwei Arten erfolgen:

- Verschmelzung zur Aufnahme, d. h. eine Kapitalgesellschaft wird auf eine andere, bereits bestehende Kapitalgesellschaft verschmolzen, wobei die Gesellschafter der untergehenden Kapitalgesellschaft neue Anteile an der aufnehmenden Gesellschaft erhalten;
- Verschmelzung zur Neugründung, d. h. mehrere Gesellschaften übertragen ihr Vermögen auf eine neugegründete Gesellschaft. Im Gegenzug erhalten die Gesellschafter der untergehenden Gesellschaften Anteile an der neuen Gesellschaft.

4.2. Besteuerung der Gesellschafter

Die Verschmelzung einer Gesellschaft auf eine andere Gesellschaft ausschließlich gegen Gewährung von Anteilen an der aufnehmenden Gesellschaft ist grundsätzlich kein zur Gewinnrealisierung führender Vorgang (vgl. unten 4.3.). Für Zwecke nachfolgender Veräußerungen der erhaltenen Anteile stellen die historischen Buchwerte der Anteile an den untergegangenen Gesellschaften die vom Veräußerungserlös abzusetzenden Anschaffungskosten der Anteile dar (d. h. Buchwertverknüpfung).

4.3. Besteuerung der im Rahmen einer Verschmelzung untergehenden Gesellschaften

Im Rahmen einer Verschmelzung gilt aus steuerlicher Hinsicht grundsätzlich das Prinzip der Buchwertfortführung, d. h. es kommt nicht zu einer Aufstockung von Buchwerten und entsprechenden Mehrabschreibungen in der Zukunft.

Auf Ebene der verschmolzenen Gesellschaft unterliegt die Differenz zwischen dem Verkehrswert der Wirtschaftsgüter der verschmolzenen Gesellschaft und dem Nennwert der ihrem Anteilseigner im Rahmen der Verschmelzung durch die aufnehmende Gesellschaft gewährten Gesellschaftsanteile keiner Besteuerung. Eine Ausnahme hiervon gilt insoweit, als die Differenz auf Anteile der übernehmenden Gesellschaft an der verschmolzenen Gesellschaft entfällt, die im Rahmen der Verschmelzung untergehen. In diesen Fällen ist der Mehrwert steuerpflichtig, wobei die Besteuerung dieses Mehrwertes dem gleichen Regime wie Dividenden unterliegt.

Der Mehrwert unterliegt allerdings dann keiner Besteuerung, wenn im Verschmelzungszeitpunkt die übernehmende Gesellschaft an der verschmolzenen Gesellschaft eine Beteiligung i. H. v. mindestens 15 % der Stimmrechte hält (10 % ab 1. Januar 2009). Eine Übertragung von Verlustvorträgen der im Rahmen eines Verschmelzungsvorganges untergehenden Gesellschaft auf die übernehmende Gesellschaft ist in Polen nicht möglich. Hat die an einem Verschmelzungsvorgang beteiligte übernehmende Gesellschaft Verlustvorträge, so werden diese durch den Verschmelzungsvorgang nicht berührt.

Unter bestimmten Umständen wird einer Verschmelzung die Steuerbegünstigung versagt, wenn für die Verschmelzung beachtliche wirtschaftliche Gründe fehlen und deshalb die Finanzverwaltung das Hauptmotiv in der Steuerumgehung sieht. Ist dies der Fall, dann unterliegt auf Ebene der verschmolzenen Gesellschaft die Differenz zwischen dem Verkehrswert ihrer Wirtschaftsgüter und dem Nennwert der ihrem Anteilseigner im Rahmen der Verschmelzung durch die aufnehmende Gesellschaft gewährten Gesellschaftsanteile der Besteuerung. Auf Ebene der Gesellschafter der verschmolzenen Gesellschaft ist die Differenz zwischen dem Nennwert der im Rahmen der Verschmelzung erhaltenen Anteile und den steuerlichen Anschaffungskosten der untergehenden Anteile sofort im Verschmelzungszeitpunkt steuerpflichtig.

Russische Föderation

von Nicolas Vértes (Deloitte Hamburg)

1. Formen der unternehmerischen Betätigung in der Russischen Föderation

Die Gesellschaftsformen des russischen Rechts ähneln denjenigen des deutschen Rechts. Das russische Recht kennt insbesondere Kapital- und Personengesellschaften. In der Unternehmenspraxis übliche Rechtsformen sind die „obščestvo s organičennoj otvetstvennostju" (ooo), die mit der deutschen GmbH vergleichbar ist, und die Aktiengesellschaft „akcionernoe obščestvo". Bei den Aktiengesellschaften unterscheidet das russische Recht zwischen der geschlossenen (ZAO) und der offenen Aktiengesellschaft (OAO). Ein wesentlicher Unterschied ist, dass bei der ZAO die Anzahl der Aktionäre ebenso wie die Anzahl der Gesellschafter einer ooo auf 50 begrenzt ist. Eine solche Beschränkung besteht bei der OAO nicht. Nur diese Rechtsform ist kapitalmarktfähig. Das Mindestkapital einer ooo und einer ZAO beträgt 10.000 Rubel (umgerechnet ca. 220 EUR), das einer OAO 100.000 Rubel.

Die Anteile an russischen Gesellschaften können grundsätzlich zu 100 % von ausländischen Gesellschaftern gehalten werden. Beschränkungen für ausländische Unternehmen bestehen jedoch bei Beteiligungen an Unternehmen, die von strategischer Bedeutung für die nationale Verteidigung und die Sicherheit des Staates sind. Ein Gesetz aus dem Mai 2008 nennt insgesamt 42 Branchen, wie zum Beispiel die Rüstungs- und die Luftfahrtindustrie, aber auch Medien und Telekommunikation, denen strategische Bedeutung zukommt. Eine Beteiligung ausländischer Unternehmen an russischen Unternehmen, die in diesen Branchen tätig sind, ist nicht grundsätzlich untersagt. Sie bedarf jedoch der Genehmigung einer Kommission der russischen Regierung.

Bei allen Gesellschaftsformen ist es zulässig, dass diese nur einen Gesellschafter haben. Dieser muss jedoch selbst mehr als einen Gesellschafter haben (Verbot der mittelbaren Einmanngesellschaft).

Personengesellschaften sind in Russland kaum verbreitet. Steuerlich werden sie genauso wie Kapitalgesellschaften behandelt.

2. Steuerliche Behandlung des Verkäufers

2.1. Verkäufer ist eine natürliche Person

Eine in Russland steuerlich ansässige Person ist mit ihren weltweiten Einkünften steuerpflichtig. Als steuerlich ansässig gilt eine Person, wenn sie sich an mehr als 183 Tagen in einem beliebigen 12-Monatszeitraum auf dem Territorium der Russischen Föderation aufgehalten hat. Der Einkommensteuersatz für in Russland steuerlich ansässige Personen beträgt linear 13 %.

Der Gewinn aus der Veräußerung von Gesellschaftsanteilen ist steuerfrei, wenn der Steuerpflichtige den veräußerten Anteil länger als drei Jahre gehalten hat. Auf die Höhe der Beteiligung kommt es insoweit nicht an. Eine Differenzierung danach, ob Anteile in einem Privat- oder Betriebsvermögen gehalten werden, kennt das russische Steuerrecht nicht.

2.2. Verkäufer ist eine russische Gesellschaft

Gewinne einer in Russland steuerlich ansässigen Gesellschaft unterliegen der Gewinnsteuer. Weitere Steuern auf den Gewinn von juristischen Personen kennt das russische Steuerrecht nicht. Bei der Gewinnsteuer gibt es einen einheitlichen Steuersatz. Dieser beträgt seit dem 1. Januar 2009 20 % (bis 2008 24 %). Davon entfallen auf den föderalen Haushalt 2,5 % und 17,5 % auf die regionalen Haushalte. Die Regionen können ihren Anteil an der Gewinnsteuer auf 13,5 % absenken, so dass abhängig von der Region, in der ein Unternehmen tätig ist, ein Gewinnsteuersatz von 16 % möglich ist.

Veräußerungsgewinne unterliegen grundsätzlich der Gewinnsteuer zum einheitlichen Steuersatz von 20 %. Aufgrund der gesetzlichen Regelung im Gewinnsteuerkapitel des Steuerkodex ist unklar, wie der steuerpflichtige Veräußerungsgewinn beim Verkauf von Gesellschaftsanteilen zu ermitteln ist. Für Wertpapiere ist geregelt, dass die Anschaffungskosten für Zwecke der Gewinnsteuer abzugsfähig sind. Da Aktien als Wertpapiere zu qualifizieren sind, ist jedenfalls für die Veräußerung von Anteilen an einer Aktiengesellschaft klargestellt, dass der steuerpflichtige Veräußerungsgewinn die Differenz zwischen dem Veräußerungspreis und den Anschaffungskosten ist. Unklar ist die Rechtslage jedoch im Fall der Veräußerung von Anteilen an einer GmbH (ooo), da diese keine Wertpapiere sind und eine gesetzliche Regelung fehlt. Insoweit besteht für die veräußernde russische Gesellschaft das Risiko, dass die für sie zuständige Steuerbehörde den Abzug der Anschaffungskosten nicht zulässt.

2.3. Verkäufer ist eine ausländische Gesellschaft

Der Verkauf von Anteilen an einer russischen durch eine ausländische Gesellschaft ist nur dann in Russland steuerpflichtig, wenn mehr als 50 % der Aktiva der russischen Gesellschaft aus auf dem Territorium der Russischen Föderation belegenen unbeweglichen Vermögen bestehen. In diesem Fall unterliegt der Veräußerungspreis der Quellensteuer zu einem Satz von 20 %. Das Verfahren, wie die nicht in Russland steuerlich registrierte veräußernde Gesellschaft die Quellensteuer abführen soll, ist jedoch nicht eindeutig und klar geregelt. Die veräußernde ausländische Gesellschaft kann auf Antrag auch den Veräußerungsgewinn zum allgemeinen Steuersatz von seit dem 1. Januar

2009 ebenfalls 20 % versteuern. Falls der Verkauf der Anteile über eine ausländische Wertpapierbörse erfolgt, besteht keine Steuerpflicht.

Nach vielen Doppelbesteuerungsabkommen, die die Russische Föderation geschlossen hat, besteht dieses Besteuerungsrecht jedoch nicht. So können nach dem Doppelbesteuerungsabkommen zwischen Russland und Deutschland Einkünfte aus der Veräußerung von Gesellschaftsanteilen nur im Ansässigkeitsstaat besteuert werden.

3. Verkehrssteuern

Das russische Steuerrecht kennt keine Verkehrssteuern, die bei der Übertragung von Gesellschaftsanteilen fällig werden können. Der Verkauf von Gesellschaftsanteilen ist auch nach dem russischen Umsatzsteuerrecht nicht steuerpflichtig.

4. Verlustvorträge

Ein steuerlicher Verlustvortrag kann zehn Jahre vorgetragen werden. Ein Verlustrücktrag ist nicht zulässig. Eine jährliche Beschränkung der Verlustverrechnung wie nach den deutschen Regeln zur Mindestbesteuerung sieht das russische Steuerrecht seit 2007 nicht mehr vor.

Die Übertragung von Anteilen an einer russischen Gesellschaft hat keinen Einfluss auf den Verlustvortrag. Eine dem § 8c KStG entsprechende Regelung gibt es im russischen Steuerrecht nicht.

5. Reorganisation nach Erwerb

Nach dem russischen Steuerrecht gibt es keine Möglichkeit, bei dem Erwerb von Anteilen an einer russischen Gesellschaft eine steuerfreie oder zumindest steuerbegünstigte Aufstockung der Buchwerte der Aktiva des Zielunternehmens zu erreichen.

5.1. Asset Deal

Möglich, jedoch aus steuerlicher Sicht nicht vorteilhaft, ist grundsätzlich ein interner Asset Deal. Auf Ebene der die assets verkaufenden Gesellschaft unterliegt der Gewinn aus Veräußerung der Wirtschaftsgüter der Gewinnsteuer zum einheitlichen Satz von 20 %. Auf Ebene der erwerbenden Gesellschaft besteht die Problematik, dass ein good will nicht steuerwirksam abgeschrieben werden kann. Für steuerliche Zwecke abgeschrieben werden können nur spezifische immaterielle Wirtschaftsgüter, wie zum Beispiel ein eingetragenes Warenzeichen oder eine Kundenliste.

Die Veräußerung von Wirtschaftsgütern unterliegt in Russland der Umsatzsteuer zum Standardsatz von 18 %. Das erwerbende Unternehmen kann die gezahlte Umsatzsteuer mit von ihm selbst geschuldeter Umsatzsteuer verrechnen. Die Vergütung eines Vorsteuerguthabens ist nach dem russischen Umsatzsteuerrecht zwar grundsätzlich möglich, in der Praxis aber nur sehr schwer bei den Steuerbehörden durchzusetzen.

5.2. Reorganisation (Umwandlung)

Das russische Recht verwendet den Oberbegriff der Reorganisation (reorganizacija) für die Vorgänge, die nach deutschem Rechtsverständnis Umwandlungen sind. Die Reorganisation von Unternehmen ist in Russland nicht in einem besonderen Gesetz geregelt. Das russische Zivilgesetzbuch, das GmbH- und das Aktiengesetz enthalten jeweils rudimentäre Regelungen. Zulässige Arten der Reorganisation sind die Fusion, der Anschluss, die Aufspaltung, die Abtrennung und der Formwechsel. Die Fusion (slijanie) ist mit einer Verschmelzung durch Neugründung und der Anschluss (prisodeninie) mit der Verschmelzung durch Aufnahme vergleichbar. In beiden Reorganisationsformen gehen alle Rechte und Pflichten des oder der übertragenden Rechtsträger im Wege der Gesamtrechtsnachfolge auf den übernehmenden Rechtsträger über. Die übertragenden Rechtsträger gehen unter, ohne dass es einer Liquidation bedarf.

Auch steuerlich gibt es kein einheitliches strukturiertes Regelungswerk zu Reorganisationen. Vielmehr finden sich verschiedene Regelungen verstreut in unterschiedlichen Kapiteln des Steuerkodex. Explizit geregelt ist, dass die aufnehmende Gesellschaft verpflichtet ist, alle Verpflichtungen aus Steuerschuldverhältnissen der übertragenden Gesellschaft zu erfüllen. Die übertragende Gesellschaft hat auf den Zeitpunkt des Vermögensübergangs eine Schlussbilanz aufzustellen. Der übernehmende Rechtsträger hat im Fall der Fusion eine Eröffnungsbilanz beziehungsweise im Fall eines Anschlusses eine Übernahmebilanz zu erstellen. Das russische Steuerrecht enthält keine eindeutige Regelung dazu, ob die übernehmende Gesellschaft die Buchwerte der übertragenden Gesellschaft fortführen darf oder ob es zwingend zu einer Gewinnrealisierung kommt. In der Praxis wird die Buchwertfortführung von den russischen Steuerbehörden jedoch grundsätzlich akzeptiert. Ein steuerlicher Verlustvortrag der übertragenden Gesellschaft geht auf die übernehmende Gesellschaft über. Einschränkungen zur Nutzung des Verlustvortrags infolge einer Reorganisation bestehen nicht.

Im Fall einer Reorganisation führen die russischen Steuerbehörden immer eine Steuerprüfung bei der übertragenden Gesellschaft durch. Auch aus diesem Grund sind Reorganisationen in der russischen Unternehmenspraxis nicht sehr verbreitet.

Eine Verschmelzung ist jedoch eine Möglichkeit, Zinsaufwand mit Gewinnen der russischen Zielgesellschaft zu verrechnen, wenn die Unternehmensakquisition fremdfinanziert wird. Erforderlich ist insoweit zunächst, dass eine russische Gesellschaft als Akquisitionsvehikel gegründet wird. Diese nimmt dann ein Darlehen zur Finanzierung des Erwerbs der Anteile an der russischen Zielgesellschaft auf. Nach dem Anteilserwerb wird die Zielgesellschaft auf das Akquisitionsvehikel verschmolzen. Die Verschmelzung führt nicht zu einer Aufstockung der Buchwerte der Wirtschaftsgüter der Zielgesellschaft. Nach der Verschmelzung werden daher das zum Erwerb aufgenommene Darlehen und alle Wirtschaftsgüter der Zielgesellschaft von einer Gesellschaft bilanziert. Aufgrund des niedrigen Steuersatzes von 20 % wird es jedoch Fälle geben, bei denen ein solcher Debt Push-down nicht zweckmäßig ist.

5.3. Steuerliche Organschaft

Die Bildung steuerlicher Organschaften ist nach dem russischen Steuerrecht nicht möglich.

5.4. Finanzierung

Zinsaufwendungen sind nach dem russischen Steuerrecht, seitdem es mit dem Inkrafttreten des 25. Kapitels des Steuerkodex zur Gewinnsteuer zum 1. Januar 2002 grundlegend modifiziert wurde, grundsätzlich abzugsfähig.

Eine Einschränkung besteht jedoch zum einen hinsichtlich der absoluten Höhe des Zinssatzes. Der Zinssatz muss dem Fremdvergleich standhalten. Falls ein Darlehen in Rubeln gewährt wird, darf der Zinssatz nicht das 1,1-fache des Refinanzierungszinssatzes der Zentralbank der Russischen Föderation übersteigen. Der Refinanzierungszinssatz beträgt seit dem 1. Dezember 2008 13 %. Im Fall von Devisendarlehen beträgt der zulässige absolute Höchstsatz 15 %. Auf der Grundlage eines Gesetzes aus dem November 2008 betragen die steuerlich zulässigen Höchstsätze als Reaktion auf die Finanzkrise im Zeitraum vom 1. September 2008 bis zum 31. Dezember 2009 das 1,5-fache des Refinanzierungszinssatzes für Rubeldarlehen und 22 % für Fremdwährungsdarlehen.

Außerdem bestehen in Russland Regelungen zur Gesellschafterfremdfinanzierung. Das zulässige Verhältnis von Eigen- zu Fremdkapital ist grundsätzlich 1 zu 3 und für Banken und Leasinggesellschaften 1 zu 12,5.

Von den Regelungen erfasst werden Darlehen, die einer russischen Gesellschaft entweder

(i) von einer ausländischen Gesellschaft gewährt werden, die mittelbar oder unmittelbar zu mehr als 20% an der russischen Darlehensnehmerin beteiligt ist, oder

(ii) von einer russischen Gesellschaft, die ein verbundenes Unternehmen der unter (i) bezeichneten ausländischen Gesellschaft ist, oder

(iii) entweder die unter (i) bezeichnete ausländische oder die unter (ii) genannte russische Gesellschaft eine Garantie für die Rückzahlung eines von der russischen Gesellschaft aufgenommenen Darlehens übernommen haben.

Die Anwendung der Regelungen zur Gesellschafterfremdfinanzierung durch die russischen Steuerbehörden und Gerichte ist in vielen Fällen noch uneinheitlich. So haben russische Gerichte zum Beispiel die Auffassung vertreten, dass die Anwendung der Regelungen zur Gesellschafterfremdfinanzierung gegen das Protokoll zum Doppelbesteuerungsabkommen zwischen der Bundesrepublik Deutschland und der Russischen Föderation verstoßen, nach dem Zinsen unbeschränkt steuerlich abzugsfähig sind.

Zinsen, die unter den Anwendungsbereich der Gesellschafterfremdfinanzierungsregeln fallen, sind für Zwecke der Gewinnsteuer nicht abzugsfähig und werden als Dividenden umqualifiziert. Dieses hat auch die Konsequenz, dass Quellensteuer von der russischen Gesellschaft einzubehalten ist.

6. Repatriierung von Gewinnen

6.1. Dividenden

Nach dem nationalen russischen Steuerrecht ist bei Dividenden, die eine russische Gesellschaft an eine nicht in Russland steuerlich ansässige Person zahlt, eine Quellensteuer i. H. v. 15 % einzubehalten. Dieser Quellensteuersatz kann sich, wenn ein Doppelbesteuerungsabkommen Anwendung findet, bis auf 5 % ermäßigen. Die letzten noch von der ehemaligen Sowjetunion geschlossenen Doppelbesteuerungsabkommen, die einen Quellensteuersatz von 0 % auf Dividenden vorsahen, sind alle nicht mehr in Kraft. Nach dem Doppelbesteuerungsabkommen zwischen Deutschland und der Russischen Föderation findet der 5 %-Satz Anwendung, wenn eine unmittelbare Beteiligung von mindestens 10 % mit einem Kapitalanteil von mindestens EUR 80.000 oder den entsprechenden Wert in Rubeln besteht. Die Durchführung eines Freistellungsverfahrens bei den russischen Behörden ist nicht erforderlich, um einen günstigeren DBA-Satz anwenden zu dürfen. Dem russischen Vergütungsschuldner muss aber eine steuerliche Ansässigkeitsbescheinigung des Fiskus des ausländischen Gesellschafters vorliegen. Nach einem Schreiben des Finanzministeriums der Russischen Föderation aus dem Dezember 2008 müssen Ansässigkeitsbescheinigungen nicht mit einer Apostille versehen sein. Zum Erfordernis einer Apostille hatten russische Steuerbehörden bis dahin unterschiedliche Auffassungen vertreten.

Nach den Vorschriften des russischen Devisenrechts ist die Zahlung einer Dividende ins Ausland auch in Devisen zulässig.

Seit dem 1. Januar 2008 sieht das russische Steuerrecht eine Freistellung von Dividenden bei einer Ausschüttung an eine russische Gesellschaft vor. Voraussetzungen für die Freistellung sind, dass die russische Gesellschaft während eines ununterbrochenen Zeitraums von 365 Tagen vor dem Gewinnverwendungsbeschluss zu mindestens 50 % an der ausschüttenden Gesellschaft beteiligt war. Außerdem muss die Investitionssumme der russischen Gesellschaft mindestens 500 Mio. Rubel (umgerechnet ca. EUR 11 Mio.) betragen. Falls diese Voraussetzungen nicht erfüllt sind, beträgt der Steuersatz für Dividenden 9 %.

6.2. Zinsen

Der russische Quellensteuersatz auf Zinsen beträgt ebenfalls 15 %. Nach dem Doppelbesteuerungsabkommen zwischen Deutschland und der Russischen Föderation reduziert sich der zulässige Satz auf 0 %. Zur nur beschränkten Zulässigkeit des Zinsabzugs wird auf die obigen Ausführungen verwiesen.

6.3. Lizenzen

Die Zahlung von Lizenzen ist in der russischen Unternehmenspraxis verbreitet, um Gewinne einer russischen Gesellschaft an ausländische Konzerngesellschaften zu transferieren. Lizenzzahlungen sind insbesondere deshalb attraktiv, weil die Anforderungen der russischen Steuerbehörden an die Dokumentation der Angemessenheit der Lizenzhöhe relativ gering sind. Hierbei ist jedoch zu beachten, dass die Verrechnungspreisregelungen in Russland wahrscheinlich bald geändert werden. Streng sind jedoch die formellen Anforderungen. So muss ein Lizenzvertrag in Russland bei einer Behörde registriert werden.

Der russische Quellensteuersatz auf Lizenzen beträgt 20 %. Nach dem Doppelbesteuerungsabkommen zwischen Deutschland und der Russischen Föderation reduziert sich der zulässige Satz wiederum auf 0 %.

Südafrika

von Helgo Rapsch (Deloitte Johannesburg)

1. Allgemeines

In Hinblick auf ein typisches M&A Szenario haben wir unsere Kommentare auf Transaktionen zwischen Kapitalgesellschaften als Erwerber und Veräußerer beschränkt.

Vor der Behandlung der steuerlichen Implikationen von Unternehmenszusammenschlüssen und Unternehmenskäufen („M&A“) halten wir es für angemessen, kurz auf die fundamentalen Änderungen des südafrikanischen Steuersystems der letzten Jahre einzugehen.

1.1. Besteuerung nach dem Welteinkommensprinzip

Das Steuersystem Südafrikas basiert auf dem Konzept der steuerlichen Ansässigkeit. In Südafrika ansässige Steuerpflichtige sind mit ihrem Welteinkommen (mit bestimmten Ausnahmen) steuerpflichtig, unabhängig davon, aus welchen Quellen dieses Einkommen stammt. Im Fall juristischer Personen wird als in Südafrika „ansässig" – und damit mit ihrem Welteinkommen steuerpflichtig – jede Gesellschaft angesehen, die entweder in Südafrika gegründet oder eingetragen wurde oder die ihren tatsächlichen Ort der Geschäftsleitung (effective management) in Südafrika hat. Der Begriff „Ansässige“ umfasst indes keine Personen, die für Zwecke der Anwendung eines Doppelbesteuerungsabkommens (DBA) ausschließlich als Ansässige eines anderen Staates gelten.

Nach dem geltenden Welteinkommensprinzips werden (mit bestimmten Ausnahmen) auch aktive und passive Einkünfte von ausländischen Zwischengesellschaften (controlled foreign companies, CFC) in den Händen ihrer südafrikanischen Anteilseigner einer südafrikanischen Besteuerung unterworfen.

Eine CFC ist jede ausländische Gesellschaft, an der in Südafrika Ansässige einzeln oder gemeinsam, direkt oder indirekt mehr als 50 % der Anteile innehaben oder mehr als 50 % der Stimmrechte ausüben können.

Eine wesentliche Ausnahme kommt zur Anwendung, wenn das Einkommen einer CFC einer ausländischen Geschäftseinrichtung (foreign business establishment) zugeordnet werden kann. Bei einer ausländischen Geschäftseinrichtung handelt es sich um ein Büro mit Angestellten, die die Geschäfte der CFC unabhängig führen. Allerdings gibt es zu dieser Freistellung wichtige Ausnahmen, darunter eine für den Fall, dass die passiven Einkünfte 10 % der aktiven Einkünfte der CFC übersteigen.

Ausländische Verluste können nicht zur Reduzierung der südafrikanischen Steuer führen, können allerdings mit zukünftigen steuerpflichtigen ausländischen Einkünften derselben ausländischen Zwischengesellschaft verrechnet werden. In Südafrika generierte Verluste können mit im Ausland erzielten steuerpflichtigen Einkünften verrechnet werden.

In Südafrika ansässige Personen unterliegen grundsätzlich mit den Einkünften vor Abzug ausländischer Ertragsteuern der Besteuerung in Südafrika. Die im Ausland gezahlten Steuern können auf die südafrikanische Steuer angerechnet werden, die auf die ausländischen Einkünfte entfällt. Anrechnungsüberhänge an ausländischer Steuer können auf die südafrikanische Steuer auf andere ausländische Einkünfte angerechnet werden, die im Ausland einer geringeren als der südafrikanischen Steuer unterlegen haben (d. h. keine „per-country-limitation"). Verbleibende Anrechnungsüberhänge an ausländischer Steuer, die in Südafrika in einem Veranlagungszeitraum nicht steuerlich geltend gemacht werden können, können auf bis zu sieben Veranlagungszeiträume ab dem Jahr der Entstehung der Anrechnungsüberhänge vorgetragen werden.

Der südafrikanische Körperschaftsteuersatz für ansässige Gesellschaften beträgt 28 %. Derzeit erhebt Südafrika nach nationalem Recht keine Quellensteuer auf Dividenden. In Südafrika ansässige Gesellschaften werden aber dennoch mit einer Ausschüttungssteuer (secondary tax on companies, STC) i. H. v. 10 % des Nettoausschüttungsbetrages der Dividenden belastet. Diese Ausschüttungssteuer wird von dem Unternehmen, das die Dividende ausschüttet, getragen und ist nicht vom Anteilseigner zu entrichten. Daher handelt es sich bei der Ausschüttungssteuer um eine Art der Körperschaftsteuer und nicht um eine Quellensteuer. Der kombinierte Effekt aus Körperschaftsteuer und der Steuer auf ausgeschüttete Gewinne (STC) ergibt einen effektiven Steuersatz von 34,55 % für Unternehmen.

Am 21. Februar 2007 wurde die Absicht bekanntgegeben, eine konventionelle Quellensteuer einzuführen. Dies wurde in der Budget-Rede vom 20. Februar 2008 bestätigt, in der auch vorgeschlagen wurde, die Quellensteuer für Dividenden auf 10 % festzusetzen. Das System der Quellenbesteuerung von Dividenden soll erstmals ab der zweiten Jahreshälfte 2009 zur Anwendung kommen. Dies führt zu Bestrebungen, diejenigen Doppelbesteuerungsabkommen, die derzeit eine Quellensteuer für Dividenden i. H. v. 0 % vorsehen, neu zu verhandeln. Die vorgeschlagene Quellensteuer nach nationalem Recht beträgt 10 %, die Neuverhandlungen der Abkommen sollen sicherstellen, dass Südafrika nach dem jeweiligen Abkommen das Recht erhält, eine Quellensteuer in Höhe von mindestens 5 % für wesentliche Beteiligungen zu erheben.

Alle nichtansässigen Personen werden auch in Zukunft weiterhin nur mit Einkünften aus südafrikanischen Quellen besteuert.

1.2. Kapitalgewinnsteuer

Das System der Kapitalgewinnbesteuerung (capital gains tax, CGT) wurde am 1. Oktober 2001 eingeführt.

Ansässige natürliche Personen und Kapitalgesellschaften unterliegen der Kapitalgewinnsteuer mit ihrem weltweiten Vermögen. Nichtansässige unterliegen der südafrikanischen Kapitalgewinnbesteuerung mit unbeweglichem Vermögen und typischerweise auch mit Beteiligungen an grundbesitzenden Gesellschaften (siehe auch Abschnitt 2.1.2).

Jeder Erwerber von unbeweglichen Vermögen oder einer Beteiligung an unbeweglichen Vermögen (einschließlich Beteiligungen an grundbesitzenden Gesellschaften) in Südafrika, der in diesem Zusammenhang eine Zahlung an eine nichtansässige Person leistet, muss – sofern nicht nach den Richtlinien der südafrikanischen Finanzbehörden (SARS) ein reduzierter Betrag einbehalten werden kann – die folgenden Steuern einbehalten:

- 5 % des zu zahlenden Betrages, wenn der Veräußerer eine natürliche Person ist;
- 7,5 %, wenn der Veräußerer ein Unternehmen ist;
- 10 %, wenn der Veräußerer eine Treuhandgesellschaft (trust) ist.

Sofern vom Veräußerer eine Sicherheitsleistung für die Steuer gewährt wurde, der Veräußerer weitere Vermögensgegenstände in Südafrika besitzt oder die Veräußerung keiner oder einer geringeren Besteuerung unterliegt, kann der Veräußerer bei den Finanzbehörden eine Reduzierung der Quellensteuer beantragen.

Die Quellensteuer muss nicht gezahlt werden, wenn die Gegenleistung des Veräußerers 2 Mio. Rand (ZAR) nicht übersteigt oder die diesbezügliche Zahlung eine Anzahlung darstellt. Im Fall einer Anzahlung muss die Quellensteuer von der darauffolgenden Zahlung erhoben werden.

Die Quellensteuer stellt keine endgültige Steuer dar, sondern kann als eine Vorauszahlung für die Steuern des Veräußerers im Jahr des Verkaufes der Immobilie angesehen werden. Eine nichtansässige Person muss am Ende des Veranlagungszeitraums eine Steuererklärung einreichen und eine mögliche zusätzliche Steuer an die südafrikanischen Finanzbehörden (SARS) abführen.

Das Vermögen einer südafrikanischen Zweigniederlassung einer nichtansässigen Gesellschaft unterliegt ebenfalls der CGT.

Kapitalgewinne unterliegen der Steuer wie Einkommen im Sinne des Einkommensteuergesetzes, allerdings wird nur ein bestimmter Prozentsatz in die Bemessungsgrundlage einbezogen. Kapitalgewinne werden bei Gesellschaften zu 50 % in die Bemessungsgrundlage einbezogen. Die zu tragende Steuerlast beträgt damit effektiv 14 %, d. h. 50 % von 28 % (Körperschaftsteuersatz). Kapitalverluste dürfen nicht mit anderem

Einkommen als aus Kapitalgewinnen verrechnet werden. Kapitalverluste können unendlich vorgetragen werden (siehe Abschnitt 7. für weitere Einzelheiten).

2. Einkommen- sowie kapitalgewinnsteuerliche Behandlung von Umstrukturierungen sowie Unternehmenskäufen

2.1. Verkauf von Anteilen

2.1.1. Der Veräußerer ist in Südafrika ansässig

Die steuerliche Behandlung eines in Südafrika ansässigen Veräußerers hängt von der Zielsetzung ab, mit der die veräußerten Anteile ursprünglich erworben wurden und gehalten werden. Sofern Anteile mit der Absicht einer gewinnbringenden Weiterveräußerung erworben wurden, werden die Anteile beim Veräußerer als Umlaufvermögen (trading stock) behandelt. Ein Gewinn aus der Veräußerung solcher Anteile unterliegt beim Veräußerer der südafrikanischen Besteuerung als laufendes Einkommen, nicht als Kapitalgewinn.

Hat der Veräußerer die Anteile als längerfristige Kapitalanlage (investment) erworben, unterliegen Gewinne aus der Veräußerung solcher Anteile nicht der Einkommensteuer, und Verluste aus der Veräußerung solcher Anteile sind steuerlich nicht im Rahmen der Einkommensbesteuerung abziehbar.

Ein in Südafrika ansässiger Veräußerer unterliegt der südafrikanischen Kapitalgewinnbesteuerung mit allen Gewinnen aus der Veräußerung von Anteilen, die seit dem 1. Oktober 2001 als Kapitalanlage gehalten werden. Veräußerungsverluste aus solchen Anteilen (d. h. Kapitalverluste) können hierbei nur gegen Kapitalgewinne verrechnet werden.

Die Qualifizierung sowie Abgrenzung von Veräußerungsgewinnen als laufende Einkünfte (income of a revenue nature) oder Kapitalgewinne (capital gain) ist mit einer hohen steuerlichen Unsicherheit behaftet und resultiert daher regelmäßig – wegen der unterschiedlichen sich hieraus für den Veräußerer ergebenden Steuerkonsequenzen – in Auseinandersetzungen zwischen Steuerpflichtigen sowie den südafrikanischen Finanzbehörden. Der südafrikanische Gesetzgeber hat versucht, diese steuerlichen Ungewissheiten durch die Einführung von Section 9C des südafrikanischen Einkommensteuergesetzes zu beseitigen. Gemäß Section 9C des südafrikanischen Einkommensteuergesetzes muss jeder Betrag, der von einem Steuerzahler in Folge einer Veräußerung empfangen wurde oder diesem zugeflossen ist, als Kapitalgewinn behandelt werden, sofern der Veräußerer den Anteil unmittelbar vor der Veräußerung seit mindestens drei Jahren gehalten hat (qualifying share). Die Regelung gilt nur für Anteile, die Eigenkapital darstellen. Bestimmte Anteile sind von dieser Regelung ausgeschossen, z. B. Anteile an grundbesitzenden Gesellschaften, die den Grundbesitz seit weniger als drei Jahren gehalten haben oder Anteile an bestimmten anderen grundbesitzenden Gesellschaften (bare dominimum holdings).

Es besteht kein Wahlrecht hinsichtlich der Anwendung von Section 9C. Die Haltedauer der Anteile wird nach der FIFO-Methode bestimmt.

2.1.2. Der Veräußerer ist nicht in Südafrika ansässig

Im Allgemeinen unterliegen Gewinne aus der Veräußerung von Anteilen durch einen Nichtansässigen keiner südafrikanischen Besteuerung, entweder weil es sich hierbei um einen Kapitalgewinn handelt und/oder weil der Gewinn nicht aus Quellen in Südafrika stammt. Sofern der Veräußerungsgewinn inhaltlich als laufende Einkünfte (revenue) zu qualifizieren ist und aus Quellen in Südafrika stammt, kann der Veräußerungsgewinn dann von der Besteuerung in Südafrika ausgenommen sein, wenn dies im anwendbaren DBA vorgesehen ist.

2.2. Verkauf von Einzelwirtschaftsgütern

2.2.1. Grundsätzliches

Für die nachfolgenden Ausführungen wird angenommen, dass die veräußerten Einzelwirtschaftsgüter einen südafrikanischen Betrieb konstituieren bzw. einem solchen zuzuordnen sind. Für den Fall, dass der Veräußerer nichtansässig ist, wird weiterhin angenommen, dass die veräußerten Vermögensgegenstände einer südafrikanischen Betriebsstätte des Veräußerers zuzuordnen sind. Für diesen Fall wird weiterhin angenommen, dass Südafrika, entsprechend Art. 13 Abs. 2 OECD-MA, das Recht zur Besteuerung von Veräußerungsgewinnen aus diesen Vermögensgegenständen zusteht. Dies ist auch nach den Bestimmungen des DBA zwischen Südafrika und Deutschland der Fall.

2.2.2. Besteuerung des Veräußerers

a) Wirtschaftsgüter des Anlagevermögens

Werden Wirtschaftsgüter des Anlagevermögens, auf die der Veräußerer Abschreibungen vorgenommen hat, zu einem Preis veräußert, der über dem Restbuchwert der Wirtschaftsgüter liegt, kommt es in Höhe der vom Veräußerer vorgenommenen Abschreibungsbeträge zur Rückgängigmachung dieser Abschreibungen (recoupment of capital allowances).

Seit dem 1. Oktober 2001 ist die Veräußerung von Wirtschaftsgütern des Anlagevermögens ein steuerpflichtiger Vorgang, der den Veräußerer zur Ermittlung eines Kapitalgewinns bzw. -verlusts für Zwecke der südafrikanischen Kapitalgewinnbesteuerung verpflichtet. Ein Kapitalgewinn kann nur entstehen, wenn und soweit die Wirtschaftsgüter des Anlagevermögens für einen Preis veräußert werden, der höher ist als die ursprünglichen Anschaffungs- oder Herstellungskosten. Besondere steuerliche Rücklagen für

Ersatzbeschaffungen können unter bestimmten Voraussetzungen gebildet werden, sofern die Wirtschaftsgüter innerhalb eines Jahres ersetzt werden.

Sofern Wirtschaftsgüter des Anlagevermögens veräußert oder zerstört werden oder anderweitig untergehen, kann der Veräußerer – unter Ausübung eines Wahlrechts – die Differenz zwischen Veräußerungserlös (falls vorhanden) sowie den steuerlichen Anschaffungskosten des Wirtschaftsguts ertragswirksam abschreiben (depreciable asset allowance). Ein Verlust, der nicht als laufender Verlust aus Sofortabschreibung geltend gemacht werden kann, stellt einen Verlust für Zwecke der Kapitalgewinnbesteuerung dar.

b) Immaterielle Wirtschaftsgüter

Gewinne aus der Veräußerung von immateriellen Wirtschaftsgütern, einschließlich Geschäfts- und Firmenwert (goodwill), stellen im Regelfall für steuerliche Zwecke einen Kapitalgewinn dar. Der Veräußerungserlös unterliegt daher nicht der laufenden Einkommensteuer, mit der Ausnahme, dass die in der Vergangenheit als Abschreibungen bei der Einkommensteuer geltend gemachten Beträge bis maximal zur Höhe der ursprünglichen Anschaffungskosten rückgängig gemacht werden (recoupment of capital allowances). Eine Sofortabschreibung von immateriellen Wirtschaftsgütern (depreciable asset allowance) ist für einkommensteuerliche Zwecke nicht möglich.

Seit dem 1. Oktober 2001 unterliegen Gewinne aus der Veräußerung von immateriellen Wirtschaftsgütern (einschließlich Geschäfts- und Firmenwert) der südafrikanischen Kapitalgewinnbesteuerung, so dass der Veräußerer einen Gewinn oder Verlust aus der Veräußerung ermitteln muss. Kapitalverluste aus immateriellen Wirtschaftsgütern, die vor dem 1. Oktober 2001 von nahestehenden Personen (connected Persons) erworben wurden, werden für Zwecke der Kapitalgewinnbesteuerung ignoriert.

c) Umlaufvermögen

Wird Umlaufvermögen nicht im Zusammenhang mit dem laufenden Geschäftsbetrieb veräußert (sondern z. B. im Zusammenhang mit der Veräußerung eines Betriebs), wird für steuerliche Zwecke unterstellt, dass der Veräußerer den Verkehrswert des Umlaufvermögens realisiert hat. Folglich kann auch die Differenz zwischen der erhaltenen Gegenleistung und dem Verkehrswert des Umlaufvermögens der südafrikanischen Einkommensteuer unterliegen.

d) Forderungen

Forderungen sind Wirtschaftsgüter mit Kapitalcharakter. Ein Veräußerungsverlust, der sich aus dem Verkauf von Forderungen zu einem Wert unter dem Nennwert ergibt, mindert nicht die Bemessungsgrundlage für die laufende Einkommensteuer. Denkbar ist allerdings eine Berücksichtigung als Kapitalverlust, es sei denn, der Gläubiger und der Schuldner sind nahestehende Personen.

e) Rückstellungen

Bei südafrikanischen Unternehmenskäufen sind handelsrechtlich als Aufwand ertragsmindernd verbuchte Rückstellungen, die steuerlich erst bei tatsächlichem Zahlungsabfluss oder bedingungslos feststehender wirtschaftlicher Belastung als Aufwand erfasst werden können, ein regelmäßig streitbefangenes Problemfeld. Häufig sehen bei Unternehmensverkäufen die Kaufverträge vor, dass der Erwerber Verpflichtungen des Verkäufers übernimmt und diese Schuldübernahme bzw. -freistellung mindernd auf den Kaufpreis angerechnet wird. Zu beachten ist hierbei, dass diese Vorgehensweise für den Verkäufer nicht zu einer Abzugsfähigkeit der Aufwendungen führt.

2.2.3. Besteuerung des Erwerbers

a) Wirtschaftsgüter des Anlagevermögens

Der Erwerber kann im Regelfall auf sämtliches vom Veräußerer erworbenes Anlagevermögen, das vom Erwerber in seinem Unternehmen eingesetzt wird, mit steuerlicher Wirkung Abschreibungen vornehmen. Nicht abschreibbar sind bestimmte immaterielle Wirtschaftsgüter und Gebäude. Im Allgemeinen bilden die Anschaffungskosten die Bemessungsgrundlage für die Abschreibungen. Besonderheiten und Beschränkungen gelten beim Erwerb von Wirtschaftsgütern des Anlagevermögens von nahestehenden Personen.

b) Immaterielle Wirtschaftsgüter

Es war in Südafrika üblich, einen möglichst großen Teil des Kaufpreises Warenzeichen (trade marks) sowie anderen immateriellen Wirtschaftsgütern zuzuordnen, da sich für den Veräußerer insoweit im Allgemeinen ein steuerfreier Veräußerungsgewinn aus einem Kapitalgewinn ergab, während der Erwerber die Warenzeichen ertragswirksam abschreiben konnte. Hier ist zu beachten, dass am oder nach dem 29. Oktober 1999 erworbene Warenzeichen nicht länger abschreibbar sind. Abschreibungen sind weiterhin zulässig auf Modelle und Muster (designs) i. H. v. 10 % p. a. und auf Patente sowie Verlags- und Urheberrechte (copyrights) i. H. v. 5 % p. a. Besonderheiten und Beschränkungen gelten auch hier beim Erwerb von nahestehenden Personen.

Auf einen Geschäfts- und Firmenwert (goodwill) ist steuerlich keine Abschreibung für einkommensteuerliche Zwecke möglich.

c) Umlaufvermögen

Im Allgemeinen kann der Erwerber die Aufwendungen für Umlaufvermögen steuerlich geltend machen. Zu beachten ist hier, dass in Fällen, in denen der Veräußerer auf den Verkehrswert besteuert wird, da eine Gegenleistung unter dem Verkehrswert gewährt wurde (siehe oben unter Abschnitt 2.2.2. c)), der Erwerber dennoch nur in Höhe der tatsächlichen Zahlung Aufwendungen geltend machen kann. Daher sollte Umlaufvermögen nicht unter dem Verkehrswert veräußert werden.

d) Forderungen

Mit dem Kauf von Forderungen übernimmt der Erwerber einen Gegenstand mit Kapitalcharakter (capital asset), mit der Ausnahme von Fällen, in denen die Forderungen zum laufenden Geschäftsbetrieb des Erwerbers gehören (z. B. im Fall von Factoring).

Werden Forderungen für einen Kaufpreis unter dem Nennbetrag erworben und kann der Erwerber anschließend den gesamten Forderungsbetrag eintreiben, so stellt für den Erwerber die Differenz zwischen Nennwert und Kaufpreis im Allgemeinen einen Kapitalgewinn dar, der nicht der laufenden Einkommensteuer, aber der CGT unterliegt. Folglich sind auch sämtliche Verluste bzw. Aufwendungen im Zusammenhang mit erworbenen Forderungen (einschl. Wertberichtigungen auf Forderungen) einkommensteuerlich grundsätzlich nicht abzugsfähig. Sie sind allerdings im Rahmen der CGT geltend zu machen.

Wird hingegen die Forderung von einem Erwerber gekauft, dessen Tätigkeit darin liegt, Forderungen zu erwerben, unterliegt die Differenz zwischen dem vollen Nennwert der Forderung und den Anschaffungskosten der laufenden Einkommensteuer unter Anwendung des aktuellen Steuersatzes von 28 %.

Um dieses Problem zu umgehen, werden Forderungen im Regelfall zum Nennwert unter der auflösenden Bedingung erworben, dass der Veräußerer die nach einer bestimmten Frist noch ausstehenden Forderungen zum Nennwert zurück zu erwerben hat. Auf diese wertgeminderten Forderungen kann der Veräußerer dann steuermindernde Wertberichtigungen vornehmen. Diese Vorgehensweise eröffnet zudem im Regelfall umsatzsteuerliche Vorteile.

e) Rückstellungen

Die Übernahme von Verbindlichkeiten des Veräußerers (etwa im Wege der Schuldübernahme bzw. -freistellung), seien es Rückstellungen oder andere Verbindlichkeiten, führt als solche nicht zu einer Steuerminderung. Ob spätere Zahlungen im Zusammenhang mit den übernommenen Rückstellungen zu einer Einkommensminderung führen, hängt davon ab, ob die allgemeinen Voraussetzungen für den Abzug von Aufwendungen erfüllt werden, was im Einzelfall strittig sein kann. Leistet der Veräußerer an den Erwerber für die Übernahme seiner steuerlich noch nicht aufwandswirksam gewordenen Verbindlichkeiten eine Zahlung, unterliegt diese beim Erwerber der Besteuerung.

3. Transaktionskosten

Die nachfolgend in den Abschnitten 3.1. und 3.2. besprochenen Steuern betreffen nur Gesellschaften, die in Südafrika gegründet oder eingetragen wurden.

3.1. Gesellschaftssteuer

Nach den Bestimmungen des Companies Act unterliegen die erstmalige Festlegung des Gesellschaftskapitals (authorized share capital) oder die Erhöhung des Kapitals von Gesellschaften einer Gesellschaftssteuer i. H. v. 0,5 %. Bemessungsgrundlage der Gesellschaftssteuer ist die Anzahl der Aktien, die das Stammkapital darstellen bzw. um die jenes erhöht wird, multipliziert mit dem Nominalwert der Anteile. Durch die Ausgabe von Aktien mit einem niedrigen Nominalwert und hohem Aufgeld lässt sich die Gesellschaftssteuerbelastung von Kapitalerhöhungen vermindern.

3.2. Kapitalverkehrsteuer auf Übertragungen von Wertpapieren

Die Stempelsteuer, die jetzt Kapitalverkehrsteuer auf Wertpapierübertragungen (securities transfer tax) genannt wird, wird für Übertragungen aller Wertpapiere gezahlt, unabhängig davon, ob diese an der Börse gehandelt werden oder nicht. Die Steuer wird wie folgt ermittelt:

- Erfolgt die Anteilsübertragung eines börsennotierten Wertpapieres durch einen Makler (participant), beträgt der Steuersatz 0,25 %. Die Bemessungsgrundlage ist entweder die Gegenleistung oder der Verkehrswert der Anteile am Tag des Verkaufes, je nachdem, welcher Wert höher ist.
- Jede andere Übertragung eines börsennotierten Wertpapieres wird wie folgt besteuert:
  - Falls es sich bei dem Wertpapier um einen Anteil Aktie oder einen Optionsschein handelt, beträgt der Steuerbetrag 0,25 % der Gegenleistung des Erwerbers. Wird keine Gegenleistung gewährt oder beträgt der Wert weniger als der geringste Börsenwert, ist der Schlusskurs des Wertpapiers maßgeblich.
  - Ist das Wertpapier ein Recht bzw. ein Anspruch, eine Ausschüttung eines Unternehmens zu erhalten, beträgt die zu entrichtende Steuer 0,25 % des höheren Wertes zwischen dem Wert der Gegenleistung und dem Börsenwert am Tag des Erwerbs.
- Ist das Wertpapier nicht börsennotiert, wird der Steuersatz von 0,25 % auf den Verkehrswert der Gegenleistung oder – falls keine Gegenleistung gewährt wird oder die Gegenleistung unter dem Verkehrswert liegt – vom Verkehrswert angewendet. Wird ein nicht börsennotiertes Wertpapier eingezogen oder eingelöst, wird der Steuersatz auf den Verkehrswert unmittelbar vor Einziehung bzw. Einlösung der Anteile angewendet.

Die Kapitalverkehrsteuer auf Anteilsübertragungen wird getragen von:

- Dem Makler, falls eine Übertragung eines börsennotierten Wertpapieres durch einen Makler erfolgte.

- Dem Erwerber des börsennotierten Wertpapiers in jedem anderen Fall der Übertragung eines börsennotierten Wertpapieres.
- Dem Unternehmen, das das Wertpapier ausgegeben hat, falls es sich um ein nicht börsennotiertes Wertpapier handelt.

3.3. Umsatzsteuer

Veräußerung von Gütern und Dienstleistungen nach den Umstrukturierungsregelungen (Corporate Rules, siehe auch Abschnitt 5.)

Werden Güter oder Dienstleistungen (einschließlich der Übertragung eines Betriebes im Ganzen, transfer of a going concern) nach den Bestimmungen der Sections 42, 44, 45 oder 47 des Einkommensteuergesetzes von einem Unternehmer an einen anderen Unternehmer geliefert/erbracht, sind die beiden Unternehmer als eine Person für Zwecke des Liefervorgangs und nachfolgende Lieferungen dieser Güter (bzw. Erbringung der Dienstleistungen) zu behandeln. Soweit Lieferungen und Leistungen unter die Umstrukturierungsregelungen fallen, stellen diese keine steuerbaren Lieferungen und Leistungen i. S. d. Umsatzsteuergesetzes dar und lösen daher keine Umsatzsteuer aus. Soweit Lieferungen und Leistungen nicht von den Umstrukturierungsregelungen erfasst werden, werden sie nach den allgemeinen Umsatzsteuerregelungen behandelt. Lieferungen und Leistungen können entweder als steuerpflichtig oder steuerfrei behandelt werden. Sofern Umsätze grundsätzlich als steuerpflichtig behandelt werden, können sie dennoch einem Nullsteuersatz unterliegen.

Weiterhin ist zu beachten, dass die spezielle Umsatzsteuerbefreiung für Transaktionen, die den Umstrukturierungsregelungen unterliegen, nur in dem Ausmaß gewährt wird, als die Anforderungen der Umstrukturierungsregelungen erfüllt werden.

Nullsatzbesteuerung von Gesamtbetriebsveräußerungen

Die Veräußerung von Gesamtbetrieben sowie Teilbetrieben eines Unternehmens mit dem Ziel einer Fortführung durch den Erwerber (going concern sale) unterliegt unter folgenden Bedingungen der südafrikanischen Umsatzsteuer mit einem Satz von 0 %:

- Der Verkäufer und der Erwerber sind registrierte Unternehmer (registered vendors);
- der Verkäufer und der Erwerber legen in einer schriftlichen Vereinbarung fest, dass der Verkauf mit dem Ziel der Fortführung des Betriebs bzw. Teilbetriebs durch den Erwerber erfolgt (going concern sale);
- Kaufgegenstand ist der gesamte Betrieb bzw. Teilbetrieb mit allen zur Unternehmensfortführung notwendigen Wirtschaftsgütern;
- der Veräußerer und der Erwerber stimmen bei Abschluss des schriftlichen Kaufvertrags darin überein, dass der Betrieb bzw. Teilbetrieb im Übertragungszeitpunkt ei-

ne auf die Erzielung von Einnahmen gerichtete Aktivität entfalten wird (income earning activity), und

- der Veräußerer und der Erwerber legen bei Abschluss des Kaufvertrags übereinstimmend schriftlich fest, dass die Gegenleistung für den Erwerb des Betriebs bzw. Teilbetriebs einschließlich Umsatzsteuer zu einem Satz von 0 % (Nullsatz) ermittelt wurde.

Umsatzsteuerbefreiung von Transaktionen mit Anteilen

Die Ausgabe oder die Übertragung von Anteilen, die Eigenkapital darstellen, ist von der südafrikanischen Umsatzsteuer befreit. Ausgenommen hiervon sind Anteile an einer sog. share block company (bestimmte Kapitalgesellschaftsanteile, die mit einem Nutzungsrecht von Grundeigentum verbunden sind).

Vorsteueraufteilung bei gemischten Umsätzen

Erzielt ein Unternehmen gemischte Umsätze (d. h. teilweise steuerpflichtige und teilweise steuerbefreite Umsätze), so kann der Erwerber Vorsteuer aus dem Erwerb des Unternehmens nur insoweit geltend machen, wie das Unternehmen für die Erzielung steuerpflichtiger Umsätze erworben wird.

3.4. Übertragungsteuer auf unbewegliches Vermögen

Auf die Übertragung von unbeweglichem Vermögen fällt dann eine Übertragungsteuer (transfer duty) an, wenn keine Umsatzsteuer anfällt, z. B. wenn der Veräußerer für umsatzsteuerliche Zwecke nicht als Unternehmer (vendor) registriert ist. Der Erwerb von unbeweglichem Vermögen unterliegt dann einer Übertragungsteuer i. H. v. 8 % des Kaufpreises des unbeweglichen Vermögens.

Hat der Erwerber unbewegliches Vermögen ausschließlich für die Erbringung steuerpflichtiger Umsätze erworben und hierbei der Übertragungsteuer unterlegen, kann der Erwerber einen fiktiven Vorsteuerabzug (notional VAT input credit) in Höhe des anteiligen Kaufpreises vornehmen. Erwirbt etwa eine Gesellschaft unbewegliche Wirtschaftsgüter für ZAR 100.000 und zahlt hierauf Übertragungsteuer von ZAR 8.000, so bemessen sich die Gesamtaufwendungen auf ZAR 108.000. Der fiktive Vorsteuerabzug in Höhe des anteiligen Kaufpreises beläuft sich zwar auf ZAR 13.263 (=ZAR 108.000 x 14 ÷ 114), allerdings ist der Vorsteuerabzug auf die tatsächlich gezahlten ZAR 8.000 an Übertragungsteuer beschränkt. Der Vorsteuerabzug kann, unter der Voraussetzung, dass der Erwerber für umsatzsteuerliche Zwecke als Unternehmer registriert ist, nur insoweit vorgenommen werden, wie der Kaufpreis tatsächlich bezahlt wurde.

Bestimmte Transaktionen, die die Anteilsübertragung und die Beteiligung an einer Immobiliengesellschaft (residential property company) einschließen, unterliegen ebenfalls der Übertragungsteuer.

3.5. Ertragsteuerliche Behandlung von Transaktionskosten

Transaktionskosten wie etwa die Kapitalverkehrsteuer, Übertragungsteuer sowie Rechts- und sonstige Beratungskosten sind der Natur nach kapitalbezogen (capital nature) und daher für Zwecke der laufenden Ertragsbesteuerung nicht abzugsfähig. Solche Kosten erhöhen allerdings aufgrund der Behandlung als Anschaffungskosten bzw. Anschaffungsnebenkosten im Regelfall die Bemessungsgrundlage für Zwecke der Kapitalgewinnsteuer. Aufwendungen für dem Umlaufvermögen zuzuordnende Anteile (trading stock) bilden Teil der Anschaffungskosten für diese Anteile.

Die Veräußerung von Anteilen ist grundsätzlich von der südafrikanischen Umsatzsteuer befreit. Dementsprechend ist es im Allgemeinen nicht möglich, die im Zusammenhang mit diesen Anschaffungskosten stehende Umsatzsteuer als Vorsteuer geltend zu machen. Die Übertragung von Aktien auf Nichtansässige stellt eine Lieferung dar, die dem Nullsatz unterliegt. In diesem Fall kann die Umsatzsteuer aus Aufwendungen daher als Vorsteuer geltend gemacht werden.

4. Strukturierung von Unternehmenskäufen

4.1. Buchwertaufstockung

Südafrika kennt kein System der Gruppenbesteuerung. Es ist daher auch nicht möglich, im Fall eines Anteilskaufs (Share Deal) eine Buchwertaufstockung für die Wirtschaftsgüter der erworbenen Zielgesellschaft zu erreichen.

In Südafrika besteht für Erwerber grundsätzlich die Möglichkeit, beim Kauf von Einzelwirtschaftsgütern eine Buchwertaufstockung für Zwecke erhöhter Abschreibungen zu erreichen, sofern die Wirtschaftsgüter nicht von einer nahestehenden Person erworben werden und die Wirtschaftsgüter selbst (und nicht Anteile) erworben werden. Sind Veräußerer und Erwerber nahestehende Personen, beträgt die Bemessungsgrundlage für zukünftige Abschreibungen auf Ebene des Erwerbers den niedrigeren Wert zwischen Anschaffungskosten des Wirtschaftsgutes auf Ebene des Veräußerers und des Verkehrswert im Zeitpunkt des Erwerbs des Wirtschaftsgutes durch den Erwerber (erhöht um die Hälfte des Kapitalgewinns, der auf Ebene des Veräußerers ermittelt wurde).

4.2. Finanzierungskosten

4.2.1. Zinsaufwand in Zusammenhang mit steuerbefreiten Dividenden

Dividenden sind in Südafrika vom Grundsatz her steuerpflichtig, mit der Ausnahme von südafrikanischen Dividenden sowie ausländischen Dividenden von Unternehmen, an denen mehr als 25 % gehalten werden. Im Regelfall ist daher der Zinsaufwand auf Verbindlichkeiten, die für den Erwerb von Anteilen aufgenommen worden sind, steuerlich nicht abzugsfähig.

Zinsaufwand im Zusammenhang mit zur Weiterveräußerung bestimmten Anteilen (trading stock) ist im Allgemeinen steuerlich abzugsfähig, außer wenn sich der Zinsaufwand eindeutig auf für Zwecke des Dividenden-Strippings erworbene Anteile bezieht und diese Dividenden steuerbefreit sind. In diesem Fall könnte ein Teil des Zinsaufwands als nicht abzugsfähig behandelt werden.

4.2.2. Zinsaufwand in Zusammenhang mit steuerpflichtigen Dividenden

Zinsaufwand auf Verbindlichkeiten, die für den Erwerb von Anteilen an ausländischen Kapitalgesellschaften aufgenommen wurden, sind bis zur Höhe der aus den Beteiligungen erhaltenen und in Südafrika steuerbaren Dividendeneinnahmen abzugsfähig. Dividenden, die in Südafrika nicht von der Steuer befreit sind, sind grundsätzlich voll in Südafrika steuerpflichtig, auch wenn es aufgrund von Steueranrechnungsguthaben zu keiner südafrikanischen Steuerzahllast kommt. Die Ausführungen zu Überhängen an anrechenbarer ausländischer Steuer unter Abschnitt 1.1. gelten in diesem Fall entsprechend.

Im Rahmen des Erwerbs von Beteiligungen angefallener Zinsaufwand, der einkommensteuerlich nicht abzugsfähig ist, kann für Zwecke der CGT den Anschaffungskosten der Beteiligung grundsätzlich nicht zugerechnet werden. Dies gilt nicht für ein Drittel der Zinszahlungen, sofern die relevante Beteiligung an einer anerkannten Börse gelistet ist.

4.2.3. Zinsaufwand in Zusammenhang mit dem Erwerb von Betrieben

Zinsaufwand im Zusammenhang mit dem Erwerb von Betrieben ist grundsätzlich abzugsfähig, da die erworbenen Einzelwirtschaftsgüter zu steuerpflichtigem Einkommen führen.

4.2.4. Nicht abzugsfähiger Zinsaufwand

Zinsaufwand im Zusammenhang mit dem Erwerb von Wirtschaftsgütern, außer Gesellschaftsanteilen, der für ertragsteuerliche Zwecke nicht gegen die laufenden Einnahmen abzugsfähig ist, erhöht im Wege der Hinzuaktivierung den Buchwert dieser Wirtschaftsgüter für Zwecke der Kapitalgewinnbesteuerung. Handelt es sich bei den hiervon betroffenen Wirtschaftsgütern allerdings um an einer anerkannten Börse notierte Anteile, ist der hinzuaktivierbare Zinsaufwand auf ein Drittel der Zinsen beschränkt.

4.2.5. Gesellschafter-Fremdfinanzierung sowie Verrechnungspreisgrundsätze

Grundsätzlich unterliegen Zinseinnahmen aus südafrikanischen Quellen, die von Nichtansässigen aus Aktivitäten erzielt werden, die nicht im Zusammenhang mit einer gewerblichen oder geschäftlichen Aktivität in Südafrika stehen (not effectively connected with a trade or business), in Südafrika keiner Besteuerung. Südafrika erhebt auch keine Quellensteuer auf Zinsen. Vor diesem Hintergrund ist es für Nichtansässige im Regelfall vorteilhaft, eine von ihnen gehaltene südafrikanische Tochtergesellschaft mit verzinslichem Fremdkapital zu finanzieren (vorbehaltlich der nachfolgend erläuterten Beschränkungen).

Die südafrikanischen Bestimmungen zur Gesellschafter-Fremdfinanzierung finden auf die Fremdfinanzierung durch einen ausländischen Darlehensgeber an einen ansässigen Darlehensnehmer Anwendung, wenn es sich bei den beiden um nahestehende Personen handelt oder wenn bei Kreditaufnahme bei nichtansässigen Dritten das Darlehen von einer nichtansässigen nahestehenden Person garantiert wird. In letzterem Fall greifen die Regelungen zur Gesellschafter-Fremdfinanzierung nur, sofern die betreffenden Zinsen in Südafrika nicht steuerpflichtig sind.

Der Begriff der nahestehenden Person ist im südafrikanischen Einkommensteuergesetz definiert. Im Hinblick auf eine ansässige Gesellschaft handelt es sich bei einer „nahestehenden Person" um

- jede andere Gesellschaft, die zu der gleichen Unternehmensgruppe gehört. Eine Unternehmensgruppe wird in diesem Zusammenhang definiert als zwei oder mehrere Unternehmen, von denen eine Gesellschaft (controlling group company) direkt oder indirekt mindestens 50 % des Eigenkapitals an der (bzw. den) anderen Gesellschaft(en) hält (controlled group company).
- jede Person (außer einer Kapitalgesellschaft), die alleine oder gemeinsam mit anderen nahestehenden Personen direkt oder indirekt mindestens 20 % des Eigenkapitals oder der Stimmrechte der Gesellschaft hält, und
- jede andere Gesellschaft, vorausgesetzt dass mindestens 20 % des Eigenkapitals der Gesellschaft durch diese Gesellschaft gehalten werden und kein Anteilseigner eine Stimmrechtsmehrheit an dieser Gesellschaft hält.

Die Bestimmungen zur Beschränkung der Gesellschafterfremdfinanzierung finden auch Anwendung, wenn der ausländische Darlehensgeber 25 % oder mehr des Eigenkapitals des ansässigen Darlehensnehmers hält oder der ausländische Darlehensgeber das Recht auf einen Gewinnanteil des ansässigen Darlehensnehmers von 25 % oder mehr hat.

Eine Gesellschaft ist dann übermäßig fremdfinanziert, wenn das durch nahestehende Personen gewährte Fremdkapital zum Eigenkapital ein Verhältnis von 3:1 übersteigt. Die Zinsen auf das durch nahestehende Personen gewährte Fremdkapital, das 3:1 übersteigt, sind für Zwecke der Einkommensteuer nicht abzugsfähig. Die Wirkungsweise dieser Regelungen sei am folgenden Beispiel erläutert:

Eine profitable südafrikanische Gesellschaft, TCS (Pty) Ltd, wird durch X, die an ihr beteiligt ist und nicht in Südafrika ansässig ist, finanziert. Das Wirtschaftsjahr der Gesellschaft endet am 31. August 09. Es wird angenommen, dass der Basiszinssatz in Südafrika während des gesamten Wirtschaftsjahres 9,25 % betrug. Die folgenden weiteren Informationen sind für die Anwendung der Regelungen zur Gesellschafter-Fremdfinanzierung und zu den Verrechnungspreisen erforderlich:

Anlagevermögen	ZAR 15.000.000
Anteilseigner X – (2/3)	ZAR 10.000.000
Andere Anteilseigner – (1/3)	ZAR 5.000.000
Darlehen	ZAR 40.000.000
Darlehen #1 von X vom 1/9/07 zu 12 % p.a.	ZAR 30.000.000
Darlehen #2 von X vom 26/1/09 zu 9 % p.a.	ZAR 10.000.000

Zinszahlungen

Darlehen #1:

ZAR 30.000.000 zu 12 % an 365 Tagen ZAR 3.600.000

Darlehen #2:

ZAR 10.000.000 zu 9 % an 219 Tagen ZAR 538.525

Zinsen in Summe: ZAR 4.138.525

Der in Hinblick auf die Regeln zur Gesellschafter-Fremdfinanzierung durch X nichtabzugsfähige Teil der Zinszahlung ergibt sich entsprechend folgender Formel:

$$A = B \times (C-D)/C$$

wobei

"A" die nichtabzugsfähigen Zinsen, begrenzt auf während des Jahres geleistete Zinszahlungen, die sich auf am oder nach dem 19. Juli 1995 gewährte Finanzierungen beziehen,

„B" die gesamten während des Jahres geleisteten Zinszahlungen,

„C" den gewichteten Durchschnitt aller verzinslichen Finanzierungen, die während des Jahres bestanden, und

„D" das Dreifache des Eigenkapitals des Ansässigen bzw. Darlehensnehmers zum Ende des für die Beurteilung relevanten Erhebungszeitraums darstellen.

Demzufolge ergeben sich folgende Werte:

B =	ZAR 4.138.525	
C =	ZAR 30.000.000 für 147 Tage	ZAR 4.410.000.000
	ZAR 40.000.000 für 219 Tage	ZAR 8.760.000.000
		ZAR 13.170.000.000 / 366
C =	ZAR 35.983.606	
D =	Das Höhere aus (ZAR 10.000.000 x 3) und ZAR 0	
D =	ZAR 30.000.000	
A =	4.138.525 x (35.983.606 – 30.000.000) / 35.983.606	
A =	ZAR 688.183 (nichtabzugsfähige Zinszahlung für das Beurteilungsjahr im Sinne der Regeln zur Gesellschafter-Fremdfinanzierung)	

Der Abzug von Zinsaufwand aus Darlehen durch nahestehende Personen wird auch durch die Verrechnungspreisbestimmungen beschränkt. Die Safe Haven-Zinssätze für diesen Zweck sind der Leitzins der südafrikanischen Geschäftsbanken (prime rate) plus 2 Prozentpunkte für in südafrikanischen Rand gewährte Darlehen und der einschlägige Interbanken-Zinssatz zuzüglich 2 Prozentpunkte für in ausländischen Währungen gewährte Darlehen.

Die überschießende Zinszahlung an den Anteilseigner X im Sinne der Verrechnungspreisbestimmungen lässt sich wie folgt ermitteln:

Zinsen innerhalb des 3:1 Verhältnisses	= ZAR 4.138.525 – ZAR 688.183
	= ZAR 3.450.342
Effektiver Zinssatz auf angemessene	
Fremdfinanzierung	= ZAR 3.450.342 / 30.000.000
	= 11,5 %
Überschießende Zinszahlung	
im Beurteilungsjahr	= ZAR 3.450.342 x (11,5-11,25) / 11,5
	= ZAR 75.007

Die aufgrund der Gesellschafter-Fremdfinanzierungs- sowie Verrechnungspreisgrundsätze nicht zum Abzug zugelassenen Zinsaufwendungen werden als Dividenden behandelt und unterliegen der Ausschüttungssteuer (secondary tax on companies, STC).

Ferner ist darauf hinzuweisen, dass nicht nur Darlehen, sondern der gesamte grenzüberschreitende Austausch von Gütern und Dienstleistungen zwischen nahestehenden Personen den Verrechnungspreisbestimmungen unterliegen. Der südafrikanische Steuerzahler muss daher beweisen, dass die diesen Transaktionen zu Grunde gelegten Preise dem Drittvergleich (arm's length standard) standhalten. Die südafrikanischen Finanzbehörden verlangen, dass ein Steuerzahler solche Transaktionen offenlegt und eine entsprechende umfassende Verrechnungspreisdokumentation vorweisen kann.

Jegliche Anpassung der Verrechnungspreise durch SARS unterliegt der STC.

4.2.6. Kreditbeschaffungskosten

Kreditbeschaffungskosten für Betriebsmittel (working capital) sind für einkommensteuerliche Zwecke grundsätzlich abzugsfähig. Diese Kreditbeschaffungskosten werden in gleichmäßigen Monatsbeträgen über die Laufzeit des Darlehens verteilt, sofern das Darlehen eine Laufzeit von mehr als sechs Monaten nach Ende des Steuerjahrs hat, in dem die Kreditbeschaffungskosten angefallen sind.

Kreditbeschaffungskosten für Darlehen zur Finanzierung von Anlagevermögen (fixed capital), etwa Darlehen für den Erwerb von Anteilen oder eines Betriebs, werden grundsätzlich der Kapitalsphäre zugerechnet und sind einkommensteuerlich nicht abzugsfähig. Vor diesem Hintergrund sollten diese Kreditbeschaffungskosten als Zinsbestandteil gestaltet werden.

Weiterhin können diese Aufwendungen nicht als Anschaffungsnebenkosten von Wirtschaftsgütern für Zwecke der Kapitalgewinnsteuer aktiviert werden.

4.2.7. Fremdwährungsdarlehen

Realisierte und unrealisierte Gewinne oder Verluste aus der Umrechnung von für die Finanzierung einer Akquisition (Anteile oder Unternehmen) aufgenommenen Fremdwährungsverbindlichkeiten sind steuerpflichtig bzw. abzugsfähig.

Im Fall von durch nahestehende Personen oder CFCs gewährte Darlehen mit Bezug zur Kapitalsphäre werden Wechselkursgewinne bzw. -verluste bis zur Realisierung aufgeschoben.

Unberücksichtigt bleiben Wechselkursgewinne und -verluste, die durch ein Termin- oder Optionsgeschäft entstehen, das eine in Südafrika ansässige Person abgeschlossen hat, um den Erwerb von Eigenkapitalanteilen durch diese Person oder durch eine andere in Südafrika ansässigen Person, die derselben Unternehmensgruppe angehört, abzusichern, soweit:

- der Ansässige mindestens 20 % des Eigenkapitals des Unternehmens erwirbt oder das Recht hat, diese zu erwerben;
- das Unternehmen nach dem Erwerb als CFC (controlled foreign company) zu behandeln ist und
  - im Fall eines Ansässigen der Betrag in der Gewinn- und Verlustrechnung gem. IFRS keine Berücksichtigung findet oder

- im Fall eines Ansässigen, der derselben Unternehmensgruppe angehört wie der Ansässige, der Betrag nicht in die Gewinn- und Verlustrechnung des Konzerns gemäß IFRS oder den südafrikanischen Rechnungslegungsvorschriften (Generally Accepted Accounting Standards) einfließt.

Für Zwecke der Kapitalgewinnbesteuerung wird der Kapitalgewinn oder -verlust aus einem in Fremdwährung erworbenen und veräußerten Wirtschaftsgut in der Fremdwährung ermittelt. Der so ermittelte, verbleibende Nettobetrag wird dann in südafrikanische Rand zum durchschnittlichen Umrechnungskurs des Wirtschaftsjahres oder zum Devisenkassakurs im Zeitpunkt der Veräußerung des Wirtschaftsgutes umgerechnet.

4.2.8. Erwerb eigener Anteile

Die im Common Law bestehenden strengen Kapitalerhaltungsrichtlinien wurden insoweit durch gesetzliche Änderungen im Companies Act gelockert, als Südafrika den Erwerb eigener Anteile durch ansässige Gesellschaften grundsätzlich zulässt, allerdings unter der Voraussetzung von Liquiditäts- sowie Zahlungsfähigkeitsprüfungen. Der Rückkauf eigener Aktien kann steuerlich in Höhe der Rücklagen der Gesellschaft als Dividendenzahlung gewertet werden und unterliegt dann ggf. der Ausschüttungssteuer (secondary tax on companies, STC). Der Rückkauf eigener Aktien unterliegt auch der Kapitalverkehrsteuer auf Wertpapierübertragungen (securities transfer tax).

Zinsaufwendungen einer Gesellschaft zur Finanzierung des Erwerbs eigener Aktien sind steuerlich nicht abzugsfähig.

4.2.9. Verwendung von Vorzugsaktien

Dividenden aus bestimmten Vorzugsaktien (hybride Instrumente) werden auf Anteilseignerebene als Zinsen aus südafrikanischen Quellen behandelt. Nach Section 10 Abs. 1 Buchst. h des Einkommensteuergesetzes sind Nichtansässige von der Einkommensteuer auf Zinsen befreit, sofern sie keine Betriebsstätte in Südafrika unterhalten.

Bei einem solchen „hybriden Instrument" handelt es sich etwa um eine rückzahlbare Vorzugsaktie, die die emittierende Gesellschaft innerhalb von drei Jahren ab dem Datum der Emission zurückerwerben muss oder die, nach Wahl des Halters, ganz oder teilweise innerhalb dieser Periode zurückgezahlt werden kann. Bei derartigen hybriden Finanzierungsinstrumenten ist eine besonders sorgfältige Strukturierung notwendig, um die gewünschte Behandlung sowohl in Südafrika als auch in Deutschland zu erreichen.

4.3. Nutzung bzw. Sicherstellung der künftigen Nutzung von Verlustvorträgen der Zielgesellschaft

Der Ausgleich eines festgesetzten Verlusts gegen in eine Zielgesellschaft verlagertes Einkommen wird dann steuerlich nicht zugelassen, wenn der einzige oder Hauptgrund für die Verlagerung einer Einkommensquelle in die Verlustgesellschaft die Nutzung ihres festgesetzten Verlusts ist. Um diese steuerlichen Verlustverrechnungsbeschränkungen zu vermeiden, sollte sichergestellt werden, dass bei Verlagerung von Einkommensquellen in die Zielgesellschaft triftige wirtschaftliche Gründe hierfür nachgewiesen werden können.

In Fällen, in denen eine Zielgesellschaft im Erwerbszeitpunkt über Verlustvorträge verfügt, ist es zum Erhalt dieser Verlustvorträge zwingend notwendig, dass die Zielgesellschaft durchgehend in jedem Jahr wenigstens teilweise ihren Geschäftsbetrieb fortführt (in Fällen, in denen die o.g. Bestimmungen nicht zur Anwendung kommen).

Der Verlustvortrag eines Steuerpflichtigen muss um den Betrag eines Vergleichs mit den Gläubigern des Steuerpflichtigen, durch den die Verbindlichkeit gegenüber den Gläubigern reduziert oder erlassen wird, vermindert werden, vorausgesetzt, der Verlust ist im normalen Geschäftsbetrieb entstanden. Insoweit sollten Steuerpflichtige sicherstellen, dass Verbindlichkeiten der Zielgesellschaft nicht reduziert werden, etwa durch den Erlass von Darlehen oder die Umwandlung von Verbindlichkeiten in Eigenkapital.

4.4. Repatriierung von Gewinnen

Südafrika erhebt derzeit auf Dividenden keine Quellensteuern nach nationalem Recht. Die vorgeschlagene Quellensteuer auf Dividenden, die voraussichtlich ab Ende 2009 Anwendung finden soll, soll 10 % betragen. Bestehende Doppelbesteuerungsabkommen, die derzeit geringere Sätze vorsehen, sollen neu verhandelt werden, um sicherzustellen, dass Südafrika das Recht zugesprochen wird, eine Quellensteuer von mindestens 5 % auf Dividenden aus wesentlichen Beteiligungen zu erheben. Obwohl derzeit keine Quellensteuer auf Dividenden im klassischen Sinne erhoben wird, unterliegt der Nettobetrag der ausgeschütteten Dividenden (d. h. die Differenz zwischen den gezahlten und erhaltenen Dividenden) derzeit einer Ausschüttungssteuer (secondary tax on Companies, STC) i. H. v. 10 %. Die STC ist von der ausschüttenden Gesellschaft zu tragen.

Derzeit besteht eine Quellensteuer i. H. v. 12 % auf Lizenzzahlungen an Nichtansässige, die eine finale Belastung darstellt. Kommt ein Doppelbesteuerungsabkommen zur Anwendung, wird diese Quellensteuer häufig auf 0 % reduziert. Dies sieht auch das DBA zwischen Südafrika und Deutschland vor.

Auf Zinsen und Managementvergütungen fällt keine Quellensteuer an.

5. Umstrukturierungen/Umwandlungen

2001 wurden in das Einkommensteuergesetz bestimmte steuerliche Vergünstigungen für Umstrukturierungen aufgenommen, die die Abwicklung bestimmter Transaktionen auf steuerneutraler Basis ermöglichen. Die Bestimmungen wurden seither erheblich verändert, und es ist mit weiteren Änderungen zu rechnen, um Unklarheiten, unerwünschte Konsequenzen und Schlupflöcher zu beseitigen. Die Vorschriften, die mithin als „Umstrukturierungsregelungen" (corporate rules) bezeichnet werden, gewähren unter bestimmten Umständen Steuervergünstigungen im Rahmen nachstehender Transaktionen:

- Einbringung von Wirtschaftsgütern gegen Gewährung von Anteilen
- Unternehmenszusammenschlüsse/Verschmelzungen
- Innerkonzernliche Transaktionen
- Ausschüttungen in Form von Aktien
- Liquidation.

Es bestehen jeweils spezifische Anforderungen, die erfüllt sein müssen, um die Vorschriften anwenden zu können. Außerdem enthalten die Vorschriften bestimmte Missbrauchsbekämpfungsregeln, die beteiligte Unternehmen bestrafen, sofern die gewählten Strukturen nicht von Dauer sind oder sofern das aufnehmende Unternehmen die ihm vom übertragenden Unternehmen gewidmeten Vermögensgegenstände innerhalb von 18 Monaten weiterverkauft (sofern anwendbar).

Im Allgemeinen sind die Umstrukturierungsregelungen derart gestaltet, dass dem Fiskus kein ultimativer Steuerausfall droht. Die Regeln übertragen grundsätzlich das Steuerprofil und die Historie der Vermögensgegenstände, die zwischen zwei Parteien transferiert werden. Daher sind alle nachfolgenden Entschädigungen und/oder Veräußerungsgewinne der übertragenden Gesellschaft in Hinblick auf einen erworbenen Vermögensgegenstand unter Berücksichtigung des ursprünglichen Datums des Erwerbs, der zwischenzeitlichen Aufwendungen und der von der übertragenden Gesellschaft in Anspruch genommenen Abschreibungen zu ermitteln.

Schließlich gewähren die Umstrukturierungsregelungen außer für Unternehmenszusammenschlüsse und Ausschüttungen in Form von Aktien keine spezifischen Entlastungen von der STC. Daher ist diesbezüglich auf die normalen Freistellungs- und Ausschlussklauseln für die STC zu verweisen.

6. Devisenkontrolle

Die Devisenkontrolle wird von der südafrikanischen Zentralbank (South Africa Reserve Bank, SARB) mittels von ihr autorisierter Handelsbanken (Banken, die das Wechselkursgeschäft betreiben dürfen) verwaltet.

Südafrika übt zwar keine Devisenkontrolle über Nichtansässige aus, aber über Ansässige sowie über Transaktionen, an denen Ansässige und Nichtansässige beteiligt sind. Für Zwecke der Devisenkontrolle wird ein Ansässiger definiert als Person (natürliche oder juristische Person), die unabhängig von ihrer Staatsbürgerschaft ihren Sitz in Südafrika hat oder in Südafrika registriert ist.

Für ausländische Investoren bestehen grundsätzlich keine Einschränkungen beim Erwerb von Unternehmen in Südafrika.

Durch südafrikanische Tochtergesellschaften erklärte Dividenden und Gewinne einer in Südafrika tätigen Zweigniederlassung einer ausländischen Gesellschaft können unter der Berücksichtigung bestimmter Formalitäten ins Ausland repatriiert werden, sofern etwa ein Wirtschaftsprüfer bestätigt, dass die Dividenden/transferierten Gewinne aus laufenden Gewinnen stammen.

Die Bezahlung von Importen kann gegen die Abgabe von durch den Zoll abgestempelte Dokumente erfolgen, die den Erhalt der Ware in Südafrika gegenüber einer autorisierten Handelsbank belegen. Der Erhalt von Exporterlösen durch Ansässige unterliegt der Kontrolle. Demnach müssen Exporterlöse in Fremdwährungen innerhalb von 30 Tagen repatriiert und einer autorisierten Handelsbank zum Kauf angeboten werden. Exporteure können Zahlungsziele bis zu 180 Tagen gewähren, wo dies üblich ist, so dass die Zahlungsbestimmungen auf Antrag bei der autorisierten Handelsbank ausgeweitet werden können.

6.1. Einlage von Eigenkapital

Keine Devisengenehmigungen sind erforderlich für die Zuführung von Eigenkapital in südafrikanische Gesellschaften (d. h. Stammkapital und Rücklagen).

Dividenden, die aus laufenden Gewinnen oder realisierten Kapitalgewinnen (diese unterliegen der Genehmigung der SARB) stammen, können repatriiert werden, sofern eine Bescheinigung eines Wirtschaftsprüfers vorliegt, dass die Ausschüttung nicht zu einer Überschuldung des Unternehmens führt.

6.2. Fremdmittel

6.2.1. Kapitalzuführung als Darlehen

Die Kreditaufnahme bei ausländischen Darlehensgebern unterliegt der vorherigen Zustimmung einer autorisierten Handelsbank (authorised dealer) oder der SARB. Dies gilt sowohl für Darlehen in Fremdwährungen als auch für Darlehen in südafrikanischen Rand. Die Devisenkontrollbehörden beschränken hierbei den Zinssatz wie folgt:

1. Auf den Satz, der den zwischen Geschäftsbanken in dieser Währung üblichen Leitzins (prime rate) oder Basiszins (base rate) nicht übersteigt für ausländische Gesellschafterdarlehen;

2. einen Satz, der den zwischen Geschäftsbanken in dieser Währung üblichen Leitzins (prime rate) oder Basiszins (base rate) nicht übersteigt, zzgl. 2 % für ausländische Darlehen von fremden Dritten;
3. einen Satz, der den Leitzins nicht übersteigt, zzgl. 3 % für Darlehen in südafrikanischen Rand von fremden Dritten.

Zinsen können frei gezahlt werden, sobald das Darlehen und dessen Konditionen genehmigt wurden.

Die Tilgung ausländischer Darlehen unterliegt der Genehmigung.

6.2.2. Beschränkungen der lokalen Kreditaufnahme

In Fällen, in denen 75 % oder mehr der Aktien oder Stimmrechte oder des Rechts auf Gewinn oder Kapital einer südafrikanischen Gesellschaft durch Nichtansässige kontrolliert werden, ist diese südafrikanische Gesellschaft eine von den Devisenkontrollen betroffene Person. In diesem Fall bestehen Beschränkungen für die Kreditaufnahme dieser Gesellschaft in Südafrika.

Eine „betroffene Person" darf maximal einen bestimmten Prozentsatz ihres effektiven Kapitals – im Wesentlichen das Eigenkapital der Gesellschaft und südafrikanische Darlehensmittel, soweit diesen entsprechende oder höhere ausländische Gesellschafterdarlehensmittel gegenüberstehen – als lokalen Kredit aufnehmen, der nach folgender Formel berechnet wird:

$$300\,\% + \frac{\text{Anteil lokaler Anteilseigner in }\%\times 100\,\%}{\text{Anteil ausländischer Anteilseigner in }\%}$$

Lokale Darlehensaufnahme ist hierbei jede Form der Darlehensaufnahme, abgesehen von üblicher Kreditgewährung.

Lokale Finanzierungen für den Kauf von Grundvermögen oder die Investition in Finanzinstrumente ist auf 100 % des effektiven Kapitals bzw. den durch den Nichtansässigen investierten Betrag begrenzt.

6.3. Managementvergütungen sowie andere Vergütungen

Die Zahlung von Managementvergütungen für durch Nichtansässige erbrachte Dienstleistungen unterliegt nicht der Genehmigungspflicht durch die SARB und kann durch eine autorisierte Handelsbank unter Vorlage einer detaillierten Rechnung über die Leistungen und die Berechnung der Vergütung erfolgen. Eine Vergütung, die auf einen Prozentsatz von Umsatz, Gewinn, Verkäufen u.ä. berechnet wird, unterliegt der Genehmigungspflicht durch die SARB und wird normalerweise nicht zugelassen.

6.4. Lizenzgebühren

Das Handels- und Industrieministerium beurteilt Anträge für Zahlungen von Lizenzgebühren oder für technische Unterstützung durch eine südafrikanische Gesellschaft an Nichtansässige, sofern sich die Vereinbarung auf die Herstellung von Gütern in Südafrika bezieht. Die Zahlung der meisten Arten von Lizenzgebühren, abgesehen von den vorgenannten, bedarf der vorherigen Genehmigung durch die Devisenkontrollbehörden.

7. Kapitalgewinnsteuer (Capital Gains Tax)

7.1. Überblick

Am 1. Oktober 2001 führte Südafrika ein System der Kapitalgewinnbesteuerung (capital gains tax, CGT) ein, das Veräußerungsgewinne aus Wirtschaftsgütern ab diesem Stichtag erfasst.

Die Kapitalgewinnsteuer ist keine neue Steuer, sondern Bestandteil der Einkommensteuer, so dass ein bestimmter Teil des Kapitalgewinns (25 % für natürliche Personen und 50 % für Kapitalgesellschaften) dem regulären Einkommen- bzw. Körperschaftsteuersatz unterworfen wird.

Auf Grund des Übergangs zum Welteinkommensprinzip seit dem 1. Januar 2001 unterliegen bei ansässigen natürlichen Personen sowie Kapitalgesellschaften alle Einkünfte sowie Veräußerungsgewinne – unabhängig von deren Quelle oder Ursprung – einer Besteuerung in Südafrika.

Nichtansässige unterliegen der südafrikanischen Kapitalgewinnbesteuerung nur mit folgenden Wirtschaftsgütern:

- Südafrikanisches Grundvermögen (d. h. Grund und Boden sowie Gebäude) und
- Anteile oder Rechte jedweder Art an in Südafrika belegenem unbeweglichem Vermögen. Als in Südafrika belegener Anteil an unbeweglichem Vermögen gilt auch ein direkter oder indirekter Anteil von mindestens 20 % am Stammkapital einer Gesellschaft oder eines anderen Rechtsträgers, den eine Person alleine oder zusammen mit nahestehenden Personen hält, sofern mindestens 80 % des Nettovermögenswerts dieser Gesellschaft aus in Südafrika belegenem unbeweglichem Vermögen bestehen. Bestimmte Doppelbesteuerungsabkommen schließen die Veräußerung von Anteilen von der Belastung mit CGT aus.
- Wirtschaftsgüter, die der Kapitalsphäre zuzuordnen sind, einer südafrikanischen Betriebsstätte einer nichtansässigen Gesellschaft.

Bei einer progressiven Einkommensteuer für natürliche Personen mit einem Spitzensatz von 40 % unterliegen in Südafrika steuerpflichtige Kapitalgewinne bei natürlichen Personen zur Zeit einer Besteuerung von maximal 10 %. Hierbei wurde unterstellt, dass der gesamte Kapitalgewinn i. H. v. 25 % tatsächlich steuerpflichtig ist (d. h. es finden keine Kürzungsvorschriften für Vorbesitzzeiten Anwendung).

Ansässige Kapitalgesellschaften unterliegen gegenwärtig einem Körperschaftsteuersatz von 28 %. Der effektive Kapitalgewinnsteuersatz beläuft sich ohne Berücksichtigung der Ausschüttungssteuer (secondary tax on companies, STC) auf 14 % und einschließlich Ausschüttungssteuer auf 21,8 % (= 14 % + ((100 - 14) x 10/110)). Auch hier wird unterstellt, dass der gesamte Kapitalgewinn i. H. von 50 % tatsächlich steuerpflichtig ist (d. h. es finden keine Kürzungsvorschriften für Vorbesitzzeiten Anwendung) und dass der gesamte Gewinn als Dividende ausgeschüttet wird.

Südafrikanische Betriebsstätten nichtansässiger Gesellschaften unterliegen einem Steuersatz von 33 %. Der effektive Kapitalgewinnsteuersatz für Betriebsstätten beläuft sich auf 16,5 %. Betriebsstättengewinne unterliegen nicht der südafrikanischen Ausschüttungssteuer.

Kapitalgewinne werden für jedes Einzelwirtschaftsgut gesondert berechnet, indem vom Veräußerungserlös

- die historischen Anschaffungskosten des Wirtschaftsguts zuzüglich oder abzüglich des Teils des Kapitalgewinns oder -verlusts, der (zeit-)anteilig auf den Zeitraum zwischen dem Zeitpunkt der Anschaffung und dem 1. Oktober 2001 entfällt, oder
- der Verkehrswert des Wirtschaftsguts am 1. Oktober 2001, sofern bestimmte Formalitäten beachtet wurden, oder
- 20 % der Erträge

abgezogen werden. Zwischen den Alternativen kann der Steuerpflichtige wählen.

7.2. Doppelbesteuerungsabkommen

Im Fall eines DBA mit dem (Wohn-)Sitzstaat eines Nichtansässigen, der Wirtschaftsgüter hält, die der südafrikanischen Kapitalgewinnbesteuerung unterliegen, hat Südafrika im Regelfall ein vorrangiges Besteuerungsrecht von Kapitalgewinnen als Belegenheitsstaat, so dass es dem Wohnsitzstaat obliegt, eine Doppelbesteuerung durch Anwendung der Freistellungs- oder Anrechnungsmethode zu vermeiden. Nach Art. 20 des DBA Südafrika – Deutschland etwa werden jene Einkommensbestandteile aus südafrikanischen Quellen, die auf Grundlage des DBA in Südafrika besteuert werden dürfen, von der Bemessung der deutschen Steuer freigestellt.

Südafrika betrachtet die Bestimmungen anwendbarer DBA als Teil des südafrikanischen Einkommensteuergesetzes (Income Tax Act), und diese gehen, sofern im Einzelfall relevant, den südafrikanischen Gesetzesbestimmungen vor. Nach südafrikanischer Auffassung ordnet ein anwendbares DBA lediglich das Besteuerungsrecht dem (Wohn-)Sitz-

sowie Belegenheitsstaat zu, kann aber keinen neuen Besteuerungstatbestand begründen, der nicht bereits im südafrikanischen Steuerrecht vorgesehen ist.

7.3. Ausländische Personengesellschaften

Wenn Gesellschafter einer ausländischen Personengesellschaft nahestehende Personen sind, die zusammen 20 % oder mehr des Kapitals einer Gesellschaft kontrollieren, die südafrikanischen Grundbesitz hält, so unterliegt die Veräußerung der Anteile dieser Gesellschaft der südafrikanischen Kapitalgewinnsteuer.

Im Fall einer Personengesellschaft gilt als ihren Gesellschaftern „nahestehende Person"

- jeder andere Gesellschafter der Personengesellschaft und
- jede einem anderen Gesellschafter nahestehende Person.

Hält eine ausländische Personengesellschaft südafrikanisches Grundvermögen direkt oder unterhält sie eine südafrikanische Betriebsstätte, so unterliegt die Veräußerung von Grundvermögen oder anderen Wirtschaftsgütern der Kapitalgewinnbesteuerung in Südafrika. Aus südafrikanischer Sicht wird eine Personengesellschaft nicht als Rechtsperson betrachtet, und ihre Gesellschafter unterliegen nach dem Transparenzprinzip einer direkten Einkommens- oder Körperschaftsbesteuerung mit ihrem Gewinnanteil aus der Personengesellschaft.

7.4. Natürliche und juristische Personen

Für Zwecke der Kapitalgewinnbesteuerung bestehen zwischen nichtansässigen natürlichen Personen und Kapitalgesellschaften bei der Kapitalgewinnbesteuerung keine Unterschiede im Hinblick auf die Besteuerung (abgesehen von den unterschiedlichen Steuersätzen).

Die meisten zur persönlichen Nutzung von gewöhnlich in Südafrika ansässigen natürlichen Personen bestimmten Gegenständen, einschließlich des Erstwohnsitzes, sind von der Kapitalgewinnbesteuerung ausgenommen, wobei weder Anteile an einer Grundstückgesellschaft noch Wirtschaftsgüter einer Zweigniederlassung unter diese Ausnahmebestimmungen fallen. Ein Nichtansässiger kann keinen von einer Besteuerung ausgenommenen südafrikanischen Erstwohnsitz haben, so dass Gewinne aus der Veräußerung von Grundbesitz stets der Kapitalgewinnbesteuerung unterliegen.

7.5. Erhebung der Kapitalgewinnsteuer von Nichtansässigen

Eine Quellensteuer wurde für Zahlungen an Nichtansässige im Rahmen des Erwerbs von unbeweglichem Vermögen eingeführt.

7.6. Steuerplanungsideen

Vorsicht ist geboten, sofern eine Gesellschaft mit Aktien, die „hybride Eigenkapitalinstrumente" darstellen, oder mit Darlehen, die „hybride Fremdkapitalinstrumente" darstellen, ausgestattet werden soll.

In ersterem Fall werden auf bestimmte Vorzugsaktien (hybride Instrumente) gezahlte Dividenden beim Dividendenempfänger für Zwecke der Einkommensteuer und der STC als Zinserträge aus einer südafrikanischen Quelle behandelt. Der Emittent der Aktien muss daher trotzdem STC auf die Dividende berücksichtigen. Section 10(1)h des südafrikanischen Einkommensteuergesetzes befreit Nichtansässige von der Steuer auf Zinsen, sofern diese in Südafrika keine Betriebsstätte unterhalten.

Sofern ein Darlehen als hybrides Fremdkapitalinstrument zu qualifizieren ist, werden die gezahlten bzw. die zu zahlenden Zinsen für Zwecke der südafrikanischen Einkommensteuer als nichtabzugsfähig eingestuft.

Die in Punkt 5 dargestellten Umstrukturierungsregelungen können oftmals zur steuereffizienten Durchführung von Reorganisationen innerhalb eines Konzerns genutzt werden. Hierzu gehört u. a. die Umstrukturierung eines Konzerns zur Beteiligung von so genannten Black Economic Empowerment Partners. Diese sollen nach den „Codes of Good Practice on Broad-Based Black Economic Empowerment" bzw. weiteren industriespezifischen Richtlinien die Möglichkeit erhalten, sich kapitalmäßig an diesen Unternehmen zu beteiligen. Die Regelungen können vielfach auch dazu genutzt werden, einen steuereffektiven „debt pushdown" herzustellen.

USA

Von Joseph J. Allen und Jason P. Spann (beide Deloitte Houston) und Nicola Selack (Deloitte Frankfurt)

1. Allgemeines zum US-Steuersystem

1.1. Überblick

Die Vereinigten Staaten haben ein ansässigkeitsbezogenes Steuersystem („residence-based tax system"), das Ansässige mit ihrem weltweiten Einkommen besteuert und bestimmte, aus amerikanischen Quellen stammende Arten von Einkommen sowie Einkommen aus einem amerikanischen Betriebsvermögen (income effectively connected with a US Trade or Business) Nichtansässiger der Besteuerung unterwirft (IRC §§ 7701, 881 and 882). Von einigen Ausnahmen abgesehen, besteuern die Vereinigten Staaten das zu versteuernde Einkommen von Kapitalgesellschaften auf Gesellschaftsebene[18] und auf Gesellschafterebene, wenn Dividenden an die Anteilseigner (natürliche Personen) ausgeschüttet werden. Diesem zweistufigen Konzept zufolge führt der Verkauf von Wirtschaftsgütern einer Kapitalgesellschaft bei anschließender Liquidation oder Ausschüttung an die ansässige natürliche Person als Gesellschafter zu Einkommen sowohl auf Gesellschafts- als auch auf Gesellschafterebene (IRC §§ 11, 301(c), 331). Im Gegensatz dazu ist eine US-Kapitalgesellschaft berechtigt, ihr zu versteuerndes Einkommen um Dividenden von US-Tochterkapitalgesellschaften, die in den Vereinigten Staaten einer Besteuerung unterliegt, zu kürzen (IRC § 243). Diese Kürzung beträfe zwischen 70 % und 100 % der erhaltenen Dividende, je nach Umfang der Beteiligung des Zahlungsempfängers am Zahlungsverpflichteten (vollständige Kürzung für Dividenden von Gesellschaften einer Unternehmensgruppe (affiliated group) mit Beteiligung von mindestens 80 % an den gesamten Stimmrechten und am Gesamtwert der Anteile der Gesellschaft).

Unabhängig von ihrer Ansässigkeit werden Personengesellschaften (und „Zweigniederlassungen") grundsätzlich als transparente Gebilde angesehen und unterliegen daher im Allgemeinen nicht der Besteuerung auf Gesellschaftsebene, sondern ihr steuerliches Einkommen wird bei den Gesellschaftern (natürliche Personen oder Kapitalgesellschaften) besteuert.

---

[18] Eine solche Aussnahme gilt für sogenannte „Subchapter S corporations" oder „S" Corporations. Solche Kapitalgesellschaften müssen bestimmte Qualifikationsvoraussetzungen erfüllen und ein Wahlrecht ausüben, um als transparente Gebilde behandelt zu werden, und unterliegen daher regelmäßig nicht der Besteuerung auf Gesellschaftsebene; stattdessen wird sämtliches zu versteuerndes Einkommen in den Händen der Anteilseigner der S Corporation besteuert.

1.2. Staatssteuern und lokale Einkommensteuern

Zusätzlich zu den Bundessteuern erheben die meisten US-Bundesstaaten und einige lokale Verwaltungseinheiten (z. B. New York City) ebenfalls Einkommensteuern. Die Berechnung des zu versteuernden Einkommens für Staats- und lokale Zwecke orientiert sich im Allgemeinen an den Bestimmungen für die Bundeseinkommensteuer, unterliegt aber häufig Modifikationen. Ferner sind Staats- und lokale Einkommensteuern normalerweise abzugsfähig für Zwecke der Bundessteuern. Darüber hinaus kann die Bemessungsgrundlage für die Ermittlung des Einkommens von Staat zu Staat stark variieren, unter anderem in Abhängigkeit davon, ob der Bundesstaat dem System einer Einheits- oder getrennten Besteuerung (unitary or separate company taxation) folgt, und der Art und Weise, wie der Bundesstaat die Berechnung und Gewichtung von Zerlegungsparametern vornimmt (z. B. anteiliges Betriebsvermögen, anteilige Löhne und Gehälter sowie Umsätze in dem Bundesstaat). Da sich die meisten Bundesstaaten sowie lokalen Verwaltungseinheiten normalerweise an den Grundkonzepten der Bundeseinkommensteuer orientieren und angesichts der Uneinheitlichkeit der Bundesstaats- sowie lokalen Besteuerung behandelt dieser Beitrag nachfolgend ausschließlich die US-Bundeseinkommensteuer.

1.3. Steuersätze

Für nach dem 31. Dezember 2006 beginnende Veranlagungszeiträume beträgt die amerikanische Bundeseinkommensteuer für ledige natürliche Personen zwischen 10 % und 35 % (für zu versteuernde Einkommen von mehr als USD 349.700). Die Bundeskörperschaftsteuer beläuft sich auf 15 % bis 35 % (der aus den abgestuften Körperschaftsteuersätzen resultierende Vorteil wird abgeschmolzen bei Körperschaftsteuereinkommen zwischen USD 100.000 und USD 18,3 Mio., bei welchem Betrag der Grenz- und allgemeine Steuersatz 35 % beträgt). Zusätzlich zum „regulären" Steuersystem können natürliche Personen und Kapitalgesellschaften der Alternative Minimum Tax (AMT) gemäß IRC § 55 unterliegen. Hauptziel der AMT ist, sicherzustellen, dass Steuerzahler mit erheblichem wirtschaftlichen Einkommen ihre Steuerschuld nicht durch Nutzung von nach dem regulären Steuersystem zulässigen Ausnahmetatbeständen, Abzügen und Anrechnungen auf ein nominelles Maß reduzieren. Demzufolge ist die Bemessungsgrundlage für die AMT breiter als die für das reguläre Einkommen und soll einen besseren Anhaltspunkt für das wirtschaftliche Einkommen des Steuerpflichtigen liefern. Grundsätzlich statuiert IRC § 55 eine vorläufige Mindeststeuer basierend auf einem prozentualen Anteil der Bemessungsgrundlage für die AMT (d. h. das reguläre zu versteuernde Einkommen mit bestimmten Anpassungen), berechnet nach Berücksichtigung bestimmter Freibeträge. Im Allgemeinen entrichtet der Steuerpflichtige die höhere Schuld von festzusetzender vorläufiger Mindeststeuer und regulärer Steuer.

1.4. Gesellschaftsform und steuerliche Klassifikation

Aus steuerlicher Sicht können Nichtansässige ihre geschäftlichen Aktivitäten entweder durch ansässige (resident) US-Kapitalgesellschaften (corporations), US-Personengesellschaften (partnerships) oder als eingetragene (z. B. eine US LLC, die der Steuerpflichtige als transparent zu behandeln beantragt hat – siehe unten) oder als unselbständige Zweigniederlassungen von nicht in den USA ansässigen natürlichen Personen, Personengesellschaften und Körperschaften betreiben.[19] Ob eine wirtschaftliche Einheit für US-Steuerzwecke standardmäßig („default“) als Körperschaft, Personengesellschaft oder Zweigniederlassung qualifiziert wird, bestimmt sich nach der Rechtsform und der Ansässigkeit der wirtschaftlichen Einheit, der Anzahl ihrer Mitglieder und danach, ob einige oder alle dieser Mitglieder begrenzt haften. Allerdings, mit Ausnahme für spezifisch enumerativ aufgeführte „per se“ Gesellschaften (z. B. eine US incorporated entity), kann ein Steuerpflichtiger wählen, eine Einheit entweder als Kapitalgesellschaft/Vereinigung oder als transparentes Gebilde – als Personengesellschaft, wenn solch ein Gebilde mehr als einen Gesellschafter hat, zu behandeln oder als transparent („disregarded entity“), wenn solch ein Gebilde nur einen Gesellschafter hat (Treas. Reg. §§ 301.7701-1 bis 301.7701-4). Bestimmte Beschränkungen hinsichtlich der Häufigkeit solcher check the box-Wahlen für eine bestimmte Gesellschaft sind zu beachten. Die beschriebenen „check-the-box“[20] Wahlen erfolgen auf dem Formular („Form“) 8832 („Entity Classification Election“) innerhalb von 75 Tagen ab dem gewünschten Wirksamkeitsdatum besagter Klassifikation.

2. Steuerliche Behandlung des Verkäufers

2.1. Veräußerung von Anteilen an US-Kapitalgesellschaften

2.1.1. Ansässige natürliche Person als Veräußerer

In den Vereinigten Staaten unterliegen Gewinne aus der Veräußerung oder dem Tausch von Wirtschaftsgütern, einschließlich Anteilen, im Allgemeinen der Einkommensbesteuerung (IRC § 1001(c)). Ein „capital gain“ oder „capital loss“ resultiert aus dem Verkauf oder Tausch eines „capital asset“, oder einem diesem nach US-Steuerrecht gleichgestelltem Wirtschaftsgut. Unter „capital asset" wird Vermögen – unabhängig davon, ob dieses mit einem amerikanischen Betriebsvermögen (US Trade or Business) in Zusammenhang steht – verstanden, mit einer Reihe von Ausnahmen wie z. B. Vorratsvermögen (Vermögen, das vordringlich für den Weiterverkauf an Kunden im Rahmen des

---

[19] Dieser Beitrag behandelt nicht die Besonderheiten der amerikanischen Besteuerung von Nachlässen und Trusts.

[20] So bezeichnet, da das erwähnte Formular schlicht erfordert, dass die betroffene Gesellschaft ein Feld ankreuzt, das die Qualifikation anzeigt.

gewöhnlichen Geschäftsbetriebs gehalten wird), abschreibungsfähige Wirtschaftsgüter oder im Betrieb oder Geschäft des Steuerpflichtigen genutztem Grundvermögen (IRC § 1221; Treas. Reg. § 1.1221-1).

- Gewinne aus der Veräußerung von im Privatvermögen gehaltenen Anteilen an amerikanischen Kapitalgesellschaften durch ansässige natürliche Personen unterliegen im Regelfall der Bundeseinkommensteuer. Anteile erfüllen normalerweise die Voraussetzungen für einen Anlagegegenstand („capital asset“) und können demzufolge in den Anwendungsbereich des ermäßigten Steuersatzes von 15 % für langfristige Veräußerungsgewinne (d. h. Haltefrist von über einem Jahr) fallen[21].
- Besondere Vergünstigungen gelten für die Veräußerung von Anteilen an kleinen Kapitalgesellschaften (small business corporations) durch natürliche Personen (IRC § 1202(a)). 50 % der Gewinne aus der Veräußerung oder dem Tausch von Anteilen an kleinen Kapitalgesellschaften unterliegen bei natürlichen Personen dann nicht der Besteuerung, wenn die Gesellschaft eine in den USA ansässige „C-Corporation“ oder normale Kapitalgesellschaft ist und deren Anteile für mehr als fünf Jahre gehalten wurden. Der unter die Steuerbefreiung fallende Gewinn darf den höheren Betrag von USD 10 Mio. oder das Zehnfache der Anschaffungskosten des Steuerpflichtigen nicht übersteigen. Der verbleibende Gewinn ist ein capital gain, der nach den allgemeinen Steuersätzen für capital gains besteuert wird (IRC § 1(h)), d. h. derzeit mit 15 %.
- Einkommen aus der Veräußerung von im Betriebsvermögen von ansässigen natürlichen Personen gehaltenen Anteilen an US-Kapitalgesellschaften unterliegen in der Regel in vollem Umfang der Besteuerung. Mit Ausnahme der von natürlichen Personen, die als Wertpapierhändler tätig sind, (IRC § 1236(a); Treas. Reg. § 1.12361-1) erzielten Gewinne, qualifiziert ein solcher Gewinn normalerweise als capital gain und kann, sofern es sich um einen langfristigen Veräußerungsgewinn handelt, einem ermäßigten Steuersatz von 15 % unterliegen.

Der Veräußerungsgewinn sowie die sich hieraus ergebende Steuerlast werden wie folgt ermittelt:

- Der capital gain ist der Überschuss des Erlöses aus dem Verkauf oder Tausch über die fortgeführten steuerlichen Anschaffungskosten (adjusted tax basis) der Anteile (IRC § 1001(a)). Die fortgeführten steuerlichen Anschaffungskosten sind im Allgemeinen die historischen Anschaffungskosten des Steuerpflichtigen (IRC § 1011). In bestimmten Fällen bleiben Gewinne aus dem Tausch von Wirtschaftsgütern (einschließlich Anteilen) vollständig oder teilweise steuerfrei.

[21] Der Steuersatz von 15 % wird im Jahr 2010 auslaufen. In 2011 wird dieser reduzierte Steuersatz wieder auf den aus den Jahren vor 2003 steigen, der im Allgemeinen 20 % betrug.

- Die (Bundes-)Steuersätze auf capital gains beurteilen sich danach, ob es sich um einen kurzfristigen oder langfristigen Gewinn handelt. Im Allgemeinen unterliegen Gewinne aus dem Verkauf von langfristig gehaltenem Anlagevermögen in nach dem 6. Mai 2003 endenden Veranlagungszeiträumen einem Steuersatz von höchstens 15 %. Nicht als langfristig qualifizierende Gewinne werden als laufendes Einkommen mit den normalen Steuersätzen besteuert. Ferner sei erwähnt, dass bestimmte Dividenden mit den Steuersätzen für capital gains besteuert werden (Sec. 1(h)(11)); diese Regelung läuft zum 31. Dezember 2010 aus.
- Bei natürlichen Personen werden die Verluste aus der Veräußerung von „capital assets“ zuerst mit capital gains verrechnet. Von verbleibenden Verlusten können bis zu USD 3.000 mit laufendem Einkommen verrechnet werden. Diesen Betrag übersteigende Verluste können in spätere Veranlagungszeiträume vorgetragen werden.

2.1.2. Ansässige US-Kapitalgesellschaft als Veräußerer einer US-Kapitalgesellschaft

Für Bundeskörperschaftsteuerzwecke unterliegt der net capital gain – d. h. der Differenzbetrag zwischen dem Veräußerungspreis und den fortgeführten steuerlichen Anschaffungskosten der Anteile – den allgemeinen Körperschaftsteuersätzen. Die alternative Mindeststeuer (AMT) für Körperschaftsteuerzwecke auf den Nettokapitalgewinn ist begrenzt auf 35 % (entspricht den allgemeinen Steuersätzen).

Capital losses von Körperschaften aus der Veräußerung von Anteilen (corporate capital losses) dürfen nur mit capital gains verrechnet und nicht zur Kürzung von laufendem Einkommen verwendet werden (IRC § 1212(a)). Nicht verbrauchte Verluste dürfen in die drei vorhergehenden Veranlagungszeiträume zurück- und in die folgenden fünf Veranlagungszeiträume vorgetragen werden.

2.1.3. Nichtansässiger Anteilseigner als Veräußerer einer US-Kapitalgesellschaft

Im Allgemeinen unterliegt ein nicht in den USA ansässiger Anteilseigner mit Gewinnen aus dem Verkauf, Tausch oder einer sonstigen Verfügung über Vermögensgegenstände keiner Besteuerung in den Vereinigten Staaten, es sei denn, eines der folgenden Szenarien liegt vor:

- Bestimmte Kapitalgewinne, die einer US-Betriebsstätte zuzuordnen sind oder mit einem amerikanischen Betriebsvermögen zusammenhängen (income effectively connected with a US Trade or Business). Nach IRC § 882 unterliegen nicht-US Kapitalgesellschaften einer Einkommensbesteuerung auf Nettobasis zu denselben progressiven Sätzen wie ansässige Kapitalgesellschaften mit ihrem „steuerpflichtigen Einkommen, das effektiv mit dem Betreiben eines Geschäfts oder Betriebs in den Vereinigten Staaten verbunden ist“ („taxable income which is effectively connected with the conduct of a trade or business within the United States.“). Ob eine nichtansässige Kapitalgesellschaft einen US-Betrieb oder Geschäft betreibt (engaged in a

U.S. trade or business) hängt vom Sachverhalt des Einzelfalls ab und basiert auf Art und Umfang der wirtschaftlichen Aktivitäten der Gesellschaft.

- Bestimmte Gewinne aus dem Verkauf von Aktien und Anteilen aus dem Anwendungsbereich des IRC § 306 können in Dividenden umqualifiziert und als solche behandelt werden, so dass IRC § 881(a) Anwendung finden kann: Nach IRC § 881(a)(1) unterliegt die Ausschüttung einer Abzugssteuer von 30 % oder einer niedrigeren Quellensteuer/Abzugssteuer nach einem Abkommen zur Vermeidung der Doppelbesteuerung (DBA). Folglich gibt es zahlreiche Fälle von capital gains, die gleichwohl der Besteuerung nach anderen Regelungen des IRC § 881(a) unterliegen, wobei diese Steuer aufgrund eines DBA reduziert oder beseitigt werden kann. Zu solchen steuerpflichtigen Gewinnen gehören unter anderem:
  1. Latente Gewinne aus US-Quellen aus der Veräußerung von bestimmten immateriellen Wirtschaftsgütern, die nach IRC § 881(a)(4) steuerpflichtig sind;
  2. Bestimmte Gewinne aus US-Quellen aus dem Verkauf oder dem Tausch von bestimmtem Nutzholz, Kohle oder heimischem Eisenerz, die nach IRC §881(a)(2) steuerpflichtig sind; sowie
  3. „Gewinne“ aus der Veräußerung oder sonstigen Verfügung über ein OID Instrument (original issue discount), die nach IRC § 881(a)(3)(A) steuerpflichtig sind.
- Ferner sind Gewinne aus der Veräußerung von Beteiligungen an in den Vereinigten Staaten belegenem Grundvermögen nach IRC § 897 (FIRPTA) steuerpflichtig. Gewinne oder Verluste aus der direkten Veräußerung einer Beteiligung an US-Grundvermögen (U.S. real property interest – USRPI) durch eine nichtansässige Person unterliegen der US-Einkommensteuer als mit dem Betreiben eines US-Geschäfts oder Betriebs effektiv verbundenes Einkommen. USRPIs umfassen nicht nur US-Grundvermögen, das einer nichtansässigen natürlichen Person oder Kapitalgesellschaft unmittelbar gehört, sondern auch eine Beteiligung an einer Personengesellschaft, die bestimmte Besitzvoraussetzungen erfüllt, und Anteile an US-Kapitalgesellschaften, die als Real Property Holding Corporations (USRPHC) innerhalb des anwendbaren Prüfungszeitraums qualifizieren oder qualifiziert haben, der fünf Jahre ab dem Datum der Veräußerung umfasst.

Nach IRC § 897(c)(2) ist eine USRPHC jede Kapitalgesellschaft, deren Teilwert seiner USRPIs 50 % der Summe der Teilwerte seiner

- USRPIs;
- Beteiligungen an Grundvermögen außerhalb der Vereiningten Staaten; und

- anderen Vermögensgegenstände, die für betriebliche oder geschäftliche Zwecke gebraucht oder gehalten werden

entspricht oder übersteigt.

Ungeachtet des Umstands, dass eine US Kapitalgesellschaft eine USRPHC gewesen sein könnte, wird eine Beteiligung an dieser US Kapitalgesellschaft nicht als USRPI behandelt, falls die US-Kapitalgesellschaft zum Veräußerungszeitpunkt der Beteiligung die kein USRPI hält und sie alle die USRPIs, die sie zu irgendeinem Zeitpunkt während des anwendbaren Prüfungszeitraums gehalten hat, veräußert hat und den jeweiligen Veräußerungsgewinn vollständig der Besteuerung unterworfen hat.

Im Allgemeinen muss der Käufer des USRPI 10 % vom Kaufpreis des Verkäufers abziehen und einbehalten. Für Zwecke der Abzugssteuer ist der Betrag des Gewinns des Verkäufers aus der Veräußerung irrelevant.

Auch in DBA-Fällen lösen die einschlägigen Sonderregelungen für Kapitalgewinne aus der Veräußerung von Anteilen an US Kapitalgesellschaften, die als USRPHC qualifizieren, US-Steuern auf die Veräußerung von solchen Anteilen aus. Zum Beispiel bestimmt Art. 13 Abs. 1 und 2 des DBA USA-Deutschland:

„(1) Gewinne, die eine in einem Vertragsstaat ansässige Person aus der Veräußerung unbeweglichen Vermögens im Sinne des Artikels 6 (Einkünfte aus unbeweglichen Vermögen) bezieht, das im anderen Vertragsstaat liegt, können im anderen Staat besteuert werden.

(2) Im Sinne dieses Artikels umfasst der Ausdruck „unbewegliches Vermögen, das im anderen Vertragsstaat liegt",

1. Unbewegliches Vermögen im Sinne des Artikels 6 (Einkünfte aus unbeweglichem Vermögen); und
2. Anteile oder vergleichbare Beteiligungen an einer Gesellschaft, die in diesem anderen Vertragsstaat ansässig ist oder als dort ansässig behandelt wird und deren Vermögen ganz überwiegend aus im anderen Vertragsstaat gelegenem unbeweglichem Vermögen besteht oder bestand, und Beteiligungen an einer Personengesellschaft, einem Treuhandvermögen (trust) oder einem Nachlass (estate), soweit deren Vermögen aus im anderen Vertragsstaat gelegenem unbeweglichem Vermögen besteht."

2.1.4. Anteilstausch

In Fällen, in denen der Veräußerer von Anteilen an einer amerikanischen Kapitalgesellschaft Anteile an der erwerbenden Kapitalgesellschaft als Gegenleistung für die Übertragung seiner Anteile erhält (share-for-share-exchange), wird dieser Anteilstausch im Allgemeinen wie ein Verkauf behandelt und ist damit steuerpflichtig, es sei denn, der

Vorgang qualifiziert für einen Besteuerungsaufschub („non recognition treatment") gemäß den amerikanischen Reorganisationsbestimmungen (reorganization provisions).

Solch ein Anteilstausch kann beispielsweise als „B reorganization" (IRC § 368(a)(1)(B)) einzuordnen sein, die als Erwerb von Anteilen einer Kapitalgesellschaft ausschließlich im Tausch für stimmberechtigte Anteile an der erwerbenden Gesellschaft (oder deren Muttergesellschaft) definiert wird, vorausgesetzt, dass die erwerbende Gesellschaft die erworbene Gesellschaft unmittelbar nach der Übertragung kontrolliert. "Kontrolle" bedeutet das Halten von mindestens 80 % sämtlicher stimmberechtigter Aktien und mindestens 80 % sämtlicher sonstiger Aktiengattungen (IRC § 368(c)). Im Falle einer „B reorganization" bedeutet "nur gegen stimmberechtigte Anteile", dass die erwerbende Gesellschaft die Gegenleistung nicht in bar leisten darf, ansonsten wird die Reorganisation steuerpflichtig (Treas. Reg. § 1.368-2(c)). Wenn diese Voraussetzungen erfüllt sind, entsprechen die fortgeführten Anschaffungskosten der erhaltenen Anteile auf Ebene der Gesellschaft beim Anteilstausch den fortgeführten steuerlichen Anschaffungskosten der übertragenen Wirtschaftsgüter.

Zu beachten ist, dass in Fällen, in denen ein in den Vereinigten Staaten ansässiger Steuerpflichtiger als Verkäufer Anteile an einer nichtansässigen Kapitalgesellschaft beim Anteilstausch erhält, die Bestimmungen über den Besteuerungsaufschub nach Sec. 367 zurücktreten können und die entsprechenden Regelungen einen solchen Tausch steuerpflichtig machen können. Ferner, in bestimmten Konstellationen, in denen die amerikanischen Verkäufer weiterhin wesentliche Anteile an einem ausländischen Erwerber halten, können die amerikanischen sog. „anti-inversion rules" zur Anwendung kommen und zur Folge haben, dass solche nichtansässige Erwerber wie inländische amerikanische Kapitalgesellschaften gemäß Sec. 7874 behandelt werden.

2.2. Verkauf von Einzelwirtschaftsgütern

2.2.1. Annahmen

Für die folgenden Ausführungen wird unterstellt, dass die zu veräußernden Wirtschaftsgüter ein US-Betriebsvermögen bilden oder zu einem US-Betriebsvermögen (trade or business) gehören. In Fällen, in denen der Eigentümer der Wirtschaftsgüter nicht in den USA ansässig ist, wird ferner unterstellt, dass die Wirtschaftsgüter eine amerikanische Betriebsstätte bilden oder zu einer solchen gehören. Für den letztgenannten Fall wird schließlich angenommen, dass die USA nach Art. 13 Abs. 2 des OECD Musterabkommens zur Besteuerung sämtlicher Gewinne aus der Veräußerung dieser Wirtschaftsgüter berechtigt sind.

2.2.2. Der Veräußerer ist eine ansässige natürliche Person

Wenn eine natürliche Person Wirtschaftsgüter veräußert, ist diese Veräußerung ein steuerpflichtiger Vorgang. Außer in Fällen von bestimmten abschreibbaren Wirtschaftsgütern eines Betriebsvermögens sowie von betrieblichem Vorratsvermögen erzielt der Verkäufer grundsätzlich einen capital gain/capital loss aus der Veräußerung in Höhe der Differenz zwischen dem Erlös aus Verkauf oder Tausch und den fortgeführten Anschaffungskosten (IRC § 1001(a)).

Jedes abschreibungsfähige Wirtschaftsgut des Betriebsvermögens kann zahlreichen Bestimmungen zur Rückgängigmachung von Abschreibungen – Aufholungsvorschriften (depreciation recapture provisions) – unterliegen. Soweit solche Regelungen Anwendung finden, wird der Gewinn aus der Veräußerung des Wirtschaftsguts aufgeteilt in (i) einen capital gain wie oben beschrieben und (ii) eine Rückgängigmachung vorgenommener Abschreibungen, besteuert als laufendes betriebliches Einkommen zu allgemeinen Steuersätzen. Die Regelungen gelten für „Section 1231 Wirtschaftsgüter", zu welchen im Allgemeinen (a) alle Wirtschaftsgüter, die in einem Betriebsvermögen genutzt werden, oder (b) Wirtschaftgüter, die (x) in einem Betriebsvermögen genutzt oder (y) als capital asset gehalten werden, und zwar infolge eines unfreiwilligen Umtauschs in ein anderes Wirtschaftsgut oder Geld. Nettoveräußerungsgewinne aus IRC § 1231 Wirtschaftsgütern werden als langfristige capital gains behandelt (IRC § 1231(a)) oder unterliegen als Rückgängigmachung vorheriger Abschreibungen der laufenden Einkommensbesteuerung zu regulären Steuersätzen. Im Gegensatz dazu werden Nettoveräußerungsverluste als laufende Verluste behandelt. Dies ist eine für den Steuerpflichtigen vorteilhafte Regelung, da die Geltendmachung von capital losses üblicherweise eingeschränkt wird, während capital gains in den Vereinigten Staaten im Allgemeinen steuerbegünstigt sind.

Wird ein gesamter Betrieb veräußert, wird im Allgemeinen für die Ermittlung des Einkommens des Verkäufers – Gewinn oder Verlust –, jedes Wirtschaftsgut als einzeln übertragen behandelt. Der Veräußerer muss eine Zuordnung vornehmen, um den Betrag sowie die Art des Gewinns oder Verlustes zu ermitteln. Nach der sog. Residualmethode wird der Kaufpreis zunächst den Class I Wirtschaftsgütern zugeordnet (Geld und ähnliche Wirtschaftsgüter). Der verbleibende Betrag wird in der folgenden Reihenfolge verteilt: Class II Wirtschaftsgüter (Zertifikate, US-Bundeswertpapiere, Aktien oder Wertpapiere, und ausländische Zahlungsmittel), Class III Wirtschaftsgüter (Wirtschaftgüter, die der Steuerpflichtige wenigstens jährlich umschlägt), Class IV Wirtschaftgüter (Vorräte), Class V Wirtschaftsgüter (alle sonstigen, nicht unter Class I, II, III, IV, VI oder VII fallenden Wirtschaftsgüter), Class VI Wirtschaftsgüter (betriebliche immaterielle Wirtschaftsgüter, außer denen, die Goodwill oder going concern Wert entsprechen, z. B. vorhandene Arbeitskraft, Copyrights, und Wettbewerbsverbote), und Class VII Wirtschaftsgüter (Goodwill und going concern Wert) (Treas. Reg. § 1.1060.1(a) and 1.338-6).

Der Verkauf einer Personengesellschaftsbeteiligung wird im Allgemeinen eher wie der Verkauf eines einzigen Wirtschaftsguts behandelt als ein Verkauf der Einzelwirtschaftsgüter der Personengesellschaft, wobei der veräußernde Gesellschafter einen capital gain oder loss aus dem Verkauf, basierend auf den fortgeführten Anschaffungskosten für den Personengesellschaftsanteil und dem Veräußerungserlös erzielt (IRC § 741). Bestimmte Regelungen nach IRC § 751 führen zwingend zu laufendem Einkommen des veräußernden Gesellschafters, falls die Personengesellschaft bestimmte nicht realisierte Forderungen, Vorratsvermögen und andere typische Wirtschaftsgüter hat, die eine Wertsteigerung erfahren haben, welche noch nicht als Einkommen besteuert wurden. Zu beachten ist, dass der Käufer einer Personengesellschaft im Allgemeinen in Höhe seines Anteils an den Wirtschaftgütern der Personengesellschaft nach IRC § 754 einen step-up beantragen kann.

2.2.3. Verkäufer ist eine US-Kapitalgesellschaft

In Fällen, in denen eine Kapitalgesellschaft Einzelwirtschaftsgüter verkauft, stellt der Verkauf im Allgemeinen einen steuerpflichtigen Vorgang dar. Der Verkauf führt zu einem Gewinn oder Verlust in Höhe der Differenz zwischen dem Erlös aus dem Verkauf oder Tausch und den fortgeführten Anschaffungskosten. Die Bestimmung der Art des aus dem Verkauf der betrieblichen Wirtschaftsgüter resultierenden Gewinns entspricht weitgehend der o. g. Vorgehensweise für den Fall der Veräußerung durch US-ansässige natürliche Personen. Für Zwecke der Bundeseinkommensteuer unterliegen Kapitalgesellschaften mit dem net capital gain den allgemeinen Steuersätzen. Demgegenüber dürfen capital losses, die von Kapitalgesellschaften erlitten wurden, nur bis zur Höhe von capital gains der Kapitalgesellschaft abgezogen werden; verbleibende capital losses können drei Jahre zurück- und fünf Jahre vorgetragen werden.

2.2.4. Verkäufer ist ein Nichtansässiger

Eine nichtansässige natürliche Person oder Kapitalgesellschaft, die zu einem US-Betriebsvermögen (z. B. einer Zweigniederlassung) gehörende Einzelwirtschaftsgüter verkauft, unterliegt im Allgemeinen der Besteuerung in den USA, wenn solche Wirtschaftsgüter zu einem amerikanischen Betriebsvermögen (US Trade or Business) gehören oder USRPIs darstellen (IRC §§ 871 (a)(2), 881, 882).

2.2.5. Tausch von Einzelwirtschaftsgütern gegen Anteile

In einer „C"-Reorganization, wie in IRC § 368 (a)(1)(c) definiert, erwirbt eine Kapitalgesellschaft „im Wesentlichen alle" Wirtschaftsgüter einer anderen Kapitalgesellschaft im Tausch gegen Stimmrechte der Erwerberin (oder deren Muttergesellschaft). Wenn diese Voraussetzungen erfüllt sind, entspricht der Buchwert der von der Kapitalgesellschaft in der Reorganisation erhaltenen Anteile den Buchwerten der Wirtschaftgüter des auf die Erwerberin übergegangenen Vermögens.

„Im Wesentlichen alle" Wirtschaftgüter einer Kapitalgesellschaft ist nicht gesetzlich definiert. Für Zwecke von Anträge auf verbindliche Auskünfte (advance ruling) gilt diese

Bedingung nur dann als erfüllt, wenn die übertragenen Wirtschaftsgüter mindestens 90 % der Teilwerte aller net assets (Aktiva minus Passiva) und mindestens 70 % aller gross assets (Aktiva) ausmachen, die von der Kapitalgesellschaft unmittelbar vor der Übertragung gehalten wurden. Bei einer „C" Reorganisation bedeutet „ausschließlich gegen Stimmrechte", dass die erwerbende Kapitalgesellschaft kein Bargeld beim Tausch verwenden darf, andernfalls wird die Reorganisation steuerpflichtig. Allerdings gelten für eine „C" Reorganisation – im Vergleich zu einer „B" Reorganisation – zwei wichtige Ausnahmen: erstens erlaubt die „C" Reorganisation der Erwerberin, Verbindlichkeiten der Veräußerin zu übernehmen (oder belastetes Vermögen zu erwerben) in jeder Höhe, so lange wie die sonstige Gegenleistung ausschließlich aus Stimmrechten an der Erwerberin besteht. Zweitens erlauben die sog. „boot relaxation rules" für „C" Reorganisationen den Einsatz von Barmitteln oder einer anderen Gegenleistung (boot, d. h. andere Wirtschaftsgüter als Stimmrechte an der Erwerberin), vorausgesetzt, dass mindestens 80 % der erworbenen Wirtschaftsgüter der Kapitalgesellschaft (auf Grundlage der Bruttoteilwerte) ausschließlich gegen Stimmrechte erworben werden. Wenn die „20 %-boot-Ausnahme" zur Anwendung kommt, werden übernommene Verbindlichkeiten als Gegenleistung (boot) behandelt, aber nur, wenn „non-liability boot" Gegenstand der Transaktion ist. Daher, falls die von einem Erwerber übernommenen Verbindlichkeiten 20 % der Bruttoteilwerte der Wirtschaftsgüter der Zielgesellschaft überschreiten, darf keine andere Gegenleistung als Stimmrechte am Erwerber gewährt werden; ansonsten entfiele die Qualifikation als „C" Reorganisation. Aus dem gleichen Grund ist keine gesetzliche Beschränkung für die Übernahme von Verbindlichkeiten gegeben, falls keine „non-liability" Gegenleistung (boot) vorhanden ist. Nochmals sei darauf hingewiesen, dass für den Fall der Hingabe von Stimmrechten an nichtansässigen Kapitalgesellschaften Sonderregelungen Anwendung finden können, die zu abweichenden Ergebnissen führen.

3. Transaktionskosten

Außer der Grunderwerbsteuer in bestimmten US-Bundesstaaten haben Transaktionssteuern in den Vereinigten Staaten im Regelfall keine große praktische Bedeutung. Besonderheiten ergeben sich auch hier unter Umständen wiederum auf Ebene der einzelnen US-Bundesstaaten, die jeweils im Einzelfall zu prüfen sind.

3.1. Stempelsteuern

Auf Bundesebene erheben die Vereinigten Staaten keine Stempelsteuern oder vergleichbare Steuern auf die Übertragung von Anteilen oder die Erhöhung des Eigenkapitals einer Kapitalgesellschaft. Für die Übertragung von Anteilen einer US-Kapitalgesellschaft ist keine Urkunde eines amerikanischen Notars erforderlich.

3.2. Grunderwerbsteuer

Auf Bundesebene erheben die USA keine Transaktionssteuern auf die Übertragung des Eigentums an US-Grundvermögen. Allerdings erheben viele lokale Verwaltungseinheiten solche Steuern, die von der Gestaltung sowie Erhebung her im Regelfall den Grunderwerbsteuern europäischen Typs ähneln. Im Vergleich zu Europa sind diese Grunderwerbsteuern allerdings im Allgemeinen wesentlich niedriger, mit New York als einer hervorzuhebenden Ausnahme (z. B. belaufen sich die Grunderwerbsteuern in New York State und New York City auf 4 % bzw. 2 % der Gegenleistung).

3.3. Umsatzsteuer

In den USA erhebt zwar der Bund keine Warenverkaufssteuer oder eine Umsatz- bzw. Mehrwertsteuer, allerdings erheben die meisten Bundesstaaten sowie einige lokale Verwaltungseinheiten Warenverkaufssteuern. Die zusammengefasste Warenverkaufs- und Warenversandhandelssteuer (sales and use tax) aller Bundesstaaten beläuft sich im Allgemeinen auf weniger als 10 %. Warenverkaufs- und Warenversandhandelssteuern werden im Allgemeinen nur auf den Verkauf von Waren an Letztverbraucher erhoben, nicht aber auf Verkäufe von Waren zwischen Unternehmen (falls die Waren für den Wiederverkauf bestimmt sind). Viele Umsätze sowie die meisten Dienstleistungen fallen nicht unter die Warenverkaufssteuer, können aber anderen Verbrauchs- oder Nutzungssteuern unterliegen. Viele Bundesstaaten stellen Verkäufe von gesamten Betrieben oder Geschäften als Ganzes als „bulk sale", Sonderverkauf oder nach anderen Regelungen steuerfrei.

3.4. Steuerliche Behandlung von Transaktionskosten

Allgemeine amerikanische Bilanzierungsprinzipien können zur Aktivierung von Aufwendungen im Zusammenhang mit Veränderungen der Kapital- oder rechtlichen Struktur einer Gesellschaft zwingen, wenn diese einen langfristigen Vorteil für die Kapitalgesellschaft bieten. Im Allgemeinen müssen Steuerpflichtige Aufwendungen aktivieren, die eine Transaktion unterstützen bzw. ermöglichen, welche regelmäßig die Aufwendungen für den Erwerb einer anderen Gesellschaft, Aufwendungen im Zusammenhang mit der Besicherung eines Darlehens mit der Ausgabe von Wertpapieren oder im Zusammenhang mit der Umwandlung oder Restrukturierung eines Unternehmens bzw. einer Gesellschaft umfassen.

Bestimmte Zahlungen anlässlich eines Mehrheitswechsels, z. B. durch Verkauf (change of control), bei einer Gesellschaft können zahlreichen Beschränkungen und Verbote unterliegen. Beispielsweise kann IRC § 280G Kapitalgesellschaften unter Umständen einen Abzug von bestimmten Aufwendungen versagen, die dazu bestimmt sind, die

Auswechslung des Managements einer Zielgesellschaft im Zusammenhang mit einer feindlichen Übernahme zu ermöglichen bzw. abzufedern (golden parachute payments).

IRC § 5881 statuiert eine Steuer von 50 % auf sämtliche Gewinne oder andere Einkünfte, die von einer Person bei Erhalt von „greenmail" erzielt werden. „Greenmail" ist ein Wortspiel aus Erpressung (blackmail) und der umgangssprachlichen Bezeichnung für den US-Dollar (greenback) und ist definiert als eine Vergütung, die durch eine Kapitalgesellschaft für den Erwerb ihrer eigenen Anteile an Anteilseigner gezahlt wird, wenn der abgefundene Anteilseigner die Aktien während eines Zeitraums von weniger als zwei Jahren gehalten hat, allerdings nur unter der Voraussetzung, dass der Anteilseigner während des Zweijahreszeitraums ein öffentliches Verkaufsangebot für die Anteile konkret gemacht oder angedroht hat (made or threatened to make a public tender offer for stock, IRC § 5881(b)). Die Steuer kommt jedoch dann nicht zur Anwendung, wenn der Aktienerwerb im Zusammenhang mit einem Angebot erfolgt, das allen anderen Anteilseignern unter den gleichen Bedingungen zugänglich ist.

IRC § 162(k) verbietet einen Abzug sämtlicher Aufwendungen einer Kapitalgesellschaft, die diese im Zusammenhang mit dem Erwerb eigener Anteile tätigt (in connection with the reacquisition of its stock). Die Entstehungsgeschichte der Bestimmung deutet an, dass „im Zusammenhang mit" weit auszulegen ist und sämtliche Aufwendungen für Rechtsberatung, Buchhaltung, Bankgebühren sowie Zahlungen auf der Grundlage sog. standstill agreements umfasst, die einen Anteilseigner, dessen Aktien erworben wurden, verpflichtet, keine weiteren Aktien zu erwerben. Zinsaufwendungen und bestimmte andere Aufwendungen, die ansonsten abzugsfähig sind, werden von der allgemeinen Beschränkung ausgenommen. Obwohl Geldbeschaffungskosten für ein Darlehen zur Finanzierung des Erwerbs eigener Anteile normalerweise über die Laufzeit des Darlehens verteilt steuerlich abzugsfähig sind, hat die Bundessteuerbehörde unter Berufung auf IRC § 162(k) den steuerlichen Abzug der Finanzierungskosten eines solchen versagt.

4. Überlegungen zur Strukturierung von Akquisitionen

4.1. Step-up Möglichkeit beim Anteilskauf/Kaufpreisallokation

Eine Kapitalgesellschaft, die einen qualifizierten Anteilskauf (qualified stock purchase, d. h. Erwerb von mindestens 80 % des Gesamtwertes der Anteile an der Zielgesellschaft während eines 12-monatigen Erwerbszeitraums) vornimmt, hat ein Wahlrecht (Section 338 election), die steuerlichen Buchwerte der Wirtschaftsgüter der Zielgesellschaft bis zur Höhe der jeweiligen Verkehrswerte aufzustocken (IRC § 338(a)). Diese Bestimmungen finden auf in den USA ansässige und nichtansässige Kapitalgesellschaften Anwendung.

Erfolgt eine Ausübung der IRC 338 election für die Zielgesellschaft, wird diese behandelt, als hätte sie sämtliche Wirtschaftsgüter zum Erwerbsstichtag verkauft und als hätte sie diese Wirtschaftsgüter als eine neue Kapitalgesellschaft (neue Zielgesellschaft) am Tag nach dem Erwerbsstichtag erworben. Ferner erzielt die Zielgesellschaft aus dem fiktiven Verkauf einen steuerlichen Veräußerungsgewinn oder -verlust. Aufgrund dessen ist eine Section 338 election im Zusammenhang mit reinen US-Akquisitionen eher selten, es sei denn, die Zielgesellschaft weist hohe Verluste auf, die mit dem fiktiven Veräußerungsgewinn verrechnet werden können.

Während es im Allgemeinen steuerlich nicht vorteilhaft ist, eine Section 338 election für den Erwerb einer US-Kapitalgesellschaft von natürlichen Personen vorzunehmen, kann eine Ausübung des besonderen Wahlrechts nach IRC § 338(h)(10) in den Fällen sinnvoll sein, in denen die Zielgesellschaft entweder Mitglied einer konsolidierten US-Gruppe von Kapitalgesellschaften (US group), die eine amerikanische Steuererklärung erstellen, oder aber eine S-Corporation ist. Wird das Wahlrecht für die Zielgesellschaft ausgeübt, wird diese im Allgemeinen so behandelt, als hätte sie den fiktiven Verkauf vorgenommen und wäre anschließend liquidiert worden. In bestimmten Fällen ergeben sich für die Veräußerer keine nachteiligen Besteuerungsfolgen aus IRC § 338(h)(10), unter anderem abhängig von dem Verhältnis der steuerliche Buchwerte (outside tax basis) des Anteils an der Zielgesellschaft beim Veräußerer gegenüber den steuerlichen Buchwerten der Wirtschaftsgüter der Zielgesellschaft (inside tax basis). Im Regelfall erfordert die Anwendung der Section 338 election eine detaillierte steuerliche Analyse der Implikationen für die US-Bundessteuer und US-Staatssteuer aus Erwerber- und Veräußerersicht.

Die Richtlinien enthalten detaillierte Bestimmungen für die Allokierung von Kaufpreis, übernommenen Verbindlichkeiten und anderen Elementen, die die (fortgeführten) Anschaffungskosten bei der erwerbenden Kapitalgesellschaft bilden, auf die Wirtschaftsgüter der Zielgesellschaft (Treas. Reg. § 1.338(b)-ZT). Diese Regeln gleichen der Residualzuordnungsmethode (residual allocation method), die von den Richtlinien für den Erwerb von Einzelwirtschaftsgütern vorgesehen ist. Bevor irgendwelche Buchwerte zugeordnet werden, werden die modifizierten Bruttobuchwerte (adjusted grossed-up basis) berechnet, die dem Betrag entsprechen, für den die neue Zielgesellschaft fiktiv sämtliche Einzelwirtschaftsgüter von der alten Zielgesellschaft erworben hat.

4.2. Abzugsfähigkeit von Finanzierungskosten

Theoretisch darf ein Steuerzahler sämtliche gezahlten oder zurückgestellten Zinsaufwendungen für Verbindlichkeiten abziehen (IRC § 163(a)). Die Qualifikation als Fremd- oder Eigenkapital bestimmt sich nach IRC § 385 sowie diversen durch die Rechtsprechung entwickelten Kriterien. Im Fall eines Darlehens von einem verbundenen Unternehmen stellt sich regelmäßig die Frage, ob Fremd- oder Eigenkapital gegeben ist. Wenn die Darlehensausreichung durch einen fremden Dritten erfolgt, stellt sich die Frage, ob der behauptete Darlehensnehmer tatsächlich der „echte" Darlehensnehmer für steuerliche Zwecke ist. Die Vereinigten Staaten haben keine festen Regeln für die vorgenannte Abgrenzung. Als ein guter erster Test (Faustregel) kann die Prüfung helfen, ob der behauptete Darlehensnehmer die Schuld ohne Hilfe von verbundenen Unternehmen angemessen bedienen kann und ob dieser Darlehensnehmer „allein", ohne Unterstützung von verbundenen Unternehmen, das Darlehen erhalten hätte.

Der Abzug von Zinsen, die im Rahmen des Erwerbs eines US-Betriebs oder einer amerikanischen Kapitalgesellschaft anfallen, unterliegt außerdem diversen Beschränkungen:

- IRC § 163(j) sieht eine generelle Beschränkung für den Abzug von Zinsen vor, die von eine Kapitalgesellschaft an eine nahestehende Person gezahlt oder von dieser garantiert werden, sofern die Zinserträge bei dieser nahestehende Person (vollständig oder teilweise) von der US-Besteuerung freigestellt sind (zu beachten ist, dass nichtansässige Kapitalgesellschaften für Zwecke dieser Vorschrift im Allgemeinen als steuerbefreit angesehen werden). Diese Vorschrift findet auf alle Kapitalgesellschaften mit einem Zinsaufwandüberhang (excess interest expense) für einen Veranlagungszeitraum sowie mit einem Fremd- zu Eigenkapitalverhältnis von mehr als 1,5:1 am Ende des Veranlagungszeitraums oder an irgendeinem Tag während des Veranlagungszeitraums Anwendung (IRC § 163(j)(1)(A)). IRC § 163(j) beschränkt in diesen Fällen den Abzug des Zinsaufwandüberhangs auf 50 % des modifizierten zu versteuernden Einkommens der Kapitalgesellschaft (eine modifizierte liquiditätsorientierte EBITDA Berechnung). Sämtlicher Zinsaufwandüberhang kann steuerlich nicht sofort geltend gemacht werden, kann aber zeitlich unbefristet vorgetragen werden.
- IRC § 279 untersagt bei Kapitalgesellschaften einen Abzug von Zinsaufwendungen von mehr als USD 5 Mio. jährlich für Schulden anlässlich des Erwerbs von Kapitalgesellschaftsanteilen (corporate acquisition indebtedness), die auch bestimmte nachrangige Wandelschuldverschreibungen erfasst. Weiterhin versagt oder beschränkt IRC § 163(e)(5) bei Kapitalgesellschaften einen Zinsabzug für bestimmte hochverzinsliche Schuldverschreibungen (applicable high yield discount obligation, AHYDO). Die Bestimmung bezieht sich auf Schuldverschreibungen, die zu erheblich unter den Rücknahmepreisen liegenden Ausgabekursen begeben werden, sowie ähnliche Anleihen mit Rückzahlungswahlrechten (payment-in-kind bonds, PIK), bei denen der Emittent statt Bargeld eine Rückzahlung entweder in der Form von Anleihen oder Aktien des Emittenten vornehmen kann.
- IRC § 172(h) beschränkt bei Kapitalgesellschaften den Verlustrücktrag in Fällen, in denen Verluste aus Zinsaufwendungen im Zusammenhang mit einer „corporate

equity reduction transaction" (CERT) stehen. Eine CERT ist definiert als eine größere Aktienakquisition (Erwerb von 50 % oder mehr der Stimmrechte oder des Werts an einer Kapitalgesellschaft innerhalb eines Zweijahreszeitraums) oder eine überhöhte Ausschüttung („excess distribution", d. h. die Ausschüttung im Veranlagungszeitraum übersteigt die durchschnittliche Ausschüttung in den letzten drei Jahren oder den Wert der Aktien, IRC § 172(h)(3)(B)).

Die USA erheben nach dem Bundessteuergesetz eine Quellensteuer auf Zinszahlungen an Nichtansässige i. H. von 30 % nach IRC § 1441. Dieser Quellensteuersatz wird durch einige amerikanische DBA (so auch im DBA Deutschland-USA, Art. 11 Abs. 1) auf Null reduziert, jedoch sollte die Abkommensberechtigung sorgfältig analysiert werden, einschließlich der Anwendung der einschlägigen Schranken der Abkommensvergütung (Limitation of Benefits Clause) und der sog. US conduit financing rules (Treas. Reg. § 1.881 – 3(a) (2) (iv)).

4.3. Sicherung von Verlustvorträgen der Zielgesellschaft

IRC § 382 findet Anwendung, wenn es bei einer Kapitalgesellschaft mit Verlustvorträgen zu einer signifikanten Veränderung im Bestand der Anteilseigner kommt. Nach einem solchen Anteilseignerwechsel beschränkt IRC § 382 den Betrag der vor dem Anteilseignerwechsel bestehenden Verlustvorträge, der nach dem Anteilseignerwechsel gegen das zu versteuernde Einkommen in den folgenden Veranlagungszeiträumen abgezogen werden kann. IRC § 382(b) definiert den jährlichen Abzugshöchstbetrag als den Wert der alten Verlustgesellschaft multipliziert mit einem langfristigen steuerfreien Zinssatz, der monatlich von der Bundessteuerbehörde veröffentlicht wird. Das auslösende Ereignis nach IRC § 382 ist ein Anteilseignerwechsel, der in IRC § 382(g) definiert wird. Ein solcher Anteilseignerwechsel beinhaltet zwei Komponenten: Die erste Komponente ist entweder (i) eine Anteilseignerveränderung bei einem 5 %-Anteilseigner oder (ii) eine Eigenkapitalveränderung. Die zweite Komponente ist eine mehr als 50%ige Erhöhung im Anteilsbesitz an der Verlustgesellschaft durch einen oder mehrere 5 %-Anteilseigner innerhalb eines Dreijahreszeitraums.

Um zu verhindern, dass der Wert einer Verlustgesellschaft durch zusätzliche Kapitaleinlagen kurz vor dem Anteilseignerwechsel künstlich erhöht wird, wird jede Kapitalzuführung als Teil eines Gesamtplans mit der Zielsetzung einer Vermeidung oder Erhöhung des Verlustabzugs nach IRC § 382 steuerlich ignoriert (sog. anti-stuffing rules, IRC § 382(l)(1)(A)). In diesem Zusammenhang wird bei jeder Kapitalzuführung, die innerhalb von zwei Jahren vor dem Anteilseignerwechsel erfolgt, gesetzlich unterstellt, dass sie Teil eines solchen Gesamtplans ist (IRC § 382(l)(1)(B)).

Wenn 33,33 % oder mehr der Vermögensgegenstände einer Kapitalgesellschaft nicht betriebsnotwendige Vermögensgegenstände (non-business assets) sind (z. B. Bargeld und Kapitalanlagen), wird der Wert einer Verlustgesellschaft für den Zweck der Verlustbeschränkung nach IRC § 382 um den Nettowert dieser Vermögensgegenstände (nach Abzug zuzuordnender Verbindlichkeiten) gemindert (IRC § 382(l)(4)). Für eine Kapitalgesellschaft, die mehr als 50 % der Anteile einer Tochtergesellschaft besitzt, wird für Zwecke dieser Vorschrift unterstellt, dass sie, anstelle der Anteile an der Tochtergesellschaft, die anteiligen Vermögensgegenstände der Tochtergesellschaft besitzt (IRC § 382(l)(4)(E)).

Wenn eine Verlustgesellschaft in ihren Wirtschaftsgütern im Zeitpunkt eines Anteilseignerwechsels über substanzielle, unrealisierte net capital gains (net unrealized built-in gain) verfügt, wird die Verlustabzugsbeschränkung nach IRC § 382 um latente capital gains erhöht, die in jedem Veranlagungszeitraum während eines fünfjährigen Realisierungszeitraums nach dem Anteilseignerwechsel realisiert werden (IRC § 382(h)). Umgekehrt unterliegen Wirtschaftsgüter mit latenten capital losses (built-in losses) den gleichen Beschränkungen wie tatsächliche Verluste aus Zeiten vor dem Anteilseignerwechsel. Latente capital losses, die nach dem Fünfjahreszeitraum durch Veräußerung oder andere Übertragungsvorgänge realisiert werden, unterliegen im Allgemeinen nicht der Verlustbeschränkung nach IRC § 382.

Nach IRC § 382(c) werden bestehende Verlustvorträge nachträglich auf Null reduziert, wenn die neue Verlustgesellschaft nicht den Betrieb (business enterprise) der alten Verlustgesellschaft für einen Zweijahreszeitraum ab dem Zeitpunkt des Anteilseignerwechsels fortführt. Um diesen Betriebsfortführungstest (business continuity test) zu erfüllen, muss die neue Verlustgesellschaft entweder den Betrieb der alten Kapitalgesellschaft fortführen oder aber einen wesentlichen Teil der Vermögensgegenstände der alten Verlustgesellschaft in ihrem Betrieb verwenden.

4.4. Steuerliche Konsolidierung

Eine Gruppe verbundener amerikanischer Kapitalgesellschaften (affiliated group) hat das Wahlrecht, ihr zu versteuerndes Einkommen sowie ihre Steuerlast auf konsolidierter Grundlage zu ermitteln (IRC §§ 1501, 1504(b)). Für Zwecke der Konsolidierung besteht diese Gruppe verbundener Unternehmen aus einer US-Mutter-Kapitalgesellschaft sowie sämtlichen US-Kapitalgesellschaften, an denen die Muttergesellschaft direkt oder indirekt über eine oder mehrere Beteiligungsketten mindestens 80 % der Stimmrechte sowie des Werts aller Aktiengattungen hält (ohne nicht stimmberechtigte Vorzugsaktien). Die Vorschriften zur konsolidierten Besteuerung erlauben optierenden Kapitalgesellschaften im Allgemeinen, ihr zusammengefasstes zu versteuerndes Einkommen sowie ihre Abzüge nach den Grundsätzen für konsolidierte Jahresabschlüsse zu ermitteln. Dementsprechend können laufende Verluste einiger Kapitalgesellschaften mit zu versteuernden Einkommen anderer Kapitalgesellschaften verrechnet werden, und Transaktionen zwischen Mitgliedern der Gruppe, etwa Warenverkäufe oder Dividendenzahlungen, werden im Allgemeinen eliminiert oder aber für steuerliche Zwecke aufgeschoben, bis eine Transaktion mit Nicht-Gruppenmitgliedern erfolgt. Unter bestimmten Voraussetzungen werden Verluste aus dem Verkauf konsolidierter Tochtergesellschaften nicht zum Abzug zugelassen. Diese Verlustabzugsbeschränkungen (loss disallowance rules) können zu überraschenden Ergebnissen führen.

4.5. Repatriierung von Gewinnen

Dividenden aus US-Quellen, die nicht aus einem amerikanischen Betriebsvermögen stammen („non-ECI"), fallen wie Zinsen unter IRC § 881 (a) als regelmäßig wiederkehrendes Einkommen (FDAP = fixed, determinable, annual, periodical) und sind potentiell quellensteuerpflichtig. Die günstige Ausnahme für „Portfolio Zinseinkünfte" (d. h. Zinsen von einem Bankkonto oder anderem Portfolio) von nichtansässigen Investoren gilt allerdings nicht für Dividendeneinkünfte. Daher ist der Anwendungsbereich der Quellensteuern nach IRC § 881 auf Dividenden in der Praxis wesentlich größer als der Anwendungsbereich der entsprechenden Steuer auf Zinsen. Diese Steuer fällt unabhängig davon an, ob eine Bardividende oder Sachdividende geleistet wird.

Der gesetzlich vorgesehene Quellensteuersatz von 30 % kann nach den Regelungen eines einschlägigen Abkommens zur Vermeidung der Doppelbesteuerung (DBA) reduziert werden. Auf Grundlage des relevanten DBA ist der Steuersatz, der vom Quellenstaat erhoben werden darf, der Höhe nach begrenzt, wenn der Nutzungsberechtigte (beneficial owner) der Dividende im anderen Staat ansässig ist. Die meisten DBAs enthalten zwei Quellensteuersätze: einen niedrigeren für bestimmte Nicht-Streubesitzdividenden zwischen Kapitalgesellschaften, die an einen 10%igen Anteilseigner der ausschüttenden Gesellschaft ausgeschüttet werden (im Allgemeinen 5 % Quellensteuer), und einen höheren für alle anderen Streubesitzdividenden (im Allgemeinen 15 %). Einige neue US-amerikanischen DBAs sehen eine Quellensteuer von 0 % für bestimmte Dividenden zwischen Kapitalgesellschaften und Dividenden an Pensionsfonds (so auch das Änderungsprotokoll zum DBA USA-Deutschland) vor.

Wenn ein Nichtansässiger Einkünfte aus einem amerikanischen Betriebsvermögen bezieht, unterliegen diese Einkünfte und Gewinne nach Steuern der Betriebsstättenquellensteuer, soweit solche Einkünfte nicht in ein amerikanisches Betriebsvermögen bis zum Ende des Veranlagungszeitraums reinvestiert werden oder aus der Betriebsstätte in einem späteren Veranlagungszeitraum repatriiert werden („ausschüttungsgleicher Betrag" – dividend equivalent amount). Der gesetzlich vorgesehene Betriebsstättenquellensteuersatz beträgt 30 % und fällt zusätzlich zur regulären US-Bundeseinkommensteuer auf Gewinne aus einem amerikanischen Betriebsvermögen von nichtansässigen Kapitalgesellschaften, die ein US–Betrieb oder Geschäft betreiben, an.

Falls jedoch eine nichtansässige Kapitalgesellschaft ein qualifizierender Ansässiger eines anderen Staates ist, das ein DBA mit den USA abgeschlossen hat, welches wiederum eine Reduzierung der Betriebsstättenquellensteuer gewährt, kann die nichtansässige Gesellschaft die DBA-Vergünstigung beanspruchen. Eine solche Vergünstigung kann in Form einer Befreiung, einer Ermäßigung des Steuersatzes, dem Erfordernis einer Betriebsstätte oder auf andere Art erfolgen.

Das Änderungsprotokoll zum DBA USA-Deutschland reduziert den US Betriebsstättenquellensteuersatz für in Deutschland ansässige Kapitalgesellschaften auf 0 % oder auf 5 % des ausschüttungsgleichen Betrags, so dass deutsche Kapitalgesellschaften mit der gleichen Steuerlast auf Betriebsstättengewinne belastet werden wie für qualifizierende Dividenden.

Am 28. Dezember 2007 ist das am 1. Juni 2006 unterzeichnete Änderungsprotokoll zum DBA USA-Deutschland in Kraft getreten.

Die wichtigsten Änderungen sind der Quellensteuersatz von 0 % auf qualifizierende Dividenden zwischen Kapitalgesellschaften, überarbeitete Schranken der Abkommensvergünstigungen (Limitation of Benefits clause) und ein obligatorisches Schiedsverfahren für erfolglose Verständigungsverfahren.

Für Quellensteuern bedeutet die rückwirkende Anwendung des Änderungsprotokolls, dass eine Muttergesellschaft, die die Voraussetzungen für eine Quellensteuer von 0 % für in 2007 ausgeschüttete Dividenden erfüllt, eine vollständige Erstattung bei den Steuerbehörden beantragen kann, falls die Tochtergesellschaft Quellensteuern von 5 % (oder den gesetzlich vorgesehenen Satz von 30 %) einbehalten hat.

Seit die Reduzierung der Quellensteuer auf 0 % eine direkte Beteiligung an mindestens 80 % der Stimmrechte für zwölf Monate vor dem Ausschüttungsdatum fordert und die strengen Schranken der Abkommensvergünstigung des neuen Artikel 28 erfüllt sein müssen, wird die erforderliche Dokumentation für die Anwendung des 0 %-Steuersatzes wahrscheinlich extensiv sein, es sei denn, die Muttergesellschaft ist an einer Börse in Deutschland oder den USA notiert.

5. Geplante Steuerreform in den USA

Anfang Mai 2009 haben Präsident Obama und das US Department of the Treasury ihre Pläne für eine umfassende Reform des US-amerikanischen internationalen Steuerrechts vorgestellt. Der Schwerpunkt bei diesen Plänen liegt zum einen darauf, die Nutzung von Steueroasen zu erschweren bzw. einzudämmen, Steuerhinterziehung wirksamer zu bekämpfen und steuerliche Anreize zur Verlagerung von Arbeitsplätzen ins Ausland zu beseitigen. Ausformulierte Gesetzesvorschläge sind bisher noch nicht bekannt geworden, jedoch lassen sich aus den vom Department of Treasury veröffentlichten Erläuterungen sowie früheren (erfolglosen) Gesetzesvorhaben einige Rückschlüsse ziehen. Das Reformpaket besteht im Wesentlichen aus den folgenden Punkten:

5.1. Einschränkung der Nutzung von hybriden Gesellschaftsformen (check-the-box rules)

Nach diesem Vorschlag soll die Möglichkeit bestimmte ausländische Gesellschaften als sog. disregarded entities zu behandeln abgeschafft werden. Bisher ist es möglich gewesen die US Subpart F rules durch die Anwendung der check-the-box Regelungen auf ausländische Gesellschaften und die Behandlung der entsprechenden ausländischen Gesellschaft als „disregarded entity" zu umgehen. Diese Möglichkeit soll in Zukunft nur noch dann gegeben sein, wenn die ausländische Gesellschaft lediglich einen Gesellschafter besitzt und dieser Gesellschafter im selben Staat ansässig ist wie die Gesellschaft. Auch auf sog. „first-tier" companies sollen die bisherigen Vorschriften weiterhin Anwendung finden können. Die geänderten Vorschriften sollen auch auf Personengesellschaften sowie auf sog. „reverse hybrids" keine Anwendung finden (Personengesellschaften, die als corporates behandelt werden).

5.2. Erschwerte Geltendmachung von Aufwendungen im Zusammenhang mit ausländischen Investments

Verschiedene inländische Aufwendungen (insbesondere Zinsaufwendungen) sollen steuerlich erst dann geltend gemacht werden können, wenn entsprechende Einkünfte in die USA repatriiert werden. Ausnahmen sollen (wie bisher bereits) für R&D-Aufwendungen gelten.

5.3. Reform des Systems der Anrechnung von ausländischen Steuern

Die Anrechnung von ausländischen Steuern soll sich in Zukunft nach dem Gesamtbetrag aller ausländischen Steuern und dem ausländischen Einkommen richten (sog. „superpool"). Eine Unterscheidung zwischen high-tax und low-tax pools wird nicht mehr möglich sein.

Neben den genannten Punkten sollen die Regelungen über die Gesellschafter-Fremdfinanzierung verschärft werden (noch keine konkreten Regelungen veröffentlicht), die Bekämpfung des Missbrauchs von Steueroasen durch natürliche Personen entschlossener vorangetrieben werden (Verschärfung von Offenlegungs-, Informations- und Beweislastregeln sowie Einführung von erheblichen Strafvorschriften) sowie die sog. 80/20 Regelung bei der Quellenbesteuerung von Dividenden (partielle Ausnahme für die Quellensteuerpflicht einer US Corp. wenn diese mindestens 80 % ihrer Roheinkünfte aus aktiver ausländischer Geschäftstatetigkeit erzielt) abgeschafft werden.